CULTURA DA CONVERGÊNCIA

HENRY JENKINS

CULTURA DA CONVERGÊNCIA

Tradução: Susana L. de Alexandria

ALEPH

CULTURA DA CONVERGÊNCIA

TÍTULO ORIGINAL:
Convergence Culture

REVISÃO:
Hebe Ester Lucas
Luciane Gomide

REVISÃO TÉCNICA:
Érico Assis

PROJETO GRÁFICO E ADAPTAÇÃO DE MIOLO:
Desenho Editorial

CAPA:
Pedro Inoue

MONTAGEM DE CAPA:
Desenho Editorial

EDITORAÇÃO:
Join Bureau

DIREÇÃO EXECUTIVA:
Betty Fromer

DIREÇÃO EDITORIAL:
Adriano Fromer Piazzi

EDITORIAL:
Daniel Lameira
Tiago Lyra
Andréa Bergamaschi
Débora Dutra Vieira
Luiza Araujo
Juliana Brandt

COMUNICAÇÃO:
Júlia Forbes
Maria Clara Villas
Giovanna de Lima Cunha

COMERCIAL:
Giovani das Graças
Lidiana Pessoa
Roberta Saraiva
Gustavo Mendonça

FINANCEIRO:
Helena Telesca
Rosangela Pimentel

COPYRIGHT © HENRY JENKINS, 2006
COPYRIGHT © NEW YORK UNIVERSITY, 2006
COPYRIGHT © ALEPH, 2008
(EDIÇÃO EM LÍNGUA PORTUGUESA PARA O BRASIL)

TODOS OS DIREITOS RESERVADOS.
PROIBIDA A REPRODUÇÃO, NO TODO OU EM PARTE, ATRAVÉS DE
QUAISQUER MEIOS.

DADOS INTERNACIONAIS DE CATALOGAÇÃO NA PUBLICAÇÃO (CIP) DE ACORDO COM ISBD

J52c
Jenkins, Henry
Cultura da convergência / Henry Jenkins ; traduzido por Susana L. de Alexandria. - 3. ed. - São Paulo : Aleph, 2022.
432 p. ; 16cm x 23cm.

Tradução de: Convergence culture
ISBN: 978-65-86064-84-1

1. Mídia. 2. Cultura. I. Alexandria, Susana L. de. II. Título.

| 2021-2465 | CDD 301.16 |
| | CDU 316.77 |

ELABORADO POR VAGNER RODOLFO DA SILVA - CRB-8/9410

ÍNDICES PARA CATÁLOGO SISTEMÁTICO:
1. Mídia 301.16
2. Mídia 316.77

EDITORA ALEPH
Rua Tabapuã, 81 - cj. 134
04533-010 – São Paulo – SP – Brasil
Tel.: [55 11] 3743-3202
www.editoraaleph.com.br

Li *Cultura da Convergência* num momento em que tinha muitas dúvidas e perguntas. Dividia com a minha equipe um sentimento de angústia positiva, que nos impulsionava na busca de alguma pista ou respostas. A leitura do livro de Jenkins teve um impacto profundo em nossa percepção sobre o momento especial que a indústria cultural está vivendo. Perceber a intensidade do desejo do público de se apropriar dos conteúdos e difundi-los foi uma revelação importante. [...] O que torna o momento atual único e estimulante é que encontramos uma forma planetária de reunir seres humanos para compartilhar suas emoções, paixões e fantasias. Mas, no fundo, apesar das novas práticas, o tema central é o de sempre: as relações entre as pessoas. Conhecer Henry e suas ideias foi um estímulo criativo poderoso para abraçar o futuro com empolgação e destemor.

– Monica Albuquerque
Jornalista, diretora de relações externas da Rede Globo de Televisão

Jenkins mergulha fundo nessa onda de mudanças que as novas tecnologias estão operando no comportamento humano contemporâneo.

– Zuenir Ventura
Jornalista e escritor, colunista do jornal *O Globo*

Eu pensei que conhecia a mídia pop do século 21, até ler *Cultura da Convergência*. A pesquisa recente e os *insights* radicais de Jenkins merecem uma leitura ampla e profunda. Que venha o "bloco monolítico de globos oculares"!

– Bruce Sterling
Escritor, blogueiro e visionário

Eu simplesmente não conseguia largar este livro. Henry Jenkins nos oferece um relato fascinante de como as novas e as velhas mídias se cruzam e cativam a imaginação dos fãs de maneira cada vez mais poderosa. Pais, educadores, especialistas em mídia e estrategistas políticos encontrarão em *Cultura da Convergência* um texto intenso e esclarecedor.

– John Seely Brown
Ex-chefe de pesquisa da Xerox Corporation e diretor da Xerox PARC

SUMÁRIO

Prefácio para a edição brasileira de 15.º
aniversário de *Cultura da Convergência*....9

Nota à edição brasileira...................19

Agradecimentos 23

Introdução: "Venere no altar da
convergência": um novo paradigma para
entender a transformação midiática........29

1 Desvendando os segredos de *Survivor*: a
anatomia de uma comunidade de
conhecimento 56

2 Entrando no jogo de *American Idol*: como
estamos sendo persuadidos pela *reality TV*.95

3 Em busca do unicórnio de origami:
Matrix e a narrativa transmídia...........137

4 *Star Wars* por Quentin Tarantino?:
criatividade alternativa encontra a
indústria midiática 189

8 | CULTURA DA CONVERGÊNCIA

5   Por que Heather pode escrever: letramento
    midiático e as guerras de *Harry Potter* 237

6   Photoshop pela democracia: a nova relação
    entre política e cultura popular 287

Conclusão: democratizando a televisão?
A política da participação 324

Posfácio: Reflexões sobre
política na era do YouTube 346

YouTubologia 372

Glossário 375

Notas 391

Índice remissivo 415

PREFÁCIO

PARA A EDIÇÃO BRASILEIRA DE 15.º ANIVERSÁRIO DE *CULTURA DA CONVERGÊNCIA*

"Sou um Cine-Olho. Sou um construtor. Coloquei você – criado hoje por mim – em um espaço extraordinário, que não existia até este momento em que também o criei. Nesse espaço, há doze paredes que registrei em diversas partes do mundo. Justapondo a visão dessas paredes e alguns detalhes, consegui dispô-las numa ordem que é agradável e edifiquei, da forma adequada, sobre os intervalos, uma cine--frase que é esse espaço".

– Dziga Vertov, *Kinoks: Uma revolução*, 1923

Zoë Bell – coordenadora de dublês e atriz ocasional de Hollywood – ficou inquieta em seu autoisolamento e reuniu algumas amigas famosas (Halle Berry, Drew Barrymore, Zoe Saldana, Juliette Lewis, Cameron Diaz, Thandie Newton, entre outras) para encenar um vídeo de luta no qual cada participante autoisolada chuta, golpeia, dá cabeçadas, faz cócegas ou joga coisas na pessoa do

10 | CULTURA DA CONVERGÊNCIA

segmento seguinte, que recebe os golpes e depois os passa adiante como desafio para a resposta da próxima pessoa. Pense nisso como um filme de ação equivalente ao antigo jogo surrealista, o *Cadáver Esquisito*. O teórico de montagens e cineasta soviético Dziga Vertov teria reconhecido os principais elementos que permitem ao público do Instagram criar uma cadeia contínua de ação sobre esses fragmentos, cada um rodado em momentos e locais diferentes e todos parecendo desenrolar-se diante de nossos olhos como uma ação contínua.

Vertov fala da construção de um espaço – um espaço imaginário feito com elementos de doze cômodos. Sinto que passei todo o ano anterior nesse espaço, não mais reunido sob o controle do homem com a câmera de filmagem, aparentemente além de qualquer controle. Hoje, nossa realidade composta é algorítmica e não cinemática. Vivemos atualmente naquele espaço imaginário, saindo e entrando de reuniões por Zoom e construindo a realidade por meio das fronteiras dos espaços de nossos vizinhos e apresentando-nos à frente de panos de fundo emprestados às maiores obras de arte do mundo ou às melhores cenas do cinema e da televisão global. Os artistas soviéticos de montagem criaram novas perspectivas valendo-se de justaposições entre tomadas (montagem) e justaposições dentro de imagens em camadas (superposição), e nós fazemos o mesmo. Formamos relacionamentos em que as tomadas se juntam; expressamos a identidade mediante nossa capacidade de remodelar nossos panos de fundo ou de usar filtros em nossas imagens, e estive em algumas reuniões por Zoom nas quais participantes cada vez mais inquietos começam a formar padrões coordenando seus panos de fundo.

Em tempos de tédio, a própria justaposição transforma-se em entretenimento, tal como o movimento nos primeiros filmes. No início da pandemia, passei cinco horas assistindo a um jogo, *Sequester*, inspirado parcialmente em *Survivor* e parcialmente em *Big Brother*, encenado na plataforma Twitch. Neste caso, o jogo é jogado com antigos participantes do *Survivor* – geralmente equipes de fãs hardcore desses mesmos programas. Os jogadores entram de suas próprias casas por meio de suas telas, negociam uns com os outros em cinco salas virtuais e votam para alguém sair do jogo a cada vinte minutos, mais ou menos. Eles movem-se com fluidez entre salas imaginárias, embora parte da mecânica do jogo limite o número de participantes que podem estar dentro de uma sala num dado momento. E os espectadores podem assistir a tudo através de qualquer um dos cinco canais ou de todos ao mesmo tempo. Como se isso não bastasse, há outra sala repleta de comentários pitorescos compartilhando o que viram e o que acham que vai acontecer depois. E fãs em diversos canais de mídia social apresentam seus próprios comentários, respondem a enquetes e jogam também. Tudo isso força os limites de nossa capacidade de atenção – no meu caso, com certeza – e vai contra os limites da infraestrutura tecnológica contemporânea, pois as imagens congelam ou falham. Espectadores demais, coisas demais acontecendo.

Como isso se relaciona com o confronto entre velha e nova mídia, a mídia comercial de massa e a cultura participativa, que mapeei em *Cultura da Convergência* (2007)? Na maior parte de 2020 e no começo de 2021, os cinemas estiveram fechados e nenhum filme de sucesso foi lançado; os filmes indicados para o Oscar foram distribuídos, em sua maioria, como conteúdo para *streaming*. Imagine um experimento mental no momento em que uma das mais importantes mídias de massa desapareceu. O que aconteceria com a ecologia da mídia? Nos Estados Unidos, as emissoras começaram a ficar sem conteúdos novos ou então reduziram seus padrões técnicos, transmitindo imagens borradas e granulosas desde a sala de visita ou garagem dos apresentadores de *talk shows*. Os serviços de *streaming* mantiveram-se fortes porque tinham um belo estoque de conteúdo, inclusive uma vasta gama de coproduções internacionais que são novas em qualquer de seus mercados. Isso abriu espaço para consumidores americanos espalhados pelo mundo lidarem com a televisão, muitos deles pela primeira vez. Figuras políticas de destaque nacional também começaram a falar desde suas cozinhas até o quintal da frente, enquanto a campanha presidencial dos EUA, com consequências sem precedentes, desenrolou-se diante de um mundo no qual as antigas regras não se aplicavam mais.

Enquanto isso acontecia, formas emergentes de mídia assumiram nova importância, inclusive um número crescente de produtores alternativos, amadores e semiprofissionais, participando daquilo que David Craig e Stuart Cunningham chamaram de "entretenimento de mídia social". Meu filho, por exemplo, viu-se atraído pelo fã-clube de um punhado de microcelebridades de ASMR, a maioria mulheres, que usam Twitch todos os dias desde suas casas para chegarem até seus seguidores, oferecendo palavras e esperança para deprimidos e ansiosos. Os *streamings* ao vivo representam uma forma de cultura participativa que nunca imaginei quando escrevi *Cultura da Convergência*, mas que se tornaram parte central da forma como a mídia opera em 2021.

Alexandra Ocassio-Cortez, deputada de Nova York que tem muitos seguidores entre millenials e pós-millenials, dirigiu-se a um público mais amplo jogando videogames no Twitter do que Trump jamais conseguiu em qualquer de seus discursos em público (esqueça sua amplificação pela Fox News). Ocassio-Cortez conseguiu essa audiência em parte porque é uma figura pública que tem acesso aos meios de transmissão, mas também porque fez parceria com celebridades das mídias sociais, os supostos influenciadores, que têm seu próprio público vasto e regular.

Meu ponto é que a mídia produzida por Hollywood foi apenas um elemento numa mistura de conteúdos que puxou a manga de nossas camisas para chamar a atenção em meio à pandemia. Vídeos feitos com câmeras de celular mostrando pessoas sem máscara em lojas e enfrentando funcionários atormentados da Walmart; *streams* ao vivo de protestos do Black Lives Matter; famílias em vídeos caseiros reencenando atrações da Disneylândia; influenciadores fazendo anúncios de serviços públicos ou modelando novos penteados; figuras políticas tuitando mensagens cada vez mais rançosas; aulas da faculdade via sessões de Zoom; cerimônias religiosas realizadas em espaços fragmentados; mensagens finais e desesperadas ao lado de parentes agonizantes, e tudo isso acontecendo no mesmo recinto. É um lembrete da ampla variedade de grupos que conquistaram poder de comunicação em consequência das práticas e das plataformas de comunicação em rede, bem como das diversas funções realizadas por meio de novos e emergentes espaços de mídia, num mundo em que cada história, imagem, som e relacionamento é replicado em toda e qualquer plataforma de mídia disponível. Os pontos de produção se expandiram, os sistemas de distribuição convergiram.

Qualquer obra desse "conteúdo" mediado – será que ainda é conteúdo se não pode mais ser contido? – pode ser amplificada pela televisão e pela superfície em nosso *feed* de notícias. As diferenças entre mídia antiga e nova, produtores comerciais e básicos, ainda existem, mas agora têm cada vez menos importância. Houve época em que achávamos que a mídia social nos isolava, cortava-nos das pessoas à nossa volta. Hoje, a mídia social parece ser a única conexão que resta ao olharmos com tédio crescente para as paredes de nossos próprios apartamentos, sem poder sair, mal conseguindo suportar ficar neles. Nossas mídias nos levaram aonde nós mesmos não podemos ir. Nós vivemos nos interstícios.

PREFÁCIO | 13

Sei que tudo isso é simples demais, que deveríamos nos preocupar com quem possui os dados de tantas chamadas via Zoom e o que estão fazendo com eles, que a maioria de nós, na maior parte do tempo, ainda assiste àquilo que passa na Netflix, Hulu, Disney+ e Amazon Prime. A pandemia também revelou desigualdades maciças, inclusive algumas relativas ao acesso a informações confiáveis e aos meios de produção e circulação cultural. Essas desigualdades afloraram especialmente em relação ao acesso às aulas online. A um só tempo, e ao mesmo tempo, queremos comemorar as realizações desta segunda geração digital que nunca conheceu um mundo sem redes digitais e reconhecer que muitos jovens tiveram pouca ou nenhuma oportunidade de aprender enquanto suas escolas ficaram fechadas. Vimos histórias de jovens nos estacionamentos de lanchonetes furtando o sinal de wi-fi ou fazendo a lição de casa em seus celulares. Este livro trata da cultura participativa, mas está mais claro do que nunca que deveríamos falar de uma cultura muito mais participativa – mais pessoas têm acesso aos meios de produção e de circulação do que antes, mas um número muito grande não dispõe da oportunidade de participar significativamente deste cenário emergente da mídia. Há desigualdade no acesso, nas oportunidades e na mentoria, e vamos ter que lidar com isso.

Ainda estou conversando com pessoas que estão lendo *Cultura da Convergência* pela primeira vez e que parecem abaladas com aquilo que o livro tem a dizer. Ele rodou com velocidades variadas pelo planeta, geralmente refletindo índices distintos de mudanças na mídia. Temos de agradecer a meu bom amigo, Maurício Mota, por fazer com que a edição em português tenha sido uma das primeiras traduções do livro. Fico sentido ao ver quantas coisas desta obra me parecem datadas hoje, a começar pelos trechos iniciais onde resmungo como estava ficando difícil encontrar um telefone que fosse apenas um telefone. O primeiro iPhone foi lançado em 2007 e comprei o meu primeiro iPhone um ano depois, sucumbindo rapidamente ao encanto do smartfone e todo o seu conteúdo convergente. Os filmes de fãs de *Star Wars*, discutidos aqui, foram feitos principalmente antes do Youtube, lançado em 2005. A revolução na mídia social estava apenas começando (o Facebook surgiu em 2004 e o Twitter em 2006), e não era parte das conversas online dando *spoilers* sobre *Survivor*. O conceito da Web 2.0 foi introduzido em 2004, mas ainda não chegara aos meus ouvidos em 2005, enquanto eu dava os retoques finais em meu manuscrito. O Twitch só foi desenvolvido em 2011. O Zoom – a plataforma que definiu a pandemia – foi lançado em 2013.

14 | CULTURA DA CONVERGÊNCIA

Cultura da Convergência se sustenta melhor no que se refere às franquias específicas de entretenimento de que trata: *Survivor, Big Brother, Pop/American Idol* – e seus descendentes, pois a reality TV tornou-se uma lógica de produção e de programação para muitas redes de mídia diferentes – ainda estão fortes após tantas temporadas, *Star Wars* está maior do que antes graças a novos conteúdos para cinema e televisão, um novo filme *Matrix* está para sair e o fã-clube de Harry Potter flutua mas continua ativo em escala global. Naturalmente, há novas franquias que eu posso adicionar: nenhum livro atual sobre este tópico pode se dar ao luxo de ignorar o Universo Marvel cinematográfico (e televisivo), por exemplo. Mas tive a sorte de ter vinculado meus argumentos a exemplos longevos.

No entanto, quando as pessoas dizem que as análises de *Cultura da Convergência* mostraram-se prescientes, não é por causa de detalhes dos casos estudados, mas pelas lógicas abrangentes que informam o livro – a ideia de que o moderno ambiente de mídia é moldado pela colisão entre velho e novo, mídia de massa e mídia alternativa; conceitos de convergência de mídia – particularmente da lógica transmídia – e cultura participativa, a centralidade do engajamento dos fãs; a urgência de se fomentar a alfabetização da mídia e minha insistência em dizer que os conflitos centrais, políticos e jurídicos de nossa época serão travados em torno dos termos de nossa participação. Foi isso que a obra captou corretamente e é por isso que seus modelos ainda podem nos ajudar a explicar, como esbocei antes, as mudanças na mídia provocadas por uma pandemia global. Agora, avançamos quinze anos na era da convergência da mídia, e comemoro esta oportunidade de tratar de outros desenvolvimentos recentes no meu modo de pensar sobre o tema.

Pessoalmente, não uso mais a expressão "convergência" ou "cultura da convergência", sentindo que a frase perdeu sua utilidade: está claro que a mídia individual não funciona mais isoladamente, que precisamos adotar uma perspectiva mais ecológica sobre os sistemas de mídia, que a convergência não pode ser entendida apenas em termos tecnológicos, pois sempre tem ramificações culturais, sociais, políticas, legais e econômicas. Alguns alegaram que a expressão "transmídia" foi usada tão amplamente que também perdeu sua utilidade. Transmídia foi absorvida rapidamente pelas indústrias da mídia e pelos produtores de políticas culturais como expressão preferencial, mas nesse processo foi vendida como algo sem valor real e acabou empregada por muitos que não tinham muita noção daquilo que estavam falando. Surgiu todo um subcampo acadêmico de estudos transmídia e, por isso, cada aspecto de sua definição foi discutido e revisado. Por exemplo, qual a importância da continuidade ou da consistência entre diferentes textos de mídia para nossa compreensão das práticas transmídia? Todo o material precisa emergir de uma fonte unificada ou a transmídia pode ser mais aberta, emergente e participativa? Os textos de fãs fazem parte de nossa compreensão de um sistema transmídia?

Em vez de falar de "transmídia" como uma coisa, costumo empregá-la como um adjetivo que significa "através da mídia", modificando uma variedade de lógicas nas quais as técnicas transmídia são empregadas – nas narrativas de histórias, como neste prefácio, mas também em *branding*, documentários, jornalismo, performance, ativismo, jogos, aprendizado e muito mais. Essas lógicas podem ser combinadas de diversas maneiras, de modo que o mesmo projeto pode operar em múltiplas lógicas. Assim, por exemplo, *East Los High* usou um programa fictício com um roteiro serializado para fomentar uma percepção maior dos problemas da gravidez na adolescência, dos registros de eleitores, boa alimentação e violência sexual impactando a comunidade latina nos EUA. E o mix específico de lógicas reflete as maneiras como as práticas transmídia operam em locais distintos, como, por exemplo, em relação às diferenças entre economias comerciais, de serviços públicos ou de mídia híbrida, ou em infraestrutura técnica e práticas de consumo resultantes, ou nas relações entre setores da mídia.

Como passei algum tempo no Brasil descobri, por exemplo, que sua transmídia reflete, entre outras coisas, uma economia híbrida de mídia envolvendo participantes de governos estaduais e municipais (Riofilme, por exemplo), *players* comerciais (Globo) e uma mescla de práticas tradicionais (escolas de samba, arte popular e até esculturas na areia) e emergentes (o apoio profundo para o Creative Commons). Podemos falar dos papéis centrais da indústria musical do Brasil, bem como de tradições como as telenovelas e o realismo mágico, ambos compartilhados na América Latina. Podemos falar do alto nível de acesso digital do país. Juntem tudo isso e podemos ver as bases para formas particulares de práticas transmídia: alguns desses potenciais foram concretizados (o sucesso das séries de ficção científica produzidas no Brasil, *3%* em plataformas de *streaming* transnacionais) e ainda há muito a realizar. Hoje, a transmídia pode ser compreendida por meio de franquias de megassucessos

16 | CULTURA DA CONVERGÊNCIA

como *Star Wars*, *Harry Potter* ou *Marvel*, mas também pode operar no nível mais hiperlocal por produtores de mídia trabalhando com pouca verba ou em plataformas "faça você mesmo". Há tradições para se contar histórias na mídia, retrocedendo pela história humana, mesmo que o momento atual, com redes de comunicação e fusões corporativas, esteja criando oportunidades únicas para a experiência transmídia.

O conceito de cultura participativa tem sido um tema central e organizador ao longo de minha carreira, recuando até meu primeiro livro, *Textual Poachers: Television Fans and Participatory Culture* (1992). Meu entendimento sobre esse conceito evoluiu com as mudanças globais, com o encontro de novos parceiros pensadores, com as críticas e contestações de outros estudiosos, e com sua aplicação em domínios próximos. No capítulo sobre *Harry Potter*, falo da importância de novas formas de práticas educativas desenhadas para estimular o aprendizado mediante a participação ativa e destinadas a fomentar as habilidades de leitura da nova mídia, necessárias para ampliar o acesso a oportunidades e recursos; habilidades sociais e competências culturais, necessárias para uma participação mais significativa na nova paisagem da mídia.

Não muito depois preparei um trabalho, *Confronting the Challenges of a Participatory Culture*, lançado pela MacArthur Foundation em 2009, que serviu de recurso para discussões com educadores de todo o planeta. Graças a essas conversas, tomei conhecimento dos trabalhos do educador brasileiro Paulo Freire, cujas ideias sobre modos de aprendizado de baixo para cima, sobre o papel da imaginação e da construção de mundo na educação ajudaram a enriquecer meu trabalho mais recente sobre a imaginação cívica. Minha antiga aluna Melissa Brough publicou um livro importante aplicando conceitos da cultura participativa e aprendizado ao contexto latino-americano, *Youth Power in Precarious Times: Rethinking Civic Participation* (2020).

Meu trabalho atual sobre a imaginação cívica reflete uma percepção central que surge tardiamente no livro – a ideia de que habilidades aprendidas com brincadeiras sobre a cultura popular na internet serão usadas com outras finalidades à medida que nos acostumamos a operar dentro de uma cultura de rede e que obtemos mais confiança em nossas próprias vozes. O Projeto de Imaginação Cívica começa pela premissa de que antes de podermos construir um mundo melhor, teremos de ser capazes de imaginar a aparência de um mundo melhor. Nosso projeto toca em práticas como a construção ou mescla de mundos, extraídas dos mundos de *fandom* e de ficção especulativa, como base para atividades de formação comunitária que estão sendo empregadas por educadores, ativistas e criadores de mídia desde Billings e Bowling Green até Beirute, de Salzburgo até Lahore (ver *Practicing Futures*, 2020).

Hoje, em muitos contextos diferentes, estamos vendo as linhas entre fãs e ativistas sendo apagadas; os jovens se valem de vernáculos da cultura popular como uma linguagem compartilhada para tratar de justiça social e mudanças políticas; os jovens aprendem habilidades de mídia gravando a si mesmos andando de skate e usam os filmes para protestos em *streams* ao vivo. Usam sua nova alfabetização midiática para produzir e fazer circular memes (aquilo que o livro chama curiosamente de "Photoshop pela Democracia") como meio de resistência sutil, mas eficiente. Os mesmos mecanismos que permitiram às pessoas contestar os resultados do *American Idol* estão permitindo que defendam a democracia no Rio de Janeiro, em Hong Kong, em Istambul, Cairo ou... E estamos vendo as conexões forjadas em torno de Bollywood ou o *fandom* K-Pop formarem a base para relações interseccionais de movimentos de libertação dentro de diferentes comunidades raciais, étnicas, religiosas ou nacionais.

Ao mesmo tempo, também temos visto a participação alternativa das mídias sociais, na forma de teorias conspiratórias dispersivas, desinformação, informação errônea e discursos de ódio. Nada dessas práticas participativas na mídia descritas aqui garante algum resultado específico: as mesmas plataformas e práticas estão sendo usadas tanto para conectar quanto fragmentar. Quando escrevi *Cultura da Convergência*, percebi que a expansão rápida e drástica da capacidade de comunicação de bilhões de pessoas seria disruptiva e exigiria uma transição, mesmo que, em nosso otimismo diante do potencial de emancipação e liberação, tivéssemos subestimado a estrada pedregosa à frente. Tive a esperança de que normas para uma participação civil e construtiva emergiriam à medida que pessoas com históricos diversos aprendessem a compartilhar as mesmas plataformas, entrassem nas mesmas conversas e resolvessem problemas complexos juntas. Hoje, há a necessidade urgente de promover modelos alternativos para conversas e colaborações online, especialmente aquelas que ocorrem em contextos não comerciais, conversas nas quais aprendemos a respeitar e a valorizar nossas diferenças e onde há um compromisso mais robusto com os valores democráticos.

18 | CULTURA DA CONVERGÊNCIA

Cultura da Convergência capta o surgimento e a percepção inicial dessas possibilidades. Muitos de meus livros subsequentes lidam com pontos específicos onde essas mudanças na mídia estão sendo sentidas – *Participatory Culture in a Networked Era* (2015) ou *Reading in a Participatory Culture* (2013) tratam das consequências para a educação, *Cultura da Conexão* (2013) fala com as preocupações das indústrias e audiências de mídia, e *By Any Media Necessary* (2016) e *Popular Culture and the Civic Imagination* (2020) falam das novas formas de ativismo que estão emergindo onde as antigas e as novas mídias colidem.

Mas tudo começou aqui, com o livro que você tem em mãos, destinado a dar-lhe as boas-vindas à cultura da convergência e ajudá-lo a compreender algumas das forças que têm redefinido o panorama da mídia ao longo das últimas décadas. Leia-o de forma crítica. Pergunte quais aspectos de sua perspectiva distintamente americana ainda se aplicam, agora mesmo, a seu canto específico do Universo. Use-o como ponto de partida para sua própria análise do lugar da mídia em sua vida, valendo-se de qualquer histórico profissional ou pessoal que você traz consigo. Nossa cultura ainda está negociando as mudanças descritas nesta obra, mesmo que nenhum de nós esteja hoje no mesmo lugar em que estava quinze anos atrás.

Se quiser acompanhar as mudanças em meu próprio modo de pensar, dê uma olhada em meu blog, *Confessions of an Aca-Fan* em henryjenkins.org ou no meu podcast, *How Do You Like It So Far?* (howdoyoulikeitsofar.org), ou no trabalho de meu grupo de pesquisa em civicimaginationproject.org.

HENRY JENKINS

NOTA À EDIÇÃO BRASILEIRA

Você gosta de *Harry Potter* ou não gosta? Você adorou *Matrix* ou nem viu o filme? Você é um aficionado por *Star Wars* ou sempre confunde com *Star Trek*? Você dedicou algum tempo de sua vida a seriados ou reality shows nos últimos anos, mesmo sem gostar?

Não importa, este livro é para você.

Conheci *Cultura da Convergência* um ano após seu lançamento nos Estados Unidos, indicado por um amigo de quem sou fã, Eduardo Nasi. Sempre conversávamos (e ainda conversamos) sobre coisas loucas e transformadoras que aconteciam nas mais diversas áreas de nosso trabalho: educação, música, entretenimento, mídia, cultura de fã, literatura, quadrinhos, games etc. E em 2007, a convite do Massachusetts Institute of Technology (MIT), fui a um evento chamado Futures of Entertainment 2, representando o jornal *Meio & Mensagem* – indicado por Marcelo Salles Gomes e Regina Augusto, a quem agradeço. Minha perspectiva sobre tudo o que falei acima e fazia mudou. Por causa do livro e de seu autor, Henry Jenkins. Daí minha satisfação, ainda que nada surpreendente, em constatar o sucesso de um texto cujas ideias têm ressoado junto aos leitores e veículos de mídia brasileiros desde o seu lançamento, em

20 | CULTURA DA CONVERGÊNCIA

2008, e que agora, nesta edição comemorativa de 15 anos e ainda prefaciada por Henry, tenho certeza de que repercutirá ainda mais.

Livros que mudam nossa visão de mundo e de como devemos fazer as coisas são raros. Toda hora surgem novos gurus do "mude-sua-vida-sua-empresa--em-um-dia-e-revolucione-e-fique-milionário-com-meu-livro". **Você não vai encontrar isso em *Cultura da Convergência.*** Este não é um livro sobre alta tecnologia e inovação. E sim sobre a poderosa relação que plataformas, canais e novas maneiras de contar histórias estão estabelecendo e que está mudando a forma como nos divertimos, trabalhamos e educamos. E também a nossa maneira de ser fãs e como nos relacionarmos com personagens, atores, autores e estúdios.

O que virá a seguir é muito mais sobre fazer, não somente falar. Depois de ler *Cultura da Convergência,* uma pequena revolução começou no Brasil. Simplesmente porque passamos a *praticar* o que o livro trazia à tona. Voltando ao MIT, dessa vez como palestrante, criei com o diretor Ricardo Justus um vídeo que se espalhou mundo afora. O vídeo mostrava – de maneira divertida e lúdica – o capitão Nascimento, protagonista do filme *Tropa de Elite*, à procura de Henry Jenkins após ouvir falar de seu livro.

A partir daí, adotando *Cultura da Convergência* como bíblia e Henry Jenkins como santo padroeiro, comecei a aplicar a narrativa transmídia (*transmedia storytelling*) no desenvolvimento e produção da primeira série de tevê americana com elenco todo latino falando inglês, *East Los High*. A série virou um case mundial de conteúdo multiplataforma, mas também uma referência em como usar mídias sociais para aprofundar a relação dos fãs com a trama e seus personagens. Sem contar que foi uma grande chance de explorar diversidade e inclusão ao envolver atores que não tinham muitas oportunidades em Hollywood, oferecendo-lhes as ferramentas para demonstrar seu talento para o mundo inteiro (no Brasil, a série passa no Globoplay).

Desde então, o livro – e as inúmeras aplicações possíveis com seus cases e teorias – continua demonstrando que, independentemente do nicho, a cultura da convergência tem muito a contribuir nas áreas de mídia, educação e estudos acadêmicos, e até nos movimentos sociais. Inclusive, em 2010, com a liderança de Luís Erlanger e Mônica Albuquerque, a TV Globo implementou uma área transmídia para a sua então Central Globo de Comunicação. Um experimento pioneiro que durou dois anos e plantou a semente de novas maneiras de pensar na televisão brasileira.

Hoje, no Brasil, precisamos estar bastante atentos às mudanças por segundo que estão acontecendo. Pois muito está sendo criado do zero aqui. Não dá para copiarmos modelos do que foi feito em certas áreas-chave como internet, educação e entretenimento. Dá, sim, para aprender sobre caminhos traçados e adaptá-los aos nossos, sem simplesmente copiar e colar.

Cultura da Convergência é para pessoas que vivem em qualquer país onde haja indivíduos e organizações que assistam à tevê, leiam livros e revistas ou utilizem mídias sociais, computadores, celulares ou qualquer outra interface para se comunicar, se divertir, educar, vender produtos e ideias. Você acha que se encaixa nesse perfil? Acredito que sim.

Além do mais, este livro e tudo o que ele já gerou – empresas, cases mundiais e um movimento que não tem mais volta na indústria do entretenimento – são também um alento para acabar com o que Nelson Rodrigues chamava de "complexo de vira-lata": a mania brasileira de achar que lá fora é que estão as coisas inovadoras. Ao longo destas páginas você verá que há muita coisa boa a ser feita com conteúdo produzido abaixo da linha do Equador. Para e por você.

O que Henry Jenkins coloca neste livro é muito forte e poderoso, pois revela tudo o que está acontecendo na nossa frente de maneira clara e prática. Cabe a nós, leitores empíricos e teóricos, usar esse conhecimento da maneira que quisermos.

MAURICIO MOTA
– Copresidente, produtor executivo da Wise Entertainment

AGRADECIMENTOS

Escrever este livro foi uma jornada épica, auxiliada por muitas mãos. *Cultura da Convergência* é, de muitas formas, a culminância dos últimos oito anos de minha vida, fruto de meu empenho em criar o programa de Estudos de Mídia Comparada do MIT como um centro de troca de ideias sobre as transformações midiáticas (passadas, presentes e futuras), e de minha tentativa de ampliar diálogos públicos sobre cultura popular e vida contemporânea. Um relato mais completo de como este livro surgiu a partir das preocupações de *Textual Poachers: Television Fans and Participatory Culture* (Nova York: Routledge, 1991) e foi moldado pelo meu crescimento intelectual ao longo da última década pode ser encontrado na introdução à minha antologia *Fans, Gamers, and Bloggers: Exploring Participatory Culture* (Nova York: NY University Press, 2006).

Dado esse histórico, talvez seja apropriado que eu agradeça, em primeiro lugar, aos alunos do programa de Estudos de Mídia Comparada. Cada um deles teve um impacto em minhas ideias e opiniões, mas gostaria de especificar os alunos cujos trabalhos influenciaram significativamente o conteúdo deste livro: Ivan Askwith, R. J. Bain, Christian Baekkelund, Vanessa Bertozzi, Lisa Bidlingmeyer, Brett Camper, Anita Chan, Cristobal Garcia, Robin Hauck, Sean

24 | CULTURA DA CONVERGÊNCIA

Leonard, Zhan Li, Geoffrey Long, Susannah Mandel, Andrea McCarty, Parmesh Shahani, Sangita Shrestova, Karen Lori Schrier, David Spitz, Philip Tan, Ilya Vedrashko, Margaret Weigel e Matthew Weise. É por vocês que me levanto toda manhã e trabalho até tarde da noite. Em particular, quero agradecer a Aswin Punathambekar, o melhor assistente de pesquisa possível neste projeto, não apenas indo atrás de recursos, mas desafiando minhas suposições e continuando a dedicar-se ao projeto muito depois de ter deixado o MIT para iniciar seu doutorado na Universidade de Wisconsin-Madison.

Também quero agradecer à equipe de trabalho dos Estudos de Mídia Comparada, que nos apoiou de inúmeras formas: R. J. Bain, Jason Bentsman, Chris Pomiecko, Brian Theisen e, especialmente, Susan Stapleton, cuja animada disposição e engenhosidade sempre evitaram desastres iminentes, e que supervisionou a checagem de fatos e provas deste projeto.

Quero também expressar meu agradecimento a Philip S. Khoury, reitor Kenan Sahin da Escola de Humanidades, Artes e Ciências Sociais do MIT, que sempre apoiou meu empenho para fazer o programa decolar e que me deu folga no trabalho para dar continuidade a este projeto. Minha pesquisa também recebeu o apoio das três cadeiras que o reitor me ofereceu: a cadeira de Ann Fetter Friedlaender, a cadeira de John E. Burchard e a cadeira de Peter de Florez.

Este livro surgiu de inúmeras conversas com Alex Chisholm, em longas viagens de carro, esperas matutinas em aeroportos e reuniões com potenciais patrocinadores. Mesmo não sendo muito paciente com minhas tolices, ele avaliou e refinou quase todos os conceitos deste livro, ensinou este humanista a falar a língua dos negócios e, assim, a me tornar um melhor pensador e crítico das tendências da mídia contemporânea. Também tenho uma dívida imensa com Christopher Weaver, que apresentou comigo, em várias ocasiões, o seminário "Cultura Popular na Era da Convergência das Mídias", proporcionando a mim e a meus alunos contato direto com figuras proeminentes da indústria midiática e compartilhando experiências de ponta que complementaram e complicaram minhas perspectivas teóricas. Gostaria também de destacar Kurt Squire, meu fiel escudeiro e às vezes colaborador de texto, que me ajudou a valorizar o que os games podem nos ensinar sobre o estágio atual de nossa cultura. Finalmente, gostaria de agradecer a todos que participaram do projeto de pesquisa conjunto Initiative Media/Estudos de Mídia Comparada sobre *American Idol*, que forma a base do Capítulo 3 deste livro: em particular, Alex Chisholm,

AGRADECIMENTOS | 25

Stephanie Davenport, David Ernst, Stacey Lynn Koerner, Sangita Shresthova e Brian Theisen.

Tive a sorte de contar com os leitores e editores de *Technology Review* como mais um meio de divulgação de minhas ideias, à medida que o livro tomava forma. Em particular, quero agradecer às ótimas pessoas que durante anos editaram minha coluna "Digital Renaissance": Herb Brody, Kevin Hogan, Brad King e Rebecca Zacks. Também quero elogiar David Thornburn, Brad Seawell e o Fórum de Comunicação do MIT. Há várias décadas, o Fórum de Comunicação traz ao *campus* figuras proeminentes dos meios de comunicação, fornecendo o contexto adequado à exploração de ideias sobre o rumo que esses meios vêm tomando e qual seu impacto na vida pública.

As primeiras conceituações deste livro passaram antes por duas agentes literárias, Elyse Cheney e Carol Mann, que tinham a esperança de me tornar um escritor comercial de não ficção. Elas foram francas e desanimadoras o suficiente para me mandar de volta ao mundo das editoras universitárias, mas acabaram por ensinar-me alguns novos truques, que, espero, tenham tornado este livro muito mais legível. Talvez algum dia...

Sou grato às muitas pessoas que estiveram dispostas a serem entrevistadas para este livro ou que me ajudaram a entrar em contato com pessoas-chave que eu precisava entrevistar: Sweeney Agonistes, Chris Albrecht, Marcia Allas, Like Alessi, Danny Bilson, Kurt Busiek, ChillOne, Louise Craven, Mary Dana, Dennis Dauter, B. K. DeLong, David Ernst, Jonathon Fanton, Keith Ferrazzi, Claire Field, Chris Finan, Flourish, Carl Goodman, Denis Haack, Hugh Hancock, Bennet Haselton, J. Kristopher Huddy, Stacey Lynn Koerner, Raph Koster, David Kung, Garrett Laporto, Mario Lanza, Heather Lawver, Paul Levitz, John Love, Megan Morrison, Diane Nelson, Shawn Nelson, Dennis O'Neil, Chris Pike, David Raines, Rick Rowley, Eduardo Sanchez, Sande Scoredos, Warren Spector, Petrick Stein, Linda Stone, Heidi Tandy, Joe Trippi, Steve Wax, Nancy Wilard, Will Wright, Neil Young e Zsenya.

Quero também agradecer a uma multidão de amigos e parceiros intelectuais que me ofereceram estímulo e conselhos no momento certo: Harvey Ardman, Hal Abelson, Robert C. Allen, Todd Allen, Reid Ashe, W. James Au, Rebecca Black, Andrew Blau, Gerry Bloustein, David Bordwell, Danah Boyd, Amy Bruckman, Will Brokker, David Buckingham, Scott Bukatman, John Campbell, Justine Cassel, Edward Castranova, Josh Cohen, Ian Condry, Ron

26 | CULTURA DA CONVERGÊNCIA

Crane, Jon Cropper, Sharon Cumberland, Marc Davis, Thomas DeFrantz, Mark Dery, Mark Deuze, Kimberly DeVries, Julian Dibbel, Peter Donaldson, Tracy Fullerton, Simson L. Garfinkel, James Gee, Lisa Gitelman, Wendy Gordon, Nick Hahn, Mary Beth Haralovich, John Harley, Heather Hendershott, Matt Hills, Mary Beth Haralo-Jancovich, Steven Johnson, Sara Gwenllian Jones, Gerard Jones, Louise Kennedy, Christina Klein, Eric Klopfer, Robert Kozinets, Ellen Kushner, Christopher Ireland, Jessica Irish, Kurt Lancaster, Brenda Leurel, Chap Lawson, Geoffrey Long, Peter Ludlow, Davis Maston, Frans Mayra, Robert Metcalfe, Scott McCloud, Grant McCracken, Jane McGonigal, Edward McNally, Tara McPherson, Jason Mittell, Janet Murray, Susan J. Napier, Angela Ndlianis, Annalee Newitz, Tasha Oren, Ciela Pearce, Steven Pinker, Warren Sack, Katie Salens, Nick Sammond, Kevin Sandler, Greg Shaw, Greg Smith, Janet Sonenberg, Constance Steinkuehler, Mary Stuckey, David Surman, Steven J. Tepper, Doug Thomas, Clive Thompson, Sherry Turkle, Fred Turner, William Uricchio, Shenja van der Graaf, Jesse Walker, Jing Wang, Yuici Wachida, David Weinberger, Pam Wilson, Femke Wolting, Chris Wright e Eric Zimmerman. Devo observar que a separação entre esta lista e a anterior foi relativamente arbitrária, já que muitos da primeira lista também são amigos e ofereceram conselhos e estímulo.

E, por último, mas de modo algum menos importante, quero agradecer a Henry Jenkins IV, que sempre contribuiu intelectualmente com meu trabalho, mas foi fundamental ao desenvolvimento do Capítulo 2 deste livro, ajudando-me a entrar em contato com os líderes da comunidade de fãs de *Survivor*; e a Cynthia Jenkins, cuja parceria em todos os assuntos, pessoais e profissionais, vale mais do que posso dizer.

Partes da introdução apareceram como "The Cultural Logic of Media Convergence" [A Lógica Cultural da Convergência das Mídias], *International Journal of Cultural Studies*, primavera de 2004; "Convergence? I Diverge" [Convergência? Eu Divirjo], *Technology Review*, junho de 2001; "Interactive Audiences" [Audiências Interativas], em *The New Media Book*, Ed. Dan Harris (Londres: British Film Institute, 2002); "Pop Cosmopolitanism: Mapping Cultural Flows in an Age of Media Convergence" [Cosmopolitismo Pop: Explorando Fluxos Culturais numa Era de Convergência das Mídias], em *Globalization: Culture and Education in the New Millennium*, de Marcelo M. Suarez-Orozco e Desiree Baolian Qin-Hilliard (eds.) (Berkeley: University of California Press, 2004); e "Welcome to Convergence Culture" [Bem-vindo à Cultura da Convergência], *Receiver*, fevereiro de 2005. Material desse capítulo foi apresentado na New Media Conference, Nokea; no Humlab, da Universidade Umea; na New Orleans Media Experience; e no Centro de Ciências Humanas da Universidade da Pensilvânia.

Partes do Capítulo 1 apareceram como "Convergence is Reality" [A Convergência é Realidade], *Technology Review*, junho de 2003. Esse material foi apresentado na Universidade Estadual da Geórgia e na Universidade de Harvard.

Partes do Capítulo 2 apareceram em "War Games" [Jogos de Guerra], *Technology Review*, novembro de 2003; "Convergence is Reality" [A Convergência é Realidade], *Technology Review*, junho de 2003; "Placement, People!" [Merchandising, Gente!], *Technology Review*, setembro de 2002; "Treating Viewers Like Criminals" [Tratando Espectadores como Criminosos], *Technology Review*, julho de 2002; "TV Tomorrow" [A TV Amanhã], *Technology Review*, maio de 2001; "Affective Economics 101" [Introdução à Economia Afetiva], *Flow*, 20 de setembro de 2004. Material desse capítulo foi apresentado na Universidade Estadual da Geórgia, no MIT, no ESOMAR e no Branded Entertainment Forum.

Partes do Capítulo 3 apareceram como "Chasing Bees, without the Hive Mind" [Caçando Abelhas, sem a Mentalidade de Enxame], 3 de dezembro de 2004; "Searching for the Origami Unicorn" [Procurando pelo Unicórnio de Origami] (com Kurt Squire), *Computer Games Magazine*, dezembro de 2003; "Transmedia Storytelling" [Narrativa Transmídia], *Technology Review*, janeiro de 2003; "Pop Cosmopolitanism: Mapping Cultural Flows in an Age of Media Convergence" [Cosmopolitismo Pop: Explorando Fluxos Culturais numa Era de Convergência das Mídias], em *Globalization Culture and Education in the New Millennium*, de Marcelo M. Suarez-Orozco e Desiree Baolian Qin-Hilliard (eds.) (Berkeley: University of California Press, 2004). Material desse capítulo foi apresentado na Universidade Northwestern, na Universidade de Wisconsin, na Universidade Estadual da Geórgia, no MIT, no Electronic Arts Creative Leaders Program e na Universidade de TI de Copenhague.

Partes do Capítulo 4 apareceram em "Quentin Tarantino's Star Wars: Digital Cinema, Media Convergence, and Participatory Culture" [*Star Wars* por Quentin Tarantino: Cinema Digital, Convergência das Mídias e Cultura Participativa], em *Rethinking Media Change: The Aesthetics of Transition*, de David Thornburn e Henry Jenkins (eds.) (Cambridge, MA: MIT Press, 2003); "When

Folk Culture Meets Mass Culture" [Quando a Cultura Tradicional Encontra a Cultura de Massa], em *The New Gatekeepers: Emerging Challenges to Free Expression in the Arts*, de Christopher Hawthorne e Andras Szanto (eds.) (Nova York: National Journalism Program, 2003); "Taking Media in Our Own Hands" [Assumindo o Controle dos Meios de Comunicação], *Technology Review*, novembro de 2004; "When Piracy Becomes Promotion" [Quando a Pirataria Vira Publicidade], *Technology Review*, março de 2001. Material desse capítulo foi apresentado na Society for Cinema Studies Conference, na MIT Digital Cinema Conference e na Universidade de Tampiere.

Partes do Capítulo 5 apareceram em "Why Heather Can Write" [Por que Heather Pode Escrever], *Technology Review*, fevereiro de 2004; "The Christian Media Counterculture" [A Contracultura da Mídia Cristã], *Technology Review*, março de 2004 (republicada em *National Religious Broadcasters*, outubro de 2004); "When Folk Culture Meets Mass Culture" [Quando a Cultura Tradicional Encontra a Cultura de Massa], em *The New Gatekeepers: Emerging Challenges to Free Expression in the Arts*, de Christopher Hawthorne e Andras Szanto (eds.) (Nova York: National Journalism Program, 2003). Material desse capítulo foi apresentado na Console-ing Passions e na The Witching Hour.

Partes do Capítulo 6 foram apresentadas como "Playing Politics in Alphaville" [Brincando de Política em Alphaville], *Technology Review*, maio de 2004; "Enter the Cybercandidates" [Com Vocês, os Cibercandidatos], *Technology Review*, outubro de 2003; "The Digital Revolution, the Informed Citizen and the Culture of Democracy" [A Revolução Digital, o Cidadão Informado e a Cultura da Democracia] (com David Thorburn), em *Democracy and the New Media* (Cambridge: MA: MIT Press, 2003); e "Challenging the Consensus" [Desafiando o Consenso], *Boston Review*, verão de 2001. Material desse capítulo foi apresentado em reuniões de ex-alunos do MIT em Houston e em San Francisco, no Fórum da Comunicação do MIT, Nokea, e no Humlab da Universidade de Umea.

INTRODUÇÃO

"VENERE NO ALTAR DA CONVERGÊNCIA"

UM NOVO PARADIGMA PARA ENTENDER A TRANSFORMAÇÃO MIDIÁTICA

> Venere no Altar da Convergência
> – slogan, The New Orleans Media Experience (2003)

A história circulou no outono de 2001: Dino Ignacio, estudante secundarista filipino-americano, criou no Photoshop uma colagem do Beto, de *Vila Sésamo* (1970), interagindo com o líder terrorista Osama bin Laden, como parte de uma série de imagens denominada "Beto é do Mal", que ele postou em sua página na Internet (Figura 1.1). Outras imagens mostravam

Figura I.I A colagem de Dino Ignacio do Beto, de *Vila Sésamo,* e Osama bin Laden.

Beto como membro da Ku Kux Klan, ao lado de Hitler, vestido como o Unabomber, ou transando com Pamela Anderson. Era tudo brincadeira.

Logo após o 11 de setembro, um editor de Bangladesh procurou na Internet imagens de Bin Laden para imprimir cartazes, camisetas e pôsteres antiamericanos. *Vila Sésamo* é exibida no Paquistão num formato adaptado; o mundo árabe, portanto, não conhecia Beto e Ênio. O editor talvez não tenha reconhecido Beto, mas deve ter pensado que a imagem era um bom retrato do líder da Al-Qaeda. A imagem acabou em uma colagem de fotografias similares que foi impressa em milhares de pôsteres e distribuída em todo o Oriente Médio.

Repórteres da CNN registraram a improvável cena de uma multidão enfurecida marchando em passeata pelas ruas, gritando slogans antiamericanos e agitando cartazes com Beto e Bin Laden (Figura 1.2).

Representantes do Children's Television Workshop, criadores do programa *Vila Sésamo*, descobriram a imagem da CNN e ameaçaram tomar medidas legais: "Estamos ultrajados por nosso personagem ter sido usado de maneira tão infeliz e ofensiva. As pessoas responsáveis por isso deveriam se envergonhar. Estamos avaliando todos os recursos legais para impedir esse abuso e qualquer abuso semelhante no futuro". Não ficou totalmente claro a quem eles planejavam direcionar seus advogados – o jovem que inicialmente se apropriou das imagens ou os simpatizantes do terrorista que as utilizaram. Para completar, fãs que se divertiram com a situação produziram novos sites ligando vários personagens de *Vila Sésamo* a terroristas.

De seu quarto, Ignacio desencadeou uma controvérsia internacional. Suas imagens cruzaram o mundo, algumas vezes veiculadas por meios comer-

Figura I.2 A colagem de Ignacio, surpreendentemente, apareceu na cobertura da CNN de protestos antiamericanos, logo após o 11 de setembro.

ciais, outras, por meios alternativos. E, no final, inspirou seguidores de sua própria seita. Com sua popularidade crescendo, Ignacio ficou preocupado e finalmente decidiu tirar seu site do ar: "Acho que tudo isso chegou perto demais da realidade... 'Beto é do Mal' e seus seguidores sempre estiveram controlados, longe dos grandes meios de comunicação. Essa questão os trouxe ao conhecimento público".[1] Bem-vindo à cultura da convergência, onde as velhas e as novas mídias colidem, onde mídia corporativa e mídia alternativa se cruzam, onde o poder do produtor de mídia e o poder do consumidor interagem de maneiras imprevisíveis.

Este livro trata da relação entre três conceitos – convergência dos meios de comunicação, cultura participativa e inteligência coletiva.

Por convergência, refiro-me ao fluxo de conteúdos através de múltiplas plataformas de mídia, à cooperação entre múltiplos mercados midiáticos e ao comportamento migratório dos públicos dos meios de comunicação, que vão a quase qualquer parte em busca das experiências de entretenimento que desejam. Convergência é uma palavra que consegue definir transformações tecnológicas, mercadológicas, culturais e sociais, dependendo de quem está falando e do que imaginam estar falando. (Neste livro misturo e equiparo termos de diversos planos de referência. Acrescentei um glossário ao final do livro para ajudar a guiar os leitores.)

No mundo da convergência das mídias, toda história importante é contada, toda marca é vendida e todo consumidor é cortejado por múltiplas plataformas de mídia. Pense nos circuitos através dos quais as imagens de Beto é do Mal viajaram – da *Vila Sésamo* ao Photoshop e à rede mundial de computadores, do quarto de Ignacio a uma gráfica em Bangladesh, dos pôsteres empunhados por manifestantes antiamericanos e capturados pela CNN às salas das pessoas ao redor do mundo. Parte da circulação dependeu de estratégias empresariais, como a adaptação de *Vila Sésamo* ou a cobertura global da CNN. Parte da circulação dependeu da tática de apropriação popular, seja na América do Norte ou no Oriente Médio.

A circulação de conteúdos – por meio de diferentes sistemas de mídia, sistemas administrativos de mídias concorrentes e fronteiras nacionais – depende fortemente da participação ativa dos consumidores. Meu argumento aqui será contra a ideia de que a convergência deve ser compreendida principalmente como um processo tecnológico que une múltiplas funções dentro dos mesmos aparelhos. Em vez disso, a convergência representa uma transformação cultural, à medida que consumidores são incentivados a procurar novas informações e fazer conexões em meio a conteúdos de mídia dispersos. Este livro é sobre o trabalho – e as brincadeiras – que os espectadores realizam no novo sistema de mídia.

A expressão *cultura participativa* contrasta com noções mais antigas sobre a passividade dos espectadores dos meios de comunicação. Em vez de falar sobre produtores e consumidores de mídia como ocupantes de papéis separados, podemos agora considerá-los como participantes interagindo de acordo com um novo conjunto de regras, que nenhum de nós entende por completo. Nem todos os participantes são criados iguais. Corporações – e mesmo indivíduos dentro das corporações da mídia – ainda exercem maior poder do que qualquer consumidor individual, ou mesmo um conjunto de consumidores. E alguns consumidores têm mais habilidades para participar dessa cultura emergente do que outros.

A convergência não ocorre por meio de aparelhos, por mais sofisticados que venham a ser. A convergência ocorre dentro dos cérebros de consumidores individuais e em suas interações sociais com outros. Cada um de nós constrói a própria mitologia pessoal, a partir de pedaços e fragmentos de informações extraídos do fluxo midiático e transformados em recursos através dos quais compreendemos nossa vida cotidiana. Por haver mais informações sobre determinado assunto do que alguém possa guardar na cabeça, há um incentivo extra para que conversemos entre nós sobre a mídia que consumimos. Essas conversas geram um burburinho cada vez mais valorizado pelo mercado das mídias. O consumo tornou-se um processo coletivo – e é isso o que este livro entende por inteligência coletiva, expressão cunhada pelo ciberteórico francês Pierre Lévy. Nenhum de nós pode saber tudo; cada um de nós sabe alguma coisa; e podemos juntar as peças, se associarmos nossos recursos e unirmos nossas habilidades. A inteligência coletiva pode ser vista como uma fonte alternativa de poder midiático. Estamos aprendendo a usar esse poder em nossas interações diárias dentro da cultura da convergência. Neste momento, estamos usando esse poder coletivo principalmente para fins recreativos, mas em breve estaremos aplicando essas habilidades a propósitos mais "sérios". Neste livro, exploro como a produção coletiva de significados, na cultura popular, está começando a mudar o funcionamento das religiões, da educação, do direito, da política, da publicidade e mesmo do setor militar.

Conversas sobre convergência

Outro instantâneo da convergência em ação: em dezembro de 2004, o filme de Bollywood ansiosamente aguardado *Rok Sako To Rok Lo* (2004) foi exibido a entusiastas do cinema em Nova Déli, Bangalore, Hyderabad, Bombaim e outras partes da Índia, através de celulares com tecnologia EDGE e recurso de *video streaming*. Acredita-se que esta foi a primeira vez que um longa-metragem esteve inteiramente acessível via celular.[2] Resta saber como esse tipo de distribuição se ajusta à vida das pessoas. Irá substituir o cinema ou as pessoas irão utilizá-la apenas para escolher filmes que poderão ver em outros lugares? Quem sabe?

Nos últimos anos, vimos como os celulares se tornaram cada vez mais fundamentais nas estratégias de lançamento de filmes comerciais em todo o mundo; como filmes amadores e profissionais produzidos em celulares competiram por prêmios em festivais de cinema internacionais; como usuários puderam ouvir grandes concertos e shows musicais; como romancistas japoneses serializam sua obra via mensagens de texto; e como gamers* usaram aparelhos móveis para competir em jogos de realidade alternativa (*alternative reality games*). Algumas funções vão criar raízes; outras irão fracassar.

Pode me chamar de ultrapassado. Algumas semanas atrás quis comprar um telefone celular – você sabe, para fazer ligações telefônicas. Não queria câmera de vídeo, câmera fotográfica, acesso à Internet, MP3 player ou games. Também não estava interessado em nenhum recurso que pudesse exibir trailers de filmes, que tivesse toques personalizáveis ou que me permitisse ler romances. Não queria o equivalente eletrônico do canivete suíço. Quando o telefone tocar, não quero ter de descobrir qual botão apertar. Só queria um telefone. Os vendedores me olharam com escárnio; riram de mim pelas costas. Fui informado, loja após loja, de que não fazem mais celulares de função única. Ninguém os quer. Foi uma poderosa demonstração de como os celulares se tornaram fundamentais no processo de convergência das mídias.

---

* Jogadores de videogames e outros jogos. [N. de T.]

34 | CULTURA DA CONVERGÊNCIA

Você provavelmente tem ouvido falar muito sobre convergência. Pois vai ouvir mais ainda.

Os mercados midiáticos estão passando por mais uma mudança de paradigma. Acontece de tempos em tempos. Nos anos 1990, a retórica da revolução digital continha uma suposição implícita, e às vezes explícita, de que os novos meios de comunicação eliminariam os antigos, que a Internet substituiria a radiodifusão e que tudo isso permitiria aos consumidores acessar mais facilmente o conteúdo que mais lhes interessasse. Um best-seller de 1990, *A Vida Digital* [*Being Digital*], de Nicholas Negroponte, traçava um nítido contraste entre os "velhos meios de comunicação passivos" e os "novos meios de comunicação interativos", prevendo o colapso da radiodifusão (*broadcasting*) em favor do *narrowcasting* (difusão estreita) e da produção midiática sob demanda destinada a nichos: "A mudança na televisão nos próximos cinco anos será algo tão fenomenal que chega a ser difícil compreender o que vai acontecer".[3] Em certo ponto, ele sugere que nenhuma lei será necessária para abalar os conglomerados: "Os impérios monolíticos de meios de comunicação de massa estão se dissolvendo numa série de indústrias de fundo de quintal... Os atuais barões das mídias irão se agarrar a seus impérios centralizados amanhã, na tentativa de mantê-los... As forças combinadas da tecnologia e da natureza humana acabarão por impor a pluralidade com muito mais vigor do que quaisquer leis que o Congresso possa inventar".[4] Algumas vezes, as novas empresas falaram em convergência, mas aparentemente utilizaram o termo querendo dizer que os antigos meios de comunicação seriam completamente absorvidos pela órbita das tecnologias emergentes. George Gilder, outro revolucionário digital, rejeitou essas ideias: "A indústria da informática está convergindo com a indústria da televisão no mesmo sentido em que o automóvel convergiu com o cavalo, a TV convergiu com o *nickelodeon**, o programa de processamento de texto convergiu com a máquina de escrever, o programa de CAD convergiu com a prancheta, e a editoração eletrônica convergiu com o linotipo e a composição tipográfica".[5] Para Gilder, o computador não tinha vindo para transformar a cultura de massa, mas para destruí-la.

---

* Do inglês *nickel* (moeda de cinco centavos de dólar) e do grego *odeion* (teatro coberto), o *nickelodeon* era uma pequena sala de cinema que, nos EUA do início do século 20, cobrava cinco centavos pelo ingresso. [N. de T.]

INTRODUÇÃO | 35

O estouro da bolha pontocom jogou água fria nessa conversa sobre revolução digital. Agora, a convergência ressurge como um importante ponto de referência, à medida que velhas e novas empresas tentam imaginar o futuro da indústria de entretenimento. Se o paradigma da revolução digital presumia que as novas mídias substituiriam as antigas, o emergente paradigma da convergência presume que novas e antigas mídias irão interagir de formas cada vez mais complexas. O paradigma da revolução digital alegava que os novos meios de comunicação digital mudariam tudo. Após o estouro da bolha pontocom, a tendência foi imaginar que as novas mídias não haviam mudado nada. Como muitas outras coisas no atual ambiente de mídia, a verdade está no meio-termo. Cada vez mais, líderes da indústria midiática estão retornando à convergência como uma forma de encontrar sentido, num momento de confusas transformações. A convergência é, nesse sentido, um conceito antigo assumindo novos significados.

Houve muita conversa sobre convergência na New Orleans Media Experience, em outubro de 2003. A conferência foi organizada pela HSI Productions Inc., uma empresa sediada em Nova York que produz vídeos musicais e publicitários. A HSI comprometeu-se a gastar US$ 100 milhões nos cinco anos seguintes, a fim de tornar Nova Orleans a meca da convergência midiática, assim como o Slamdance se tornou a meca do cinema independente. A New Orleans Media Experience é mais do que um festival de cinema; é também uma exposição dos lançamentos de videogames, um espaço para vídeos musicais e comerciais, vários shows e apresentações teatrais e uma série de três dias de painéis e debates entre líderes da indústria.

Dentro do auditório, pôsteres gigantes retratando olhos, ouvidos, bocas e mãos instavam os presentes a "venerar no Altar da Convergência", mas não ficou claro diante de que tipo de divindade se ajoelhavam. Seria um Deus do Novo Testamento, que prometia salvação? Um Deus do Velho Testamento ameaçando destruição, a menos que seguissem Suas ordens? Uma divindade multifacetada que falava como um oráculo e exigia sacrifícios de sangue? Talvez, para se adequar ao local, a convergência fosse uma deusa vodu, que lhes daria poder para infligir dor a seus concorrentes?

Assim como eu, os participantes tinham vindo a Nova Orleans na expectativa de um vislumbre do futuro, antes que fosse tarde demais. Muitos eram descrentes que haviam se ferido no estouro da bolha e estavam lá para zombar

CULTURA DA CONVERGÊNCIA

de qualquer perspectiva nova. Outros eram recém-formados das maiores faculdades de administração dos EUA e estavam lá para descobrir como fazer seu primeiro milhão. Outros, ainda, tinham sido enviados por seus chefes, esperando iluminação, mas prontos para contentar-se com uma noitada no Quarteirão Francês.

Os ânimos estavam moderados por uma sóbria compreensão dos perigos de se avançar muito rápido, personificados nos *campi* fantasmas da Bay Area e nos móveis de escritório vendidos a preço de atacado no eBay; e dos perigos de se avançar muito devagar, representados pela indústria fonográfica tentando desesperadamente fechar as porteiras da troca de arquivos depois que as vacas já haviam debandado do estábulo. Os participantes tinham vindo a Nova Orleans em busca do "jeito certo" – os investimentos certos, as previsões certas, os modelos de negócios certos. Ninguém mais esperava surfar nas ondas da mudança; ficariam satisfeitos em boiar na superfície. A ruína de velhos paradigmas foi mais rápida que o surgimento de novos, gerando pânico naqueles que mais investiram no *status quo* e curiosidade naqueles que viam oportunidades na mudança.

Publicitários, em suas camisas listradas, misturavam-se aos relações-públicas da indústria fonográfica, com seus bonés de beisebol virados para trás, a agentes de Hollywood em camisas havaianas, tecnólogos de barba pontuda e gamers de cabelos desgrenhados. A única coisa que todos sabiam fazer era trocar cartões de visita.

Da forma como foi representada nos painéis da New Orleans Media Experience, a convergência era uma festa do tipo "venha do jeito que estiver", e alguns participantes estavam mais preparados do que outros para o que tinha sido planejado. Era também um encontro para troca de experiências, em que cada indústria de entretenimento compartilhava problemas e soluções, encontrando na interação entre as mídias o que não conseguiam descobrir trabalhando isoladamente. Em cada discussão, surgiam diferentes modelos de convergência, seguidos pelo reconhecimento de que ninguém sabia quais seriam os resultados. Então, todo mundo fazia um intervalo para uma rápida rodada de Red Bulls (um dos patrocinadores da conferência), como se uma bebida energética pudesse lhes dar asas para voar acima de todos aqueles obstáculos.

INTRODUÇÃO | 37

Economistas, políticos e gurus de negócios fazem a convergência soar tão fácil; olham para os gráficos de concentração de propriedade dos meios de comunicação como se os gráficos garantissem que todas as partes trabalharão juntas para alcançar lucro máximo. Mas, observando de baixo, muitos dos gigantes das mídias parecem enormes famílias disfuncionais, cujos membros não conversam entre si, cuidando de seus próprios interesses imediatos, mesmo à custa de outras divisões da mesma empresa. Em Nova Orleans, contudo, os representantes de diferentes indústrias pareciam prontos a baixar a guarda e falar abertamente sobre perspectivas em comum.

O evento foi vendido como uma chance para o grande público entender, em primeira mão, as próximas transformações na notícia e no entretenimento. Ao aceitar um convite para os painéis, ao demonstrar disposição de "vir a público" com suas dúvidas e seus anseios, talvez os líderes da indústria estivessem reconhecendo a importância do papel que os consumidores podem assumir não apenas aceitando a convergência, mas na verdade *conduzindo* o processo. Se, nos últimos anos, a indústria midiática parecia em guerra com os consumidores, no sentido de tentar forçá-los a voltar a antigas relações e à obediência a normas sedimentadas, as empresas esperavam utilizar o evento em Nova Orleans para justificar suas decisões, tanto aos consumidores quanto aos acionistas.

Infelizmente, embora não fosse um evento a portas fechadas, seria melhor se tivesse sido. Os poucos membros do grande público que apareceram estavam muito mal informados. Após uma discussão intensa sobre os desafios em incrementar os usos de consoles de videogames, o primeiro membro da plateia a levantar a mão queria saber quando o GTA (*Grand Theft Auto*) III sairia para Xbox. É difícil culpar o consumidor por não conhecer a nova linguagem nem saber o que perguntar, quando se fez tão pouco para educá-lo sobre a convergência.

Em um painel sobre consoles, a grande tensão foi entre a Sony (uma empresa de hardware) e a Microsoft (uma empresa de software); ambas tinham planos ambiciosos, mas visões e modelos de negócios fundamentalmente distintos. Todos concordaram que o principal desafio era expandir os usos potenciais dessa tecnologia barata e prontamente acessível, para que se tornasse *a* "caixa-preta", *o* "cavalo de Troia", que clandestinamente levaria a convergência às salas de estar das pessoas. O que mamãe faria com o console enquanto os filhos estivessem na escola? O que levaria uma família a dar um console de videogame para o vovô no Natal? Eles tinham a tecnologia para efetivar a convergência, mas não sabiam por que alguém iria querer usá-la.

Outro painel enfocou a relação entre os videogames e os meios de comunicação. Cada vez mais, os magnatas do cinema consideram os games não apenas um meio de colar o logotipo da franquia em algum produto acessório, mas um meio de expandir a experiência narrativa. Esses produtores e diretores de cinema haviam crescido como gamers e tinham suas próprias ideias sobre o cruzamento criativo entre as mídias; sabiam quem eram os designers mais criativos e incluíram a colaboração deles em seus contratos. Queriam usar os games para explorar ideias que não caberiam em filmes de duas horas.

Tais colaborações significariam tirar todo mundo da "zona de conforto", como explicou um agente de Hollywood. Seriam relações difíceis de sustentar, já que todas as partes temiam perder o controle criativo, e já que o tempo necessário para desenvolvimento e distribuição era radicalmente diferente. A empresa de games deveria tentar sincronizar seu relógio ao imprevisível ciclo de produção de um filme, na esperança de chegar ao Wal-Mart no mesmo fim de semana da estreia do filme? Os produtores do filme deveriam aguardar o também imprevisível ciclo de desenvolvimento do game, esperando sentados, enquanto um concorrente rouba sua ideia? O game seria lançado semanas ou meses após todo o barulho em torno do filme já ter acabado ou, pior, depois de o filme fracassar nas bilheterias? O game deveria se tornar parte do planejamento publicitário para um grande lançamento, mesmo que isso significasse iniciar o desenvolvimento antes mesmo de o estúdio dar "sinal verde" para a produção do filme? Trabalhar com uma produção para TV é ainda mais desgastante, já que o tempo é bem mais curto, e o risco de a série nem ir ao ar, bem mais alto.

Enquanto o pessoal da indústria de games acreditava, maliciosamente, estar no controle do futuro, as figuras da indústria fonográfica suavam em bicas; estavam com os dias contados, a menos que descobrissem um modo de contornar as tendências atuais (público minguando, vendas caindo e pirataria aumentando). O painel "monetizando a música" foi um dos mais concorridos. Todo mundo tentava falar ao mesmo tempo, mas ninguém tinha certeza se suas "respostas" iriam funcionar. O faturamento futuro virá da gerência de direitos autorais, da cobrança do usuário pelo download das músicas ou da criação de taxas que os servidores teriam de pagar à indústria fonográfica como um todo? E quanto aos toques de celular – que alguns sentiam ser um mercado pouco explorado para novas músicas e um canal de promoção alternativo? Talvez o dinheiro esteja no cruzamento entre os vários meios de comunicação, com novos artistas sendo promovidos em videoclipes, pagos por anunciantes que queiram usar os sons e imagens em suas marcas; com novos artistas sendo rastreados numa rede que permita ao público registrar suas preferências em horas, em vez de semanas.

E foi assim, painel após painel. A New Orleans Media Experience nos empurrou em direção ao futuro. Todo caminho à frente apresentava obstáculos, muitos dos quais pareciam instransponíveis, mas, de alguma forma, teriam de ser contornados ou superados na década seguinte.

As mensagens eram claras:

1. A convergência está chegando e é bom você se preparar.
2. A convergência é mais difícil do que parece.
3. Todos sobreviverão se todos trabalharem juntos. (Infelizmente, esta foi uma das coisas que ninguém sabia como fazer.)

O profeta da convergência

Se a revista *Wired* proclamou Marshall McLuhan como o santo padroeiro da revolução digital, podemos definir o falecido cientista político do MIT, Ithiel de Sola Pool, como o profeta da convergência dos meios de comunicação. Seu *Technologies of Freedom* (1983) foi provavelmente o primeiro livro a delinear o conceito de convergência como um poder de transformação dentro das indústrias midiáticas:

Um processo chamado "convergência de modos" está tornando imprecisas as fronteiras entre os meios de comunicação, mesmo entre as comunicações ponto a ponto, tais como o correio, o telefone e o telégrafo, e as comunicações de massa, como a imprensa, o rádio e a televisão. Um único meio físico – sejam fios, cabos ou ondas – pode transportar serviços que no passado eram oferecidos separadamente. De modo inverso, um serviço que no passado era oferecido por um único meio – seja a radiodifusão, a imprensa ou a telefonia – agora pode ser oferecido de várias formas físicas diferentes. Assim, a relação um a um que existia entre um meio de comunicação e seu uso está se corroendo.[6]

40 | CULTURA DA CONVERGÊNCIA

Algumas pessoas, hoje, falam em divergência, ao invés de convergência, mas Pool compreendeu que eram dois lados do mesmo fenômeno.

"Houve uma época", Pool explicou, "em que empresas publicavam jornais, revistas e livros e não faziam muito mais do que isso; seu envolvimento com outros meios de comunicação era insignificante".[7] Cada meio de comunicação tinha suas próprias e distintas funções e seus mercados, e cada um era regulado por regimes específicos, dependendo de seu caráter: centralizado ou descentralizado, marcado por escassez ou abundância, dominado pela notícia ou pelo entretenimento, de propriedade do governo ou da iniciativa privada. Pool sentiu que essas diferenças eram em grande parte resultado de decisões políticas, e eram preservadas mais por hábito do que por alguma característica essencial das diversas tecnologias. Mas ele percebeu que algumas tecnologias de comunicação suportavam maior diversidade e um maior nível de participação do que outras: "Fomenta-se a liberdade quando os meios de comunicação estão dispersos, descentralizados e facilmente disponíveis, como são as impressoras ou os microcomputadores. O controle central é mais provável quando os meios de comunicação estão concentrados, monopolizados e escassos, como nas grandes redes".[8]

Diversas forças, contudo, começaram a derrubar os muros que separam esses diferentes meios de comunicação. Novas tecnologias midiáticas permitiram que o mesmo conteúdo fluísse por vários canais diferentes e assumisse formas distintas no ponto de recepção. Pool estava descrevendo o que Nicholas Negroponte chama de transformação de "átomos em bytes", ou digitalização.[9] Ao mesmo tempo, novos padrões de propriedade cruzada de meios de comunicação, que surgiram em meados da década de 1980, durante o que agora podemos enxergar como a primeira fase de um longo processo de concentração desses meios, estavam tornando mais desejável às empresas distribuir conteúdos através de vários canais, em vez de uma única plataforma de mídia. A digitalização estabeleceu as condições para a convergência; os conglomerados corporativos criaram seu imperativo.

Muito do que se escreveu sobre a chamada revolução digital presumia que o resultado da transformação tecnológica era mais ou menos inevitável. Pool, por outro lado, previu um longo período de transição, durante o qual vários sistemas de mídia iriam competir e colaborar entre si, buscando a estabilidade que sempre lhes escaparia. "Convergência não significa perfeita estabilidade ou unidade. Ela opera como uma força constante pela unificação, mas sempre em dinâmica tensão com a transformação... Não existe uma lei imutável da convergência crescente; o processo de transformação é mais complicado do que isso."[10]

Como Pool previu, estamos numa era de transição midiática, marcada por decisões táticas e consequências inesperadas, sinais confusos e interesses conflitantes e, acima de tudo, direções imprecisas e resultados imprevisíveis.[11] Duas décadas depois, encontro-me reavaliando algumas das principais questões que Pool levantou – sobre como manter o potencial da cultura participativa na esteira da crescente concentração das mídias, e se as transformações trazidas pela convergência abrem novas oportunidades para a expressão ou expandem o poder da grande mídia. Pool estava interessado no impacto da convergência na cultura política; estou mais interessado em seu impacto na cultura popular, mas, como o Capítulo 6 sugere, atualmente as linhas que separam as duas coisas se tornaram imprecisas.

Está além de minha capacidade descrever ou documentar totalmente todas as transformações em curso. Meu objetivo é mais modesto. Quero descrever algumas das formas pelas quais o pensamento convergente está remodelando a cultura popular americana e, em particular, como está impactando a relação entre públicos, produtores e conteúdos de mídia. Embora este capítulo vá delinear o quadro geral (até onde qualquer um de nós consegue vê-lo, hoje), capítulos subsequentes examinarão essas transformações por meio de uma série de estudos de caso, focados em franquias midiáticas específicas e seus públicos. Meu objetivo é ajudar pessoas comuns a entender como a convergência vem impactando as mídias que elas consomem e, ao mesmo tempo, ajudar líderes da indústria e legisladores a entender a perspectiva do consumidor a respeito dessas transformações. Escrever este livro foi desafiador porque tudo parece estar mudando ao mesmo tempo, e não existe um ponto privilegiado, acima da confusão, de onde eu possa enxergar as coisas. Em vez de tentar escrever a partir de um ponto privilegiado e objetivo, descrevo neste livro como esse processo se dá a partir de vários pontos de vista localizados – publicitários tentando alcançar um mercado em transformação, artistas criativos encontrando novas formas de contar histórias, educadores conhecendo comunidades informais de aprendizagem, ativistas desenvolvendo novos recursos para moldar o futuro político, grupos religiosos contestando a qualidade de seu

42 | CULTURA DA CONVERGÊNCIA

ambiente cultural e, é claro, várias comunidades de fãs, que são as primeiras a adotar e usar criativamente as mídias emergentes.

Não posso dizer que sou um observador neutro disso tudo. Primeiro, porque não sou apenas um consumidor de muitos desses produtos de mídia; sou também um ativo fã. O fandom* de produtos de mídia tem sido o tema central de meu trabalho há quase duas décadas – um interesse que surge tanto de minha própria participação em várias comunidades de fãs quanto de meus interesses intelectuais como estudioso dos meios de comunicação. Durante esse tempo, observei os fãs saírem das margens invisíveis da cultura popular e irem para o centro das reflexões atuais sobre produção e consumo de mídia. Segundo, por ser diretor do Programa de Estudos de Mídia Comparada do MIT, tenho participado ativamente de discussões com legisladores e pessoas influentes da indústria; conferenciei com algumas das empresas discutidas neste livro; meus primeiros textos sobre comunidades de fãs e cultura participativa foram adotados por escolas de administração e começam a ter um modesto impacto na forma como as empresas de mídia estão se relacionando com seus consumidores; muitos dos artistas e executivos da mídia que entrevistei são pessoas que considero amigas. Em um momento no qual os papéis entre produtores e consumidores estão mudando, meu trabalho permite-me observar esse processo de diferentes perspectivas. Espero que este livro permita aos leitores beneficiar-se de minhas aventuras em espaços onde poucos humanistas já estiveram. Contudo, os leitores devem também ter em mente que meu comprometimento tanto com fãs quanto com produtores necessariamente influencia o que digo. Meu objetivo aqui é documentar, e não criticar, perspectivas conflitantes sobre a transformação das mídias. Penso que não podemos criticar a convergência até termos dela um conhecimento mais pleno; no entanto, se o público não tiver ideia das discussões que estão ocorrendo, terá pouco ou nada a dizer a respeito de decisões que mudarão drasticamente sua relação com os meios de comunicação.

---

* Fandom é um termo utilizado para se referir à subcultura dos fãs em geral, caracterizada por um sentimento de camaradagem e solidariedade com outros que compartilham os mesmos interesses. [N. de T.]

A Falácia da Caixa Preta

Quase uma década atrás, o escritor de ficção científica Bruce Sterling lançou o que ele chama de Projeto Mídia Morta. Como seu website explica (http://www.deadmedia.org), "a mídia centralizada, dinossáurica, de um-para-muitos, que rugia e esmagava tudo em que pisava durante o século 20, está muito pouco adaptada ao ambiente tecnológico pós-moderno".[12] Antevendo que alguns desses "dinossauros" iriam desaparecer, ele construiu um santuário para a "mídia que morreu no arame farpado da transformação tecnológica". Sua coleção é espantosa, incluindo relíquias como "o fenaquistoscópio, o telharmonium, o cilindro de cera de Thomas Edison, o estereótipo... várias espécies de lanterna mágica".[13]

No entanto, professores de história dizem-nos que os velhos meios de comunicação nunca morrem – nem desaparecem, necessariamente. O que morre são apenas as ferramentas que usamos para acessar seu conteúdo – a fita cassete, a Betacam. São o que estudiosos dos meios de comunicação chamam de *tecnologias de distribuição* (*delivery technologies*). Muitas das coisas listadas pelo projeto de Sterling entram nessa categoria. As tecnologias de distribuição tornam-se obsoletas e são substituídas. CDs, arquivos MP3 e fitas cassetes são tecnologias de distribuição.

Para uma definição de meios de comunicação, recorramos à historiadora Lisa Gitelman, que oferece um modelo de mídia que trabalha em dois níveis: no primeiro, um meio é uma tecnologia que permite a comunicação; no segundo, um meio é um conjunto de "protocolos" associados ou práticas sociais e culturais que cresceram em torno dessa tecnologia.[14] Sistemas de distribuição são apenas e simplesmente tecnologias; meios de comunicação são também sistemas culturais. Tecnologias de distribuição vêm e vão o tempo todo, mas os meios de comunicação persistem como camadas dentro de um estrato de entretenimento e informação cada vez mais complicado.

O conteúdo de um meio pode mudar (como ocorreu quando a televisão substituiu o rádio como meio de contar histórias, deixando o rádio livre para se tornar a principal vitrine do rock and roll), seu público pode mudar (como ocorre quando as histórias em quadrinhos saem de voga, nos anos 1950, para entrar num nicho, hoje) e seu status social pode subir ou cair (como ocorre quando o teatro se desloca de um formato popular para um formato de elite),

44 | CULTURA DA CONVERGÊNCIA

mas uma vez que um meio se estabelece, ao satisfazer alguma demanda humana essencial, ele continua a funcionar dentro de um sistema maior de opções de comunicação. Desde que o som gravado se tornou uma possibilidade, continuamos a desenvolver novos e aprimorados meios de gravação e reprodução do som. Palavras impressas não eliminaram as palavras faladas. O cinema não eliminou o teatro. A televisão não eliminou o rádio.[15] Cada meio antigo foi forçado a conviver com os meios emergentes. É por isso que a convergência parece mais plausível como uma forma de entender os últimos dez anos de transformações dos meios de comunicação do que o velho paradigma da revolução digital. Os velhos meios de comunicação não estão sendo substituídos. Mais propriamente, suas funções e status estão sendo transformados pela introdução de novas tecnologias.

As implicações da distinção entre meios de comunicação e sistemas de distribuição tornam-se mais claras à medida que Gitelman elabora sua definição de "protocolos". Ela escreve: "Protocolos expressam uma grande variedade de relações sociais, econômicas e materiais. Assim, a telefonia inclui a saudação 'alô', inclui o ciclo mensal de contas e inclui os fios e cabos que conectam materialmente nossos telefones... Cinema inclui tudo, desde os furos que percorrem as laterais das películas até a sensação amplamente compartilhada de sermos capazes de esperar para ver 'filmes' em casa, no vídeo. E protocolos estão longe de serem estáticos."[16] Este livro falará pouco sobre as dimensões tecnológicas das transformações da mídia e muito sobre as mudanças nos protocolos através dos quais estamos produzindo e consumindo mídia.

Boa parte do discurso contemporâneo sobre convergência começa e termina com o que chamo de Falácia da Caixa Preta. Mais cedo ou mais tarde, diz a falácia, todos os conteúdos de mídia irão fluir por uma única caixa preta em nossa sala de estar (ou, no cenário dos celulares, através de caixas pretas que carregamos conosco para todo lugar). Se o pessoal da New Orleans Media Experience pudesse ao menos descobrir qual caixa preta irá reinar suprema, então todo mundo poderia fazer investimentos razoáveis para o futuro. Parte do que faz do conceito da caixa preta uma falácia é que ele reduz a transformação dos meios de comunicação a uma transformação tecnológica, e deixa de lado os níveis culturais que estamos considerando aqui.

Não sei quanto a você, mas na minha sala de estar estou vendo cada vez mais caixas pretas. Há o meu videocassete, o decodificador da TV a cabo, o DVD player, meu gravador digital, meu aparelho de som e meus dois sistemas de videogames, sem falar nos montes de fitas de vídeo, DVDs e CDs, cartuchos e controles de games espalhados por cima, por baixo e pelos lados do meu aparelho de TV. (Eu definitivamente me encaixo no perfil do usuário pioneiro, mas quase todos os lares americanos têm hoje, ou em breve terão, suas próprias caixas pretas empilhadas.) O eterno emaranhado de fios que há entre mim e meu centro de "entretenimento caseiro" reflete a incompatibilidade e a disfunção existentes entre as diversas tecnologias midiáticas. E muitos dos meus alunos no MIT carregam para lá e para cá múltiplas caixas pretas – laptops, celulares, iPods, Game Boys, BlackBerrys, e o que mais você imaginar.

Como a Cheskin Research explicou num relatório de 2002, "a velha ideia da convergência era a de que todos os aparelhos iriam convergir num único aparelho central que faria tudo para você (*à la* controle remoto universal). O que estamos vendo hoje é o hardware divergindo, enquanto o conteúdo converge. [...] Suas necessidades e expectativas quanto ao e-mail são diferentes se você está em casa, no trabalho, na escola, no trânsito, no aeroporto etc., e esses diferentes aparelhos são projetados para acomodar suas necessidades de acesso a conteúdos dependendo de onde você está – seu contexto localizado".[17] Essa arrancada em direção a dispositivos de mídia mais especializados coexiste com uma arrancada em direção a aparelhos mais genéricos. Pode-se interpretar a proliferação de caixas pretas como o sintoma de um momento da convergência: como ninguém sabe que tipos de funções devem ser combinadas, somos forçados a comprar uma série de aparelhos especializados e incompatíveis. Na outra ponta do espectro, podemos também ser forçados a lidar com o aumento de funções dentro do mesmo aparelho, as quais diminuem sua capacidade de cumprir sua função original; assim, não consigo encontrar um telefone celular que seja apenas telefone.

A convergência das mídias é mais do que apenas uma mudança tecnológica. A convergência altera a relação entre tecnologias existentes, indústrias, mercados, gêneros e públicos. A convergência altera a lógica pela qual a indústria midiática opera e pela qual os consumidores processam a notícia e o entretenimento. Lembrem-se disto: a convergência refere-se a um processo, não a um ponto final. Não haverá uma caixa preta que controlará o fluxo midiático para dentro de nossas casas. Graças à proliferação de canais e à portabilidade das novas tecnologias de informática e telecomunicações, estamos entrando numa era em que haverá mídias em todos os lugares. A convergência não é algo que vai acontecer um dia, quando tivermos banda larga suficiente ou quando descobrirmos a configuração correta dos aparelhos. Prontos ou não, já estamos vivendo numa cultura da convergência.

Nossos telefones celulares não são apenas aparelhos de telecomunicações; eles também nos permitem jogar, baixar informações da Internet, tirar e enviar fotografias ou mensagens de texto. Cada vez mais, estão nos permitindo assistir a trailers de filmes, baixar capítulos de romances serializados ou comparecer a concertos e shows musicais em lugares remotos. Tudo isso já está acontecendo no norte da Europa e na Ásia. Qualquer uma dessas funções também pode ser desempenhada usando outros aparelhos. Você pode ouvir as Dixie Chicks no DVD player, no rádio do carro, no walkman, no iPod, numa estação de rádio na Internet ou num canal de música na TV a cabo.

Alimentar essa convergência tecnológica significa uma mudança nos padrões de propriedade dos meios de comunicação. Enquanto o foco da velha Hollywood era o cinema, os novos conglomerados têm interesse em controlar toda uma indústria de entretenimento. A Warner Bros. produz filmes, televisão, música popular, games, websites, brinquedos, parques de diversão, livros, jornais, revistas e quadrinhos.

Por sua vez, a convergência dos meios de comunicação impacta o modo como consumimos esses meios. Um adolescente fazendo a lição de casa pode trabalhar ao mesmo tempo em quatro ou cinco janelas no computador: navegar na Internet, ouvir e baixar arquivos MP3, bater papo com amigos, digitar um trabalho e responder e-mails, alternando rapidamente as tarefas. E fãs de um popular seriado de televisão podem capturar amostras de diálogos no vídeo, resumir episódios, discutir sobre roteiros, criar *fan fiction* (ficção de fã), gravar suas próprias trilhas sonoras, fazer seus próprios filmes – e distribuir tudo isso ao mundo inteiro pela Internet.

A convergência está ocorrendo dentro dos mesmos aparelhos, dentro das mesmas franquias, dentro das mesmas empresas, dentro do cérebro do consumidor e dentro dos mesmos grupos de fãs. A convergência envolve uma transformação tanto na forma de produzir quanto na forma de consumir os meios de comunicação.

A lógica cultural da convergência dos meios de comunicação

Mais um instantâneo do futuro: a antropóloga Mizuko Ito documentou o papel crescente que o celular vem assumindo entre a juventude japonesa, relatando casos de jovens casais que mantêm contato constante entre si o dia todo graças ao acesso a diversas tecnologias móveis.[18] Eles acordam juntos, trabalham juntos, comem juntos e vão para a cama juntos, embora vivam a quilômetros de distância uns dos outros e talvez só se vejam pessoalmente poucas vezes por mês. Podemos chamar isso de *telecocooning**.

A convergência não envolve apenas materiais e serviços produzidos comercialmente, circulando por circuitos regulados e previsíveis. Não envolve apenas as reuniões entre empresas de telefonia celular e produtoras de cinema para decidirem quando e onde vamos assistir à estreia de um filme. A convergência também ocorre quando as pessoas assumem o controle das mídias. Entretenimento não é a única coisa que flui pelas múltiplas plataformas de mídia. Nossa vida, nossos relacionamentos, memórias, fantasias e desejos também fluem pelos canais de mídia. Ser amante, mãe ou professor ocorre em plataformas múltiplas.[19] Às vezes, colocamos nossos filhos na cama à noite e outras vezes nos comunicamos com eles por mensagem instantânea, do outro lado do globo.

Outro instantâneo: estudantes alcoolizados no colégio local usam seus celulares, espontaneamente, para produzir seus próprios filmes pornôs-soft, com líderes de torcida se agarrando sem blusa no vestiário. Em poucas horas, o filme está circulando na escola, baixado por alunos e professores e visto no intervalo em aparelhos de mídia pessoais.

Quando as pessoas assumem o controle das mídias, os resultados podem ser maravilhosamente criativos; podem ser também uma má notícia para todos os envolvidos.

No futuro próximo, a convergência será uma espécie de gambiarra – uma amarração improvisada entre as diferentes tecnologias midiáticas – em vez de um sistema completamente integrado. Neste momento, as transformações cul-

---

* *Cocooning* (do inglês "cocoon", "casulo") é um termo cunhado nos anos 1990 para definir a tendência ao isolamento social nas últimas décadas: as pessoas preferem ficar em casa a interagir socialmente. O aparecimento de novas tecnologias, como a Internet, acentuou essa tendência. [N. de T.]

48 | CULTURA DA CONVERGÊNCIA

turais, as batalhas jurídicas e as fusões empresariais que estão alimentando a convergência midiática são mudanças antecedentes na infraestrutura tecnológica. O modo como essas diversas transições evoluem irá determinar o equilíbrio de poder na próxima era dos meios de comunicação.

O ambiente de mídia americano está sendo moldado hoje por duas tendências aparentemente contraditórias: por um lado, novas tecnologias reduziram os custos de produção e distribuição, expandiram o raio de ação dos canais de distribuição disponíveis e permitiram aos consumidores arquivar e comentar conteúdos, apropriar-se deles e colocá-los de volta em circulação de novas e poderosas formas. Por outro lado, tem ocorrido uma alarmante concentração de propriedade dos grandes meios de comunicação comerciais, com um pequeno punhado de conglomerados dominando todos os setores da indústria de entretenimento. Ninguém parece capaz de definir as duas transformações ao mesmo tempo, muito menos de mostrar como uma impacta a outra. Alguns temem que os meios de comunicação fujam ao controle, outros temem que sejam controlados demais. Alguns veem um mundo sem *gatekeepers**, outros um mundo onde os *gatekeepers* têm um poder sem precedentes. Mais uma vez, a verdade está no meio-termo.

Outro instantâneo: pessoas no mundo todo estão afixando adesivos de Setas Amarelas (http://global.yellowarrow.net) nas laterais de monumentos e fábricas, sob viadutos e em postes. As setas fornecem números para os quais outras pessoas podem ligar e acessar mensagens de voz gravadas – comentários pessoais sobre a paisagem urbana. Usam essa gravação para partilhar uma linda paisagem ou criticar empresas irresponsáveis. E, cada vez mais, empresas estão cooptando o sistema para deixar sua própria publicidade.

A convergência, como podemos ver, é tanto um processo corporativo, de cima para baixo, quanto um processo de consumidor, de baixo para cima. A convergência corporativa coexiste com a convergência alternativa. Empresas de mídia estão aprendendo a acelerar o fluxo de conteúdo de mídia pelos canais de distribuição para aumentar as oportunidades de lucros, ampliar mercados e consolidar seus compromissos com o público. Consumidores estão aprendendo a utilizar as diferentes tecnologias para ter um controle mais com-

---

* *Gatekeeper* (porteiro), no contexto dos meios de comunicação, é um termo utilizado para se referir a pessoas e organizações que administram ou restringem o fluxo de informação e conhecimento. [N. de T.]

pleto sobre o fluxo da mídia e para interagir com outros consumidores. As promessas desse novo ambiente de mídia provocam expectativas de um fluxo mais livre de ideias e conteúdos. Inspirados por esses ideais, os consumidores estão lutando pelo direito de participar mais plenamente de sua cultura. Às vezes, a convergência corporativa e a convergência alternativa se fortalecem mutuamente, criando relações mais próximas e mais gratificantes entre produtores e consumidores de mídia. Às vezes, essas duas forças entram em guerra, e essas batalhas irão redefinir a face da cultura popular americana.

A convergência exige que as empresas de mídia repensem antigas suposições sobre o que significa consumir mídias, suposições que moldam tanto decisões de programação quanto de marketing. Se os antigos consumidores eram tidos como passivos, os novos consumidores são ativos. Se os antigos consumidores eram previsíveis e ficavam onde mandavam que ficassem, os novos consumidores são migratórios, demonstrando uma declinante lealdade a redes ou a meios de comunicação. Se os antigos consumidores eram indivíduos isolados, os novos consumidores são mais conectados socialmente. Se o trabalho de consumidores de mídia já foi silencioso e invisível, os novos consumidores são agora barulhentos e públicos.

Os produtores de mídia estão reagindo a esses recém-poderosos consumidores de formas contraditórias, às vezes encorajando a mudança, outras vezes resistindo ao que consideram um comportamento renegado. E os consumidores, por sua vez, estão perplexos com o que interpretam como sinais confusos sobre a quantidade e o tipo de participação que podem desfrutar.

À medida que passam por essas transformações, as empresas de mídia não estão se comportando de forma monolítica; com frequência, setores diferentes da mesma empresa estão procurando estratégias radicalmente diferentes, refletindo a incerteza a respeito de como proceder. Por um lado, a convergência representa uma oportunidade de expansão aos conglomerados das mídias, já que o conteúdo bem-sucedido num setor pode se espalhar por outras plataformas. Por outro lado, a convergência representa um risco, já que a maioria dessas empresas teme uma fragmentação ou uma erosão em seus mercados. Cada vez que deslocam um espectador, digamos, da televisão para a Internet, há o risco de ele não voltar mais.

O pessoal da indústria usa o termo "extensão" para se referir à tentativa de expandir mercados potenciais por meio do movimento de conteúdos por

50 | CULTURA DA CONVERGÊNCIA

diferentes sistemas de distribuição; "sinergia", para se referir às oportunidades econômicas representadas pela capacidade de possuir e controlar todas essas manifestações; e "franquia", para se referir ao empenho coordenado em imprimir uma marca e um mercado a conteúdos ficcionais, sob essas condições. Extensão, sinergia e franquia estão forçando a indústria midiática a aceitar a convergência. Por essa razão, os estudos de casos que selecionei para este livro tratam das franquias de maior sucesso na história midiática recente. Algumas (*American Idol*, 2002, e *Survivor*, 2000) são oriundas da televisão, outras (*Matrix*, 1999, *Star Wars*, 1977), do cinema, algumas de livros (*Harry Potter*, 1998), outras de games (*The Sims*, 2000), mas todas elas se estendem além de seu meio original para influenciar muitos outros terrenos da produção cultural. Cada uma dessas franquias oferece um ponto de vista diferente a partir do qual se pode compreender como a convergência midiática está remodelando a relação entre consumidores e produtores de mídia.

O Capítulo 1, que enfoca *Survivor**, e o Capítulo 2, que se concentra em *American Idol*, examinam o fenômeno dos reality shows. O Capítulo 1 guia os leitores pelo mundo pouco conhecido dos *spoilers*** de *Survivor* – um grupo de ativos consumidores que reúne seus conhecimentos para tentar desvendar os segredos do programa antes de serem revelados no ar. A ação de estragar as surpresas de *Survivor* será interpretada aqui como um exemplo particularmente vívido de inteligência coletiva em ação. Comunidades de conhecimento formam-se em torno de interesses intelectuais mútuos; seus membros trabalham juntos para forjar novos conhecimentos, muitas vezes em domínios em que não há especialistas tradicionais; a busca e a avaliação de conhecimento são relações ao mesmo tempo solidárias e antagônicas. Investigar como essas comunidades de conhecimento funcionam pode nos ajudar a compreender melhor a natureza social do consumo contemporâneo de mídia. Essas comunidades podem nos revelar como o conhecimento se torna poder na era da convergência das mídias.

---

* *Survivor* (Sobrevivente) é um reality show em que 16 competidores, divididos em duas equipes, ou "tribos", são levados a uma área isolada (geralmente uma ilha) e devem enfrentar os desafios impostos pelos produtores do programa. No decorrer da série, os competidores vão sendo eliminados, um a um, até que reste apenas um sobrevivente – o ganhador de US$ 1 milhão. A versão brasileira do programa recebeu o nome de *No Limite*. [N. de T.]

** Do inglês *spoil* (estragar), *spoiler* é o "estraga-prazer", o que estraga surpresas. [N. de T.]

INTRODUÇÃO | 51

Por outro lado, o Capítulo 2 examina *American Idol* da perspectiva do mercado, tentando entender como a *reality television* está sendo moldada por algo que chamo de "economia afetiva". O valor decrescente do comercial de 30 segundos, numa era de TiVos e videocassetes, está forçando as agências de publicidade a repensar sua interface com o público consumidor. A nova "economia afetiva" incentiva as empresas a transformar as marcas naquilo que uma pessoa do meio da indústria chama de "lovemarks" e a tornar imprecisa a fronteira entre conteúdos de entretenimento e mensagens publicitárias. Segundo a lógica da economia afetiva, o consumidor ideal é ativo, comprometido emocionalmente e parte de uma rede social. Ver o anúncio ou comprar o produto já não basta; a empresa convida o público para entrar na comunidade da marca. No entanto, se tais afiliações incentivam um consumo mais ativo, essas mesmas comunidades podem também tornar-se protetoras da integridade das marcas e, portanto, críticas das empresas que solicitam sua fidelidade.

Surpreendentemente, em ambos os casos, as relações entre produtores e consumidores estão sendo rompidas à medida que os consumidores procuram agir ao serem convidados a participar da vida das franquias. No caso de *Survivor*, a comunidade de *spoilers* tornou-se tão boa no jogo que os produtores temem ser incapazes de proteger os direitos dos outros consumidores de terem uma experiência em "primeira mão" ao longo da série. No caso de *American Idol*, os fãs temem que sua participação seja secundária e que os produtores ainda desempenhem um papel muito ativo nos resultados da competição. Quando a participação se torna exagerada? Quando a participação se torna interferência? E, por outro lado, quando os produtores exercem poder demais sobre uma experiência de entretenimento?

O Capítulo 3 examina a franquia de *Matrix* como um exemplo do que venho chamando de narrativa transmídia (*transmedia storytelling*). A narrativa transmídia refere-se a uma nova estética que surgiu em resposta à convergência das mídias – uma estética que faz novas exigências aos consumidores e depende da participação ativa de comunidades de conhecimento. A narrativa transmídia é a arte da criação de um universo. Para viver uma experiência plena num universo ficcional, os consumidores devem assumir o papel de caçadores e coletores, perseguindo pedaços da história pelos diferentes canais, comparando suas observações com as de outros fãs, em grupos de discussão on-line, e colaborando para assegurar que todos os que investiram tempo e energia tenham uma

52 | CULTURA DA CONVERGÊNCIA

experiência de entretenimento mais rica. Alguns argumentaram que os irmãos Wachowski, que escreveram e dirigiram os filmes de *Matrix*, forçaram a narrativa transmídia além do ponto que a maioria do público estava preparada para ir.

Os capítulos 4 e 5 examinam mais a fundo o domínio da cultura participativa. O Capítulo 4 trata dos produtores e diretores de *Star Wars*, bem como dos gamers, que estão remodelando ativamente a mitologia de George Lucas a fim de satisfazerem suas próprias fantasias e seus desejos. As culturas dos fãs serão compreendidas aqui como uma revitalização do processo tradicional, em resposta aos conteúdos da cultura de massa. O Capítulo 5 trata dos jovens fãs de *Harry Potter*, que estão escrevendo suas próprias histórias sobre Hogwarts e seus alunos. Em ambos os casos, esses artistas alternativos estão entrando em conflito com os produtores da mídia comercial, que desejam exercer maior controle sobre sua propriedade intelectual. Veremos no Capítulo 4 que a Lucas-Arts teve de repensar continuamente suas relações com os fãs de *Star Wars* nas últimas décadas, tentando encontrar o equilíbrio adequado entre incentivar o entusiasmo e proteger seus investimentos na série. Curiosamente, à medida que *Star Wars* se desloca para outras mídias, surgem diferentes expectativas a respeito da participação, com os produtores do game *Star Wars Galaxies* incentivando os consumidores a gerar grande parte do conteúdo, ao mesmo tempo em que os produtores dos filmes de *Star Wars* lançam diretrizes restringindo a participação dos fãs.

O Capítulo 5 estende esse foco até a política da participação, a fim de considerar duas contendas específicas sobre *Harry Potter*: os interesses conflitantes entre os fãs de *Harry Potter* e a Warner Bros., o estúdio que adquiriu os direitos de filmagem dos livros de J. K. Rowling, e o conflito entre conservadores cristãos que criticam os livros e os professores que os adotaram como um incentivo a jovens leitores. O capítulo investiga uma série de reações ao definhamento dos *gatekeepers* tradicionais e à expansão da fantasia em várias partes de nossa vida cotidiana. Por um lado, alguns cristãos conservadores estão contra-atacando a convergência das mídias e a globalização, reafirmando a autoridade tradicional, em face da profunda transformação social e cultural. Por outro lado, alguns cristãos aceitam a convergência por meio de suas próprias formas de projeção na mídia, fomentando uma abordagem distinta no letramento midiático e incentivando o surgimento de culturas de fãs de orientação cristã.

INTRODUÇÃO | 53

Ao longo desses cinco capítulos, irei demonstrar como instituições arraigadas estão se inspirando nos modelos das comunidades de fãs e se reinventando para uma era de convergência das mídias e de inteligência coletiva – como o mercado publicitário foi forçado a reconsiderar as relações dos consumidores com as marcas, como o setor militar está usando games para múltiplos jogadores com o intuito de restabelecer a comunicação entre civis e militares, como os profissionais do direito têm se esforçado para entender o que significa "uso aceitável" ("*fair use*") numa era em que muito mais pessoas estão se tornando autores, como educadores estão reavaliando o valor da educação informal, e como pelo menos alguns dos conservadores cristãos estão fazendo as pazes com as formas mais novas da cultura popular. Em cada um desses casos, instituições poderosas estão tentando desenvolver ligações mais fortes com membros de seu círculo, e os consumidores estão aplicando as habilidades aprendidas como fãs e gamers no trabalho, na escola e na política.

O Capítulo 6 passará da cultura popular para a cultura pública, aplicando minhas ideias sobre convergência para oferecer uma perspectiva da campanha presidencial americana de 2004, explorando o que talvez seja necessário para tornar a democracia mais participativa. Mais uma vez, os cidadãos foram melhor servidos pela cultura popular do que pelo noticiário ou pelo discurso político; a cultura popular assumiu novas responsabilidades ao instruir o público sobre o que estava em jogo nessa eleição e inspirá-lo a participar mais plenamente do processo. Na esteira de uma campanha que causou tantas divisões, a mídia popular talvez sirva também de exemplo de como podemos nos unir, apesar de nossas diferenças. As eleições de 2004 representam um importante momento de transição no relacionamento entre a mídia e os políticos, à medida que os cidadãos foram incentivados a fazer boa parte do trabalho sujo da campanha, e candidatos e partidos perderam parte do controle sobre o processo político. Aqui, novamente, todos os lados aceitam uma participação maior dos cidadãos e consumidores, mas ainda não concordam com os termos dessa participação.

Na minha conclusão, retornarei ao meus três termos-chave – convergência, inteligência coletiva e participação. Quero explorar algumas das implicações das tendências que irei discutir neste livro para a educação, para a reforma midiática e para a cidadania democrática. Retornarei, então, a uma afirmação essencial: a convergência representa uma mudança no modo como encaramos

54 | CULTURA DA CONVERGÊNCIA

nossas relações com as mídias. Estamos realizando essa mudança primeiro por meio de nossas relações com a cultura popular, mas as habilidades que adquirimos nessa brincadeira têm implicações no modo como aprendemos, trabalhamos, participamos do processo político e nos conectamos com pessoas de outras partes do mundo.

Durante todo o livro, enfocarei as ideias concorrentes e contraditórias sobre participação que estão dando forma à nova cultura midiática. Contudo, devo reconhecer que nem todos os consumidores têm acesso às habilidades e aos recursos necessários para que sejam participantes plenos das práticas culturais que descrevo. Cada vez mais, a exclusão digital está causando preocupações a respeito da lacuna participativa. Durante todos os anos 1990, a questão principal era o acesso. Hoje, digamos que a maioria dos americanos tem algum acesso limitado à Internet, embora para muitos seja através da biblioteca pública ou da escola local. Contudo, muitas das atividades que este livro descreverá dependem do maior acesso às tecnologias, maior familiaridade com os novos tipos de interação social que elas permitem e um domínio mais pleno das habilidades conceituais que os consumidores desenvolveram em resposta à convergência das mídias. Enquanto o foco permanecer no acesso, a reforma permanecerá concentrada nas tecnologias; assim que começarmos a falar em participação, a ênfase se deslocará para os protocolos e práticas culturais.

Quase todas as pessoas retratadas neste livro são usuários pioneiros. Nos EUA, eles são, de maneira desproporcional, brancas, do sexo masculino, de classe média e com nível de escolaridade superior. São pessoas que têm o maior acesso às novas tecnologias midiáticas e dominaram as habilidades necessárias para participar plenamente das novas culturas do conhecimento. Não parto do pressuposto de que essas práticas culturais permanecerão inalteradas à medida que ampliarmos o acesso e a participação. Na verdade, a ampliação da participação necessariamente desencadeará mais transformações. Contudo, neste momento, nossa melhor janela para dentro da cultura da convergência vem da observação da experiência dos primeiros colonizadores e primeiros habitantes. Esses consumidores de elite exercem uma influência desproporcional na cultura midiática, em parte porque publicitários e produtores de mídia estão ansiosos para chamar e manter sua atenção. Onde esses consumidores vão, a indústria da mídia tende a segui-los; onde a indústria da mídia vai, esses consumidores tendem a ser encontrados. No momento, ambos estão correndo atrás do próprio rabo.

Estamos entrando agora na cultura da convergência. Não surpreende que ainda não estejamos prontos para lidar com suas complexidades e contradições. Temos de encontrar formas de transpor as mudanças que estão ocorrendo. Nenhum grupo consegue ditar as regras. Nenhum grupo consegue controlar o acesso e a participação.

Não espere que as incertezas em torno da convergência sejam resolvidas num futuro próximo. Estamos entrando numa era de longa transição e de transformação no modo como os meios de comunicação operam. Não haverá nenhuma caixa preta mágica que colocará tudo em ordem novamente. Produtores de mídia só encontrarão a solução de seus problemas atuais readequando o relacionamento com seus consumidores. O público, que ganhou poder com as novas tecnologias e vem ocupando um espaço na intersecção entre os velhos e os novos meios de comunicação, está exigindo o direito de participar intimamente da cultura. Produtores que não conseguirem fazer as pazes com a nova cultura participativa enfrentarão uma clientela declinante e a diminuição dos lucros. As contendas e as conciliações resultantes irão redefinir a cultura pública do futuro.

1

DESVENDANDO OS SEGREDOS DE *SURVIVOR*

A ANATOMIA DE UMA COMUNIDADE DE CONHECIMENTO

Survivor (2000) – o programa espantosamente popular da CBS que iniciou a tendência da *reality television* – não tem apenas 16 estranhos brigando entre si. Em torno de cada episódio cuidadosamente engendrado, surge uma competição paralela – um gigantesco jogo de gato e rato entre os produtores e o público. Toda semana, os resultados ansiosamente aguardados são tema de conversa na hora do cafezinho e divulgados como notícia até nas emissoras concorrentes. *Survivor* é televisão para a era da Internet – feito para ser discutido, dissecado, debatido, previsto e criticado.

O vencedor de *Survivor* é um dos segredos mais bem guardados da televisão. O produtor executivo Mark Burnett encarrega-se de campanhas de desinformação, na tentativa de jogar fumaça nos olhos dos espectadores. Multas enormes são incluídas nos contratos dos competidores e de membros da equipe de produção, caso sejam pegos vazando informações sobre os resultados. Assim, cresceu uma fascinação em torno da ordem das "botinadas" (boots, a sequência em que os competidores são rejeitados pela tribo), os "quatro finalistas" (os quatro últimos participantes da competição) e, especialmente, em torno do "único sobrevivente" (o ganhador final do prêmio de US$ 1 milhão em dinheiro).

O programa tem um dos maiores índices de audiência da televisão americana. Em suas primeiras oito temporadas, *Survivor* raramente esteve fora da lista dos dez programas de maior audiência. Os fãs mais exaltados, um contingente conhecido como "spoilers", não medem esforços para escarafunchar as respostas. Usam fotografias de satélite para localizar a base do acampamento. Assistem aos episódios gravados, quadro a quadro, procurando informações ocultas. Conhecem *Survivor* de trás para a frente e estão determinados a descobrir tudo – juntos – antes de os produtores revelarem o que aconteceu. Chamam a esse processo de "spoiling".

Mark Burnett reconhece que essa controvérsia entre o produtor e os fãs faz parte da mística de *Survivor*: "Com tanta coisa no programa envolta em segredo antes de ir ao ar, faz todo sentido que muitos indivíduos considerem um desafio tentar obter as informações antes que sejam reveladas oficialmente – uma espécie de código que eles estão determinados a decifrar. Embora meu papel seja manter os fãs em estado de alerta e estar um passo à frente deles, é fascinante saber até que ponto esses indivíduos estão dispostos a ir".[1]

Nessa intensa competição entrou ChillOne. Antes de sua súbita fama no fandom, ele alega ter sido apenas um observador que nunca havia participado de uma lista de discussão. De férias no Brasil no Ano-Novo de 2003, disse ele, topou com um relato detalhado de quem iria ser excluído de *Survivor: Amazon*, a sexta temporada da série. Postou essa informação na Internet e submeteu-se a meses de intenso interrogatório na comunidade de *spoilers*, a fim de defender sua reputação. Para alguns, ChillOne foi um herói, o melhor *spoiler* de todos os tempos. Para outros, foi um vilão, o sujeito que destruiu o jogo para todo mundo.

Como vimos, a era da convergência das mídias permite modos de audiência comunitários, em vez de individualistas. Contudo, nem todo consumidor de mídia interage no interior de uma comunidade virtual, ainda; alguns apenas discutem o que veem com amigos, com a família e com colegas de trabalho. Mas poucos assistem à televisão em total silêncio e isolamento. Para quase todos nós, a televisão fornece material para a chamada conversa na hora do cafezinho. E, para um número crescente de pessoas, a hora do cafezinho tornou-se

58 | CULTURA DA CONVERGÊNCIA

digital. Fóruns on-line oferecem uma oportunidade para os participantes compartilharem conhecimento e opiniões. Neste capítulo, espero trazer os leitores para dentro da comunidade dos *spoilers*, a fim de que aprendam mais a respeito de seu funcionamento e de seu impacto na audiência de uma popular série de televisão.

Meu foco aqui está no processo e na ética na resolução de problemas dentro de uma comunidade on-line. Estou menos interessado na identidade de ChillOne ou se suas informações estão corretas, e mais interessado em como a comunidade reagiu, avaliou, debateu e criticou os tipos de conhecimento trazidos por ele. Estou interessado em como a comunidade reage a uma mudança em sua maneira normal de processar e avaliar conhecimento. É em momentos de crise, conflito e controvérsia que as comunidades são obrigadas a articular os princípios que as dirigem.[2]

Spoiling como inteligência coletiva

Na Internet, argumenta Pierre Lévy, as pessoas subordinam sua expertise individual a objetivos e fins comuns. "Ninguém sabe tudo. Todo o conhecimento reside na humanidade."[3] A inteligência coletiva refere-se a essa capacidade das comunidades virtuais de alavancar a expertise combinada de seus membros. O que não podemos saber ou fazer sozinhos, agora podemos fazer coletivamente. E a organização de espectadores no que Lévy chama de comunidades de conhecimento permite-lhes exercer maior poder agregado em suas negociações com produtores de mídia. A emergente cultura do conhecimento jamais escapará completamente da influência da cultura de massa, assim como a cultura de massa não pode funcionar totalmente fora das restrições do Estado-nação. Lévy sugere, entretanto, que a inteligência coletiva irá, gradualmente, alterar o modo como a cultura de massa opera. Ele considera míope o pânico da indústria com a participação do público: "Evitando que a cultura do conhecimento se torne autônoma, eles privam os circuitos do espaço massificado... de uma extraordinária fonte de energia".[4] A cultura do conhecimento, sugere ele, serve como o "motor invisível e intangível" para a circulação e a troca de produtos de massa.

A nova cultura do conhecimento surge ao mesmo tempo em que nossos vínculos com antigas formas de comunidade social estão se rompendo, nosso arraigamento à geografia física está diminuindo, nossos laços com a família estendida, ou mesmo com a família nuclear, estão se desintegrando, e nossas alianças com Estados-nações estão sendo redefinidas. Entretanto, novas formas de comunidade estão surgindo: essas novas comunidades são definidas por afiliações voluntárias, temporárias e táticas, e reafirmadas através de investimentos emocionais e empreendimentos intelectuais comuns. Os membros podem mudar de um grupo a outro, à medida que mudam seus interesses, e podem pertencer a mais de uma comunidade ao mesmo tempo. As comunidades, entretanto, são mantidas por meio da produção mútua e troca recíproca de conhecimento. Como Lévy escreve, tais grupos "tornam acessível ao intelecto coletivo todo o conhecimento pertinente disponível num dado momento". E, o mais importante, esses grupos servem como locais de "discussão, negociação e desenvolvimento coletivos" e estimulam o membro individual a buscar novas informações para o bem comum: "Perguntas não respondidas criam tensão... indicando regiões onde é preciso inventar e inovar".[5]

Lévy traça uma distinção entre conhecimento compartilhado – informações tidas como verdadeiras e conhecidas pelo grupo inteiro – e inteligência coletiva – a soma total de informações retidas individualmente pelos membros do grupo e que podem ser acessadas em resposta a uma pergunta específica. Ele explica: "O conhecimento de uma comunidade de pensamento não é mais conhecimento compartilhado, pois hoje é impossível um único ser humano, ou mesmo um grupo de pessoas, dominar todo o conhecimento, todas as habilidades. Trata-se, fundamentalmente, de conhecimento coletivo, impossível de reunir em uma única criatura".[6] Apenas certas coisas são do conhecimento de todos – coisas de que a comunidade precisa para sustentar sua existência e alcançar seus objetivos. Todo o conhecimento restante é retido por indivíduos que ficam a postos para compartilhar o que sabem quando surge a ocasião. Mas as comunidades devem realizar um atento escrutínio de qualquer informação que fará parte de seu conhecimento compartilhado, já que informações errôneas podem levar a concepções cada vez mais errôneas, pois cada novo entendimento é interpretado à luz do que o grupo acredita ser o conhecimento essencial.

O *spoiling* de *Survivor* é a inteligência coletiva na prática.

Cada fã com quem conversei tinha sua própria história de como havia se tornado um *spoiler*. Shawn era um especialista em história que adorava o pro-

60 | CULTURA DA CONVERGÊNCIA

cesso de investigação e o desafio de ponderar sobre diferentes relatos de um fato do passado. Wezzie era uma agente de viagens que ficou fascinada com as locações remotas e os povos exóticos apresentados na série. Quanto a ChillOne, quem sabe? Mas parece ter a capacidade de fazer o mundo prestar atenção nele.

Survivor nos pede para especular sobre o que aconteceu. Praticamente exige nossas previsões. A estudiosa da mídia Mary Beth Haralovich e o matemático Michael W. Trosset definem o papel do acaso na formação dos resultados: "O prazer da narrativa advém do desejo de saber o que acontecerá em seguida, de ter a lacuna aberta e fechada, continuamente, até a solução da história. [...] Em *Survivor*, a imprevisibilidade aguça o desejo de saber o que acontecerá em seguida, mas o modo como a lacuna será fechada assenta-se na incerteza devido ao acaso. [...] Em seu convite à previsão, *Survivor* é mais como uma corrida de cavalos do que ficção".[7] Ao mesmo tempo, para aqueles espectadores mais cientes das circunstâncias da produção, há também uma "incerteza devido à ignorância", que é o que mais aflige esses fãs. Alguém lá fora – a começar pelo produtor Mark Burnett – sabe alguma coisa que eles não sabem. Eles querem saber o que pode ser sabido. E isso é parte do que torna o *spoiling* de *Survivor* uma atividade tão atrativa. A capacidade de expandir seu anseio individual, associando conhecimento com outros, intensifica os prazeres de qualquer espectador ao tentar "esperar o inesperado", como insta a campanha publicitária do programa.

Assim, os *spoilers* de *Survivor* reúnem-se e processam informações. Ao fazê-lo, formam uma comunidade de conhecimento. Estamos realizando experiências com os novos tipos de conhecimento que surgem no ciberespaço. Dessa brincadeira, acredita Pierre Lévy, surgirão novos tipos de poder político que irão operar lado a lado, e às vezes em desafio direto, com a hegemonia do Estado-nação e o poderio do capitalismo corporativo. Lévy considera essas comunidades de conhecimento essenciais na tarefa de restaurar a cidadania democrática. Em seu momento mais otimista, ele vê o compartilhamento de conhecimento ao redor do mundo como a melhor maneira de derrubar as divisões e desconfianças que atualmente dão forma às relações internacionais. As declarações de Lévy são perturbadoras e de grande envergadura; ele trata seu modelo de inteligência coletiva como uma "utopia realizável", contudo, reconhece que pequenos experimentos locais serão onde aprenderemos a viver

DESVENDANDO OS SEGREDOS DE *SURVIVOR* | 61

nas comunidades de conhecimento. Estamos, afirma ele, num período de "aprendizagem", através do qual inovamos e exploramos as estruturas que irão sustentar a vida política e econômica no futuro.

Imagine os tipos de informação que esses fãs poderiam reunir se resolvessem utilizar o *spoiling* no governo, em vez de redes de televisão. Mais tarde, vamos observar o papel desempenhado pela inteligência coletiva na campanha presidencial de 2004 e veremos sinais de que os gamers de realidade alternativa estão começando a concentrar suas energias na solução de problemas políticos. Tendo dito isso, não quero parecer endossar a velha ideia de que a atividade dos fãs é uma perda de tempo, pois redireciona energias que poderiam ser empregadas em "coisas sérias", como política, para ocupações mais triviais. Muito pelo contrário, eu diria que uma das razões pelas quais os americanos não participam mais ativamente do debate público é que nossa maneira normal de pensar e conversar sobre política exige que aceitemos o que discutiremos mais tarde neste capítulo como o paradigma do expert: para entrar no jogo, você precisa se tornar um expert em estratégia ou, mais precisamente, precisa deixar um expert em estratégia pensar por você. Uma das razões que tornam o *spoiling* uma prática mais atrativa é a maneira mais democrática de produzir e avaliar o conhecimento. O *spoiling* delega poder, no sentido literal de que ajuda os participantes a entenderem como podem empregar os novos tipos de poder que estão surgindo da participação dentro de comunidades de conhecimento. Todavia, por enquanto os *spoilers* estão apenas se divertindo numa sexta-feira à noite, participando de uma elaborada caçada que envolve milhares de participantes interagindo numa aldeia global. Brincar é um modo de aprender, e, durante um período de reabilitação e reorientação, essa brincadeira pode ser muito mais importante do que parece à primeira vista. Por outro lado, a brincadeira também tem um valor em suas próprias regras e para seus próprios fins. No final das contas, se *spoiling* não fosse divertido, as pessoas não o fariam.

A palavra "spoiling" começa lá atrás – ou pelo menos até onde se consegue ir para trás – na história da Internet. O *spoiling* surgiu do desencontro entre as temporalidades e geografias dos velhos e novos meios de comunicação. Para começar, as pessoas da Costa Leste viam uma série de TV três horas antes das pessoas da Costa Oeste. Algumas séries eram exibidas em noites diferentes, em mercados diferentes. Séries americanas eram exibidas nos EUA seis meses

62 | CULTURA DA CONVERGÊNCIA

ou mais antes de estrear no mercado internacional. Enquanto as pessoas de diferentes lugares não conversavam entre si, cada uma delas tinha uma experiência em primeira mão. Mas, uma vez que os fãs passaram a se encontrar on-line, essas diferenças de fuso horário se avultaram. Alguém da Costa Leste entrava on-line e postava tudo sobre um episódio. E alguém na Califórnia ficava irritado porque o episódio tinha sido "estragado" ("spoiled"). Então, quem postava uma mensagem começava escrevendo a palavra "spoiler" na linha do assunto, para que as pessoas pudessem decidir se iriam lê-la ou não.

Com o tempo, a comunidade de fãs transformou o *spoiling* num jogo para descobrir o que poderiam fazer antes mesmo que o episódio fosse ao ar. Mais uma vez, é interessante pensar nisso em termos de temporalidade. Quase todos os espectadores experimentam *Survivor* como algo que se desenrola semana a semana, em tempo real. O programa é editado para enfatizar o imediatismo e a espontaneidade. Os competidores só aparecem em público depois de já terem sido eliminados e muitas vezes falam como se os fatos não tivessem ocorrido ainda. Eles só podem falar concretamente sobre coisas que foram ao ar e às vezes parecem especular sobre o que ainda vai acontecer. Os *spoilers*, por outro lado, trabalham com o conhecimento de que a série já foi filmada. Um fã explica: "Os resultados já foram determinados há meses, e aqui estamos nós esperando os resultados oficiais. E algumas pessoas lá fora, que participaram do programa, conhecem os resultados e devem guardar segredo. Ha ha ha ha ha ha!"

Os fãs procuram sinais dos resultados tentando descobrir quais competidores perderam mais peso (indicando, portanto, que passaram mais tempo sobrevivendo em terreno selvagem) ou que voltaram com a barba crescida ou com atadura na mão; procuram pessoas dispostas a dar-lhes "pequenas pistas" sobre o que aconteceu, e então reúnem suas informações, adicionando todas as "pequenas pistas" ao "Quadro Geral". Ghandia Johnson (*Survivor: Thailand*) pensou ser mais esperta que as listas de fãs; postou o que considerava apenas algumas dicas torturantes, que ninguém conseguiria decifrar. Verificou-se que a comunidade – pelo menos como um agregado – foi muito mais esperta do que ela e usou suas "pistas" para deduzir muito do que iria acontecer na série. Mais recentemente, repórteres entrevistaram um produtor de *Survivor* na frente de um quadro com o esboço dos desafios para a temporada seguinte; os fãs conseguiram "capturar o quadro" da imagem,

DESVENDANDO OS SEGREDOS DE *SURVIVOR* | 63

ampliá-lo e decifrar o esboço inteiro, o que lhes deu um mapa de tudo o que estava por vir.

Num primeiro nível, a história de *Survivor: Amazon* havia acabado antes de ChillOne entrar em cena; suas fontes no Ariaú Amazon Hotel já estavam começando a esquecer o que tinha acontecido. Num segundo nível, a história nem tinha começado, já que o elenco ainda não havia sido anunciado publicamente, o programa ainda estava sendo editado, e os episódios só iriam ao ar após várias semanas, quando ele postou sua primeira mensagem no Survivor Sucks (Survivor é Uma Droga) (http://p085.ezboard.com/bsurvivorsucks).

ChillOne sabia que tinha informações quentes e levou-as aonde os fãs mais exaltados se encontravam – *Survivor Sucks*, uma das mais antigas e populares listas dedicadas à série. O nome merece uma explicação, já que, obviamente, essas pessoas são fãs dedicados que não acham realmente que a série seja uma droga. Inicialmente, Survivor Sucks era um fórum para "recapitulações", resumos sarcásticos dos episódios. Por um lado, a recapitulação era uma ferramenta útil às pessoas que tinham perdido um episódio. Por outro lado, o processo de recapitulação era moldado pelo desejo de conversar com o aparelho de televisão, de ridicularizar fórmulas e sinalizar sua distância emocional do que estava ocorrendo na tela. Em algum ponto do caminho, os participantes da lista descobriram o *spoiling*, e as discussões nunca mais foram as mesmas. Assim, foi aqui – a essas pessoas que fingiam odiar *Survivor*, mas eram obcecadas pelo programa – que ChillOne trouxe suas informações.

Antecipando alguma reação, ele iniciou seu próprio tópico, "Spoilers das Férias de ChillOne na Floresta Amazônica". Seguramente, nem ChillOne jamais imaginou que o tópico inteiro se estenderia por mais de três mil mensagens e continuaria por toda a temporada. ChillOne postou sua primeira mensagem às 19h13min25 de 9 de janeiro de 2003. Às 19h16min40, ele já estava enfrentando perguntas. Somente às 19h49min43 alguém insinuou que ele poderia estar ligado ao programa. Poucos minutos depois, alguém perguntou se aquilo poderia ser uma fraude.

Tudo começou de maneira inocente: "Acabei de voltar do Brasil e de uma viagem ao Amazonas... Vou começar dizendo que não tenho todas as respostas ou todas as informações sobre S6 [*Survivor 6*], mas tenho informações suficientes, de confiança, do tipo *spoiler*, que estou disposto a compartilhar".[8]

Imagens do espaço

Mais tarde, viríamos a saber que ChillOne tinha ido de férias ao Rio de Janeiro para comemorar o Ano-Novo com alguns amigos, mas quis conhecer outras partes do país. Foi para o Amazonas e então descobriu que o hotel Ariaú Amazon Towers havia sido o quartel-general da equipe de produção de *Survivor*, e, como fã da série, quis ver as locações em primeira mão. Ele não era um *spoiler*; as perguntas que fez aos funcionários do hotel foram para tentar descobrir os locais mais significativos para fazer um *Survivor tour* no Amazonas. Enquanto quase todas as pessoas estavam ali para fazer ecoturismo, desejando ver a natureza intocada pela presença humana, ele estava ali para fazer teleturismo, tentando visitar um local que se tornara significativo por ter aparecido na televisão.

||||||||||||||||||||||||||||||||||||||||||||||||||||||||||||||||||||||||||||||||||||||||||||||||||||||||||

Flashback de *Twin Peaks*

Minha primeira introdução à Internet e às comunidades de fãs on-line foi em 1991, através da alt.tv.twinpeaks.[1] Olhando para trás, é notável como a discussão em torno da série já estava começando a se assemelhar à discussão de Pierre Lévy sobre comunidades de conhecimento. O grupo surgiu poucas semanas após a exibição do primeiro episódio da estranha série de suspense de David Lynch e rapidamente se tornou uma das maiores e mais ativas listas de discussão do início da era da Internet, atraindo, segundo algumas estimativas, 25 mil leitores (embora um número substancialmente menor de pessoas postasse mensagens). O grupo de discussão era útil aos participantes de várias formas. Os fãs trabalhavam juntos para elaborar tabelas e gráficos com todos os acontecimentos da série ou compilações de trechos importantes de diálogos; compartilhavam o que conseguiam encontrar sobre a série em jornais locais; usavam a Internet para localizar fitas de vídeo, caso perdessem episódios; investigavam a complexa grade de referências a outros filmes, séries de televisão, músicas, romances e outros textos populares, medindo forças e perspicácia com aquele que consideravam um autor trapaceiro, sempre

---

1. Para uma discussão mais completa sobre a comunidade de fãs on-line de *Twin Peaks*, veja Henry Jenkins, "'Do You Enjoy Making the Rest of Us Feel Stupid?': alt.tv.twinpeaks, the Trickster Author, and the Viewer Mastery", em *Fans, Gamers and Bloggers: Exploring Participatory Culture* (Nova York: New York University Press, 2006).

DESVENDANDO OS SEGREDOS DE *SURVIVOR* | 65

A primeira mensagem que postou na Internet enfocava principalmente a locação das filmagens: "Em primeiro lugar, o mapa postado por Wezzie é muito preciso. Vou começar preenchendo algumas lacunas". Foi um primeiro lance ousado, já que Wezzie é uma das mais respeitadas participantes da comunidade de *spoilers* de *Survivor*. Ela e seu parceiro, Dan Bollinger, se especializaram em descobrir onde as locações são feitas. Fora da comunidade, Wezzie é professora substituta, agente de viagens e escritora freelancer. Dan é desenhista industrial e dirige uma fábrica de ímãs de geladeira. Os dois moram a centenas de quilômetros um do outro, mas trabalham em equipe para tentar identificar e documentar a próxima locação de *Survivor* – que Mark Burnett chama de "17ª personagem" – e aprender o máximo possível sobre a área. Em equipe, Wezzie e Dan conseguiram localizar as locações da série com espantosa precisão. O processo pode começar com um comentário casual de Mark Burnett ou uma dica de "alguém que conhece alguém que trabalha na CBS ou em

||||||||||||||||||||||||||||||||||||||||||||||||||||||||||||||||||||||||||||||||||||||||||||||||||||||||||

tentando despistá-los. No entanto, mais do que tudo, a lista funcionava como um espaço onde as pessoas podiam, juntas, colher as pistas e examinar as especulações sobre o gancho central da narrativa – quem matou Laura Palmer? A pressão sobre o grupo aumentava à medida que o momento da dramática revelação se aproximava: "Decifre o código, solucione o crime. Temos apenas quatro dias". De muitas maneiras, *Twin Peaks* era o texto perfeito para uma comunidade baseada no computador, combinando a complexidade narrativa de um mistério com os complexos relacionamentos de personagens de uma novela, e uma estrutura serializada que deixava muita coisa não resolvida e sujeita a debates, de uma semana a outra.

A comunidade on-line ficou fascinada ao descobrir como era trabalhar em grupo, com a força conjunta de milhares de pessoas tentando desvendar o que viam na televisão, e estavam todos usando videocassetes recém-adquiridos para assistir às fitas inúmeras vezes, procurando algo que pudessem ter deixado escapar. Como um fã comentou, "a gravação em vídeo tornou possível tratar o filme como um manuscrito a ser minuciosamente estudado e decifrado". Os que estavam na periferia ficavam atônitos com o tipo de informação que era possível compilar e processar, às vezes confundindo o conhecimento combinado do grupo com conhecimento individual: "Diga, diga! Quantas vezes as pessoas estão vendo TP? Vocês fazem anotações sobre cada assunto quando estão assistindo? Ou, quando surge uma pergunta, vocês apanham cada um dos episó-

66 | CULTURA DA CONVERGÊNCIA

uma empresa de turismo".[9] Wezzie e Dan estabeleceram contatos com agências de viagem, funcionários do governo, produtoras de vídeo, diretores de turismo e operadores de resorts. Como Dan observa, "as notícias se espalham rapidamente na indústria do turismo, quando se trata de um grande projeto que envolve milhões de dólares".

A partir daí, eles começam a fazer um estudo meticuloso das informações, iniciando com as exigências da produção. Wezzie relata o processo: "Examinamos latitude, clima, estabilidade política, densidade populacional, sistema rodoviário, portos, hotéis e pousadas, atrações, cultura, religião predominante e proximidade de locações passadas de *Survivor*". Dan observa: "Na África, me debrucei sobre mapas das populações, áreas agrícolas, reservas nacionais, lugares turísticos e até luzes da cidade vistas dos satélites à noite. Às vezes, saber onde *Survivor* não pode estar é importante. Foi assim que encontrei a Reserva de Shaba".

||||||||||||||||||||||||||||||||||||||||||||||||||||||||||||||||||||||||||||||||||||||||||||||||||||||||||

dios, pegam um bloco de notas, pipoca e começam a assistir? Vocês têm memória fotográfica? Vocês gostam de fazer os outros se sentirem estúpidos?"

Enquanto os críticos reclamavam que *Twin Peaks* estava tão complicada a ponto de se tornar quase incompreensível à medida que a temporada avançava, as comunidades de fãs começavam a reclamar que a série estava se tornando previsível demais. A capacidade da comunidade de unir seus recursos coletivos trazia novas exigências para a série que nenhuma produção televisiva na época teria sido capaz de satisfazer. Para se manterem entretidos, começaram a criar teorias de conspiração e explicações mais interessantes, pois tinham muito mais profundidade do que qualquer coisa que pudesse ir ao ar. No fim, sentiram-se traídos, porque Lynch não conseguiu se manter um passo adiante deles. Esse deveria ter sido nosso primeiro sinal de que haveria uma tensão à frente entre produtores e consumidores de mídia. Como protestou um decepcionado fã, "depois de tanta preparação, tanta análise, tanta espera e tantas pistas falsas, como qualquer resposta pode satisfazer totalmente a expectativa que se criou? Se a pergunta 'quem matou Laura Palmer' for realmente resolvida no episódio de 10 de novembro, teremos todos uma grande decepção. Até os que adivinharam certo vão comemorar e se gabar brevemente, e depois vão se sentir vazios por dentro". A televisão teria de se tornar mais sofisticada se não quisesse ficar atrás de seus espectadores mais comprometidos.

DESVENDANDO OS SEGREDOS DE *SURVIVOR* | 67

Wezzie é a pessoa dos contatos: ela opera sua rede para colher o máximo de dados. Wezzie acrescenta: "Então Dan faz a mágica!". Dan estabeleceu contato com a Empresa de Imagens Espaciais de Denver, proprietária do IKONOS, um satélite comercial de detecção remota em alta resolução. Ávidos por exibir o que o satélite deles era capaz de fazer, o IKONOS tirou fotos da locação de *Survivor: Africa* que Dan havia identificado, a 680 km no espaço, e, após um exame mais cuidadoso, conseguiram identificar construções específicas do complexo de produção, incluindo as construções temporárias, o local do conselho tribal e uma fileira de cabanas no estilo massai, onde os competidores iriam morar, comer e dormir. Eles tiram as fotos do espaço porque, por precaução, Burnett negocia uma estratégica "zona sem voos" acima da locação. Dan utiliza as imagens e os sofisticados mapas topográficos do satélite de comunicações para aprimorar seu conhecimento sobre as locações principais. Enquanto isso, Wezzie pesquisa o ecossistema e a cultura. Tudo o que ela aprende vai parar nos mapas de *Survivor* e torna-se um recurso para a comunidade de fãs. E, depois de tudo isso, eles ainda erram, às vezes. Por exemplo, certa vez concentraram toda a energia numa locação no México e descobriram depois que a série seria filmada nas Ilhas Pearl, perto do Panamá. No entanto, não estavam totalmente errados – tinham identificado a locação de uma produtora que estava filmando um outro reality show.

A comunidade de fãs passou a acreditar que Wezzie e Dan faziam um grande trabalho de coleta de informações para assegurar a precisão de suas mensagens. Os dois são conhecidos também como observadores neutros, que estão acima das brigas e rixas. Por um lado, foi bem insolente da parte de ChillOne tentar corrigir o mapa deles em sua primeira mensagem, um choque desestabilizador na organizada e estabelecida comunidade. Por outro lado, foi um lance esperto, pois a localização geográfica era a informação mais fácil de confirmar. Ele enviou algumas imagens junto com sua primeira mensagem, e Wezzie e Dan conseguiram autenticá-las com base nas condições climáticas, no nível da maré e em outros detalhes geográficos. Repetidas vezes, as pessoas disseram que não teriam acreditado em ChillOne se ele não tivesse como provar, sem sombra de dúvida, que realmente estivera na locação do programa.

Com o tempo, os "sucksters" (participantes da Survivor Sucks) desenvolvem uma intuição para saber se a "informação secreta" é falsa ou verdadeira. Shawn, um *spoiler* de longa data, explicou:

Se é alguém que envia uma mensagem pela primeira vez, geralmente a informação é descartada como não confiável. Você não confia em pessoas novas na comunidade. Você tem de se perguntar por que justamente AGORA a pessoa postou a mensagem. Se ela já postou antes e já esteve envolvida em *spoiling* antes, isso pode trazer credibilidade às suas mensagens... Só se consegue saber com certeza se um participante está mentindo depois do fato, mas, uma vez que aquela pessoa é pega mentindo, ninguém mais confia nela e ela entra na lista negra.

Muitas pessoas ponderaram que ChillOne conhecia a forma e a retórica do *spoiling* um pouco bem demais para um participante de primeira viagem, até para alguém que havia observado a comunidade por algum tempo, e então se convenceram de que o nome ChillOne era uma segunda identidade – um "sock puppet" ("fantoche") – de algum antigo participante. Diga-nos quem você é de verdade, imploravam, para que possamos verificar suas mensagens anteriores. ChillOne, entretanto, nunca atendeu a esses pedidos e continuou a postar informações aos poucos. No entanto, a comunidade não iria se satisfazer com algumas pistas sobre a locação e umas poucas fotografias. Queriam a "coisa boa" e tinham todos os motivos para acreditar que ChillOne estava escondendo algo. O assunto já estava sendo discutido na primeira resposta à sua mensagem original: "Havia algum competidor de *Survivor* hospedado no hotel (isto é, no alojamento dos perdedores)? Você conseguiu alguma pista sobre quem esteve no programa?"

E então, às 19h55 de 9 de janeiro, apenas alguns minutos após sua primeira mensagem, ChillOne posta uma mensagem que começa a complicar a situação:

Quanto aos competidores... Sim, tenho informações sobre isso também. O que posso dizer é que no *Survivor 6* vocês verão a primeira competidora deficiente do programa... uma mulher com deficiência auditiva (surda). Irei passar mais informações nos próximos meses. Mas NÃO conheço toda a "lista do elenco". Também NÃO sei o nome deles. Só sei o primeiro nome de um punhado de competidores e descrições básicas de alguns outros.

A partir daí, a reação dos participantes da lista é previsível:

Não quero lhe causar problemas, mas por que esperar? Pode contar.

Por que está escondendo os nomes dos competidores e as descrições? Revele tudo!

Seria fantástico saber os nomes antes do lançamento oficial na segunda-feira.

Se não quer revelar os nomes que você sabe, então poderia nos dar uma pista se algum dos nomes dos competidores que especulamos aqui está realmente no programa.

O *spoiling* segue uma sequência lógica. A primeira fase concentra-se na identificação da locação, porque o impacto da produção é sentido primeiro onde a série foi filmada. A segunda fase concentra-se na identificação dos competidores, já que o segundo impacto é sentido nas comunidades locais de onde vêm esses "americanos médios". A comunidade de *spoilers* possui tentáculos em toda parte e reage a qualquer rumor. Como Shawn explicou, "os habitantes locais nunca conseguem ficar de boca fechada". Milkshakey ouve um boato de que a professora de educação física das meninas de sua escola talvez esteja em *Survivor* e começa a sondar as atuais e ex-alunas dela para desencavar qualquer informação. O jornal de uma pequena cidade sugere que um habitante local talvez esteja concorrendo a US$ 1 milhão. Mais cedo ou mais tarde, a informação acaba chegando aos *sucksters*.

Às vezes, é preciso um pouco de esforço. A comunidade virtual Ellipsis Brain Trust (EBT) foi atrás do nome da pessoa que desenvolveu o website da CBS *Survivor*, invadiu a conta dela no hotmail e encontrou um único registro, uma lista de endereços na Internet que seriam adquiridos imediatamente, 16 ao todo, cada um trazendo o nome de um homem ou de uma mulher. (Há 16 competidores em cada série de *Survivor*.) A partir daí, os membros da comunidade EBT dividiram os nomes da lista entre si e começaram a investigar, para ver se eram pessoas reais. Em quase todos os casos, havia inúmeras pessoas com aquele nome, algumas falecidas, outras jovens e saudáveis, e a missão era descobrir o máximo possível sobre cada uma delas. Numa época em que todas as

70 | CULTURA DA CONVERGÊNCIA

fontes de informação estão interconectadas e a privacidade está sendo demolida num ritmo alarmante, há uma quantidade imensa de informações que, com tempo e determinação, uma equipe de várias centenas de pessoas pode descobrir sobre uma pessoa. De posse dos documentos obtidos sem autorização, a EBT confirmou com sucesso todos os 16 competidores antes de a CBS divulgar um só nome. Às vezes, porém, os *spoilers* obtêm os nomes errados e despendem um tempo enorme colhendo dados sobre pessoas totalmente inocentes. E, às vezes, pessoas em busca de atenção vazam os próprios nomes só para ver a comunidade falando sobre elas.

E, mesmo quando os *spoilers* acertam, há uma linha muito tênue entre investigar os que decidiram inserir-se nos holofotes públicos e assediá-los em suas casas e seu local de trabalho. Por exemplo, a fã ambiciosa descobriu onde iriam realizar as entrevistas iniciais para *Survivor: Pearl Island*, fez uma reserva no hotel antes da CBS e recusou-se a sair quando eles quiseram reservar o hotel inteiro pelo fim de semana. Ela conseguiu fotografar todos os entrevistados, usando lentes teleobjetivas, e suas fotografias foram usadas para verificar quaisquer nomes que viessem à tona. A comunidade passa muito tempo discutindo exatamente onde estaria o limite.

Às vezes, eles realmente têm sorte durante essa fase. Quartzeye apareceu na loja de carros usados onde Brian (*Survivor: Thailand*) trabalhava, fingindo querer comprar um carro, e tirou fotos dele ao lado do veículo. Depois que o grupo comparou essas fotografias com as fotos publicitárias, viram que ele havia perdido muito peso, e então ficou claro que ele tinha ficado lá, em terreno selvagem, mais tempo que os outros. Alguém procurou no website corporativo por Mike Skupin (*Survivor: The Australian Outback*) e encontrou uma foto dele, de atadura no braço, ao lado de um parceiro de negócios, e isso levou o grupo a detectar muito cedo que haveria um acidente. Alguns especialistas em Photoshop não se convenceram e diagramaram os diversos modos como a imagem poderia ter sido adulterada. Como se soube depois, Mike caiu sobre uma fogueira e teve de ser retirado para atendimento médico.

A cada temporada, Mark Burnett, a CBS e a equipe de produção aumentaram a segurança, fecharam ainda mais as possibilidades de vazamentos, protegeram-se contra hackers e dificultaram a brincadeira. Na sexta temporada, a comunidade trabalhou arduamente, tentando obter nomes, e voltou praticamente de mãos vazias. Eles conseguiram confirmar alguns nomes – Heidi, a professora de ginástica, foi o mais notável –, mas outros que foram propostos estavam errados. (A comunidade faz um trabalho de alto nível na confirmação de nomes. Apenas uma vez confirmou um nome que não apareceu no programa, e raramente o grupo descarta o nome de alguém que realmente é um dos competidores. Durante o estágio inicial, entretanto, muitos nomes são propostos e investigados.) Então, quando ChillOne insinuou que conhecia os nomes, pelo menos parcialmente, ou poderia confirmar alguns dos nomes que já estavam em circulação, o grupo enlouqueceu. Ali estava a brecha nas linhas inimigas pela qual esperavam, e veio apenas um dia antes do anúncio oficial.

Mas ChillOne jogou com eles, dizendo que não queria postar informações incorretas, e eles teriam de esperar até mais tarde, naquele dia, quando ele poderia chegar em casa e conferir de novo suas anotações. Mais tarde, alguém desconfiou desse tempo solicitado, imaginando que ele talvez tivesse acesso às primeiras cópias da *TV Guide* ou do *USA Today*, que iriam para as bancas dali a poucas horas, ou talvez tivesse uma fonte no *The Early Show*, onde o anúncio oficial seria feito. Talvez ele quisesse apenas ganhar tempo.

"Comunidades [de conhecimento] fechadas"

"Se você está ansioso para compartilhar informação, mas hesita em revelar tudo aqui, sugiro que contate alguém em particular", sugeriu um participante no início do processo, indicando a si mesmo para a tarefa. As informações mais sensíveis sobre os competidores não são publicadas no Survivor Sucks, onde poderiam ser lidas por qualquer um com acesso à Internet. Durante as primeiras cinco temporadas, os "brain trusts", que tanto pode ser uma pequena comunidade de 20 pessoas ou uma grande comunidade com algumas centenas de participantes, haviam surgido como uma ramificação do site Survivor Sucks. Os *brain trusts* fazem quase todas as principais investigações por meio de sites protegidos por senhas. Pense nos "brain trusts" como sociedades secretas ou clubes privados, cujos membros são escolhidos a dedo, com base em suas habilidades e experiência comprovada. Os que são deixados para trás reclamam da "fuga de cérebros", que tranca os participantes mais inteligentes e articulados atrás de portas fechadas. Os *brain trusts*, por outro lado, argumentam que esse processo de avaliação minuciosa a portas fechadas protege a privacidade e assegura um alto grau de acerto, quando eles finalmente postam suas descobertas.

72 | CULTURA DA CONVERGÊNCIA

Uma questão que Lévy nunca aborda completamente é a escala em que essas comunidades de conhecimento conseguem operar. Em seu momento mais utópico, ele imagina o mundo inteiro operando como uma única cultura do conhecimento, imaginando novos modos de comunicação que facilitariam a troca e a deliberação de conhecimento, em escala mundial. Em outros momentos, ele parece reconhecer a necessidade de escalas nas comunidades, especialmente nas primeiras fases de uma cultura do conhecimento emergente. Lévy tem profunda desconfiança de qualquer tipo de hierarquia e vê a democracia como a ideologia que melhor permitirá o surgimento das culturas do conhecimento. Ele escreve: "Como conseguiremos processar enormes

IIIIIIIIIIIIIIIIIIIIIIIIIIIIIIIIIIIIIIIIIIIIIIIIIIIIIIIIIIIIIIIIIIIIIIIIIIIIIIIIIIIIIIIIIIIIIIIIIIIIII

O paradoxo da ficção-realidade

O *spoiling* é apenas uma das atividades realizadas pelos fãs de *Survivor*. Como fãs de muitas outras séries, os fãs de *Survivor* também escrevem e postam histórias fictícias originais sobre seus personagens favoritos. Um fã, cujo improvável nome verdadeiro é Mario Lanza, inspirou-se na especulação sobre uma série que reuniria todas as estrelas de *Survivor* para escrever três temporadas inteiras de episódios imaginários (*All Star*: Greece, *All Star*: Alaska e *All Star*: Hawaii), apresentando as façanhas ficcionais desses participantes do mundo real. Cada segmento tem entre 40 e 70 páginas. Ele desenvolve os episódios a cada semana, no intervalo entre uma temporada e outra do programa. As histórias seguem a estrutura dramática da série, contudo são ainda mais concentradas nas motivações e interações dos personagens. Lanza compara esse processo de conhecimento dos personagens aos perfis traçados pela polícia. "Me empenhei muito para entrar na cabeça dessas pessoas e pensei, se vou entrar nesse jogo de novo, o que vou mudar, como faria isso, o que sei sobre essas pessoas, como as conheço, como elas falam, como pensam?"[1] Enquanto o *spoiling* tenta antecipar como elas irão reagir aos incidentes retratados na série, a *fan fiction* dá um passo adiante, tentando imaginar como elas reagiriam ao enfrentar desafios e dilemas que nunca enfrentaram na vida real.

Até agora, pode parecer que este seria o modo como qualquer escritor de *fan fiction* abordaria sua tarefa — conhecer os personagens, manter a consistência com o material veiculado na

---

1. Entrevista pessoal com o autor, maio de 2003.

DESVENDANDO OS SEGREDOS DE *SURVIVOR* | 73

quantidades de dados sobre problemas inter-relacionados, num ambiente em transformação? Muito provavelmente fazendo uso de estruturas organizacionais que favoreçam a genuína socialização da resolução de problemas, em vez de sua resolução por meio de entidades separadas, que correm o risco de se tornarem competitivas, inchadas, obsoletas e isoladas da vida real".[10]

A comunidade dos *brain trusts* representa o retorno da hierarquia à cultura do conhecimento, a tentativa de criar uma elite que tem acesso a informações não disponíveis ao grupo como um todo, e que exige que se confie nela como árbitro do que é apropriado compartilhar com a coletividade.

|||||||||||||||||||||||||||||||||||||||||||||||||||||||||||||||||||||||||||||||||||||||||||||||||||||||

televisão e especular com base no que se sabe sobre as pessoas do mundo real; só que, neste caso, os personagens são pessoas que existem no mundo real. As histórias de Lanza, na verdade, tornaram-se muito populares entre os próprios competidores de *Survivor*, que frequentemente lhe enviam cartas dizendo onde ele interpretou mal a personalidade dos participantes. Por exemplo, ele disse que Gabriel Cade (um dos competidores de *Survivor: Marquesas*) ficou tão lisonjeado por ter sido incluído em *All Star*, que queria se envolver mais no processo de composição das histórias: "Ele está realmente tão interessado em como seu personagem vai se sair que me contou todo tipo de fofoca sobre essas pessoas, o que fazem, quem gosta de quem e como se relacionam". Escritor de ficção-realidade, Lanza tem recebido cartas dos próprios personagens. Com *Survivor: Greece*, Lanza procurou contar histórias dos competidores que tinham sido eliminados logo no início da série. Como muito pouco material que foi ao ar lidou com esses personagens, ele extraiu muita coisa das entrevistas que fez com eles e com seus colegas de equipe. Após escolher arbitrariamente Diane Ogden (*Africa*) e Gabriel Cade (*Marquesas*) como líderes de equipe, Lanza os contatou para saber quais jogadores eles teriam selecionado para fazer parte de suas equipes. Em alguns casos, pediu aos competidores reais que escrevessem suas próprias "últimas palavras", para quando seus personagens na ficção fossem eliminados do jogo. Chris Wright entrevistou alguns desses jogadores e descobriu que muitas vezes eles sentiam que a ficção de Lanza refletia com mais exatidão suas reais personalidades e estratégias do que o programa de televisão em si, pois era menos dependente de estereótipos. Muitos sentiam um prazer

74 | CULTURA DA CONVERGÊNCIA

A maioria dos *spoilers* afirma que os *brain trusts* servem a um propósito útil, mas podem ser extremamente paternalistas. Como explicou um *suckster*, "tudo o que temos também é deles, porque somos abertos, mas tudo o que eles têm definitivamente não é nosso, porque membros de comunidades fechadas podem ter vontade ou não de aparecer e compartilhar o que sabem. Eles têm fontes que nós não temos e gostam de acumular informações, o que é o principal objetivo de uma comunidade fechada". Os *trusts* tendem a despejar dados sem explicações de como foram obtidos, basicamente excluindo os plebeus do processo e construindo uma imagem de si mesmos como experts que merecem confiança sem questionamento. Há boatos de que muitos dos *brain trusts* têm fontes secretas, muitas vezes de dentro da produção do programa.

||||||||||||||||||||||||||||||||||||||||||||||||||||||||||||||||||||||||||||||||||||||||||||||||||||||||||||||||||

indireto ou uma ajuda psicológica ao ver seus personagens ficcionais superarem problemas que os haviam bloqueado durante o jogo real.[2]

Lanza também quis preservar um elemento fundamental do programa: o acaso: "Falei com muitos sobreviventes na vida real, por telefone ou e-mail, e essa é uma questão que eles constantemente levantam. Não importa quais são seus planos, ou se você é inteligente e forte. Muita coisa no jogo depende da sorte. ... Eu queria que isso de alguma maneira direcionasse a história. Como escritor, não queria poder trapacear". Assim, quando começava a escrever os desafios, rolava um dado para determinar qual equipe ou jogador ganharia e então escrevia a cena de acordo com o resultado. Um único rolar de dados poderia apagar semanas de enredo — muito parecido com o que acontecia aos produtores da televisão e, como consequência, as histórias estão cheias de reviravoltas surpreendentes, que captam algo do espírito da série. Uma de suas séries terminou com quatro mulheres como finalistas, algo que nunca aconteceu no ar. Como ele explica, "é apenas como a história, por acaso, evoluiu".

Talvez por causa dessa interação tão próxima com os competidores, Lanza tornou-se um crítico severo do *spoiling*, que considera muito invasivo. Como ele explica, "as pessoas levam tudo muito a sério. É só um programa de TV". Alguns minutos depois, entretanto, ele acrescenta: "Se você me pedir para falar sobre *Survivor*, eu não paro mais". Como dizem, *Survivor* é uma droga.

---

2. Chris Wright, "Poaching Reality: The Reality Fictions of Online Survivor Fans", trabalho de seminário não publicado, Georgetown University, 7 de fevereiro de 2004.

ChillOne postou tudo o que sabia na lista de discussão, de maneira amplamente acessível, e deixou o escrutínio ocorrer à vista de todos. Os *brain trusts* estavam trabalhando a portas fechadas para ver até onde conseguiriam instigá-lo a liberar suas informações secretas, mas o próprio ChillOne queria que tudo permanecesse às claras. Alguns dos *brain trusts* tentaram desacreditar ChillOne, instando os *sucksters* a não depositarem confiança total no que ele dizia, mas não explicavam por quê. Alguns dos participantes acreditaram nesses avisos, pois os *brain trusts* tinham acesso a muitas informações sigilosas; outros desconfiaram que eles estavam tentando desacreditar um rival.

Mas já era o segundo dia, ChillOne não revelava os competidores, e o grupo acompanhava o relógio, contando os minutos para o anúncio oficial dos nomes. Como se isso não fosse irritante o bastante, ChillOne encerrou sua mensagem com uma bomba: "Aqui vai um pequeno '*teaser*'... a garota surda tem 22 anos. Não sei o nome dela, mas com certeza ela vai ficar entre os quatro finalistas". Pela primeira vez, ChillOne insinuou que poderia saber até quem vencera o jogo.

Ao final do segundo dia, ChillOne começou a soltar o núcleo de suas informações secretas e oferecer algumas pistas sobre como tivera acesso a elas. ChillOne disse que queria proteger suas fontes, portanto não iria revelar muita coisa. Gastou tempo pagando bebidas e fazendo perguntas a pessoas no bar do hotel, mas não perguntas demais, pois não queria que se sentissem pressionadas. Pelo menos algumas das pessoas com quem conversou só falavam português, então ele teve de se fiar em tradutores. Nas semanas seguintes, os participantes da lista perguntaram-lhe que gestos essas pessoas fizeram e qual o tom de sua voz, se tinham sotaque carregado, se o tradutor se sentia confortável com inglês coloquial. Ele até elaborou uma teoria sobre como as informações haviam chegado até o hotel, já que o hotel não era o "alojamento dos perdedores", como alguém tinha suspeitado, e os competidores em si nunca estiveram ali: insinuou que as informações teriam chegado por meio dos "condutores de barcos" que levavam os competidores depois que eram eliminados da tribo. "Existe apenas um punhado de 'condutores de barcos', a maioria trabalhando longas horas no transporte da equipe de produção de *Survivor* para dentro e para fora da selva, o que permitia que eles vissem as filmagens. Tenho certeza de que durante os três meses os condutores conversaram entre si e, com a ajuda do pessoal que falava inglês, descobriram o que estava acontecendo." ChillOne, na verdade, jamais afirmou que um barqueiro foi a fonte. Deixou que os *spoilers* tirassem suas próprias conclusões e, nas semanas seguintes, uma enorme quantidade de especulação e mitologia cresceu em torno do barqueiro. ChillOne recusou-se a confirmar ou negar quaisquer teorias. Disse que não queria confundir informações com especulações. Alguns acham que ele estava tentando confundir-lhes a cabeça.

"Eis o que sei... não é muita coisa", disse ele, com a clássica modéstia. Ele sabia um pouco de tudo – as primeiras quatro botinadas, os quatro finalistas, a locação, detalhes sobre os competidores e seu comportamento, alguns dos pontos altos da série. Ele sabia que, pela primeira vez, as tribos seriam organizadas por sexo, mas "seriam fundidas muito mais cedo... possivelmente depois que os três ou quatro primeiros competidores forem eliminados". Sabia que as mulheres dominariam os primeiros desafios e que várias das primeiras botinadas seriam em jovens atléticos que haviam se atrapalhado na competição. Sabia que uma das competidoras iria se despir para ganhar uma vantagem. (O que se viu depois foi Heidi e Jenna nadando nuas em troca de chocolate e manteiga de amendoim, durante um dos desafios de imunidade.) Ele sabia que certo tipo de inseto local seria o desafio da comida repulsiva. Verificou-se que algumas coisas que ele sabia e até mesmo algumas coisas de que ele tinha certeza que sabia – como a afirmação de que a "garota surda", Christy, estaria entre os quatro finalistas – estavam totalmente erradas. Outras coisas eram tão vagas que poderiam ser distorcidas para parecerem certas, qualquer que fosse o resultado.

Mas, de forma geral, seu conhecimento provou-se verdadeiro. Ele se enganou na identificação de um dos quatro finalistas, mas Christy realmente ficou entre os cinco finalistas. A probabilidade de acertar tudo isso sem informações confidenciais é astronômica.

Quanto ao resultado, ele sabia ou alegava saber que, no final, ocorreria uma competição entre uma mulher chamada "Jana", ou algo parecido, e um homem de 20 e poucos anos, "de compleição forte" e de "cabelo curto", penteado de lado. O Oráculo de Delfos teria falado com mais clareza. Para começar, o nome "Jana" não batia com o nome de nenhum dos competidores, e numa temporada em que os nomes femininos incluíam Janet, Jenna, Jeanne e Joanna, certamente havia espaço para confusão. Matthew, o arquiteto de restaurantes que viajava pelo mundo, talvez batesse com a descrição do homem, mais ou menos: ele certamente era forte e dividia o cabelo de lado, mas o cabelo era comprido e naturalmente estaria ainda mais comprido no final, e ele tinha bem mais de 26 anos, então talvez fosse Alex, o treinador de triatlo, ou Dave, o cientista de foguetes. Não demorou muito e até Rob, o *nerd* desajeitado, começou a ser cogitado como alguém que poderia ter melhorado o tônus muscular durante sua estada de dois meses na floresta tropical. Havia mais do que o suficiente para manter a comunidade ocupada pelos meses seguintes e, na maioria dos casos, havia o bastante para sustentar inúmeros argumentos e teorias.

Várias pessoas queriam delegar tarefas, reunir as tropas e ver o que todos juntos poderiam produzir antes de começar a temporada. Ou seja, queriam explorar todos os recursos de uma comunidade de conhecimento, em vez de depositar toda a confiança em um indivíduo até então desconhecido. Um dos pretensos líderes explicou: "Tem MUITA coisa que precisamos saber sobre eles e já poderíamos estar compilando. Basicamente, fazer um dossiê sobre cada um deles. Fotos fora de *Survivor*, vídeos, biografias, descrições (qual a ALTURA desses caras, exatamente?). Que dicas Jiffy [Jeff Probst], MB [Mark Burnett] e outros deram sobre eles, quais são as alusões a eles? [...] No fim, mais pistas vão aparecer para nós. Os pedaços vão se encaixar. O quebra-cabeça vai começar a fazer sentido. Dá para fazer muita coisa desse jeito ANTES da estreia do programa aqui nos EUA".[11] Mas ChillOne havia mudado o foco das atividades da comunidade; tudo estava direcionado para a confirmação ou contestação de suas teorias – e ninguém estava olhando para outras direções. Com o passar do tempo, as informações de ChillOne se espalhariam para outros fóruns e listas de discussão, até você não conseguir evitar topar com opiniões sobre a veracidade delas, quisesse ou não ter contato com *spoilers*. Você não conseguia propor uma teoria alternativa sem que alguém o repudiasse por estar indo contra o que o grupo "já sabia" por meio de ChillOne.

Informações contestadas

Quase imediatamente, os céticos da lista de discussão começaram a fechar o cerco, pois algo sobre tudo aquilo não cheirava bem, tudo era muito bom para ser verdade.

Não que a história passada signifique "muita coisa", mas quantas vezes recebemos *spoilers* legítimos assim sobre os competidores de alguém que por acaso

78 | CULTURA DA CONVERGÊNCIA

estava próximo das filmagens? Acho que sempre tem a primeira vez para tudo.

É claro que é possível que ChillOne seja MB e que ele esteja estabelecendo credibilidade com o vazamento de informações verdadeiras poucos dias antes só para depois nos empurrar previsões furadas.

MB definitivamente é o tipo de pessoa que faria seus lacaios inventar *spoilers* falsos na hora do almoço.

Continuariam nesse assunto até o fim da temporada. O *spoiling* é um processo antagônico – uma competição entre fãs e produtores, um grupo tentando pôr as mãos no conhecimento que o outro tenta proteger. O *spoiling* é também antagônico no mesmo sentido em que um tribunal é antagônico, comprometido com a crença de que, por meio de uma competição por informação, alguma verdade suprema irá aparecer. O sistema funciona melhor quando as pessoas contestam cada alegação apresentada, não aceitando nada sem críticas. Como explicou um cético, "pessoas com dúvidas deveriam ser bem-vindas, não desdenhadas. Isso ajuda todo mundo, com o decorrer do tempo. Se eu cutuco buracos que parecem frágeis, ou eles se firmam (ponto para você), ou eles se tornam buracos maiores (ponto para mim). Buracos maiores podem levar a outras coisas. De qualquer forma, alguma solução acaba aparecendo". Quando os participantes começam a debater sobre a natureza da verdade, as coisas podem ficar bem desagradáveis.

Se evidências suficientemente contraditórias pudessem ser encontradas para desacreditar ChillOne, a lista de discussão poderia concluir o tópico e desviar a atenção para outro lugar. ChillOne queria muito manter seu tópico vivo por toda a temporada; seus rivais queriam encerrá-lo. Havia dois lados no debate sobre as afirmações de ChillOne. Primeiro, havia os absolutistas, que acreditavam que se qualquer parte das informações de ChillOne fosse falsa, era prova de que ele estava mentindo: "Se uma pessoa diz que quatro coisas diferentes vão acontecer e a primeira coisa não acontece, significa que ele está errado. Se alguma coisa além disso estiver certa, é irrelevante... Você não pode vencer 'parcialmente'. Ou você revela uma mentira ou não... [Senão], a pessoa simplesmente satisfez a probabilidade matemática de estar correta". E havia os relativistas, que argumentavam que a memória pode ser imprecisa, ou dados podem ser corrompidos: "De onde vocês tiraram isso? [...] Vocês são incapazes de reconhecer, ou se recusam a reconhecer qualquer correção em alguns elementos, se houver incorreções em outros elementos". Havia muitas informações próximas dos fatos para que a coisa toda fosse inventada.

Em pouco tempo, absolutistas e relativistas estavam enredados em debates filosóficos sobre a natureza da verdade. Pense nesses debates como exercícios de epistemologia popular. À medida que aprendemos a viver numa cultura do conhecimento, podemos antecipar muitas dessas discussões, centradas tanto em como sabemos e como avaliamos o que sabemos quanto na informação em si. Maneiras de saber podem ser tão distintas e pessoais quanto os tipos de conhecimento que acessamos, mas, à medida que o saber se torna público, que o saber se torna parte da vida de uma comunidade, essas contradições na abordagem devem ser minuciosamente examinadas e diligentemente trabalhadas.

A certa altura, um exasperado defensor de ChillOne resumiu as teorias antagônicas: "Ele nunca esteve no Brasil. Ele trabalha para alguém que está a par do assunto. Ele não está completamente certo, está tramando o esquema perfeito, é um de nós que teve uma sorte espantosa". O mesmo participante continua: "Para mim, um *spoiler* tão formidável como esse expõe o autor a perguntas legítimas sobre sua identidade, suas verdadeiras fontes de informação, seu verdadeiro propósito e daí por diante. Em outras palavras, o autor em si torna-se uma parte crítica da informação secreta". Parte do que conferiu credibilidade a ChillOne foi sua disposição de entrar na comunidade dia após dia e enfrentar as perguntas, respondê-las com calma e racionalidade, mantendo a consistência do que dizia. Outros, entretanto, observaram estranhas mudanças em seu estilo de escrever, às vezes lúcido e categórico, outras vezes vago, desconexo e incoerente, como se algumas de suas mensagens tivessem sido escritas por um *ghost-writer*.

Desde o princípio, a credibilidade de ChillOne foi abalada. O "americano asiático" (Daniel) não foi o primeiro eliminado, como o "Tio Barqueiro" havia previsto, e então todos estavam prontos para enterrar a teoria, até que Daniel foi eliminado na terceira semana, bem de acordo com a lógica que ChillOne havia traçado. E assim foi, uma semana de ansiedade após a outra, com as informações de ChillOne provando ser mais ou menos corretas, mas cada semana expondo contradições em suas afirmações. Ele conquistou mais credibilidade no meio da temporada, quando o noticiário descobriu a história de uma operação de jogo em Las Vegas que descontinuou as apostas nos resultados de *Survivor* quando flagrou alguns funcionários da CBS fazendo apostas no que se suspeitou serem informações sigilosas. Estavam apostando em Matthew e Jenna como os dois finalistas, e isso pareceu provar que ChillOne sabia do que estava falando, até que algumas pessoas se deram conta de que alguém da CBS talvez estivesse monitorando as discussões e apostando no acerto de ChillOne. Isso já havia acontecido antes, quando a comunidade acreditou que algumas previsões constantemente acertadas de um jornal de Boston eram a confirmação das informações secretas da comunidade sobre *Survivor: Australian Outback*, até que ficou claro que o repórter estava apenas escrevendo sua coluna com base no que tinha lido nas discussões on-line.

No fim, ChillOne estava certo, presumindo que Jenna era "Jana" e que o cabeludo Matthew, de 30 e poucos anos, era o homem de 20 e poucos anos de "cabelo curto". Talvez seja mais exato afirmar que as informações secretas de ChillOne ajudaram os *spoilers* a permanecer espantosamente próximos da resposta certa, mesmo que tantos participantes da comunidade tenham confiado mais na própria emoção do que nas informações confidenciais de ChillOne: eles não conseguiam acreditar que a chata e mimada Jenna pudesse ganhar do esforçado e misterioso Matthew. Para uma comunidade como esta, que floresce nos debates sobre a validade das informações, um consenso vago é quase tudo o que se pode esperar no momento. Algumas coisas tornam-se crenças gerais que todo mundo aceita e, em outros assuntos, o grupo alegremente concorda em discordar.

O Pica-pau Malvado e seus seguidores

Talvez nunca saibamos com certeza de onde vieram as informações de ChillOne. Desde o início, os céticos desenvolveram duas teorias predominantes: a de que ele estava de alguma forma ligado à empresa produtora do programa, ou a de que ele era um embusteiro. As duas teorias eram plausíveis, dadas as experiências com temporadas anteriores.

Os *spoilers* tinham todos os motivos para acreditar que Mark Burnett teve um papel ativo no direcionamento do fluxo de informações sobre a série. Eles o chamavam de "Evil Pecker Mark" (Pica-pau Malvado), uma brincadeira com

EP (que também significa "Executive Producer", Produtor Executivo). A CBS admitiu que, assim como muitas outras empresas de produção, monitorava as listas de discussão em busca de informações sobre a audiência. Fala Chris Ender, vice-presidente sênior de comunicações da CBS: "Na primeira temporada, havia uma atenção crescente lá dentro. Começamos a monitorar os fóruns de discussão, na verdade, como uma ajuda a nos guiar em meio às repercussões de nosso marketing. É a melhor pesquisa de marketing que se pode fazer".[12] Os fãs tinham todos os motivos para acreditar que alguém do escritório de Burnett estava escutando o que diziam – e alguns motivos para acreditar que alguém estava mentindo, pelo menos por algum tempo, numa tentativa deliberada de direcionar a audiência da série. Fala o apresentador da série, Jeff Probst, sobre seu papel nesse processo: "Temos tantas mentiras correndo, temos tantas informações falsas, que geralmente existe uma saída; geralmente existe um jeito de recuperar [um lapso]. Posso lhe contar quem é ganhador agora mesmo e você não saberia se poderia acreditar em mim ou não".[13]

Os fãs da primeira temporada começaram a esquadrinhar os créditos de abertura em busca de pistas e localizaram uma imagem de nove competidores no que parecia ser uma sessão do conselho tribal.[14] Usaram a imagem para tentar descobrir a sequência das botinadas – embora em alguns casos restassem dúvidas, já que era possível uma pessoa estar votando quando a foto foi tirada, e outras pessoas estarem nas sombras. A foto acabou sendo enganosa, interpretada fora de contexto. Ninguém tem certeza se o produtor teve a intenção deliberada de enviar os fãs a uma caçada inútil. Mais tarde, na primeira temporada, as maquinações de bastidores dos produtores do programa chegaram ao noticiário nacional no que ficou conhecido como "Gervase X". Os *spoilers* descobriram o endereço na Internet que continha todos os diretórios do site oficial da CBS, vasculharam as cenas de bastidores e desencavaram 15 imagens sem links mostrando todos os competidores, exceto um, Gervase. Os fãs convenceram-se de que o treinador afro-americano foi o único a nunca ser excluído, até o momento em que Gervase foi eliminado da ilha. Tanto Mark Burnett quanto Ghen Maynard, os executivos da CBS encarregados do programa, reconheceram publicamente que plantaram aquela pista enganosa. Shawn resumiu a mudança de atitude: "Antes era Mark Burnett, o ingênuo e modesto produtor/idiota deixando escapar todos os segredos. Agora era Mark Burnett, o enganador, Mark Burnett, o Demônio, o Pica-pau Mal-

82 | CULTURA DA CONVERGÊNCIA

vado. Agora sabíamos que ele estava tentando guardar segredos, e então o jogo começou".[15]

Burnett riu por último naquela primeira temporada. Havia realmente uma pista nos créditos de abertura: enquanto o locutor está explicando que "restará apenas um para ganhar o título de único sobrevivente e US$ 1 milhão ... em dinheiro", ele mostra, do primeiro episódio em diante, uma foto de Richard Hatch, que de fato ganhou, caminhando sozinho numa ponte de corda, com um largo sorriso no rosto. Os *spoilers* tinham visto e descartado a imagem, acreditando que não poderia ser tão simples – e, depois disso, nunca mais foi.

Daí em diante, os *spoilers* assistiam aos episódios com mais cuidado, usando o avanço quadro a quadro das imagens em busca de pistas, acompanhando de perto as imagens de animais, que muitas vezes cumpriam a função metafórica de prenunciar a ascensão e queda de indivíduos e equipes, examinando padrões de edição para ver quais personagens estavam sendo deixados em primeiro plano e quais estavam sendo escondidos. Tapewatcher desenvolveu uma teoria intrigante a respeito de *Survivor: Africa*, baseado no que interpretou como alusões bíblicas em torno do cabeludo, barbado e judeu Ethan, que, segundo acreditava Tapewatcher, iria derrotar os adversários mais transgressores. Cada vez mais, a imagem de Ethan aparecia junto com um brilho diferente na lente, que parecia um pouco a Estrela de Davi. "Siga a estrela" e encontrará o vencedor, previu Tapewatcher, e, por estranho que pareça, ele estava certo. Tapewatcher apresentou seu argumento em páginas e páginas de análises textuais rigorosas, fartamente detalhadas e acompanhadas, em alguns casos, por imagens retiradas da fita de vídeo ou, em outros, imagens em tempo real.[16] É possível que os editores do programa tenham plantado pistas para os espectadores? Isso pode não ser tão fantasioso quanto parece. Um outro reality show, *The Mole*, plantou pistas igualmente obscuras que, presumivelmente, pessoas munidas de videocassetes e de Internet poderiam decifrar. Uma boa parte do episódio final de cada temporada foi dedicada ao mapeamento dessas pistas aos espectadores "concentrados demais" para localizá-las no segundo plano de fotografias, ou colocadas nas primeiras letras dos primeiros nomes da equipe de produção, nos créditos finais.

Assim que os fãs de *Survivor* encontravam um padrão de edição que poderia ajudá-los a prever um vencedor, Burnett mudava o estilo na temporada seguinte. Houve até boatos, jamais confirmados ou negados, de que quando um palpite passava a circular amplamente, o pessoal da produção reeditava os episódios subsequentes para retirar elementos que eles sabiam que a comunidade de *spoilers* estaria procurando. Apesar de tudo, os episódios mais recentes ainda estavam sendo editados como os primeiros que foram ao ar. Burnett gostou da conversa sobre *Survivor* ser um experimento psicológico, com o objetivo de observar como as pessoas reagiriam sob circunstâncias extremas. Estaria ele também fazendo um experimento com o público espectador, a fim de observar como uma sociedade da informação reagiria a uma orientação errada?

Na sexta temporada, houve uma sensação crescente de que Burnett estava perdendo o interesse nos *spoilers*, tanto quanto a audiência perdia o interesse na série. Como resmungou um fã, "eu quero que a CBS entre no jogo. Eles não estão jogando". Se ChillOne estava dizendo a verdade, isso demonstra uma negligência imperdoável com a segurança no local da produção de *Survivor*. Ou, numa visão mais otimista, os fãs teriam dado um golpe do qual a série jamais se recuperaria. Como exclamou um fã, "imagine o pânico que uma coisa assim deve causar!"

Se ChillOne estava mentindo, se ChillOne foi plantado ou, melhor ainda, se o próprio Burnett estava participando das discussões disfarçado, seria a maior proeza do produtor de todos os tempos. Um *suckster* explicou: "A CBS jamais permitiria que informações acidentais caíssem nas mãos de um leigo. Eles são espertos o suficiente para escondê-las. Digam o que quiserem, mas EXISTE uma conexão direta entre Chill e a CBS". Outros foram ainda mais longe: "ChillOne pode muito bem estar fazendo o papel do mestre dos fantoches, nos guiando só até acontecer o inesperado. Depois disso, pode haver mais *spoilers* plantados, vazamentos falsos e evidências adulteradas, reveladas para jogar mais arapucas na confusão. No final, vou vibrar se MB e a CBS tomaram as rédeas de uma operação para 'trabalhar' a comunidade de *spoilers*, mais uma vez".

Nas semanas finais da temporada, os boatos e teorias haviam tomado proporções gigantescas. Um lado adotava a fantasia dos produtores empenhados em alguma forma de encenação capa-e-espada. O outro lado adotava a fantasia de finalmente derrotar o "Pica-pau Malvado" em seu próprio jogo.

Uma das teorias mais exorbitantes foi a de que ChillOne era Rob, um ativo participante de listas de discussão antes de ser escolhido como competidor da série. A comunidade de fãs via Rob como um dos seus, enviado para animar a sexta temporada com seus comentários espirituosos e truques sujos. Parecia

84 | CULTURA DA CONVERGÊNCIA

mais interessado em produzir um drama para agradar aos fãs do que ganhar o jogo. E se ele tivesse dado um passo à frente e estivesse manipulando os fãs, assim como manipulou os outros jogadores? Rob certamente sabia dos boatos, e dizem que ele quis usar uma camiseta com a frase "Eu sou ChillOne", por brincadeira, na transmissão da reunião de *Survivor*.

Há uma longa história de interação entre os fãs e os competidores de *Survivor*, muitos dos quais se tornaram participantes ativos das discussões on-line, às vezes sob pseudônimos, depois de serem eliminados da série. Os competidores liam as discussões de fãs para ver como estavam sendo interpretados e compreendidos no ar. Fãs dispararam e-mails a vários ex-competidores, enquanto tentavam confirmar as informações de ChillOne, perguntando-lhes como funcionava o processo de produção. Deena, uma das competidoras de *Survivor: Amazon*, reconheceu, após o fato, que havia acompanhado os debates de ChillOne com grande interesse e lançou sua própria angústia na discussão: "Os *spoilers* são muito bons, se querem saber, e foi um pouco decepcionante, porque aqui estou eu, sob contrato, proibida de abrir a boca, e alguém já está abrindo. Acho que a lista de fãs, como um todo, teria gostado muito mais da sexta temporada se não houvesse ChillOne nenhum. Quanto ao misterioso barqueiro... eu nunca vi ninguém com a descrição que ele deu. Os membros da produção, os que têm contato conosco, são geralmente os mesmos e têm passes secretos". Outros foram menos românticos em suas teorias, continuando a desconfiar de que a lista de discussão estava sofrendo um engodo: "Quando é que vocês vão aprender? Quantas vezes uma pessoa nova e misteriosa apareceu do nada postando *spoilers*? Esses 'superspoilers' são sempre grandes fãs do programa que têm muita informação e muito conhecimento das temporadas anteriores, mas simplesmente nunca se deram ao trabalho de postar nenhuma mensagem na lista de discussão, até que um espantoso *spoiler* caiu no colo deles". O ponto de referência mais comum era o "Tio Cinegrafista", explorado algumas temporadas antes. Um jovem participante da comunidade alegara que seu tio era cinegrafista e começara a lhe contar algumas coisas. O jovem postou uma lista com a sequência das botinadas e teve a sorte de acertar as primeiras, incluindo algumas reviravoltas bem improváveis. Conquistou alguns seguidores antes de descobrirem que seu "tio" era uma invenção. O "Tio Cinegrafista" se tornara uma brincadeira corriqueira na comunidade de *spoiling*, então a fonte de ChillOne rapidamente ganhou o rótulo de "Tio Barqueiro".

Já tinha havido muitos embustes – alguns dos quais com informações boas o suficiente para tornar plausíveis os dados falsos, pelo menos por algum tempo. Alguns postavam embustes para chamar a atenção, outros porque odiavam os *spoilers* e queriam que perdessem tempo, e outros para ver se conseguiam ser mais espertos que os *spoilers*. Como um fã explicou, "não pense que todo mundo entra nessas discussões pelo mesmo motivo. O *spoiling* de *Survivor* é um jogo. Plantar dados falsos, para ver quanto tempo duram, é um jogo. Fazer *spoiling* com a elite dos *spoilers* é um jogo... Muitas pessoas vêm jogar neste grande e escancaradamente aberto parque de diversões, e alguns deles podem estar brincando com você".

O desafio era construir um embuste plausível o suficiente para passar pelo teste inicial e ocupar a atenção por um período mais longo. No início, bastava afirmar ter uma lista dos nomes dos competidores e algumas explicações sobre como a lista tinha sito obtida. Em seguida, era preciso apresentar nomes de pessoas reais, que pudessem ser localizadas com o uso de sites de busca da Internet, e essas pessoas tinham de se encaixar no perfil da série. Era necessário incluir na lista nomes já revelados pelos *spoilers*, para que o consenso do grupo fosse confirmado. Após algum tempo, as pessoas produziam fotografias falsas ou, em alguns casos, fotografias tiradas fora de contexto. Como explica uma mensagem postada, "é como um jogo de xadrez. O embusteiro faz o primeiro lance. Se for ruim, é xeque-mate muito rápido. Outros, como este tópico, são um pouco desafiadores e levam mais tempo para terminar".

Se ChillOne foi um embuste, foi um muito bom. Como explicou um membro da lista, "forjar tudo isso e criar todos os elementos componentes seria muito trabalhoso e muito difícil. Criar mentiras complicadas e sustentá-las por semanas, sob interrogatório, é muito difícil. Acompanhar as mentiras e inventar mentiras adicionais para 'substanciar' as mentiras maiores é uma tarefa muito difícil".

Quanto a ChillOne, após sofrer várias semanas de insultos, desistiu: "Minhas informações estão aí. Leiam o quanto quiserem. Escolham em quais acreditar e em quais não acreditar, como queiram. Cutuquem os buracos que quiserem. Me elogiem quando acharem conveniente. Por mim, tudo bem. Eu ouvi o que ouvi". Mas ele nunca foi embora realmente. No dia seguinte, lá estava ele de novo, enfrentando todos os desafiantes, e aguentou firme até o final.

Inteligência coletiva e o paradigma do expert

À medida que suas afirmações se confirmavam, desacreditar ChillOne deixou de ser o foco. Quanto mais ele acertava, mais raiva algumas pessoas sentiam. Ele não tinha feito um *spoiling* da temporada; ele havia "destruído" a temporada. Estas eram questões fundamentais: o *spoiling* era um objetivo ou um processo? Era um esporte individual ou cooperativo, no qual uma equipe se regozijava em vitória coletiva? Como resmungou um participante, "nós tornamos o *spoiling* um jogo não cooperativo... 'Ganhar' significa estragar a temporada inteira, esconder como você conseguiu a informação e fazer os outros criticá-lo e corrigi-lo para que você possa humilhá-los. ChillOne ganhou. Todos os outros perderam".

|||||||||||||||||||||||||||||||||||||||||||||||||||||||||||||||||||||||||||||||||||||||||||||||||||||||||||||

Monitorando o Big Brother

Survivor não é o único reality show cujos fãs e seguidores formaram comunidades de conhecimento em larga escala a fim de desvendar segredos, nem foi a única série em que tais atividades resultaram numa relação de antagonismo entre produtores e consumidores. A Endemol, produtora holandesa que controla a franquia mundial do *Big Brother*, viu a Internet como uma dimensão importante de sua estratégia de produção e promoção. O site do *Big Brother* americano atraiu 4,2 milhões de visitantes durante sua primeira temporada. Os fãs mais exaltados de *Big Brother* pagaram para assistir, em casa, à evolução da série 24 horas por dia, sete dias por semana, durante a temporada inteira, com múltiplas câmeras mostrando interações em diferentes cômodos da casa. Se o desafio do *spoiling* de *Survivor* era a escassez de informações oficiais, o desafio do *Big Brother* era que simplesmente havia informações demais para qualquer espectador sozinho consumir e processar. Os consumidores mais fanáticos se organizaram em turnos, concordando em monitorar e transcrever conversas importantes e postá-las nas listas de discussão.

Os fãs consideram a versão transmitida na TV um resumo "família" do conteúdo muito mais picante e provocativo veiculado pela Internet, e acabam discutindo sobre coisas que eles sabem terem sido omitidas das pessoas que assistem ao programa apenas pela televisão. Chiara, a

DESVENDANDO OS SEGREDOS DE *SURVIVOR* | 87

Desde o início, o *sourcing* – obter informações de fontes diretas e muitas vezes não identificadas – era considerado uma prática controversa. Snewser tinha uma fonte secreta, por exemplo, que lhe permitia postar os resultados do programa poucas horas antes de irem ao ar; os resultados estavam lá, se você quisesse saber antes, mas não atrapalhavam as deliberações do grupo até o último minuto. Ter uma fonte era um jogo para poucos; dependia de acesso privilegiado a informações, e como as fontes não podiam ser reveladas, informações vindas de fontes não eram objeto de um desafio significativo. Wezzie e Dan tinham se especializado em descobrir locações. Nem todo mundo tinha acesso a dados de satélite. Nem todo mundo podia jogar como eles jogavam. Mas, no fim, o que traziam ao grupo era conhecimento compartilhado, que poderia alimentar uma série de teorias e especulações e que os outros membros

|||||||||||||||||||||||||||||||||||||||||||||||||||||||||||||||||||||||||||||||||||||||||||||||||||||||||||

sexy participante da terceira temporada, inocentemente tentou criar um "código secreto" que permitiria a ela e aos outros "hóspedes" da casa conversar sobre assuntos pessoais sem se expor aos *voyers* da Internet. Infelizmente, a elaboração desse código também foi transmitida pela Internet, para a estupefação dos fãs, até que os produtores chamaram Chiara de lado e explicaram o erro em sua lógica. Os assinantes, entretanto, reclamavam quando os produtores cortavam a exibição em momentos-chave – particularmente competições, votações e discussões cruciais do jogo – a fim de reservar conteúdo para a edição televisiva.

Na primeira temporada, os fãs foram mais longe, tentando alterar o resultado dos acontecimentos da casa por meio da quebra do silêncio que separava os competidores do mundo lá fora. Um grupo que chamava a si mesmo de Media Jammers, originado a partir das discussões sobre a série na Salon.com, tentou levar informações para a casa do *Big Brother* jogando no jardim mensagens dentro de bolas de tênis, gritando em megafones e alugando aviões para soltar mensagens de fumaça acima do local da produção. Queriam que os participantes se retirassem da casa, no meio do jogo, em protesto contra "os abusos cometidos pelos produtores contra os participantes, suas famílias e os espectadores do programa". Os espectadores puderam monitorar o impacto nos "hóspedes" ao vivo pela Internet, enquanto os produtores chamavam os participantes (ou *hamsters*, como os fãs os chamavam) pela Internet. Os fãs conseguiram coordenar seus esforços

88 | CULTURA DA CONVERGÊNCIA

do grupo poderiam garimpar conforme a necessidade, no processo cooperativo de *spoiling*. Em contrapartida, outras formas de "spoiling" – dar palpites com base na perda de peso ou na barba dos competidores, interpretar os padrões de edição dos episódios ou os comentários de Mark Burnett ou Jeff Probst – permitiam a participação coletiva. Todos podiam jogar, contribuir com sua expertise, aplicar suas habilidades em solucionar quebra-cabeças, e assim todo mundo sentia que havia contribuído para o resultado.

||||||||||||||||||||||||||||||||||||||||||||||||||||||||||||||||||||||||||||||||||||||||||||||||||||||||||||||||||||||||||||||||

através das salas de bate-papo e chegar a uma tática em tempo real, enquanto assistiam aos produtores tentando impedir que os participantes lessem as mensagens.

Pam Wilson fez um relato detalhado do que ela chama de "ativismo narrativo", o empenho dos espectadores para moldar os eventos televisionados:

> Uma janela de oportunidade surgiu por um breve período, permitindo a invasão de um jogo televisivo corporativo e doentio por terroristas narrativos amadores, cujas armas eram palavras inteligentes, em vez de bombas. A intervenção talvez só pudesse ter ocorrido daquela vez, durante um período de flutuação programática e tecnológica, em que o formato era novo, a fórmula era flexível, uma narrativa improvisada emergia da psique de jogadores ainda não exaustos, os acontecimentos eram seguidos de perto 24 horas por dia por ávidos espectadores on-line, e o cenário de Hollywood era relativamente desprotegido.[1]

A iniciativa foi surpreendentemente eficaz, obrigando os participantes do *Big Brother* a repensar sua associação à série, e forçando a rede de TV a suspender periodicamente a transmissão ao vivo enquanto tentava conter uma revolta geral.

---

1. Pamela Wilson, "Jamming Big Brother: Webcasting, Audience Intervention, and Narrative Activism", em *Reality TV: Remaking Television Culture*. Susan Murray e Laurie Ouellette (eds.) (Nova York: New York University Press, 2004), p. 323. Veja também "When Broadcast and Internet Audiences Collide: Internet Users as TV Advocacy Groups", trabalho apresentado na conferência Media in Transition 3: Television, MIT, Cambridge, Massachusetts, 3 de maio de 2003.

DESVENDANDO OS SEGREDOS DE *SURVIVOR* | 89

Poderíamos compreender essa disputa nos termos da distinção entre a noção de Pierre Lévy de inteligência coletiva e o que Peter Walsh definiu como o "paradigma do expert".[17] Walsh argumenta que nossas suposições tradicionais sobre expertise estão se desfazendo, ou pelo menos se transformando, por meio dos processos mais abertos de comunicação no ciberespaço. O paradigma do expert exige um corpo de conhecimento limitado que um indivíduo possa dominar. As questões que se desenvolvem numa inteligência coletiva, entretanto, são ilimitadas e profundamente interdisciplinares; deslizam e escorregam através de fronteiras e induzem o conhecimento combinado de uma comunidade mais diversa. Como Lévy observa, "numa situação de fluxo, línguas oficiais e estruturas rígidas só servem para embaçar ou mascarar a realidade".[18]

Talvez este seja um dos motivos da imensa popularidade do *spoiling* entre universitários; o *spoiling* permite que exercitem suas crescentes competências num espaço onde não existem, ainda, experts determinados e disciplinas bem delineadas. Shawn, por exemplo, disse que via uma forte ligação entre o *spoiling* e as habilidades que estava tentando aperfeiçoar como estudante de História: "Gosto de escavar. Gosto de pesquisar fontes primárias de informação. Gosto de encontrar manuscritos oficiais de um fato. Gosto de descobrir quem eram as pessoas ali, o que viam. Quero ouvir diretamente delas. Isso é parte do meu gosto pelo *spoiling*. Gosto de escavar até o fundo. Gosto quando as pessoas não dizem apenas quem é eliminado – tudo bem, mas elabore um pouco sobre onde conseguiu essa informação".

O segundo argumento de Walsh é que o paradigma do expert cria um "exterior" e um "interior"; há pessoas que sabem das coisas e outras que não sabem. Uma inteligência coletiva, por outro lado, supõe que cada pessoa tem algo a contribuir, mesmo que seja *ad hoc*. Novamente, fala Shawn: "As pessoas trabalham juntas, pensam juntas, na ausência de uma pessoa com informações secretas... Existem algumas pistas que muitas vezes se acumulam durante a semana anterior à exibição do programa. O grupo de *spoilers* deve descobrir quais são confiáveis e quais são apenas palpites ou totalmente falsas". Alguém pode ficar observando as discussões por um longo período, sentindo que não tem nada a contribuir; então, *Survivor* faz sua locação numa parte do mundo para onde essa pessoa viajou, ou um competidor talvez seja identificado em sua comunidade local, e, de repente, essa pessoa se torna fundamental para a pesquisa.

90 | CULTURA DA CONVERGÊNCIA

Em terceiro lugar, o paradigma do expert, argumenta Walsh, utiliza regras sobre como acessar e processar informações, regras estabelecidas por meio de disciplinas tradicionais. Em contrapartida, o ponto ao mesmo tempo forte e fraco da inteligência coletiva é sua desorganização, sua falta de disciplina e de regras. Assim como o conhecimento é *ad hoc*, não existem procedimentos fixos sobre o que fazer com esse conhecimento. Cada participante aplica suas próprias regras e trabalha com os dados através dos próprios processos, alguns dos quais serão mais convincentes que outros, mas nenhum deles é errado, à primeira vista. Debates sobre as regras fazem parte do processo.

Em quarto lugar, os experts de Walsh possuem credenciais; passaram por algum tipo de ritual que os designa como tendo dominado um assunto em particular, muitas vezes tendo a ver com educação formal. Embora participantes de uma inteligência coletiva muitas vezes sintam a necessidade de demonstrar ou documentar como sabem o que sabem, isso não se baseia em um sistema hierárquico, e o conhecimento proveniente da experiência real de vida, em vez da educação formal, pode ser, num certo grau, até mais valorizado. ChillOne e as outras "fontes" estavam se reinserindo no processo como "experts" (ainda que experts em virtude de suas experiências, e não de certificação formal) e isso ameaçava os princípios mais ilimitados e democráticos a partir dos quais a inteligência coletiva opera.

O que consolida uma inteligência coletiva não é a posse do conhecimento – que é relativamente estática –, mas o processo social de aquisição do conhecimento – que é dinâmico e participativo –, continuamente testando e reafirmando os laços sociais do grupo social. Alguns disseram que ter ChillOne revelando os quatro finalistas antes de a série ter realmente começado, antes de terem tido a chance de conhecer os competidores e fazer suas próprias previsões, foi como ter alguém entrando sorrateiramente em suas casas e abrindo todos os presentes de Natal antes de eles terem a chance de balançar o embrulho e tentar adivinhar o que haveria ali dentro.

Para muitos outros, conseguir a informação era tudo o que importava. Como um deles explicou, "pensei que o nome do jogo fosse *spoiling*... A graça está em descobrir como foram as botinadas, quaisquer que sejam os meios, não é?" Muitos alegaram que isso intensificou o prazer – ter conhecimento do segredo – ao observar os palpites realmente tolos que os desinformados davam no site oficial da CBS, onde Jenna e Matthew estavam longe de ser os prováveis ganhadores. Outros argumentaram que essas informações adiantadas mudaram o modo como assistiram ao programa. "Se ChillOne estragou essa parte de *Survivor*, a graça agora está em tentar descobrir como diabos tudo aconteceu! É nossa porção detetive que quer saber não apenas o que vai acontecer, mas quando vai acontecer, como e por que vai acontecer." ChillOne, argumentaram, havia trazido um jogo novo, justamente quando estavam começando a se cansar do velho e, como tal, previram que seria uma "injeção de adrenalina" para toda a comunidade de *spoilers*, mantendo a franquia revigorada por mais uma ou duas temporadas.

A questão era se, dentro de uma comunidade de conhecimento, alguém tem o direito de *não* saber – ou, mais precisamente, se cada membro da comunidade deveria poder estabelecer as regras do quanto desejam saber e quando desejam saber. Lévy fala de comunidades de conhecimento em termos de suas operações democráticas; contudo, a capacidade de cada membro despejar informações sem se importar com as preferências de ninguém contém uma dimensão profundamente totalitária. Historicamente, os avisos de *spoilers* tinham sido um artifício para permitir às pessoas determinar se queriam ou não saber todas as informações disponíveis. ChillOne e seus aliados argumentaram que tais avisos não eram necessários, já que o único propósito do grupo era fazer *spoiling*; contudo, dar todas as respostas acabava com o jogo que muitos dos outros membros do grupo queriam jogar. De qualquer forma, o argumento supõe que as informações que ChillOne revelou ficariam circunscritas à comunidade.

Cada vez mais, no entanto, as informações dos *spoilers* estão chegando a ambientes mais públicos, onde são lidas pelas grandes redes de notícias. A repórter do *New York Times*, Emily Nussbaum, escreveu sobre esse fenômeno como "O Fim do Final Surpreendente" ("The End of the Surprise Ending"), sugerindo que essa correria para ir atrás de qualquer informação disponível e a acelerada circulação desses dados pelas diversas listas de discussão estavam tornando impossível às redes manter segredos, ou aos consumidores assistir a programas sem saber o que vai acontecer. Como Nussbaum explica, "os programas estão se tornando mais como livros: se você quer saber o que vai acontecer adiante, simplesmente dê uma espiada na última página... É um desejo estranho – pelo controle da história, pela chance de minimizar o risco de uma decepção. Com os *spoilers* à mão, um espectador pode assistir a um programa

92 | CULTURA DA CONVERGÊNCIA

com distanciamento, analisando-o como um crítico, em vez de ficar imerso como um neófito... Mas o preço por esse privilégio é que você nunca consegue realmente assistir a um programa pela primeira vez".[19] Os críticos de ChillOne sugerem que o problema vai além: se quiser participar da vida dessa avançada comunidade, terá de aceitar esse conhecimento, quer você queira ou não. O *spoiling* – pelo menos dentro da comunidade de fãs – decisivamente deixou de ser um jogo de quebra-cabeça para ser um jogo baseado na revelação de informações a partir de fontes.

ChillOne topou com informações secretas por acaso; hoje, a comunidade envia seus próprios repórteres. Desde a temporada *Survivor: Amazon*, ChillOne e outras pessoas da comunidade de fãs viajaram até a locação enquanto ocorriam as filmagens e trouxeram uma grande quantidade de informações sobre o que se passou. Duas temporadas depois, uma lista detalhada de todas as reviravoltas que ocorreriam no enredo foi despejada no *Ain't It Cool News*, um site com movimento muitas vezes maior do que Survivor Sucks. Ali, foi descoberta pela revista *Entertainment Weekly* e por uma série de outras grandes publicações. (Esta lista acabou se revelando basicamente falsa, mas quem pode prever o que acontecerá da próxima vez?) De repente, não eram apenas os membros da comunidade de *spoiling* que tinham de decidir se desejavam entrar e ler o que alguém como ChillOne tinha descoberto em visitas à locação da série. De repente, todo espectador e todo leitor de todas as publicações corriam o risco de ficar sabendo mais do que desejavam.

À medida que o *spoiling* se aproximava cada vez mais do público, deixou de ser um jogo divertido, que Mark Burnett ocasionalmente gostava de jogar com um pequeno segmento de sua audiência, e tornou-se uma séria ameaça ao relacionamento que ele queria desenvolver com o grande público da série. Como Burnett disse a um entrevistador, "o *spoiling* é o que é enquanto não afeta os índices de audiência. Talvez haja cinco mil pessoas na Internet, mas existem 20 milhões de espectadores, e eles não ficam na Internet".[20] O *spoiling* em si representa uma extensão dos prazeres contidos na série. Os produtores querem que adivinhemos o que vai acontecer depois, mesmo que nunca tenham imaginado equipes de milhares de pessoas trabalhando juntas para solucionar o enigma. No próximo capítulo, veremos como o desejo de construir uma comunidade em torno desses programas faz parte de uma estratégia corporativa para assegurar o envolvimento dos espectadores com marcas e fran-

DESVENDANDO OS SEGREDOS DE *SURVIVOR* | 93

quias. Contudo, levado até seu extremo lógico, o *spoiling* torna-se perigoso a esses mesmos interesses, e já começaram a fazer ameaças legais para tentar contê-lo. No início da oitava temporada, Jeff Probst disse a um repórter do *Edmonton Sun*: "A Internet e o acesso à informação tornaram muito difícil realizar programas como *Survivor*. E não me surpreenderia se, no final das contas, isso levasse ao cancelamento do programa. Mais cedo ou mais tarde, você não vai conseguir combater as pessoas que te traem. Temos uma equipe de 400 pessoas, e todo mundo conta alguma coisa para alguém. Tenho certeza disso. Depois que espalham uma informação como essa, que envolve dinheiro ou fama – 'Ei, eu sei uma coisa que você não sabe, escute só' –, tudo o que podemos fazer, honestamente, é contra-atacar com nossas próprias informações falsas".[21] E os produtores não são os únicos a se irritar com esse empenho em buscar informações na fonte. Wezzie, que participou de uma espionagem de locação, escreveu-me:

> Em breve (em 16 de setembro), estreia o próximo *Survivor: Vanuatu*. Mas as discussões parecem diferentes desta vez... Elas estão M-O-R-T-A-S. Mantive um tópico de informações sobre a locação nos últimos meses, com discussões sobre o ambiente e as tradições culturais de Vanuatu, e Dan montou alguns mapas excelentes, mas isso é praticamente tudo o que tem acontecido nas listas. Os fãs internautas estão entediados, irritados e desinteressados. Por conta das listas de botinadas de ChillOne (ou de Snewser ou do SurvivorNews), os fãs mais ávidos de *Survivor*, a comunidade de internautas, parecem não estar mais interessados em discutir o programa. Surgiram listas de discussão e fóruns "livres de *spoilers*", mas são pouco visitados... Tomara que o interesse aumente depois que o programa estrear. Não sei se a CBS está feliz com essa letargia da comunidade da Internet... ou preocupada.[22]

Anteriormente, defini as culturas do conhecimento emergentes como culturas determinadas por afiliações voluntárias, temporárias e táticas. Por serem voluntárias, as pessoas não permanecem em comunidades que não mais satisfazem suas necessidades emocionais e intelectuais. Por serem temporárias, as comunidades se formam e se dispersam com relativa flexibilidade. Por serem táticas, tendem a não durar além das tarefas que as impulsionaram. Às vezes, tais comunidades podem redefinir seu propósito. Na medida em que ser

94 | CULTURA DA CONVERGÊNCIA

fã é um estilo de vida, fãs podem se deslocar de uma série a outra muitas vezes na história de sua afiliação. Contudo, quando uma comunidade se dispersa, seus membros podem se deslocar para muitas direções diferentes, buscando novos espaços para aplicar suas habilidades e novas aberturas para suas especulações, e, no processo, as habilidades espalham-se para novas comunidades e aplicam-se a novas tarefas. A intervenção de ChillOne sem dúvida reduziu a vida da comunidade de *spoiling* de *Survivor*; no entanto, ele meramente acelerou o que seria um inevitável declínio no interesse. Depois que o jogo fosse jogado algumas vezes, os membros iriam buscar novos caminhos e possibilidades para a sua prática.

Podemos considerar essas comunidades fundamentais no processo de convergência alternativa. Na verdade, como veremos no próximo capítulo, os produtores queriam direcionar o deslocamento do programa da televisão para a Internet e para outros pontos de acesso à franquia. Os diversos pontos de contato tornaram-se oportunidades de promover tanto a série quanto seus patrocinadores. Porém, os fãs também exploraram a convergência para criar seus próprios pontos de contato. Buscaram meios de prolongar seu prazeroso envolvimento com um programa favorito e foram levados à produção e à avaliação cooperativas de conhecimento. Esse processo às avessas gerou, potencialmente, um maior interesse na série, amplificando o investimento dos fãs no material transmitido pela televisão. Mas quando o processo passou a interferir ou remodelar a economia informacional em torno da série, passou também a ameaçar a capacidade do produtor de controlar a reação do público.

O que precisamos ter em mente aqui, e até o fim deste livro, é que os interesses de produtores e consumidores não são os mesmos. Às vezes eles se sobrepõem. Às vezes entram em conflito. As comunidades, que num nível são os melhores aliados do produtor, em outro nível são seus piores inimigos. No próximo capítulo, vamos inverter as perspectivas – observando os espectadores dos reality shows do ponto de vista dos produtores e anunciantes. Desse modo, passaremos a compreender como as empresas de entretenimento estão reavaliando o valor econômico da participação dos fãs.

2

ENTRANDO NO JOGO DE *AMERICAN IDOL*

COMO ESTAMOS SENDO PERSUADIDOS PELA *REALITY TV*

Quem teria previsto que os reality shows, como *Survivor* (2000) e *American Idol* (2002), seriam a primeira aplicação bem-sucedida da convergência midiática – a grande novidade que demonstrou o poder existente na intersecção entre as velhas e novas mídias? Experimentos iniciais com televisão interativa, em meados da década de 1990, foram descartados basicamente como fracassos. Quase ninguém queria parar de ver televisão para comprar a roupa que um dos amigos de *Friends* (1994) usava. Poucos se interessavam pelo jogo de perguntas que aparecia no rodapé da tela durante a transmissão de esportes ou dos filmes de James Bond. Os críticos argumentavam que o que as pessoas queriam era reclinar-se no sofá e assistir à televisão, em vez de interagir com ela. O atual sucesso da *reality television* está forçando a indústria dos meios de comunicação a repensar algumas dessas suposições. O que houve foi o deslocamento da interação em tempo real para a participação assíncrona.

Poucos discutem o sucesso de *American Idol*. Nas semanas finais de sua terceira temporada, em 2003, a FOX Broadcasting Company estava recebendo

96 | CULTURA DA CONVERGÊNCIA

mais de 20 milhões de telefonemas ou mensagens de texto a cada episódio, dando veredictos para os candidatos do programa.[1] Isso deixou as companhias telefônicas felizes, pois elas tentavam encontrar um meio de fazer os americanos usarem mais as mensagens de texto, que não tinham decolado nos EUA como decolaram na Ásia e no norte da Europa. Atualmente, dos 140 milhões de celulares nos Estados Unidos, apenas 27 milhões estão sendo utilizados para mensagens de texto.[2] A AT&T Wireless relatou que aproximadamente um terço dos que votaram no *American Idol* através de mensagens de texto nunca tinham enviado uma mensagem de texto antes.[3] Como explicou um porta-voz da AT&T, "nossa parceria com a FOX foi mais eficiente em atrair o público e fazer as pessoas usarem mensagens de texto do que qualquer marketing neste país até hoje".[4]

American Idol liderou dois dos cinco principais horários da grade de programação durante todo o importante período de *sweeps** de maio de 2003. Mais de 40 milhões de pessoas assistiram ao segmento final do último episódio da segunda temporada de *American Idol*. Na terceira temporada, a FOX dedicou 13,5 horas a *American Idol*, durante o crucial período das *sweeps* de maio, representando quase um quarto do total de seu horário nobre daquele mês.[5]

Isso deixou os anunciantes felizes. Como explica o chefe executivo da MediaCom, Jon Mandel, "sabemos que, quando as pessoas estão assistindo a um programa de que gostam, elas tendem a assistir mais aos comerciais".[6] *American Idol*, baseado na bem-sucedida série britânica *Pop Idol*, foi vendida à FOX por meio de uma agressiva campanha da Creative Artists Agency, que via a série como uma parceira ideal para sua cliente, a Coca-Cola, e seu público-alvo, na faixa etária dos 12 aos 14 anos.[7]** E tem sido uma parceria e tanto. Para aqueles que não têm televisão ou um filho adolescente, *American Idol* é uma exibição de calouros – alguns bons, outros muito ruins – de todo o país. Toda semana, os finalistas se apresentam e o público vota em um dos candidatos. No final, o cantor sobrevivente ganha o contrato de um disco e um acordo de promoção. A revista *Forbes* classificou *American Idol* como o reality show mais

---

* Nos EUA, as *sweeps* são pesquisas que ocorrem num período de quatro semanas, quando o mercado televisivo é mensurado pela Nielsen e pela Arbriton, para a obtenção de informações demográficas e de audiência. Os meses em que as pesquisas ocorrem são fevereiro, maio, julho e novembro. [N. de T.]

** No Brasil, o formato do programa foi comprado em 2006 pela rede SBT, que perdeu os direitos para a rede Record em 2008, onde foi exibido até 2012 com o nome *Ídolos*. [N. de T.]

lucrativo de todos, gerando à rede um lucro líquido estimado em mais de US$ 260 milhões, ao final da terceira temporada.[8]

Tudo isso deixou as redes de TV muito felizes. Os reality shows saem-se bem até durante os meses de verão, quando tradicionalmente a audiência da TV chega ao ponto mais baixo. E, tão importante quanto isso, a *reality television* tem sido a salvação da TV aberta em sua resistência às tentativas da TV a cabo de atrair seu público principal. Em 2002, pela primeira vez, o *share* combinado das redes de TV a cabo ultrapassou o das redes abertas. Nenhum canal pago tem o poder e o alcance de uma CBS, NBC ou ABC, mas ano após ano as redes de TV aberta se tornam menos essenciais para seu público. De modo geral, há uma queda de 8% a 10% na audiência durante o verão, mas as maiores redes perderam 30% do mercado no verão de 2002.[9] Redes de TV a cabo, como Showtime e HBO, usam os meses de verão para lançar novos episódios das sitcoms ("situation comedies", comédias de situação) de maior sucesso (como *Sex and the City*, 1998) e séries dramáticas (como *A Sete Palmos* [*Six Feet Under*], 2001), em oposição às reprises da TV aberta. Os espectadores tendem a permanecer na TV paga quando a temporada de outono começa. Assim, as redes de TV aberta estão contra-atacando e oferecendo mais programação original no verão, tendo nos reality shows mais baratos sua melhor arma. Quando fazem sucesso, os reality shows provocam tanto ou mais interesse que os programas da TV paga com os quais competem e, portanto, reduzem a erosão na audiência. Mesmo que um reality show não alcance recordes de audiência, como aconteceu com as primeiras temporadas de *Survivor* e *American Idol*, seus retornos mais baixos são quase sempre melhores do que a rede obteria com uma reprise. Em contrapartida, os reality shows têm validade mais curta e são limitados em termos de futuras reprises, embora possam representar vendas significativas quando vendidos em DVD diretamente aos consumidores.

E isso deixa os conglomerados de mídia ainda mais felizes, já que *American Idol* foi, desde o início, não apenas um programa de televisão, mas uma franquia transmídia. A ganhadora da primeira temporada, Kelly Clarkson, assinou contrato com a RCA Records, e seu disco alcançou um imediato primeiro lugar na parada de sucessos Billboard Hot 100. A música, "A Moment Like This", tornou-se o *single* mais vendido dos EUA em 2002. Um livro do *American Idol* chegou à lista dos mais vendidos[10], e os candidatos do programa tocaram em casas lotadas em sua turnê pelos Estados Unidos. Imediatamente, iniciou-se a

98 | CULTURA DA CONVERGÊNCIA

produção de um longa-metragem para o cinema, *De Justin para Kelly* [*From Justin to Kelly*] (2003), embora, no fim, o filme tenha fracassado nas bilheterias.

Nem todo mundo, entretanto, ficou encantado com o sucesso de *American Idol*. Falando por muitos críticos dos reality shows, Karla Peterson declarou, bombasticamente, no jornal *San Diego Union-Tribune*:

> *American Idol* não foi uma experiência idiota de verão, foi um monstruoso conluio multimídia. Um merchandising despudorado. Uma nostalgia sem graça. Uma incestuosa promoção corporativa. Tal como as divas robotizadas do programa – que obedientemente papagaiaram todos os agudos, tremeliques e gritos do repertório de Mariah Carey –, *American Idol* engoliu todos os pecados de nossa cultura pervertida e os cuspiu de volta na forma de uma nefasta massa reconstituída. E por termos ficado tão ofuscados pela descarada falta de qualidade do programa, passamos por cima da porcaria e alegremente a seguimos rumo ao precipício.[11]

Peterson está correta ao dizer que *American Idol* foi moldado, em todos os níveis, por ostensivos cálculos comerciais. No entanto, seu ultraje moral não nos ajuda muito a compreender a atração que o programa exerce sobre as redes de televisão, anunciantes ou consumidores.

Para compreender o sucesso de *American Idol*, precisamos compreender melhor o atual contexto em que a televisão americana está operando e o atual modelo de comportamento do consumidor, que está moldando as estratégias de programação e marketing. Temos de saber mais a respeito do que chamo de "economia afetiva". A economia afetiva refere-se a uma nova configuração da teoria de marketing, ainda incipiente, mas que vem ganhando terreno dentro da indústria das mídias, que procura entender os fundamentos emocionais da tomada de decisão do consumidor como uma força motriz por trás das decisões de audiência e de compra. Em vários sentidos, a economia afetiva representa uma tentativa de atualizar-se com os estudos culturais feitos nas últimas décadas sobre comunidades de fãs e o envolvimento dos espectadores. Entretanto, há uma diferença crucial: o trabalho dos estudos culturais procurava entender o consumo de mídia do ponto de vista do fã, articulando desejos e fantasias malservidos pelas mídias atuais; o novo discurso de marketing procura moldar os desejos dos consumidores para direcionar as decisões de compra. Embora haja um crescente interesse pela qualidade da experiência do público, as empresas de mídia e de marcas ainda se debatem com o lado econômico da economia afetiva – a necessidade de quantificar o desejo, de mensurar as relações e de transformar o envolvimento em commodities – e, talvez o mais importante, a necessidade de transformar tudo o que foi mencionado acima em retorno financeiro. As pressões pragmáticas muitas vezes afastam as tentativas de compreender a complexidade do comportamento do público, mesmo sendo esse conhecimento fundamental às empresas que queiram sobreviver nas próximas décadas. Em vez de repensarem os termos de suas análises, as empresas estão se debatendo para ajustar os novos entendimentos a categorias econômicas já conhecidas. Trata-se de um mundo onde o que mais conta, ainda, é o que se pode calcular em números.

Pode-se afirmar que fãs de alguns cultuados programas de televisão são capazes de exercer maior influência sobre as decisões de programação numa era de economia afetiva. De tempos em tempos, as redes priorizam certos segmentos do público, e o resultado é uma mudança nas estratégias para refletir mais completamente esses gostos – a substituição de espectadores rurais por espectadores urbanos transformou o conteúdo da televisão nos anos 1960, um renovado interesse pelas minorias dos espectadores levou a sitcoms afrocêntricas em toda a década de 1990, e uma ênfase crescente em espectadores fiéis está mudando o que se veicula no início do século 21. Os fãs têm visto no ar mais programas que refletem seus gostos e interesses; os programas estão sendo planejados para maximizar elementos que exercem atração sobre os fãs; e esses programas tendem a permanecer por mais tempo no ar, pois, em casos extremos, têm mais chance de serem renovados. Eis o paradoxo: ser desejado pelas redes é ter seus desejos transformados em mercadorias. Por um lado, tornar-se uma mercadoria expande a visibilidade cultural do grupo. Grupos que não possuem valor econômico reconhecido são ignorados. Por outro lado, é também uma forma de exploração. Os grupos transformados em mercadorias tornam-se alvo de um marketing mais agressivo e muitas vezes sentem que perderam o controle sobre sua própria cultura, já que ela é produzida e comercializada em massa. Esses grupos não conseguem evitar sentimentos conflitantes, pois querem ser representados, mas não querem ser explorados.

Há anos, grupos de fãs, procurando reunir-se em apoio a séries ameaçadas de cancelamento, argumentam que as redes deveriam se concentrar mais

100 | CULTURA DA CONVERGÊNCIA

na qualidade do comprometimento do público do que na quantidade de espectadores. Cada vez mais, anunciantes e redes estão chegando mais ou menos à mesma conclusão. Os profissionais de marketing procuram moldar a reputação das marcas não através de uma transação individual, mas através da soma total de interações com o cliente – um processo contínuo que cada vez mais ocorre numa série de diferentes "pontos de contato" midiáticos. Não querem apenas que o consumidor faça uma única compra, mas que estabeleça uma relação de longo prazo com a marca. Novos modelos de marketing procuram expandir os investimentos emocionais, sociais e intelectuais do consumidor, com o intuito de moldar os padrões de consumo. No passado, os produtores de mídia falavam em "impressões". Hoje, estão explorando o conceito de "expressões" do público, tentando entender como e por que o público reage aos conteúdos. Gurus do marketing argumentam que construir uma "comunidade de marca" comprometida pode ser o meio mais seguro de aumentar a fidelidade do consumidor, e que o merchandising permitirá às marcas absorverem um pouco da força afetiva dos produtos de mídia a que se associam. Por essa razão, programas como *American Idol* estão sendo cuidadosamente observados por anunciantes, empresas de marketing, redes de televisão e repórteres da imprensa especializada, todos ávidos para entender como as estratégias da convergência corporativa podem estar remodelando o processo de construção de uma marca. As primeiras evidências sugerem que os consumidores mais valiosos são aqueles que a indústria chama de "fiéis", ou que chamamos de fãs. Os fiéis tendem a assistir às séries com mais fidelidade, tendem a prestar mais atenção aos anúncios e tendem a comprar mais produtos.

Por enquanto, gostaria que os leitores colocassem entre parênteses suas preocupações a respeito do consumismo e de seu medo da Madison Avenue*. Não tenho a intenção de que este capítulo seja, em qualquer sentido, um endosso ou uma apologia às transformações que estão ocorrendo. Minha opinião é de que esse discurso emergente sobre economia afetiva possui implicações negativas e positivas: possibilita que os anunciantes utilizem a força da inteligência coletiva, direcionando-a a seus próprios fins, mas, ao mesmo tempo, permite

---

* Assim como a cidade de Hollywood tornou-se sinônimo da indústria cinematográfica americana, a Madison Avenue, avenida de Nova York que concentra muitas empresas do ramo publicitário, tornou-se, desde os anos 1920, sinônimo da indústria de publicidade americana. [N. de T.]

que os consumidores formem seu próprio tipo de estrutura coletiva de barganha, que podem usar para desafiar as decisões corporativas. Retornarei a essa questão do poder do consumidor no capítulo de conclusão deste livro. Mesmo que se queira criticar o modo como funciona o capitalismo americano, deve-se reconhecer que os modelos de marketing retratados em relatos clássicos, como *A Nova Técnica de Convencer* [*Hidden Persuaders*] (1957), de Vance Packard, não mais descrevem adequadamente o modo como as empresas de mídia estão operando.[12] Mesmo que se acredite que as comunidades de fãs e marcas carecem de poder político para alterar significativamente o comportamento corporativo, ainda assim é preciso entender como a participação funciona na nova economia afetiva, para que as críticas possam ser dirigidas aos verdadeiros mecanismos pelos quais a publicidade procura redirecionar nossos corações e mentes.

Nos encontros da indústria país afora, visionários corporativos e gurus de marcas estão promovendo o que chamo de economia afetiva como a solução para uma crise perceptível na radiodifusão americana – uma crise causada pelas transformações na tecnologia das mídias, que estão conferindo aos espectadores um controle muito maior sobre o fluxo midiático em seus lares. A economia afetiva considera os públicos ativos potencialmente valiosos, se puderem ser atraídos e conquistados por anunciantes. Neste capítulo, vamos analisar com mais cuidado o que anunciantes e redes pensam sobre o público na era da convergência dos meios de comunicação, e como as suposições sobre construção de marcas, envolvimento do público e audiência coletiva estão moldando séries como *American Idol*. *American Idol* oferece uma fantasia de poder – aos "Estados Unidos" cabe "decidir" sobre o próximo ídolo. Essa promessa de participação ajuda a construir os investimentos dos fãs, mas também pode levar a equívocos e decepções, quando os espectadores sentem que seus votos não foram levados em conta.

"Me impressione"

Um anúncio criado há vários anos para a Apple Box Productions, Inc. retrata o novo consumidor jovem: o cabelo loiro e escorrido caído sobre os olhos fixos, a boca curvada num escárnio ameaçador e o dedo pairando sobre o botão do controle remoto (Figura 2.1). "Você tem 3 segundos. Me impressione", diz ele.[13]

Figura 2.1 A indústria da publicidade retrata seu desafio mais difícil: o jovem consumidor masculino que zapeia pelos canais de TV.

Um passo em falso e ele vai nos zapear. Não é mais um preguiçoso em frente à TV (se é que já foi); ele determina o que, quando e como assiste aos meios de comunicação. É um itinerante – livre de compromissos com séries em particular, indo aonde seu desejo o levar.

O verbo "impressionar" tem duas funções aqui, dependendo se for lido do ponto de vista do consumidor ou do anunciante. O verbo refere-se à procura do consumidor por algo tão "impressionante" que ele faz uma pausa em sua busca implacável por novidades. Refere-se também à "impressão", a unidade de medida historicamente empregada pelas redes em suas conversas com potenciais patrocinadores – o número de "olhos" assistindo a um programa de televisão em um momento específico. O que me interessa aqui é o modo como os significados culturais e econômicos, do consumidor e corporativos, se cruzam. De que modo a busca do espectador por conteúdos atrativos se traduz na exposição a mensagens comerciais?

Houve um grande alvoroço, alguns anos atrás, sobre a ineficácia dos *banners* de publicidade na Internet, pois a taxa de cliques era muito baixa. Relativamente poucas pessoas que viam o *banner* clicavam no link e compravam o produto. Se a publicidade na televisão tivesse sido julgada por esse mesmo critério, teria sido considerada igualmente ineficaz. A impressão não é uma medição de quantas pessoas compram o produto ou compreendem a mensagem; é meramente a medição de quantas pessoas estão com o aparelho ligado num determinado canal. A impressão é uma medição ainda mais vaga quando aplicada a outros meios de comunicação. Por exemplo, as impressões criadas por um outdoor são medidas em termos de números absolutos de carros que passam por um determinado cruzamento. Segundo o pesquisador de marketing Robert Kozinets, "não é que a impressão seja apenas uma maneira desajeitada de rastrear os *insight*s dos meios de comunicação... A impressão é sintoma de um equívoco empresarial maior sobre o que pode ser rastreado, compreendido e relacionado a determinados investimentos".[14] Os anunciantes, entretanto, cada vez mais exigem prestação de contas e responsabilização dos meios de comunicação pelo grau de exposição real que recebem e pela qualidade do relacionamento que isso cria com seus consumidores. Os anunciantes querem compreender a eficácia dos diferentes meios de comunicação ao transmitir suas mensagens aos potenciais compradores.

Assim como as desajeitadas medições de audiência foram desmascaradas, as redes de televisão testemunharam também um colapso na fidelidade do espectador – o problema colocado pelo nosso jovem amigo de cabelo escorrido. Primeiro, houve uma proliferação de opções de meios de comunicação – antes, eram três grandes redes de TV aberta; agora, no ambiente de TV por assinatura, são centenas de canais mais especializados, além de formas alternativas de entretenimento caseiro, incluindo Internet, vídeo, DVD e videogames. Inicialmente, o tempo diário que as pessoas passavam consumindo mídia aumentou à medida que aumentavam as opções de meios de comunicação, mas essa expansão tinha como limite a quantidade de tempo que o consumidor médio passava ocupado com conteúdos de entretenimento fora do trabalho, da escola ou do sono. Diante de uma variedade aparentemente infinita, o consumidor médio estabeleceu o padrão de consumir entre dez e 15 canais de mídia. A programação da TV aberta ainda detém um grau maior de fidelidade, mas as principais redes de TV por assinatura estão atraindo uma fatia do bolo à medida que a fragmentação do público prossegue. Nos anos 1960, um anunciante poderia alcançar 80% das mulheres americanas com uma inserção no horário nobre das três redes de TV. Hoje, estima-se que a mesma inserção teria de passar em cem canais de TV para alcançar o mesmo número de espectadores.[15]

Os anunciantes, cada vez mais ansiosos para saber se a programação da TV aberta está conseguindo atingir o público, estão diversificando seus orçamentos de publicidade e procurando estender suas marcas a múltiplos pontos de distribuição que, espera-se, irão alcançar uma variada seleção de nichos menores. Como disse Sumner Redstone, presidente da Viacom, à *Businessweek*, "o que os anunciantes compram são plataformas para promover suas marcas, e temos quatro plataformas para eles. Estamos em toda parte porque nos dias

104 | CULTURA DA CONVERGÊNCIA

de hoje é preciso estar onde os anunciantes precisam estar".[16] Um pesquisador da Forrester Research resumiu as tendências: "Blocos monolíticos de espectadores não existem mais. Em seu lugar há um mosaico de microssegmentos de público, em constante transformação, que força os profissionais de marketing a um eterno jogo de esconde-esconde com o público".[17]

As tecnologias da próxima geração – especialmente o gravador de vídeo digital (DVR) – estão cada vez mais possibilitando que os consumidores pulem os comerciais. Atualmente, 43% dos lares que utilizam videocassete pulam os anúncios, e muitos da indústria midiática estão aterrorizados com o que vai acontecer quando as tecnologias como o TiVo, que a presidente da Nielsen Media Research, Susan Whiting, chama de "videocassetes com anabolizantes", se tornarem mais difundidas.[18] Os atuais usuários dos gravadores de vídeo digitais passam os comerciais para a frente cerca de 59% do tempo.[19] Isso não significa que 59% dos usuários pulem os comerciais; significa que o consumidor médio assiste a cerca de 41% dos anúncios veiculados. O repórter da *Advertising Age*, Scott Donaton, explica: "À medida que os anunciantes perderem a capacidade de invadir o lar e a mente dos consumidores, serão obrigados a aguardar um convite. Isso significa que os anunciantes têm de aprender que tipos de conteúdo publicitário os clientes estarão realmente dispostos a procurar e a receber".[20]

Rishad Tobaccowala, presidente da empresa de venda de espaços comerciais Starcom MediaVest, gerou pânico numa reunião de executivos de televisão, em 2002, quando fez a previsão, que se revelou precipitada, de que o comercial de 30 segundos estaria morto em 2005. Sandy Grushow, presidente da FOX Television, afirmou que as redes de TV estão absolutamente despreparadas para tal evolução: "Não só ficarão todos ensopados, como serão atingidos por raios antes que façam um progresso significativo".[21] Enquanto os executivos das redes saem em busca de seus guarda-chuvas, o merchandising é a alternativa discutida com mais frequência, embora ninguém realmente acredite que seja possível substituir os US$ 8 bilhões gastos por ano em comerciais. Para que ocorra essa transformação, argumentou Lee Gabler, copresidente e sócio da Creative Artists Agency, "o maior obstáculo que temos de ultrapassar é a integração das redes de TV, estúdios, agências de publicidade, anunciantes, agências de talento e quem mais estiver envolvido nesse espaço. Temos de poder sentar coletivamente, cooperativamente, para encontrar uma solução. Atual-

ENTRANDO NO JOGO DE *AMERICAN IDOL* | 105

mente, as agências têm medo de que alguém ocupe seu espaço, as redes estão num processo de negação e os anunciantes não têm uma solução".[22]

Nesse contexto, torna-se cada vez mais difícil impressionar o público espectador americano. A indústria da televisão concentra-se cada vez mais em compreender os consumidores que tenham uma relação prolongada e um envolvimento ativo com o conteúdo das mídias e que demonstrem disposição em rastrear esse conteúdo no espectro da TV a cabo e outras plataformas. Tais consumidores representariam a maior esperança para o futuro. A pesquisa de audiência da nova geração enfoca o que os consumidores fazem com o conteúdo de mídia depois que assistem a ele, considerando valiosa cada interação subsequente, pois consolida sua relação com a série e, potencialmente, com seus patrocinadores. Respondendo a essa demanda, a Initiative Media, uma empresa que presta consultoria sobre inserção publicitária a muitas das empresas que aparecem na Fortune 500*, advoga uma abordagem alternativa da medição de audiência, que ela chama de "expressão".[23] A expressão mapeia a atenção à programação e à publicidade, o tempo gasto com o programa, o grau de fidelidade do espectador e sua afinidade com o programa e seus patrocinadores. O conceito de expressão surgiu por meio da colaboração com o Programa de Estudos de Mídia Comparada do MIT. A expressão pode começar no nível do consumidor individual, mas, por definição, situa o consumo num contexto social e cultural maior. Os consumidores não apenas assistem aos meios de comunicação; eles também compartilham entre si ao que assistem – seja usando uma camiseta proclamando sua paixão por determinado produto, postando mensagens numa lista de discussão, recomendando um produto a um amigo ou criando uma paródia de um comercial que circula na Internet. A expressão pode ser vista como um investimento na marca, e não simplesmente uma exposição a ela.

Lovemarks e capital emocional

Ao proferir o discurso de abertura na conferência Madison + Vine, da revista *Advertising Age*, em 5 de fevereiro de 2003, o presidente da Coca-Cola, Steven J. Heyer, delineou sua visão das futuras relações entre a publicidade

---

* Fortune 500 é uma lista anual, publicada pela revista *Fortune*, com as maiores empresas americanas. [N. de T.]

106 | CULTURA DA CONVERGÊNCIA

("Madison") e as indústrias de entretenimento ("Vine"). Sua fala oferece um vislumbre do pensamento de um dos principais patrocinadores de *American Idol.*[24] Heyer abriu o discurso identificando uma série de problemas que "exigem uma nova abordagem de conexão com o público" e forçam uma reconsideração de antigos paradigmas dos meios de comunicação de massa: "A fragmentação e proliferação das mídias e a consolidação da propriedade das mídias – que em breve serão seguidas por um indiscriminado *unbundling**; a erosão dos mercados em massa; o poder dos consumidores, que agora possuem uma capacidade

---

* "Desagregação", compartilhamento de redes e infraestrutura entre as empresas locais de telefonia e outros prestadores de serviços (por exemplo, banda larga para acesso à Internet). [N. de T.]

IIIIIIIIIIIIIIIIIIIIIIIIIIIIIIIIIIIIIIIIIIIIIIIIIIIIIIIIIIIIIIIIIIIIIIIIIIIIIIIIIIIIIIIIIIIIIIIIIIIIIIIIIIIIIIIIIIIII

Merchandising e *O Aprendiz*

Mark Burnett, produtor executivo de *Survivor* e *O Aprendiz* [*The Apprentice*] (2004), tem estado na vanguarda das experiências com integração de marcas. Após encontrar muita resistência das redes à sua proposta de *Survivor*, o produtor concordou em ajudar a compensar os custos antecipados de produção por meio da pré-venda de cotas de patrocínio, convencendo empresas como Reebok a pagar US$ 4 milhões pelo merchandising durante a série.[1] Sua segunda série, *The Restaurant* (2003), foi totalmente baseada em merchandising da Mitsubishi, do American Express e da Coors Brewing Company.[2] Com *O Aprendiz*, Burnett cobrou até US$ 25 milhões de cada empresa por um merchandising significativo e, assim, a série tornou-se o laboratório para um conjunto de abordagens diferentes da conexão entre marcas e conteúdo.[3]

De quantas maneiras diferentes *O Aprendiz* está envolvido na construção de marcas?

1. *A Marca como Protagonista*: o apresentador do programa, Donald Trump, escala a si mesmo e a seu império corporativo como protagonistas do programa. No decorrer da série,

---

1. Ted Nadger, "The End of TV 101: Reality Programs, Formats, and the New Business of Television", in *Reality Television: Remaking Television Culture*, Susan Murray e Laurie Ouelette (eds.) (Nova York: New York University Press, 2004).

2. Wade Pausen, "NBC's The Restaurant Funded Solely py Product Placement", Reality tv World, 18 de julho de 2003, http://www.realityworld.com/index/articles/stor.php?s=1429.

3. Michael McCarthy, "Also Starring (Your Product Name Here)", USA. Today, 12 de agosto de 2004.

ENTRANDO NO JOGO DE *AMERICAN IDOL* | 107

incomparável de editar e evitar a publicidade e alterar as frações do dia; a tendência do consumidor à customização e personalização em massa". Diante das profundas mudanças no comportamento do consumidor, Heyer então delineou o que considerava sua estratégia de "convergência" – uma colaboração maior entre os fornecedores de conteúdos e patrocinadores, a fim de moldar o pacote total de entretenimento. O foco, argumentou, deveria ser menos o conteúdo em si e mais "por que, onde e como" pode existir a conciliação entre os diversos entretenimentos midiáticos, bem como a relação estabelecida com o consumidor. Como ele explicou, "imagine se usássemos nosso kit de ferramentas coletivo na criação de uma variedade sempre crescente de interações para que as pessoas, com o tempo, construíssem um relacionamento, uma série

||||||||||||||||||||||||||||||||||||||||||||||||||||||||||||||||||||||||||||||||||||||||||||||||||||||||

visitamos suas diversas empresas, conhecemos seus funcionários (e sua noiva), visitamos seu apartamento e aprendemos mais sobre a filosofia de seu negócio. Os candidatos estão disputando uma chance de ajudar na realização de um dos projetos de Trump, que é apresentado como se fosse a maior oportunidade que qualquer jovem no ramo dos negócios poderia almejar.

2. *A Marca como Chefe*: na segunda temporada (outono de 2004), pediram aos candidatos para realizar o projeto e o marketing de brinquedos da Toys 'R' Us e Mattel, desenvolver novos sabores de sorvete para a Ciao Bella, redesenhar a garrafa de um novo produto da Pepsi, vender um novo doce da M&M nas ruas e fazer o marketing de um novo creme dental de baunilha e hortelã da Procter & Gamble. O porta-voz da Procter & Gamble, Bryan McClearly, comentou: "Ter um episódio inteiro dedicado a vender os benefícios do novo produto foi um enredo muito atraente – o espectador realmente acaba torcendo para a marca ter sucesso".[4]

3. *O Processo de Construção da Marca como Entretenimento*: no dia 23 de setembro de 2004, os candidatos do episódio demonstraram maneiras de associar marcas e entretenimento (acrobatas e palhaços de circo, o New York Mets), para dar visibilidade a um novo produto da Crest. Histórias paralelas enfocavam o empenho em produzir anúncios curtos que

---

4. "Sponsor Buy into Reality TV", Product Placement News, ITVX, 6 de dezembro de 2004, http://www.itvx.com/iPageCount,2,ppnews.asp.

108 | CULTURA DA CONVERGÊNCIA

contínua de transações únicas, diferenciadas e mais profundas" do que qualquer indústria de entretenimento tenha oferecido antes.

O discurso de Heyer evoca a lógica da extensão da marca, a ideia de que marcas de sucesso são construídas pela exploração de múltiplos contatos entre a marca e o consumidor. A força de uma conexão é medida em termos de seu impacto emocional. A experiência não deve ser contida em uma única plataforma de mídia, mas deve estender-se ao maior número possível delas. A extensão de marca baseia-se no interesse do público em determinado conteúdo, para associá-lo repetidamente a uma marca. Seguindo essa lógica, a Coca-Cola considera-se menos uma engarrafadora de refrigerantes e mais uma empresa de entretenimento que ativamente molda e patrocina eventos esportivos,

‖‖

promoveriam o recrutamento pelo departamento de polícia de Nova York, e a venda de utensílios domésticos no Home Shopping Network.

4. *A Marca como Assistente*: muitas vezes, os candidatos consultam uma série de pequenas empresas (como a Alliance Talent Agency), que os auxilia em suas tarefas em troca de exposição.

5. *A Marca como Prêmio*: em muitos casos, Trump premia os candidatos com acesso a ele mesmo e a suas "coisas", ou a refeições e serviços luxuosos (como um banquete com caviar no Petrossian, ou joias da Graff).

6. *A Marca como Associação*: logo após um episódio em que os candidatos criaram um sorvete, os espectadores em casa puderam encomendar amostras dos sabores on-line. Da mesma forma, embora não tivessem planejado produzir uma associação na série, a Mattel ficou tão entusiasmada com os resultados de seu episódio que, no final, acabou colocando à venda o carrinho de brinquedo Mighty Morpher, criado pelos candidatos. A J. C. Penney distribuiu um catálogo do jeans Levi's criado por uma das equipes durante outro desafio.

7. *A Marca como Comunidade*: por meio de uma associação entre *O Aprendiz* e o Friendster, os fãs declararam suas preferências por candidatos específicos, e os produtores coletaram dados em tempo real sobre a reação do público.

8. *A Marca como Evento*: Trump lançou um concurso, em parceria com o Yahoo! Hot Jobs, cujo prêmio de US$ 25 mil é um incentivo a novas iniciativas. Uma placa do serviço foi colocada

ENTRANDO NO JOGO DE *AMERICAN IDOL* | 109

shows, filmes e séries de televisão. Essa intensificação de sentimentos permite ao conteúdo de entretenimento – e às mensagens da marca – abrir caminho através da "confusão" e tornar-se memorável aos consumidores: "Vamos utilizar um conjunto de diversos recursos de entretenimento para entrar nos corações e mentes das pessoas. Nessa ordem... Vamos nos deslocar para ideias que tragam à tona a emoção e criem conexões. E isso vai acelerar a convergência da Madison + Vine (publicidade + indústria de entretenimento). Porque as ideias que sempre ocuparam o núcleo das histórias contadas e dos conteúdos vendidos por vocês... sejam filmes, músicas ou televisão... não são mais apenas propriedade intelectual, são capital emocional".

||||||||||||||||||||||||||||||||||||||||||||||||||||||||||||||||||||||||||||||||||||||||||||||||||||||||||||||||||||||||

em cima do táxi que levava os candidatos demitidos, e, num interlúdio cômico, o pitoresco Raj* aparece como o motorista do táxi.

9. *Os Candidatos como Marca*: as candidatas foram exibidas de lingerie na revista *Maxim* como "As Mulheres do Aprendiz".

10. *A Marca como Jurada*: quando a segunda temporada se aproximou do final, Trump permitiu que uma série de executivos de outras empresas, incluindo a Unilever HPC, a PepsiCo., a Bear Stearns e a New England Patriots, viesse auxiliá-lo na seleção dos finalistas.

Estes são apenas alguns exemplos dos papéis que as marcas podem exercer no programa (e não incluem as diversas formas com que a NBC vem utilizando a série para rever a identidade de sua própria marca). A tentação, entre os especialistas em mídia, é descartar *O Aprendiz*, tachando o programa como nada mais que um grande merchandising, mas isso não explicaria adequadamente sua popularidade. *O Aprendiz* é popular porque é um programa benfeito, e as associações de marca funcionam porque estão ligadas ao cerne de sua mecânica emocional. Gostamos das marcas porque se tornam o foco de competições ou porque moldam nossa identificação com os personagens. Mas, como regra geral, os reality shows que alcançaram as maiores audiências foram os que tiveram os formatos mais originais e atrativos.

---

* Raj Bhakta, um dos candidatos da segunda temporada de *O Aprendiz*. [N. de T.]

110 | CULTURA DA CONVERGÊNCIA

Kevin Roberts, CEO Mundial da Saatchi & Saatchi, argumenta que o futuro das relações dos consumidores está nas "lovemarks", mais poderosas do que as "marcas" tradicionais porque conquistam o "amor", bem como o "respeito" dos consumidores: "as emoções são uma ótima opção para estabelecer contato com os consumidores. E o melhor é que a emoção é um recurso ilimitado. Está sempre ali – esperando ser associada a novas ideias, novas inspirações e novas experiências".[25] Afirmando que poucos consumidores tomam decisões de compra baseados unicamente em critérios racionais, Roberts insiste para que os profissionais de marketing desenvolvam experiências multissensoriais (e multimídia) que criem impressões mais vívidas e recorram à força das histórias para moldar identificações nos consumidores. Por exemplo, o site corporativo da Coca-Cola (http://www2.coca-cola.com/heritage/stories/index.html) inclui uma seção em que os consumidores podem compartilhar suas próprias histórias pessoais sobre a relação com o produto, organizadas em torno de temas como "romance", "memórias de família", "lembranças da infância", "um luxo acessível", "momentos com os amigos" e "lembranças de casa". Esses temas fundem relações emocionais e temas promocionais, ajudando as pessoas não apenas a integrar a Coca-Cola às lembranças de sua vida, mas também ajudando a enquadrar essas lembranças nos termos da linha de marketing adotada.

American Idol quer que seus fãs sintam esse amor ou, mais especificamente, as "lovemarks". A participação do público é uma forma de manter os espectadores de *American Idol* mais profundamente envolvidos, sustentando sua fidelidade à franquia e a seus patrocinadores. Esse investimento começa com o comparecimento de milhões de candidatos a testes em estádios e centros de convenções de hotéis, por todo o país. O número de pessoas que assiste à serie é muito maior do que o das que fazem os testes; o número de candidatos que fazem os testes é muito maior do que o dos que vão ao ar; o número daqueles que vão ao ar é muito maior do que o dos que se tornam finalistas. Mas em cada passo ao longo do caminho, os espectadores são convidados a imaginar que "poderia ser eu, ou alguém que eu conheço". A partir daí, a votação semanal aumenta o envolvimento dos espectadores, construindo uma forte lealdade a determinados candidatos. Quando os discos são lançados, muitos dos consumidores já apoiaram os candidatos, e fãs-clubes já estão envolvidos em marketing alternativo. Por exemplo, fãs de Clay Aiken, o segundo colocado da segunda temporada, transformaram sua decepção em uma campanha para assegurar que o

ENTRANDO NO JOGO DE *AMERICAN IDOL* | 111

disco dele, *Measure of a Man* (2003) vendesse mais do que o disco *Soulful* (2003), do vencedor Ruben Studdard. O disco de Clay vendeu cerca de 200 mil cópias a mais do que o de Studdard, na primeira semana das paradas – embora se suspeite de que os executivos das gravadoras teriam ficado felizes qualquer que fosse o resultado da competição.[26] A Coca-Cola, por sua vez, marca elementos-chave da série: os candidatos aguardam na "sala vermelha" antes de entrarem no palco; os jurados bebem em canecas da Coca-Cola; destaques do site oficial do programa aparecem rodeados pelo logotipo da Coca-Cola; promoções do refrigerante oferecem ingressos para as finais do programa; a Coca-Cola envia os candidatos do *American Idol* às corridas de NASCAR e outros eventos esportivos patrocinados por ela; e o patrocínio da Coca-Cola aparece com destaque na turnê nacional de shows do finalista de *American Idol*.[27]

Heyer defendeu a "substituição da TV aberta como o meio âncora" por um "marketing baseado em experiência e orientado ao acesso" como o meio ideal de atingir a geração emergente de consumidores. O cokemusic.com vai mais longe no alinhamento da empresa de bebidas ao gosto das pessoas por música popular, permitindo uma série de diferentes opções participativas e interativas. Os membros podem pagar para baixar músicas de sucesso ou resgatar cupons que lhes permitem baixar músicas de graça. Os membros podem criar suas próprias mixagens de músicas, compartilhá-las entre si e receber avaliações de visitantes de outros sites. Os pontos das avaliações valem "decibéis" que podem ser resgatados para a compra de acessórios virtuais para sua "base", permitindo maior customização e uma sensação mais profunda de pertencer ao mundo da Coca-Cola. Os "artistas" ganham certa fama e seguidores, o que fornece mais incentivos emocionais para que passem mais tempo trabalhando em suas "mixagens". Visitantes mais casuais do site podem participar de uma série de jogos e competições. O cokemusic.com tornou-se o terceiro site mais popular entre os adolescentes, registrando mais de seis milhões de usuários que passam em média 40 minutos em cada visita. Como explica Carol Kruse, diretora de marketing interativo da empresa, "eles estão se divertindo, aprendendo sobre música, construindo um senso de comunidade... e tudo no ambiente muito seguro e amigável da Coca-Cola".[28]

A fidelidade a uma marca é o santo graal da economia afetiva, em virtude do que os economistas chamam de regra 80/20: da maioria dos produtos de consumo, 80% das compras são feitas por 20% de sua base de consumidores.

112 | CULTURA DA CONVERGÊNCIA

Manter a lealdade desses 20% estabiliza o mercado e permite que seja adotado um conjunto de outras abordagens para atrair os que se constituiriam os outros 20% de compras.[29] As corporações estão se voltando aos consumidores ativos porque precisam fazê-lo, se quiserem sobreviver; algumas já aprenderam que esses consumidores podem ser aliados, mas muitas ainda os temem e desconfiam deles, procurando formas de desviar essa força emergente para seus próprios fins.

Essa ambivalência pode ser observada na definição de Roberts do que ele denomina "consumidores inspiradores" e que outros chamam de "defensores da marca": "são aqueles que promovem e defendem a marca. Aqueles que sugerem melhorias e aperfeiçoamentos, que criam sites e espalham as novidades sobre a marca. São também os que agem como guardiões morais das marcas que amam. Asseguram a correção dos erros e mantêm a marca firme em seus princípios declarados".[30] Roberts reconhece que esses "consumidores inspiradores", individual e coletivamente, fazem exigências às empresas, e cita o exemplo dos protestos quando a Coca-Cola tentou substituir sua clássica fórmula pela "New Coke" e foi forçada, dois meses depois, a recuar da decisão. Roberts afirma que as empresas precisam ouvir mais atentamente quando esses consumidores inspiradores falam – especialmente quando eles criticam uma decisão da empresa. Uma empresa que perde a confiança de um "consumidor inspirador", argumenta, logo perderá seu mercado mais importante: "quando um consumidor o ama o suficiente para tomar uma atitude, qualquer atitude, é hora de prestar atenção. Imediatamente".[31] Roberts elogia as empresas que ativamente cortejam esses fãs por meio do patrocínio – para continuar com o exemplo da Coca-Cola – de convenções e eventos em que itens de colecionador são exibidos e apreciados. O primeiro fã-clube da Coca-Cola formou-se em 1974, fruto da iniciativa espontânea de um pequeno grupo de entusiastas. Hoje, os fã-clubes operam em 28 países diferentes ao redor do mundo e organizam uma rede global de convenções locais e nacionais que a empresa utiliza para reunir seus consumidores mais dedicados e dar-lhes atenção.

O conselho de Roberts sobre cortejar os "consumidores inspiradores" ecoou numa série de best-sellers, como *Emotional Branding: The New Paradigm for Connecting Brands to People* (2001), de Marc Gobé; *The Power of Cult Branding: How 9 Magnetic Brands Turned Customers into Loyal Followers (and Yours Can, Too)* (2002), de Matthew W. Ragas; e *Net.Gain: Expanding Markets*

ENTRANDO NO JOGO DE *AMERICAN IDOL* | 113

through Virtual Communities (1997), de John Hagel III e Arthur G. Armstrong.[32] Eles apontam para um mundo onde o consumidor mais valioso pode ser o mais passional, dedicado e ativamente envolvido. Longe de serem figurantes, os fãs são os principais atores na dança de cortejo entre consumidores e profissionais de marketing. Como explica um célebre guia de negócios, "o marketing num mundo interativo é um processo cooperativo, em que o profissional de marketing ajuda o consumidor a comprar, e o consumidor ajuda o profissional de marketing a vender".[33] Essa busca por "consumidores inspiradores" está começando a impactar o modo como o público da televisão é avaliado e o modo como os anunciantes pensam a venda de produtos.

Zapeadores, casuais e fiéis

Profissionais da indústria midiática com frequência fazem distinção entre consumidores zapeadores, casuais e fiéis: essa distinção consegue explicar como, por que e a que os consumidores assistem. Zapeadores são pessoas que constantemente mudam de canal – assistindo a fragmentos de programas, em vez de sentar-se para um envolvimento prolongado. Os fiéis, na verdade, assistem a menos horas de televisão por semana do que a população em geral: escolhem a dedo os programas que melhor satisfazem seus interesses; entregam-se totalmente a eles e gravam-nos para poder vê-los mais de uma vez; passam um período maior de seu tempo livre falando sobre os programas; e têm mais probabilidade de buscarem conteúdo em outras mídias. Fiéis assistem a séries; zapeadores assistem à televisão. Fiéis assumem compromissos de longo prazo; zapeadores são como as pessoas que, nas festas, estão sempre olhando para trás, para ver se alguém mais interessante acabou de chegar. Os casuais estão em algum ponto entre os fiéis e os zapeadores; assistem a uma determinada série quando se lembram dela ou quando não têm nada melhor para fazer. Geralmente assistem do começo ao fim, mas são mais propensos a abandonar o programa se começarem a ficar entediados. É mais provável que conversem ou executem outra atividade doméstica junto com o programa, em vez de dedicar-lhe atenção total.

Nenhum espectador é exclusivamente fiel, casual ou zapeador; a maioria assiste à televisão de maneiras diferentes, em ocasiões diferentes. Mesmo o espectador mais minucioso irá zapear pelos canais num quarto de hotel, ou ao

114 | CULTURA DA CONVERGÊNCIA

final de um dia difícil. E, às vezes, o zapeador é fisgado por uma série e passa a vê--la toda semana. Ninguém sabe ao certo, ainda, se o novo ambiente de mídia produziu mais zapeadores, casuais ou fiéis. Um dos motivos é que a A. C. Nielsen continua a enfocar blocos inteiros de programas, em vez de unidades microscópicas de tempo, o que significa que eles não possuem, realmente, uma forma de medir o ato de zapear ou as fidelidades flutuantes de espectadores mais casuais.

Durante boa parte da década de 1990, analistas do mercado enfatizaram a importância dos zapeadores. Philip Swann, por exemplo, declara em seu livro, *TV.Com: How Television is Shaping Our Future*: "Poucos espectadores, hoje, conseguem sentar-se e ver um programa inteiro sem pegar o controle remoto e checar outro canal... O espectador de hoje precisa de gratificação constante: se não for entretido ou intrigado por algum tempo, irá mudar de canal".[34] Swann imagina que a televisão interativa deveria ser, e será, destinada a zapeadores. No futuro de Swann, programas de variedades e de revista substituirão comple-

||||||||||||||||||||||||||||||||||||||||||||||||||||||||||||||||||||||||||||||||||||||||||||||||||||||||||||||||

America's Army (Exército dos EUA)

Em 1997, o National Research Council (Conselho Nacional de Pesquisa), atuando como consultor do Departamento de Defesa Americano, publicou sua própria visão da convergência cultural, com o título de "Modelo e Simulação: Unindo Entretenimento e Defesa". Reconhecendo que o ritmo do setor de entretenimento eletrônico ao consumidor estava mais acelerado do que o ritmo da pesquisa de defesa no desenvolvimento de simulações e técnicas de inteligência artificial, o Departamento de Defesa buscou maneiras de cooperar com a indústria para desenvolver games que pudessem auxiliá-lo no recrutamento e treinamento da nova geração de combatentes. "O Departamento de Defesa estava interessado na capacidade de exercícios de treinamento em larga escala; a indústria de games estava interessada em games em rede, que permitiriam a participação de centenas de jogadores."[1] Alguns consideraram que o relatório representou um primeiro passo importante para o estabelecimento do que tem sido chamado de complexo militar

---

1. Salvo indicação contrária, minha discussão sobre o *America's Army* foi extraída da tese de mestrado de Zhan Li, "The Potential of America's Army: The Video Game as Civilian-Military Public Sphere", para os Estudos de Mídia Comparada, MIT, verão de 2003.

ENTRANDO NO JOGO DE *AMERICAN IDOL* | 115

tamente os dramas, e os poucos seriados remanescentes serão encolhidos para 30 minutos, ou menos. Segundo Swann, "haverá menos ocasiões em que as pessoas irão se sentar e assistir a um programa do começo ao fim, sem interrupções. As pessoas vão começar a ver programas de televisão da mesma forma que leem livros: um pouco de cada vez... O conceito de 'televisão com hora marcada' – planejar para chegar em casa num horário exato para assistir a determinado programa – em breve será coisa do passado".[35] Recusando-se a curvar-se, por ora, diante dessa perspectiva, as redes de televisão querem agarrar-se à audiência com hora marcada por meio da construção de novas formas de programação, que exigem e recompensam a atenção imediata, e querem construir a fidelidade do espectador por meio da intensificação do apelo afetivo dos programas.

As pesquisas de mercado sugerem, hoje, que os fiéis são muito mais valiosos que os zapeadores. Segundo um estudo conduzido pela Initiative Media,

||||||||||||||||||||||||||||||||||||||||||||||||||||||||||||||||||||||||||||||||||||||||||||||||||||||

de entretenimento. No entanto, o relatório reconheceu os mesmos desafios à cooperação que identificamos em outras partes da convergência cultural: "A indústria de entretenimento e o Departamento de Defesa são duas culturas diferentes, com linguagens diferentes, modelos de negócios diferentes e comunidades independentes... O sucesso baseia-se no compromisso assumido pelos dois lados – e na convicção de que os benefícios da cooperação compensam os custos".[2]

Em resposta ao relatório, militares americanos começaram a explorar formas de utilização de games para atrair jovens americanos indiferentes ou entediados diante das formas tradicionais de recrutamento. Os militares também queriam atingir as comunidades que surgiram em torno de games, como um meio de reconstruir os vínculos sociais entre militares e civis, numa época em que a maioria dos voluntários militares vinha de um setor relativamente limitado da população. O coronel E. Casey Wardynski, o homem que deu origem ao projeto *America's Army*, explica:

---

2. Todas as citações do parágrafo foram extraídas do relatório "Modeling and Simulation: Linking Entertainment and Defense", do National Research Council, Committee on Modeling and Simulation, Washington, DC, 1997, http://www.nap.edu/html/modeling/.

116 | CULTURA DA CONVERGÊNCIA

programas medianos das redes de televisão foram identificados como "séries favoritas" por apenas 6% de seus espectadores. Mas, em alguns casos, 50% ou 60% dos espectadores classificaram um programa como favorito. As primeiras evidências sugerem que esses fiéis têm uma taxa mais alta de lembrança da marca (um conceito-chave para os anunciantes) e têm menos probabilidade de abandonarem um programa atraídos pela concorrência dos canais a cabo (uma preocupação-chave dos programadores). A probabilidade de os fiéis prestarem atenção aos anúncios é duas vezes maior, e a de se lembrarem de categorias de produtos é duas ou três vezes maior do que a de espectadores casuais. E a probabilidade de os fiéis se lembrarem de patrocinadores específicos é entre 5% e 20% maior – números não tão expressivos, talvez, mas expressivos o bastante para oferecerem uma margem competitiva aos anunciantes que, constantemente, têm como alvo programas com alto grau de fidelidade dos espectadores. Historicamente, as redes de televisão ignoraram essas bases de fãs ao

‖‖

Enquanto que, no passado, um jovem americano poderia ter um vislumbre do serviço militar ao ouvir as recordações ou os conselhos de um irmão mais velho, ou um tio, um pai, ou talvez um vizinho, hoje as oportunidades para esses vislumbres são relativamente escassas. Na medida em que informações sobre o serviço militar moldam os planos de carreira de jovens americanos, as decisões são influenciadas por filmes, revistas, livros e anúncios... Consequentemente, não surpreende que jovens americanos com pouco ou nenhum contato com soldados provavelmente não incluam o serviço militar como uma carreira potencial. Para enfrentar essa situação, o criador do game argumentou que o exército reduziria os custos de recrutamento se adaptasse as informações sobre a carreira militar ao contexto de entretenimento e imersão de um game. Um game ofereceria experiências e vislumbres virtuais do desenvolvimento, da organização e do emprego dos soldados em *America's Army*.[3]

O projeto *America's Army* tem a ambiciosa perspectiva de se desenvolver como uma marca da cultura popular destinada a todos os tipos de mídia, esperando estender-se a histórias em quadri-

---

3. E. Casey Wardynski, "Informing Popular Culture: The America's Army Game Concept", em *America's Army PC Game: Vision and Realization*, Margaret Davis (ed.) (San Francisco: Yerba Buena Art Center, 2004), pp. 6-8.

ENTRANDO NO JOGO DE *AMERICAN IDOL* | 117

tomarem decisões sobre a renovação de séries, vendo os fãs como não representativos do público em geral; mas os anunciantes estão percebendo, cada vez mais, que é melhor investir seus dólares em programas com mais chance de se tornarem favoritos do que em programas com mais audiência. À medida que a pesquisa impacta as decisões de programação, a indústria midiática tenta gerar conteúdos que atraiam fiéis, que diminuam a velocidade dos zapeadores e que transformem casuais em fãs.

À primeira vista, *American Idol* parece destinado a zapeadores. Cada episódio se quebra em pequenos pedaços de apenas alguns minutos de duração, em que cada candidato canta e é julgado. Até certo ponto, reality shows são construídos sobre "atrações", unidades curtas, altamente carregadas de emoção, que podem ser vistas em sequência ou não. Mas os programas são planejados para sustentar múltiplos níveis de envolvimento.

nhos, séries de televisão, organizações de jovens e talvez até filmes para cinema, embora o game continue sendo o centro da identidade da marca. Quando lançaram o projeto, decidiram separar a marca *America's Army* da marca do exército dos EUA, permitindo que o game se desenvolvesse de forma independente, como um produto de entretenimento. O resultado foram fãs fervorosos de *America's Army*, que podem ou não apoiar o exército americano. *America's Army* rapidamente se tornou um dos games mais populares do mercado. Em agosto de 2003, quase dois milhões de usuários registrados já tinham jogado mais de 185 milhões de missões de dez minutos. Em 2004, a empresa de marketing i to i Research fez uma pesquisa com estudantes secundários e universitários e descobriu que a maioria esmagadora era pró-militar. Questionados sobre a fonte de suas impressões favoráveis, 40% dos jovens citaram operações recentes de combate no Afeganistão e no Iraque. Quase o mesmo número – 30% – citou suas experiências ao jogar *America's Army*.[4] O Departamento de Defesa americano queria usar o game não apenas para simular processos militares, mas também para inculcar valores. Os jogadores jamais são recompensados por ma-

---

4. Wagner James Au, "John Kerry: The Video Game", Salon, 13 de abril de 2004, http://www.salon.com/tech/feature/2004/04/13/battlefield_vietnam/.

American Idol é planejado para atrair cada espectador possível, e dar a cada um deles um motivo para não mudar de canal. Muitos elementos que os fiéis consideram repetitivos asseguram aos casuais a acessibilidade contínua ao programa – coisas como recapitulações de episódios anteriores, perfis recorrentes dos candidatos e a releitura de citações-chave das declarações dos jurados. Cada um desses segmentos reorienta os casuais à mecânica básica do concurso, ou fornece o conhecimento prévio necessário para que se apreciem os conflitos dramáticos do episódio da noite. À medida que se aproxima das semanas finais, e mais casuais são atraídos pelo fenômeno da bola de neve, *American Idol*, assim como muitos outros reality shows, pode dedicar um programa inteiro aos destaques da temporada, destinado a facilitar o acesso. Além disso, cada episódio é construído para oferecer uma experiência de entretenimento

||||||||||||||||||||||||||||||||||||||||||||||||||||||||||||||||||||||||||||||||||||||||||||||||||||||||||||||||||||

tar soldados americanos virtuais. Cada jogador vê os membros de sua equipe como americanos, e os membros da equipe adversária como inimigos. Matar ou ferir colegas de equipe com granadas pode ser motivo para expulsão imediata do jogo. Por outro lado, o game foi programado para recompensar jogadores com promoções a patentes mais altas e acesso a missões mais avançadas quando respeitam os códigos de conduta militares.

O game atraiu interesse internacional – 42% dos visitantes do site oficial do *America's Army* são de fora dos Estados Unidos (embora alguns provavelmente sejam militares, ou seus familiares, lotados no exterior). Existem grupos organizados de jogadores e brigadas que representam uma série de nacionalidades diferentes, incluindo partes do mundo tradicionalmente consideradas inimigas. Os criadores do game defenderam, com sucesso, a suspensão de muitas das regras militares que restringem a expressão de ideias contrárias, a fim de criar um vigoroso fórum – que chamam de "comunidade virtual de interessados em serviço militar". Ali, civis e militares podiam conversar abertamente sobre os valores do serviço militar e até debater os méritos dos conflitos militares atuais. O fórum oferecia, inicialmente, links para um conjunto diverso de fontes de informação alternativas sobre a guerra, inclusive a Al Jazira, a controversa rede árabe de notícias. Um projeto de 2004 pareceu calculado, ao menos em parte, para reduzir o excessivo conteúdo político do site, retirando links de notícias e fóruns de discussão que tinham se tornado centros de debate sobre a presença americana no Iraque.

ENTRANDO NO JOGO DE *AMERICAN IDOL* | 119

satisfatória. Em *American Idol*, cada episódio da noite de terça-feira inclui a apresentação de todos os candidatos que ainda estão na competição. Cada episódio inclui também um gancho, a fim de que os espectadores de *American Idol* sejam estimulados a sintonizar o canal na noite seguinte, para verem como foi a votação. Esses elementos não resolvidos têm o intuito de atrair os casuais para uma relação de maior compromisso.

Quanto aos fiéis, talvez o fator isolado mais importante a separar os reality shows de outros tipos de programação de não ficção seja a serialização. Concursos de talentos são um gênero bem estabelecido na radiodifusão americana, tão antigos quanto o *Major Bowles' Original Amateur Hour*, programa de rádio dos anos 1930. O que *American Idol* acrescentou à receita, entretanto, foi o desenvolvimento da competição ao longo de uma temporada, em vez de

||||||||||||||||||||||||||||||||||||||||||||||||||||||||||||||||||||||||||||||||||||||||||||||||||||||||||||||

Procurando tratar como embaixadores quaisquer veteranos ou soldados da ativa que entram no game, os militares concedem-lhes estrelas douradas, e os jogadores gostam tanto desse alto nível de prestígio na comunidade que alguns deles tentam se passar por veteranos apenas para conquistar um pouco do prestígio. Os veteranos têm muito prazer em desmascarar esses impostores, testando-os com perguntas cujas respostas somente alguém que tenha servido saberia, e, desse modo, reafirmam a importância da experiência real, em vez da fantasia dos jogos.

Quando teve início a guerra do Iraque, alguns jogadores disseram que estavam jogando o game e vendo as notícias ao mesmo tempo, tentando alcançar, através da fantasia, o que esperavam acontecer na realidade. Quando vários americanos foram feitos prisioneiros pelo exército iraquiano, muitos grupos organizados encenaram o resgate dos reféns, no estilo das fantasias de Hollywood, mostrando como seria possível salvar aqueles homens e mulheres e trazê-los de volta em segurança. Alguns membros de clãs de veteranos embarcaram para servir no Oriente Médio, mas continuaram em contato com os outros jogadores da comunidade, enviando-lhes um panorama dos acontecimentos na linha de frente. À medida que o número de mortos aumentava, alguns dos veteranos e grupos de militares reuniam-se no mundo virtual não para combater, mas para conversar sobre sentimentos de ansiedade e perda. *America's Army*, portanto, pode ser mais eficaz como um espaço para civis e militares discutirem a experiência séria da guerra na vida real do que como veículo de propaganda.

120 | CULTURA DA CONVERGÊNCIA

uma única transmissão. Ou, para ser mais exato, competições de talentos seria-lizadas já tinham surgido nos canais a cabo, como MTV e VH1, mas a FOX as trouxe para as principais redes e as transformou em entretenimento de horário nobre. Ao serializar a competição de talentos, *American Idol* está apenas se-guindo a tendência que percorre toda a televisão contemporânea – um afasta-mento dos episódios completos e autônomos, que dominaram o rádio e a televisão por várias décadas, em favor de arcos mais longos e complexos e atra-ções mais elaboradas para o desenvolvimento dos seriados. A serialização re-compensa a competência e o domínio dos fiéis. Os fiéis assistem aos episódios não apenas porque gostam; precisam ver cada episódio para entender os des-dobramentos de longo prazo.

Todo reality show começa com um elenco maior do que o público conse-gue assimilar, e a maioria desse elenco fica relativamente pouco tempo no ar. Entretanto, à medida que o processo de seleção ocorre, certos personagens sur-gem como favoritos do público, e um bom produtor antevê os interesses e os recompensa, oferecendo a esses personagens mais tempo no ar. Os especta-dores deixam de ver os personagens como tipos genéricos e passam a pensar neles como indivíduos específicos. Os espectadores passam a conhecer os can-didatos, sua personalidade, suas motivações para competir, seu passado e, em alguns casos, membros de sua família. Em *American Idol*, os espectadores veem os candidatos progredirem ou fracassarem. Talvez seja por isso que *American Idol* tenha se tornado uma ferramenta de marketing tão poderosa para lançar a carreira de jovens artistas, comparado a concursos de talentos anterio-res veiculados pela televisão.

Conversem entre si!

Historicamente, há uma tendência no discurso da indústria de enfocar ou públicos massificados, indistintos (como aqueles mensurados nas pesquisas de audiência) ou consumidores individuais. Hoje, pesquisadores de marketing falam em "comunidades de marca", tentando entender melhor por que alguns grupos de consumidores formam laços intensos com o produto e, por meio dele, com outros consumidores. Em um estudo que ajudou a definir o conceito de "comunidade de marca", os professores de marketing Albert M. Muniz Jr. e Thomas C. O'Guinn concluíram: "As comunidades de marca realizam funções

ENTRANDO NO JOGO DE *AMERICAN IDOL* | 121

importantes em nome da marca, como compartilhar informações, perpetuar a história e a cultura da marca e fornecer assistência [a outros usuários.] Oferecem uma estrutura social ao relacionamento entre o vendedor e o consumidor. As comunidades exercem pressão sobre os membros para que se mantenham fiéis ao grupo e à marca".[36] Esses etnógrafos de marcas pesquisam grupos específicos de consumidores altamente comprometidos (como os motociclistas da Harley-Davidson, os usuários de computadores da Apple, os motoristas do Saturn), ou o que eles denominam "festivais de marca" ("brand fests"), eventos sociais (patrocinados comercialmente ou não) que reúnem um grande número de consumidores.

Como os consumidores de marca se movimentam on-line, conseguem sustentar as conexões sociais por longos períodos e, assim, podem intensificar o papel que a comunidade desempenha em suas decisões de compra; aumentam o número de consumidores potenciais que interagem com a comunidade e ajudam a levar consumidores casuais a um envolvimento mais intenso com o produto. O professor de marketing Robert Kozinets considera as comunidades de consumo on-line – sejam focadas num único produto ou num agrupamento de produtos relacionados (café, vinho, charutos) – locais "onde grupos de consumidores com interesses semelhantes buscam e trocam, de forma ativa, informações sobre preços, qualidade, fabricantes, revendedores, ética da empresa, história da empresa, história do produto e outras características relacionadas ao consumo".[37] Em suma, são algo como as comunidades de conhecimento de Pierre Lévy, aplicadas à decisão de compra do consumidor. A participação das comunidades não apenas reafirma a preferência por uma marca, mas também permite a esses grupos fazer suas próprias exigências à empresa. Como explica Kozinets, "consumidores fiéis estão definindo seus gostos juntos, como uma comunidade. É uma mudança revolucionária. On-line, os consumidores avaliam a qualidade juntos. Discutem padrões de qualidade. Moderando os significados do produto, criam e recriam o conceito da marca, juntos. Indivíduos dão grande importância ao julgamento dos membros da comunidade de consumo. As reações coletivas ajustam a recepção individual das comunicações de marketing. Organizações de consumidores podem fazer, com êxito, exigências que consumidores individuais não podem".[38]

Assim como a dinâmica social das comunidades on-line reafirma e/ou redefine a fidelidade à marca de membros individuais, uma dinâmica similar

122 | CULTURA DA CONVERGÊNCIA

modela as formas como as pessoas consomem mídia e produtos, nas famílias ou entre amigos. Equipes de pesquisadores do Programa de Estudos de Mídia Comparada do MIT e da Initiative Media reuniram forças para documentar a reação do público à segunda temporada de *American Idol*.[39] A equipe do MIT enviou equipes a lares e dormitórios de estudantes para observar pessoas assistindo à televisão; conduzimos entrevistas individuais com uma série de consumidores diferentes; fizemos levantamentos nos sites oficiais de *American Idol*; e monitoramos as discussões nas comunidades de fãs. A equipe da Initiative conduziu levantamentos em larga escala e *focus groups* (grupos de discussão) e coletou dados do site oficial *Idol*-on-FOX. Queríamos entender melhor como as pessoas integravam a experiência de ver *American Idol* a outras interações sociais.

A equipe de pesquisa da Initiative Media/MIT descobriu que, em quase todos os espaços sociais onde *American Idol* foi visto, espectadores de diferentes graus de envolvimento estavam presentes.

Numa família, por exemplo, os dois filhos mais novos (menina, 9; menino, 7) eram os primeiros a entrar na sala para o início de *American Idol*; geralmente assistiam aos minutos finais de *Lizzie McGuire* (Disney, 2001) antes de mudar de canal para a FOX. Quando o programa começava, os dois, habitualmente, levantavam a voz para avisar aos demais da casa: "Está começando!" Quando os segmentos de abertura começavam, eles relembravam as apresentações da semana anterior e faziam comentários sobre as roupas ou o cabelo dos jurados. Antes do final do primeiro segmento, a mãe geralmente já tinha chegado e ficava em pé, à porta. Normalmente, ela ia e vinha durante os primeiros 30 minutos do programa, trabalhando na cozinha ou subindo e descendo a escada. Assistir a programas de modo distraído é razoavelmente comum entre as mulheres; até as razoavelmente comprometidas com o programa precisam atender a exigências concorrentes por sua atenção, nas primeiras horas da noite.[40] O pai geralmente entrava com a transmissão já em andamento, e a filha mais velha via o programa apenas ocasionalmente, permitindo que outros membros da família lhe dessem informações e explicações, quando necessário. A atenção do filho dispersava durante o intervalo comercial e ele começava a zapear pelos canais, podendo perder o início do segmento seguinte do programa, a menos que a mãe e a filha o fizessem voltar para a FOX a tempo. Finalmente, quando a família toda estava sentada em frente à televisão, durante a recapitu-

ENTRANDO NO JOGO DE *AMERICAN IDOL* | 123

lação de *American Idol*, nos cinco minutos finais do programa, discutiam sobre o candidato antes de a mãe realizar a votação. A conversa nunca terminava em desacordo, embora nas semanas seguintes a filha mais nova tenha se tornado mais falante a respeito de quem ela achava que iria ganhar, oscilando entre Ruben e Clay. O pai prestava atenção a tudo e endossava a escolha da família, baseado nos fragmentos da apresentação que tinha visto na recapitulação.

Por meio de conversas entre a família, os fiéis puxavam os casuais para o rebanho e prendiam a atenção do pretendente a zapeador; os fiéis avisavam quando o programa começava e atualizavam os que tinham perdido algum bloco. Na ausência desse reforço, alguns membros da família provavelmente não voltariam toda semana; no entanto, mesmo os participantes mais casuais encaram o ato de assistir ao programa como um ritual de família. Um dos efeitos da crescente participação do público é oferecer a famílias como esta diferentes modos de envolvimento com o conteúdo; discutir em quem votar torna-se parte da experiência dos espectadores e oferece um incentivo para todos assistirem à recapitulação, se não às apresentações de cada participante. Pesquisadores concluíram que esses rituais compartilhados, ou avaliações mútuas, são essenciais para o sentimento que os membros afiliados nutrem pelo grupo, e faz sentido que rituais semelhantes sejam realizados em diferentes lares.[41] *American Idol* consegue tornar-se um entretenimento familiar porque está localizado na intersecção entre os gostos infanto-juvenis e adultos, permitindo que todos exibam seus conhecimentos. A maioria dos candidatos do programa é adolescente ou está na faixa dos 20 anos. Para estender essa faixa, o programa traz, como jurados convidados ou preparadores dos candidatos, estrelas pop que estão envelhecendo: Burt Bacharach, Billy Joel e Olivia Newton-John não atraem as crianças e os jovens, mas atrai a geração de seus pais – ou até avós.

Os pesquisadores que observaram estudantes universitários assistindo a *American Idol*, na área comum de um dormitório, descobriram padrões similares: estudantes diferentes investiam de maneiras diferentes nos diversos candidatos e conduziam debates a cada semana sobre suas qualidades relativas. Clichês poderiam, ironicamente, ser incluídos na conversa. Pessoas que tinham perdido alguns episódios conseguiam reentrar na série com a ajuda dos amigos, pois conheciam as regras da competição e tinham uma familiaridade passageira com os candidatos. Algumas pessoas perambulavam pela área co-

124 | CULTURA DA CONVERGÊNCIA

mum, sem planos prévios de assistirem à série, e acabavam ficando. O número de espectadores comprometidos aumentava a cada semana à medida que a competição avançava e à medida que assistir ao programa se tornava mais fundamental à vida social da comunidade do dormitório. Curiosamente, os episódios finais conflitaram com os exames finais, então o grupo gravou os episódios em vídeo, fez um pacto de não olhar os resultados e marcou um horário para assistir junto aos programas gravados.

Por meio de uma série de estudos, a Initiative Media concluiu que gêneros diferentes de entretenimento provocam graus ou tipos diferentes de interações sociais. Espectadores de dramas têm mais probabilidade de assistirem aos programas sozinhos; espectadores de comédia assistem com membros da família; e de reality shows, com amigos. Demograficamente, espectadores entre 18 e 34 anos têm os hábitos mais variados, dependendo do gênero do programa. Adultos acima de 50 anos assistem aos programas sozinhos ou com a família, mas raramente com amigos, enquanto os que têm entre 35 e 49 anos são os mais consistentes, assistindo a todos os gêneros, principalmente com membros da família. Pessoas que assistem em grupos prestam mais atenção ao conteúdo do programa, têm menos probabilidade de mudarem de canal no meio da transmissão e mais probabilidade de acessar os sites relacionados. Naturalmente, quando esses espectadores vão para a Internet, alguns optam por discutir suas interpretações e avaliações do programa por meio de comunidades de fãs. Assim, assistir à televisão coletivamente parece ser um importante condutor por trás da expansão da marca e do conteúdo.

Um levantamento com 13.280 espectadores de *American Idol*, conduzido pelo site oficial da FOX, concluiu que a maioria dos fãs descobriu a série pelo boca-a-boca e assistia regularmente ao programa porque outras pessoas que conheciam também estavam assistindo. (No lado zapeador da equação, o mesmo estudo concluiu que muito mais espectadores tropeçaram no programa enquanto surfavam pelos canais do que sintonizaram o canal conscientemente, com base em conhecimento prévio.) Embora, historicamente, os homens decidam a programação no horário nobre, apenas uma pequena porcentagem a mais de mulheres (32%) do que homens (31%) disseram ter começado a assistir ao programa porque outros membros da família estavam assistindo. Ao todo, 78% dos espectadores de *American Idol* entrevistados disseram que assistem ao programa com a família ou com os amigos, e 74% relataram que conversavam sobre o programa com amigos durante a semana, entre um episódio e outro.

Essas conversas se estendiam além do grupo inicial, que tinha visto o programa junto, passando a incluir amigos, colegas de trabalho ou parentes mais distantes. Como disse um dos entrevistados, "minha mãe mora na África, minha tia mora na Rússia, mas conseguem ver o programa na rede de televisão das Forças Armadas, no fim de semana. Minhas outras tias, espalhadas pelo país, elaboram testes e dicas estúpidas para elas, que só ficam claros quando elas finalmente assistem ao programa. É um acontecimento familiar, do qual não costumo ter a chance de participar". Mesmo perdendo alguns episódios, os participantes do estudo faziam um esforço consciente para acompanhar a evolução do programa, a fim de poderem participar de conversas casuais com amigos e colegas de trabalho. Consequentemente, muito mais pessoas sabem sobre *American Idol*, seguem sua evolução e até se expõem às mensagens publicitárias do que as que de fato se sentam para assistir ao programa.

As companhias telefônicas, em toda parte, observaram um aumento perceptível no tráfego nas noites de terça-feira, após a transmissão do programa. Na semana final da terceira temporada, a Verizon registrou um aumento de 116 milhões de chamadas, um incremento de 7% em relação a uma terça-feira típica, e a SBC detectou 100 milhões de chamadas a mais, um aumento de 80% em relação a uma noite normal durante a semana.[42] Muito provavelmente, esse aumento não foi estimulado apenas pelo grande número de pessoas que estavam votando, mas indica também o número de pessoas batendo papo sobre o conteúdo do programa.

Como a fofoca estimula a convergência

Um dos entrevistados da pesquisa capta o espírito dessas conversas: "[Assistir a *American Idol*] me ajuda a relaxar, porque me dá alguma coisa para falar com os amigos, algo que não afeta nossas vidas; portanto, é uma coisa fácil de discutir". Historicamente, a fofoca foi descartada como "conversa à toa e sem valor", mas, ao longo das últimas décadas, estudiosas feministas começaram a reavaliar o papel da fofoca na comunidade das mulheres, e escritores posteriores foram mais longe, discutindo interações dentro de um conjunto muito mais amplo de comunidades. Escrevendo em 1980, Deborah Jones defi-

126 | CULTURA DA CONVERGÊNCIA

niu a fofoca como "um modo de conversar entre as mulheres em seus papéis de mulheres, íntimo em estilo, pessoal e doméstico em assunto e lugar".[43] A fofoca, argumentou, permitiu às mulheres falar sobre experiências comuns, compartilhar conhecimento e consolidar normas sociais. Embora a fluidez da fofoca torne difícil estudá-la ou documentá-la, Jones sugere que a fofoca é um recurso importante que as mulheres, historicamente, utilizaram para conectar suas experiências pessoais a esferas maiores, além do ambiente doméstico imediato. O conteúdo específico da fofoca é muitas vezes menos importante do que os vínculos sociais criados por meio da troca de segredos entre os participantes – e, por essa razão, as funções sociais da fofoca mantêm-se, quando tratam do conteúdo da televisão. O que importa não é *sobre* o que se conversa, mas *com quem* se conversa. A fofoca estabelece uma base comum entre os participantes, uma vez que os que trocam informações se convencem mutuamente daquilo que compartilham. A fofoca é, finalmente, um modo de falar de si mesmo por meio de críticas às ações e aos valores alheios.

À medida que o ciberespaço amplia a esfera das interações sociais, torna-se ainda mais importante poder falar sobre pessoas que conhecemos através da mídia do que sobre pessoas de nossa comunidade local, que não são conhecidas por todos os participantes de uma conversa on-line. Nesse espaço entram as figuras complexas, muitas vezes contraditórias, que aparecem nos reality shows. A *reality television* proporciona aos consumidores um fluxo estável de dramas éticos, já que os competidores são forçados a escolher em quem confiar e a impor limites ao próprio comportamento. Os espectadores podem discutir se *Joe Millionaire* escolheu a mulher certa, ou se Donald Trump demitiu o aprendiz certo, se é correto mentir para garantir o sucesso em *Survivor*, e se Clay cantou melhor que Ruben ou Kimberley, em *American Idol*. Em um estudo de *focus group* entre espectadores de reality shows, conduzido pela Initiative Media, 60,9% dos entrevistados disseram que a conduta ética dos competidores era um assunto fundamental em suas discussões sobre as séries. À guisa de comparação, 67% discutiam sobre os resultados, 35% discutiam sobre as estratégias e 64% discutiam sobre as personalidades. Em vez de ser moralmente degradante, a conduta eticamente dúbia mostrada no ar muitas vezes incentiva uma discussão pública sobre ética e moral que reitera valores e suposições muito mais conservadores. Em uma sociedade multicultural, conversar sobre

ENTRANDO NO JOGO DE *AMERICAN IDOL* | 127

as diferenças de valores torna-se um mecanismo pelo qual diferentes grupos sociais podem aprender mais sobre como cada um percebe o mundo; portanto, há um valor real na fofoca que se alastra no mundo virtual, e não em comunidades de contato direto, face a face. Os competidores de reality shows expõem-se ao julgamento do público; e, por meio dos julgamentos, o público reitera os próprios valores compartilhados, expressando sua indignação com as transgressões sociais e conhecendo suas diferenças pela troca de percepções sobre suas reações diante de dramas éticos.

Os espectadores de *American Idol* discutem se o concurso deveria ser decidido com base "apenas no talento" ou se é legítimo levar em conta outros fatores, como personalidade e aparência, com frequência cruciais na definição do sucesso comercial. Considere, por exemplo, a indignação hipócrita expressa por um espectador de *American Idol* que escreveu para a equipe de pesquisa do MIT/Initiative Media, convencido de que tínhamos um canal direto com os produtores do programa. A mensagem chegou logo após um episódio em que o preferido dos fãs e afinal vencedor, Ruben Studdard, inexplicavelmente ficou entre os últimos colocados:

> Vocês acham realmente que o público americano acredita, por um segundo, ser concebível Ruben ficar entre os últimos na votação? Ruben jamais recebeu sequer um comentário negativo, jamais foi menos que excelente. Ele nunca desafinou... É muito cruel levar esses jovens a acreditar que vocês serão honestos e justos. Isso é um show de talentos, não é? Daí o termo SHOW DE TALENTOS... Então, façam a coisa certa e vejam com seriedade quem está contando os votos, e talvez seja bom verificar se sabem contar. Se vocês estiverem manipulando o programa, provavelmente queimarão no inferno por serem tão estúpidos. (Um americano verdadeiro e honesto.)

O que nos surpreendeu nesse comentário, fora o cinismo sobre o processo de votação, foi a intensidade moral; sua firme convicção de que o resultado de uma competição de talentos deveria ser interpretado em termos de justiça, honestidade e equidade. Outra entrevistada fez referência à sua "responsabilidade" em monitorar os resultados para ver "se os americanos escolheram e votaram com justiça... se os americanos realmente votam com base no talento, e não apenas em peitos e traseiros".

128 | CULTURA DA CONVERGÊNCIA

A avaliação é um processo em duas partes: primeiro, discussões sobre as apresentações, depois, discussões sobre os resultados. Entre os membros mais comprometidos e socialmente conectados de uma comunidade de consumo, chega-se a esses padrões de avaliação de maneira coletiva, exatamente como os membros da família que descrevemos, que uniam seus gostos individuais para tomar uma decisão coletiva sobre quem iria ganhar. Tal processo tende a caminhar para um consenso, com o tempo, e então, após um período mais longo, o consenso não parece mais algo que foi discutido e questionado; é o resultado do senso comum. Podemos interpretar isso como parte do processo através do qual a inteligência coletiva gera conhecimento compartilhado. Alguns críticos, como Cass Sunstein, argumentam que esse processo de formação de consenso tende a diminuir a diversidade de pontos de vista que qualquer membro de comunidade enfrenta; as pessoas tendem a se juntar a grupos que compartilhem suas propensões já existentes e, com o tempo, há cada vez menos discordância sobre as suposições essenciais.[44] Ao mesmo tempo, o processo de formação de consenso aumenta a probabilidade de essas comunidades de fãs e marcas levantarem a voz quando interesses corporativos contrariarem o consenso do grupo. No decorrer de uma temporada de *American Idol*, o consenso total talvez não seja atingido, mas a maioria dos membros da comunidade on-line considerou a segunda temporada uma competição entre Clay e Ruben, tornando o final da temporada muito mais vigoroso e convincente. A comunidade expressava indignação, porém, quando a votação contrariava o consenso observado, como ocorreu quando Ruben quase foi eliminado (o incidente que provocou a reação acima), ou como ocorreu com frequência em toda a terceira temporada.

Por serem os personagens pessoas reais, cujas vidas vão além das fronteiras da série, os espectadores são levados a sentir que há muito mais coisas que poderiam saber sobre eles, o que proporciona um incentivo à procura de informações adicionais em múltiplos canais de mídia. A busca pela "verdade" oculta dos reality shows é o que motivou o *spoiling* descrito no Capítulo 2. O levantamento da Initiative Media descobriu que 45% dos fiéis de *American Idol* acessavam a Internet em busca de mais informações sobre o programa, e já é sabido que a *reality television* é um dos principais motivadores do tráfego nas redes de websites.

ENTRANDO NO JOGO DE *AMERICAN IDOL* | 129

Essas redes são utilizadas como base para as sinergias dentro das empresas de entretenimento, para assegurar que as conversas sobre seu reality show de sucesso continuem por toda a semana. Os competidores aparecem em destaque em talk shows, de manhã e à noite, e em salas de bate-papo de redes afiliadas. Resultados de reality shows de menor audiência são tratados como notícia, com cobertura até de redes rivais. No caso de *American Idol*, por exemplo, o USA *Today*, a *Entertainment Weekly* e a AOL conduziram suas próprias pesquisas independentes, destinadas a antecipar os resultados prováveis antes que fossem anunciados pela rede de televisão. Revistas de fofocas on-line, como *The Smoking Gun*, procuraram aproveitar o interesse do público pela série e desencavaram antigas fichas criminais ou processos de divórcio envolvendo competidores. Em alguns casos, os reality shows vendem acesso a conteúdos exclusivos, o que expande a experiência do espectador. Devido à penetração e à diversidade dessa publicidade, qualquer fã pode saber algo que seus amigos não sabem, criando assim um incentivo ao compartilhamento de conhecimento. A publicidade também tem o efeito de deixar alguns espectadores mais propensos a querer assistir aos episódios no momento em que vão ao ar, para evitar saber dos resultados de forma menos dramática e atrativa. Para outros consumidores, essa cobertura mantém vivo o interesse, mesmo que não possam assistir a alguns segmentos, e torna mais provável que sintonizem o canal para assistir aos episódios finais de uma temporada específica.

Disputando votos

Até agora, concentramos nossa discussão nos fatores que asseguram a fidelidade do espectador a *American Idol*, mas, como sugere o discurso de Heyer, os patrocinadores procuram transferir a fidelidade do espectador dos programas para suas marcas. A maioria das pessoas que nossa equipe de pesquisa entrevistou tinha plena ciência de que *American Idol* servia como uma base de testes para estratégias de marcas e estava ansiosa para opinar sobre as experiências, à medida que ocorriam. Merchandising e comerciais com temas do programa tornaram-se parte reconhecida e aceita do fenômeno de *American Idol*, algo que as pessoas, em alguns casos, sintonizavam para ver – assim como o Super Bowl tornou-se vitrine para publicidade, além de evento esportivo. A Coca-Cola satirizou a honestidade intransigente do jurado Simon Cowell num

130 | CULTURA DA CONVERGÊNCIA

anúncio em que um gângster o obriga a ler uma aprovação à Vanilla Coke; a Ford criou novos segmentos musicais a cada semana, com a participação dos competidores; a AT&T criou uma campanha que imitava o filme *Legalmente Loira* [*Legally Blonde*] (2001) e mostrava uma adolescente cabeça de vento viajando pelo país, incentivando as pessoas a participarem do processo de votação. Os patrocinadores não buscam apenas uma chance de anunciar seus produtos; buscam imprimir suas marcas no conteúdo, para que o vermelho do cenário de *American Idol* e o patrocínio da Coca-Cola se tornem inseparáveis, para que os anúncios da Ford mostrando os competidores se tornem parte da mobilização dos fãs em apoio a seus candidatos favoritos, e para que o sistema de mensagens de texto da AT&T se torne o veículo preferido para votar.

Os espectadores aceitam mais o merchandising em reality shows do que em qualquer outro gênero de programas (ficam menos confortáveis com merchandising em dramas, noticiários e programas infantis). Alguns se sentem repelidos pelo excesso de comercialismo, mas, para outros, reconhecer as intervenções de merchandising tornou-se parte do "jogo": "Eu me pego tentando achar produtos inseridos nos programas, para ter um momento 'a-ha!' quando encontro um". Até os que alegam não ver comerciais são atraídos pelos anúncios que têm a série como tema: "Sabe o que eu faço nos intervalos comerciais? Encho de novo minha tigela de pipoca. Vou ao banheiro. Asso um bolo. Canto uma música. Danço. Me recuso a ficar sentada, vendo aquela porcaria!!! Mas daquele comercial do Simon e da Vanila Coke eu gosto bastante". Mesmo os que se recusavam a assistir ao programa por causa do excesso de comerciais nomearam corretamente os patrocinadores. Em alguns casos, os patrocinadores melhoraram a percepção do público em relação às suas marcas, enquanto outros causaram danos potenciais à sua reputação. Como disse um espectador a um de nossos pesquisadores, "agora eu sei, com certeza, que a AT&T Wireless, a Ford e a Coca-Cola anunciam no programa, mas a ponto de causar irritação. Por isso, agora, não quero saber dessas marcas". Outros não conseguiram separar o consumismo de sua participação na série: "(Suspiro) Sim, eu comprei uma camiseta da Old Navy porque Aiken usou uma quando gravou no estúdio 'God Bless the USA', e eu detesto a Old Navy. Normalmente, odeio esse tipo de coisa". As primeiras evidências, entretanto, sugerem, como regra geral, que quanto mais os espectadores se envolviam com *American Idol*, mais se envolviam com seus patrocinadores.

ENTRANDO NO JOGO DE *AMERICAN IDOL* | 131

Uma integração tão estreita entre publicidade e conteúdo não é desprovida de riscos, já que a credibilidade dos patrocinadores se torna intimamente ligada à credibilidade da competição em si. Kozinets alerta que participar de uma comunidade de consumo eleva a consciência do consumidor com relação ao processo de venda e consumo e reitera ressentimentos, caso uma empresa explore essa relação. A voz coletiva fala mais alto e, com frequência, mais decisivamente do que a voz de membros individuais. Essas manifestações atingem não só o ouvido das empresas que estão sendo desafiadas, mas também os grandes meios de comunicação; as revoltas dos consumidores estão cada vez mais sendo tratadas como "escândalos", o que pressiona ainda mais as empresas a uma reação. Em alguns casos, observa Kozinets, as corporações, irritadas pela perda de controle, ameaçam punir os consumidores mais fiéis, minando relacionamentos valiosos. Kevin Roberts argumenta que as empresas precisam encarar os escândalos como oportunidades para ouvir e aprender com seus consumidores mais fiéis, fidelizando-os ainda mais por meio de uma resposta, em vez de destruir a relação com indiferença ou reações exageradas.

A disputa ferrenha entre Clay Aiken e Ruben Studdard acabou sendo quase tão apertada quanto a eleição presidencial de 2000, com os dois finalistas separados por pouco mais de 100 mil votos, de um total de 24 milhões. Os votos por mensagem de texto foram todos recebidos e computados – vários milhões –, enquanto milhões de espectadores que tentaram votar pelo telefone enfrentaram intermináveis sinais de ocupado. Como um fã explicou em nossa pesquisa, "cartões perfurados na Flórida não são nada, comparados a esse estúpido método de votação". Os que torciam por Clay foram os que mais reclamaram sobre como o congestionamento das linhas telefônicas tornou impossível uma contagem exata, e alguns afirmaram que as linhas podem ter sido arbitrariamente restringidas para assegurar uma competição acirrada. Os produtores de *American Idol* haviam alimentado expectativas sobre a receptividade e a reação do público e, assim, enfrentaram revolta quando fracassaram em corresponder a essas expectativas. Na terceira temporada, a inconsistência nas votações chegou às manchetes dos jornais, e a rede foi obrigada a reconhecer que números significativos de chamadas telefônicas não tiveram seus votos registrados devido ao congestionamento das linhas locais. O resultado foi uma contagem de votos desigual, de uma região a outra. Por exemplo, espectadores do Havaí, uma área em que houve relativamente poucas pessoas disputando

132 | CULTURA DA CONVERGÊNCIA

acesso à conexão local, pode ter somado um terço ao total de votos na terceira temporada, um desequilíbrio que alguns alegam ter contribuído para a permanência prolongada dos candidatos havaianos.[45] À medida que a controvérsia se intensificava, o horário de votação era estendido e mais linhas telefônicas eram acrescentadas, numa tentativa de diminuir a decepção do público. Um editorial do *Broadcasting & Cable* alertou: "A fidelidade do espectador é dura de conquistar e difícil de manter... Com a AT&T como um dos patrocinadores do programa, a FOX precisa tomar o cuidado de evitar parecer estar agindo em parceria com a companhia telefônica, com o intuito de incentivar o maior número possível de ligações, sejam elas completadas ou não".[46] A despeito desse escrutínio, a FOX recusou-se a divulgar a verdadeira contagem de votos, liberando apenas informações parciais e seletivas, durante as transmissões. Muitos fãs afirmam que esse relato seletivo torna difícil dar crédito à confiabilidade e imparcialidade do processo.

As reclamações foram além do mecanismo de votação e incluíram preocupações a respeito de como os jurados e produtores deram um "empurrãozinho" a determinados candidatos, que receberam mais destaque no programa e mais comentários favoráveis ou, em alguns casos, que receberam ataques intencionais, a fim de inspirar a revolta do público contra o julgamento. Para os cínicos, os produtores estavam mais interessados em gerar um programa controverso e atraente do que em reconhecer talentos. Da mesma forma que os *spoilers* procuravam frustrar o empenho de Mark Burnett em manter segredo sobre o resultado de *Survivor*, o prazer da comunidade on-line de *American Idol* era tentar descobrir os "mecanismos" utilizados pelos produtores para "manipular" os resultados. Como explicou um fã, "gosto de ver Simon tentando calcular a força de seus comentários ruins, feitos para gerar revolta, ou dizendo a um candidato mais ou menos que ele é maravilhoso".

Para muitos, essa tentativa de moldar a reação do público era vista como uma extensão da interferência do patrocinador no conteúdo do programa. Os candidatos, argumentam, estavam se tornando tão "embalados" que não eram muito diferentes dos produtos anunciados. Em alguns casos, os "Ídolos" tornaram-se modelos para divulgação de novas modas, novas maquiagens e novos produtos para o cabelo. Fãs sugeriram que essa transformação da imagem dos candidatos era apenas o primeiro passo que resultaria em versões excessivamente processadas de suas apresentações, quando seus discos fossem lançados.

ENTRANDO NO JOGO DE *AMERICAN IDOL* | 133

Esse grau de irritação sugere que o merchandising pode ser uma faca de dois gumes – por um lado, um consumidor mais consciente e, por outro, um consumidor mais vigilante. Praticamente todos os participantes da pesquisa fizeram alguma crítica ao modo como o comercialismo contaminava o programa, o que complica a provável presunção de que consumidores ingênuos e crédulos estão sendo manipulados por especialistas em mídia e marketing. Até os fiéis reclamavam que a série era, às vezes, nada mais do que uma "máquina de merchandising".

As comunidades on-line proporcionaram aos "consumidores inspiradores" um lugar onde expor sua resistência às novas formas de comercialismo. Ao criticar os resultados, os fãs muitas vezes apontaram interesses empresariais que, a seu ver, estariam moldando o resultado. Por meio desse processo, participantes com mais consciência econômica puderam instruir os outros sobre as estruturas comerciais que moldam a transmissão de *American Idol*. Em alguns casos, os fãs de *American Idol* utilizaram os recursos das comunidades on-line para identificar falhas no sistema de votação. O seguinte resumo do site de um fã sugere a sofisticação com que coletavam informações:

A maioria das mensagens de texto chega ao destinatário, segundo informações postadas no site da empresa de mensagens de texto, e segundo artigos da imprensa. Mas paga-se uma pequena taxa para enviar um voto por mensagem de texto – assim, quem paga para votar leva vantagem. No entanto, quando Ruben Studdard ganhou, no ano passado, espectadores relataram, num fórum de discussão de *American Idol*, que não conseguiram enviar seus votos por mensagem de texto. Horas depois das ligações, as pessoas disseram que as companhias telefônicas retornaram mensagens de erro, dizendo que as mensagens tinham falhado. Até aquele momento, os espectadores tinham conseguindo enviar suas mensagens de texto com 100% de sucesso.[47]

Os fãs de *American Idol* discutiram sobre estratégias de votação para reagir contra essas distorções na competição. A ação poderia ter como objetivo apoiar o melhor cantor, contrabalançar comentários negativos ou enfraquecer candidatos "muito comerciais". Os produtores, desde o primeiro dia, procuraram posicionar a terceira temporada como uma batalha entre três "divas" negras, e os jurados praticamente proclamaram a candidata Fantasia Barrino

134 | CULTURA DA CONVERGÊNCIA

como vencedora. Quando as "divas" negras decaíram e Fantasia ficou entre os últimos colocados na votação, ao longo de várias semanas, o jurado convidado Elton John denunciou os padrões de votação dos EUA como "incrivelmente racistas".[48] Esses padrões de votação aparentemente erráticos, entretanto, fazem mais sentido se forem interpretados no contexto de uma crescente revolta entre os espectadores mais exaltados contra o que consideram tentativas evidentes de tirar-lhes o direito de escolher o Ídolo.

Essa reação adversa dos fãs continuou a crescer nas temporadas seguintes, dando origem a um grupo conhecido como Vote nos Piores (Vote for the Worst), que lançou uma campanha na web incentivando seus seguidores a proteger da eliminação os cantores ruins, de forma especial Sanjaya Malaka, na temporada de 2007. Como explicou o grupo a respeito de sua missão, "o programa começa todo ano nos incentivando a rir dos cantores ruins que fazem o teste. Queremos que esse entretenimento ridiculamente ruim continue até as finais, então escolhemos os candidatos que acreditamos que irão nos dar os desempenhos mais divertidos e começamos a votar neles... Vote nos Piores incentiva você a se divertir com *American Idol* e acolher sua babaquice votando nos candidatos com menos talento. Combinamos em qual candidato iremos votar para que possamos fazer diferença e reunimos nossos votos para um objetivo comum... Nosso propósito não é ganhar toda semana, mas conseguir que um candidato ruim vá o mais longe possível."[49] Alguns afirmam que as pessoas do Vote nos Piores possuem a própria estética – acham que é mais divertido ver maus cantores do que levar a competição a sério – e sua própria política – não querem que os produtores e jurados lhes digam em quem votar. Os críticos, por outro lado, descrevem a campanha do Vote nos Piores como pura negação – uma tentativa de explorar o direito do público de escolher a fim de causar o máximo de danos possível às mídias de massa.

A Fox Network inicialmente descartou a ideia de que o Vote nos Piores causasse um impacto real, argumentando que os milhões de votos compensariam as iniciativas de qualquer grupo, mas sua influência foi difícil de descartar quando a causa foi abraçada por Howard Stern, o autoproclamado "Rei de Todas as Mídias", que utilizou seu rádio via satélite para incentivar os ouvintes a votarem para manter Sanjaya no programa.[50] Em 1998, Stern mobilizara seus ouvintes regulares a escolher seu parceiro comediante, Hank, o Anão Bêbado Zangado, como uma das pessoas mais bonitas do mundo da revista *People*.

ENTRANDO NO JOGO DE *AMERICAN IDOL* | 135

Hank ganhou de Leonardo DiCaprio, o ator bonitinho que, na época, estava no auge por sua participação em *Titanic*. O anão ficou muito mais zangado e talvez mais bêbado quando a revista se recusou a inseri-lo em sua edição impressa. O envolvimento de Stern e a surpreendente longevidade do extravagante Sanjaya trouxeram o Vote nos Piores para a mídia comercial, amplificando ainda mais a resistência do público ao processo de votação de *American Idol*.

Patrocinar um programa como esse assegura às empresas que o público vai conversar sobre elas, mas não garante o teor das conversas. Boa parte deste capítulo examinou *American Idol* em termos de cálculos de bastidores das empresas de mídia como a FOX, de marcas como a Coca-Cola e de pesquisadores de marketing como a Initiative Media. Contudo, devemos também levar a sério a revolta dos "consumidores inspiradores" de Roberts. Quem vence o *American Idol*, no fim das contas, não importa tanto, no grande esquema das coisas. Mas os debates sobre a votação de *American Idol* tratam das regras de participação da mídia americana. Numa época em que as redes e os patrocinadores estão unindo forças para moldar o contexto emocional através do qual assistimos aos programas, os consumidores também estão examinando os mecanismos de participação que lhes são oferecidos. Se a retórica das "lovemarks" enfatiza as atividades e os investimentos do público como uma fonte fundamental do valor das marcas, então a comunidade de consumo pode muito bem responsabilizar as corporações pelo que fazem em nome dessas marcas e por sua (falta de) receptividade às exigências do consumidor. Tais contendas geraram um "calor" considerável em torno da série, atraindo muitos novos espectadores, mas também afastaram os mais dedicados, tirando-lhes o direito de voto.

Revolta em demasia pode causar danos à audiência ou prejudicar as vendas dos produtos. O estudo da Initiative Media concluiu que a AT&T, a companhia que tinha patrocinado o mecanismo de votação, sofreu danos por conta da revolta do público, e que outros patrocinadores-chave – Coca-Cola e Ford – talvez tenham sido prejudicados também. Ninguém imaginaria que os espectadores expressariam a má vontade com relação a um anunciante, num segmento tradicional de comerciais, voltando-se contra outro anunciante. Contudo, num mundo onde patrocinadores estão mais intimamente ligados ao conteúdo, todos os patrocinadores podem ser afetados negativamente por quaisquer percepções negativas que surjam em torno da série. É por meio de

136 | CULTURA DA CONVERGÊNCIA

embates que a relação entre os produtores e consumidores de mídia será redefinida nas próximas décadas.

Compreender quando a revolta do público prejudica as empresas – ou, por outro lado, até onde as empresas podem ir no processo de moldar a natureza da participação do público – é fundamental para o que venho chamando de economia afetiva. Se um programa irá se tornar, nas palavras de Heyer, o "capital emocional" de seus consumidores, então podemos esperar que consumidores e produtores façam investimentos diferentes no programa, e que o amor por trás das "lovemarks" se transforme em ódio quando os produtores alterarem algo que a comunidade da marca considere essencial à sua experiência. Por enquanto, a indústria de marketing ainda tem um longo caminho a percorrer, se quiser entender a complexidade dos investimentos emocionais do público em produtos e marcas de entretenimento. E o público tem um longo caminho a percorrer, se quiser explorar os pontos de acesso que a economia afetiva oferece para ações coletivas e críticas à conduta corporativa.

3

EM BUSCA DO UNICÓRNIO DE ORIGAMI

MATRIX E A NARRATIVA TRANSMÍDIA

Na irreverente "Get It?" ("Entendeu?"), de Peter Bagge, uma das 25 histórias em quadrinhos publicadas no site de *Matrix*, três amigos estão saindo do cinema onde acabam de ver a obra dos irmãos Wachowski pela primeira vez (Figura 3.1). Para dois deles, *Matrix* (1999) foi uma experiência transformadora:

Figura 3.1 Peter Bagge sugere a perplexidade de alguns espectadores diante de *Matrix*.

138 | CULTURA DA CONVERGÊNCIA

"Uau! Foi incrível!"

"*Matrix* é o melhor filme que eu vejo em séculos!"

O terceiro está perplexo. Pela expressão de repulsa estampada no rosto do casal mais velho que caminha à sua frente, ele não é o único a estar confuso. "Não entendi!"

"Quer dizer que você ficou lá sentado, sem entender nada, o filme todo?"

Quando entram num bar ali perto, um dos amigos insiste em tentar explicar *Matrix*, pacientemente elucidando os conceitos de realidade fabricada, mundos controlados por máquinas e interface direta entre o cérebro e a realidade virtual ("jacking in"), enquanto o outro, mais pessimista, murmura: "Acho que você nunca vai entender". Quando o infeliz amigo vai embora, descobrimos que os outros dois são "agentes" cibernéticos que admitem ser uma boa coisa a maioria dos humanos não entender o filme, já que "quanto menos humanoides compreenderem o que realmente está acontecendo, menos deles teremos que destruir".[1]

Conhecido por suas charges de sátira social mordaz, na HQ *Ódio* [*Hate*] (1990-1998) e, mais recentemente, na revista *Reason*, Bagge mostra o contraste entre os que "entendem" *Matrix* e os que não entendem. Algo no filme faz com que alguns frequentadores de cinema se sintam rebaixados, enquanto outros se sentem poderosos. Bagge desenhou a charge imediatamente após o lançamento do primeiro filme de *Matrix*. Como veremos, a partir daí as coisas só se complicam.

Nunca uma franquia de filmes exigiu tanto de seus consumidores. O filme original, *Matrix*, levou-nos a um universo onde a linha entre a realidade e a ilusão constantemente se fundiam, e onde os corpos de humanos são estocados como fonte de energia para abastecer máquinas, enquanto suas mentes habitam um universo de alucinações digitais. Neo, o hacker-messias protagonista, é conduzido ao movimento de resistência Zion, lutando para aniquilar os "agentes", que estão moldando a realidade para servir a seus próprios e ambíguos fins. O anúncio de pré-lançamento do primeiro filme provocava os consumidores com a pergunta "O que é Matrix?", instigando-os a buscar respostas na Internet. A sequência do filme, *Matrix Reloaded* (2003), é lançada sem recapi-

EM BUSCA DO UNICÓRNIO DE ORIGAMI | 139

tulação, presumindo que temos domínio quase completo sobre sua complexa mitologia e seu elenco sempre crescente de personagens secundários. Termina abruptamente, com a promessa de que tudo fará sentido quando virmos a terceira parte, *Matrix Revolutions* (2003). Para apreciar verdadeiramente o que estamos vendo, temos de fazer a lição de casa.

Os cineastas plantam pistas que só farão sentido quando jogarmos o game. Abordam uma história paralela, revelada por uma série de curtas de animação que precisam ser baixadas da web e vistas num DVD separado. Os fãs saíram correndo dos cinemas, pasmos e confusos, e se plugaram nas listas de discussão na Internet, onde cada detalhe era dissecado e cada interpretação possível, debatida.

Quando gerações anteriores se perguntavam se haviam "entendido" um filme, geralmente era um filme de arte europeu, um filme independente, ou talvez uma obscura fita cult exibida de madrugada. Mas *Matrix Reloaded* quebrou todos os recordes de bilheteria entre filmes adultos, obtendo espantosos US$ 134 milhões de lucro nos primeiros quatro dias após o lançamento. O videogame vendeu mais de um milhão de cópias em sua primeira semana no mercado. Antes mesmo de o filme ser lançado, 80% do público americano frequentador de cinema indicava *Matrix Reloaded* como um título "imperdível".[2]

Matrix é entretenimento para a era da convergência, integrando múltiplos textos para criar uma narrativa tão ampla que não pode ser contida em uma única mídia. Os irmãos Wachowski jogaram o jogo transmídia muito bem, exibindo primeiro o filme original, para estimular o interesse, oferecendo alguns quadrinhos na web para sustentar a fome de informações dos fãs mais exaltados, publicando o anime antes do segundo filme, lançando o game para computador junto com o filme, para surfar na onda da publicidade, levando o ciclo todo a uma conclusão com *Matrix Revolutions*, e então transferindo toda a mitologia para um jogo on-line para múltiplos jogadores em massa (MMOG – Massively Multiplayer Online Game). Cada passo fundado no que veio antes, enquanto novos pontos de acesso eram oferecidos.

Matrix também é entretenimento para a era da inteligência coletiva. Pierre Lévy especula sobre que tipo de obras estéticas responderia às exigências das culturas do conhecimento. Primeiro, ele sugere que a "distinção entre autores e leitores, produtores e espectadores, criadores e intérpretes irá se dis-

140 | CULTURA DA CONVERGÊNCIA

solver" e formar um "circuito" (não exatamente uma matriz) de expressão, com cada participante trabalhando para "sustentar a atividade" dos outros. A obra de arte será o que Lévy chama de "atrator cultural", unida, criando uma base comum entre as diversas comunidades; podemos também definir a obra de arte como um ativador cultural, impulsionando sua decifração, especulação e elaboração. O desafio, diz ele, é criar obras com profundidade suficiente para justificar um empreendimento em tão larga escala: "Nosso primeiro objetivo deveria ser evitar que a obra seja concluída muito rápido".[3] *Matrix* funciona claramente tanto como um atrator cultural quanto um ativador cultural. Os consumidores mais envolvidos vão atrás de dados em múltiplos meios, esquadrinhando cada texto à procura de revelações de seu universo. Keanu Reeves explicou aos leitores da *TV Guide*: "Como o público vai interpretar *Revolutions* depende de quanta energia irá colocar no filme. O roteiro está cheio de becos sem saída e passagens secretas".[4] Os espectadores aproveitam ainda mais a experiência quando comparam observações e compartilham recursos do que quando tentam seguir sozinhos.

Neste capítulo, irei definir o fenômeno *Matrix* como uma narrativa transmídia. Uma história transmídia desenrola-se através de múltiplas plataformas de mídia, com cada novo texto contribuindo de maneira distinta e valiosa para o todo. Na forma ideal de narrativa transmídia, cada meio faz o que faz de melhor – a fim de que uma história possa ser introduzida num filme, ser expandida pela televisão, romances e quadrinhos; seu universo possa ser explorado em games ou experimentado como atração de um parque de diversões. Cada acesso à franquia deve ser autônomo, para que não seja necessário ver o filme para gostar do game, e vice-versa. Cada produto determinado é um ponto de acesso à franquia como um todo. A compreensão obtida por meio de diversas mídias sustenta uma profundidade de experiência que motiva mais consumo. A redundância acaba com o interesse do fã e provoca o fracasso da franquia. Oferecer novos níveis de revelação e experiência renova a franquia e sustenta a fidelidade do consumidor. A lógica econômica de uma indústria de entretenimento integrada horizontalmente – isto é, uma indústria onde uma única empresa pode ter raízes em vários diferentes setores de mídia – dita o fluxo de conteúdos pelas mídias. Mídias diferentes atraem nichos de mercado diferentes. Filmes e televisão provavelmente têm os públicos mais diversificados; quadrinhos e games, os mais restritos. Uma boa franquia transmídia trabalha para atrair múltiplas clientelas, alterando um pouco o tom do conteúdo de acordo com a mídia. Entretanto, se houver material suficiente para sustentar as diferentes clientelas – e se cada obra oferecer experiências novas –, é possível contar com um mercado de intersecção que irá expandir o potencial de toda a franquia.

Artistas populares – trabalhando nas lacunas deixadas pela indústria da mídia – perceberam que podem surfar nessa nova onda do mercado e produzir trabalhos mais ambiciosos e desafiadores. Ao mesmo tempo, esses artistas estão construindo uma relação mais cooperativa com os consumidores: trabalhando juntos, membros do público conseguem processar mais informações sobre a história do que se imaginava. Para atingir seus objetivos, esses narradores estão desenvolvendo um modelo de autoria mais cooperativo, cocriando conteúdos com artistas com visões e experiências diferentes, numa época em que poucos artistas ficam igualmente à vontade em todas as mídias.

Tudo bem, então a franquia é inovadora, mas *Matrix* é bom? Muitos críticos atacaram as sequências por não serem suficientemente autônomas e, portanto, quase desconexas. Muitos críticos de games atacaram os games porque estes dependiam demais do conteúdo do filme e não ofereciam experiências suficientemente novas aos jogadores. Muitos fãs manifestaram decepção porque suas próprias teorias sobre o universo de *Matrix* tinham mais riqueza e nuance do que qualquer coisa que viram na tela. Eu afirmaria, entretanto, que não temos ainda critérios estéticos muito bons para avaliar obras que se desenvolvem através de múltiplas mídias. Houve muito poucas histórias transmídia para os produtores de mídia agirem com alguma certeza sobre quais seriam os melhores usos desse novo modo de narrativa, ou para críticos e consumidores saberem como falar, com conhecimento de causa, sobre o que funciona ou não nessas franquias. Então, concordemos por um instante que *Matrix* foi uma experiência fracassada, um fracasso interessante, mas suas falhas não diminuem o significado do que se tentou realizar.

Relativamente poucas (ou nenhuma) franquias alcançam todo o potencial estético da narrativa transmídia – ainda. Os produtores de mídia estão ainda encontrando o caminho e mais do que dispostos a deixar que outros corram os riscos. Contudo, no centro da indústria de entretenimento, existem jovens líderes emergentes (como Danny Bilson e Neil Young, da Electronic Arts, ou Chris Pike, da Sony Interactive) que estão tentando incentivar as empresas

142 | CULTURA DA CONVERGÊNCIA

a explorar esse novo modelo de franquias de entretenimento. Alguns desses líderes ainda estão se reorganizando, após seus primeiros experimentos na área (*Dawson's Desktop*, 1998) – alguns dos quais obtiveram um sucesso modesto (*A Bruxa de Blair* [*The Blair Witch Project*], 1999), outros vistos agora como fracassos monumentais (*Cine Majestic* [*The Majestic*], 2001). Outros já estão fazendo reuniões a portas fechadas para descobrir a melhor maneira de assegurar colaborações mais produtivas entre mídias. Alguns estão trabalhando em ideias novas e explosivas, camufladas por acordos de não divulgação. Todos eles observavam de perto, em 2003, o que a *Newsweek* chamou de "O Ano de *Matrix*", para ver como o público estava reagindo aos planos ambiciosos dos irmãos Wachowski.[5] E, assim como Peter Bagge, examinavam os rostos das pessoas, enquanto saíam dos cinemas, querendo saber se elas tinham "entendido" o filme.

O que é *Matrix*?

Umberto Eco pergunta o que, além de ser adorado, transforma um filme como *Casablanca* (1942) em um produto cult. Primeiro, ele afirma, a obra deve chegar até nós como "um universo completamente guarnecido, para que os fãs possam citar personagens e episódios como se fossem aspectos do sectário universo particular".[6] Segundo, o universo deve ser enciclopédico, contendo um rico conjunto de informações que possam ser estudadas, praticadas e dominadas por consumidores dedicados.

O filme não precisa ser benfeito, mas deve fornecer recursos que os consumidores possam utilizar na construção de suas próprias fantasias: "A fim de transformar uma obra num objeto cult, deve-se poder fragmentá-la, desarticulá-la e desorganizá-la, para que se possa lembrar apenas de partes dela, desconsiderando a relação original das partes com o todo".[7] E o filme cult não precisa ser coerente: quanto mais direções diferentes seguir, quanto mais comunidades puder sustentar e quanto mais experiências diferentes puder proporcionar, melhor. Experimentamos o filme cult, sugere ele, não como tendo "uma ideia central, mas várias", como "uma série desconexa de imagens, de picos, de icebergs visuais".[8]

O filme cult é feito para ser citado, afirma Eco, porque é feito de citações, arquétipos, alusões, referências retiradas de uma série de obras anteriores. Um material assim cria "um tipo de emoção intensa, acompanhada de uma vaga

EM BUSCA DO UNICÓRNIO DE ORIGAMI | **143**

sensação de *déja-vu*".[9] Para Eco, *Casablanca* é o filme cult perfeito porque não tem plena consciência de suas referências: "Ninguém teria sido capaz de atingir tal resultado cósmico intencionalmente".[10] E, por esse motivo, Eco desconfia de filmes cult planejados. Na era do pós-modernismo, sugere Eco, nenhum filme pode ser experimentado com olhos virgens; todos são interpretados à luz de outros filmes. Num universo assim, "o cult tornou-se a maneira normal de apreciar filmes".[11]

Se *Casablanca* exemplifica o filme cult clássico, pode-se encarar *Matrix* como o filme cult emblemático da cultura da convergência. Eis o escritor de ficção científica, Bruce Sterling, tentando explicar a fascinação de *Matrix*:

> Em primeiro lugar, o filme tem elementos de atração pop. Todos os tipos de elementos: ataques suicidas por forças especiais de elite, choque entre helicópteros, artes marciais, uma inocente mas apaixonada história de amor predestinado, monstros com olhos esbugalhados absolutamente de primeira qualidade, roupas de fetiche, cativeiro e tortura e resgate ousado, além de submarinos muito estranhos e bem legais... Há exegese cristã, um mito redentor, morte e renascimento, um herói em autodescobrimento, *A Odisseia*, Jean Baudrillard (muito Baudrillard, a melhor parte do filme), toques ontológicos de ficção científica, da escola de Philip K. Dick, Nabucodonosor, Buda, taoísmo, misticismo de artes marciais, profecia oracular, telecinesia do tipo que entorta colheres, shows de mágica de Houdini, Joseph Campbell e metafísica matemática godeliana.[12]

E isso só no primeiro filme!

As intermináveis referências do filme também despertam a reação do público. Camadas sobre camadas de referências catalisam e sustentam nossa epistemofilia; as lacunas e os excessos proporcionam oportunidades para as muitas e diferentes comunidades de conhecimento, que surgem em torno desses filmes cult, mostrarem sua expertise, escarafuncharem suas bibliotecas e conectarem suas mentes a um texto que promete um poço sem fundo de segredos. Algumas das alusões – digamos, as referências recorrentes a "Alice Através do Espelho", ao Coelho Branco, à Rainha Vermelha, ou o uso de nomes mitológicos para os personagens (Morfeu, Perséfone, Trindade) – pipocam na tela à primeira vista. Outras – digamos, o fato de que, a certa altura, Neo apanha na

144 | CULTURA DA CONVERGÊNCIA

estante um exemplar de *Simulacros e Simulação* (1981-1995), de Baudrillard – tornam-se claras só quando você conversa sobre o filme com os amigos. Algumas – como o fato de Cypher, o traidor, ser chamado a certa altura de "sr. Reagan" e pedir uma vida alternativa onde seja ator e conquiste poder político – ficam claras só quando você junta informações de múltiplas fontes. Outras, ainda – como as placas dos carros (DA203 ou IS5416), que se referem a versículos bíblicos específicos e adequados ao contexto (Daniel 2:3 ou Isaías 54:16) – podem exigir que você veja o filme quadro a quadro, em seu DVD player.

Quanto mais a fundo você investiga, mais segredos aparecem, os quais podem todos parecer, a qualquer momento, *a chave* do filme. Por exemplo, o número do apartamento de Neo é 101, o mesmo número da sala da câmara de tortura em *1984* (1949), de George Orwell. Quando você percebe esse número, descobre que 101 também é o número do clube de Merovíngio e o número da estrada onde os personagens entram em colisão em *Matrix Reloaded*, e, a partir daí, não dá para não acreditar que todos os outros diversos números do filme podem também trazer significados ocultos, ou conectar personagens importantes a certos lugares. Os outdoors ao fundo das cenas contêm *cheat codes* que podem ser usados para burlar e destravar níveis no game *Enter the Matrix* (2003).

A absoluta abundância de alusões torna quase impossível a qualquer consumidor dominar a franquia totalmente. Nesse contexto, os irmãos Wachowski posicionam-se como oráculos – escondidos, quase sempre longe da vista do público, surgindo apenas para fazer comentários enigmáticos, recusando-se a dar respostas diretas e falando como uma única voz. Eis, por exemplo, algumas passagens características de uma de suas poucas sessões de bate-papo on-line:

> *Pergunta*: "Há muitas mensagens ocultas no filme que eu percebo a cada vez que assisto. Vocês podem dizer quantas mensagens o filme tem?"
> *Irmãos Wachowski*: "Mais do que você jamais saberá."[13]

> *Pergunta*: "Já disseram a vocês que *Matrix* tem traços gnósticos?"
> *Irmãos Wachowski*: "Você considera isso bom?"

EM BUSCA DO UNICÓRNIO DE ORIGAMI | 145

Pergunta: "Vocês gostam que as pessoas fiquem dissecando o filme? Consideram isso uma certa honra ou ficam um pouco irritados, especialmente quando a pessoa interpreta tudo errado?"

Irmãos Wachowski: "Não existe nunca um 'tudo errado', necessariamente. pois se trata de como a pessoa interpreta o filme, como um indivíduo interpreta o filme."

Os Wachowskis ficaram muito felizes em receber os créditos por qualquer significado encontrado pelos fãs, sugerindo todo o tempo que havia mais, muito mais a ser encontrado, se a comunidade colocasse sua mente coletiva para funcionar. Respondiam a perguntas com perguntas, pistas com pistas. Cada pista era mobilizada, tão logo se materializava, para sustentar uma série de interpretações diferentes.

Então, o que é *Matrix*? Como demonstra um fã, a pergunta pode ser respondida de muitas formas diferentes:

- É uma "história de amor"? (Keanu Reeves disso isso numa entrevista.)
- É uma "luta titânica entre a intuição e o intelecto controlado"? (Hugo Weaving = Agente Smith disse isso numa entrevista sobre *Matrix Reloaded*.)
- É uma história sobre salvação religiosa? (*Matrix Reloaded* foi banido no Egito por ser "religioso demais".)
- É uma história sobre "acreditar em algo" ou sobre "não acreditar em nada"?
- É uma história sobre "humanidade artificial" ou "espiritualidade artificial"?
- É uma história com elementos da cristianismo? Budismo? Mitologia grega? Gnosticismo? Hinduísmo? Maçonaria? A sociedade secreta Prior de Sion (Prieure du Notre Dane du Sion) e sua ligação com o uso da imagem do tabuleiro de xadrez no castelo Rennes-le-Chateau?
- Neo é uma reencarnação do Buda? Ou um novo Jesus Cristo (Neo Anderson = novo filho do homem)?
- É um filme de ficção científica? Um filme de fantasia?
- É uma história sobre sociedades secretas que mantêm a sociedade sob controle?

146 | CULTURA DA CONVERGÊNCIA

- É uma história sobre a história da humanidade ou sobre o futuro da humanidade?
- É apenas um filme de kung-fu futurístico, aperfeiçoado visualmente? Um anime japonês moderno?[14]

Mesmo com todos os filmes lançados em DVD, e, portanto, sujeitos a serem examinados indefinidamente, os fãs mais dedicados ainda tentaram decifrar *Matrix*, e os espectadores mais casuais, não acostumados a ter esse tipo de trabalho com um filme de ação, concluíram que as peças simplesmente não se encaixavam.

"Narrativa sinérgica"

Matrix é um pouco como *Casablanca*, à enésima potência, com uma diferença importante: *Casablanca* é um único filme; *Matrix* são três filmes, e mais. Há, por exemplo, o *Animatrix* (2003), um programa de 90 minutos de curtas-metragens de animação ambientados no universo de *Matrix* e criados por alguns dos principais animadores do Japão, Coreia do Sul e Estados Unidos, incluindo Peter Chung (*Aeon Flux*, 1995), Yoshiaki Kawajiri (*Wicked City*, 1987), Koji Morimoto (*Robot Carnival*, 1987) e Shinichiro Watanabe (*Cowboy Bebop*, 1998). *Matrix* é também uma série em quadrinhos de escritores e artistas cultuados, como Bill Sienkiewicz (*Elektra Assassina*, 1986-87), Neil Gaiman (*Sandman*, 1989-96), Dave Gibbons (*Watchmen*, 1986-87), Paul Chadwick (*Concreto* [*Concret*], 1987-98), Peter Bagge (*Ódio*, 1990-98), David Lapham (*Balas Perdidas* [*Stray Bullets*] 1995-), e Geof Darrow (*Hard Boiled*, 1990-92). *Matrix* é também dois jogos – *Enter the Matrix*, produzido pela Shiny Entertainment, de David Perry, e um jogo multiplayer on-line ambientado no universo de *Matrix*, com parte do roteiro escrito por Paul Chadwick.

Os Wachowskis queriam espalhar a história de *Matrix* por todas essas mídias e juntar tudo num todo atraente. O produtor Joel Silver relata uma viagem que os cineastas fizeram ao Japão para falar sobre a criação de uma série animada para a TV: "Lembro que, na viagem de volta, Larry sentou-se no avião com um bloco de notas amarelo e esboçou um esquema do que faríamos quando tivéssemos o filme, os videogames e as animações, e todos iriam interagir".[15] David definiu o game como, na verdade, um outro filme de *Matrix*. Segundo

EM BUSCA DO UNICÓRNIO DE ORIGAMI | **147**

boatos, os atores não tinham certeza de quais cenas estavam sendo filmadas para o game, e quais para o filme.[16] O consumidor que jogou o game ou assistiu aos curtas terá uma experiência diferente com o filme daquele que experimentou o filme apenas no cinema. O todo vale mais do que a soma das partes.

Podemos entender melhor como opera o novo modo de narrativa transmídia examinando mais de perto algumas das interconexões entre os diversos textos de *Matrix*. Por exemplo, no curta de animação *Final Flight of the Osiris* (2003), a protagonista, Jue, sacrifica a própria vida para entregar uma mensagem à tripulação do Nabucodonosor. A carta contém informações sobre as máquinas que abrem caminho em direção a Zion. Nos momentos finais do anime, Jue joga a carta numa caixa de correio. Na abertura do game *Enter the Matrix*, a primeira missão do jogador é resgatar a carta do correio e levá-la a nossos heróis. E as cenas de abertura de *Matrix Reloaded* mostram os personagens discutindo a "última transmissão de Osíris." Para as pessoas que veem apenas o filme, as fontes de informação permanecem incertas, mas quem tem a expe-

||||||||||||||||||||||||||||||||||||||||||||||||||||||||||||||||||||||||||||||||||||||||||||||||||

O fenômeno *Bruxa de Blair*

O conceito de narrativa transmídia entrou para o debate público pela primeira vez em 1999, enquanto audiências e críticos tentavam entender o sucesso fenomenal de *A Bruxa de Blair* (1999), um filme independente de baixo orçamento que se tornou um negócio imensamente rendoso. Pensar em *A Bruxa de Blair* como filme era não enxergar o quadro geral. *A Bruxa de Blair* havia conquistado uma legião de seguidores na web mais de um ano antes de chegar a qualquer sala de cinema. Muitas pessoas ficaram sabendo da bruxa de Burkittsville e do desaparecimento da equipe que forma o enredo central do filme ao entrar on-line e encontrar o curioso site que parecia, em cada detalhe, absolutamente real. O site fornecia documentação de inúmeras descobertas de bruxas ao longo dos séculos, a maioria não citada diretamente no filme, mas formando o pano de fundo para a ação. Um pseudodocumentário que investigava a bruxa foi exibido no Sci Fi Channel, não muito diferente dos documentários sobre fenômenos sobrenaturais. Após o lançamento do filme, a Oni Press publicou vários quadrinhos supostamente baseados nos relatos de outra pessoa, que havia encontrado a bruxa ao caminhar pelo bosque próximo a Burkittsville. Até a trilha sonora foi apresentada como uma fita encontrada no carro abandonado.

148 | CULTURA DA CONVERGÊNCIA

riência transmídia desempenha um papel ativo na entrega da carta e pode rastrear sua trajetória por três mídias diferentes.

Do mesmo modo, o personagem The Kid é introduzido em outro curta de animação, *The Kid's Story* (2003), sobre um estudante que descobre sozinho a verdade sobre *Matrix*, enquanto Neo e seus amigos tentam resgatá-lo dos agentes. Em *Matrix Reloaded*, eles reencontram The Kid nos arredores de Zion, onde ele implora para unir-se à tripulação: "É o destino. Quer dizer, você é o responsável por eu estar aqui, Neo". Mas Neo responde: "Já te disse, garoto, não fui eu que te encontrei, foi você que me encontrou... Você salvou a si mesmo". O diálogo é encenado como se todos da plateia soubessem do que os dois estavam falando, e mais parece uma cena envolvendo um personagem já conhecido do que um personagem em sua primeira aparição na tela. O empenho de The Kid para defender Zion tornou-se um dos principais ganchos emocionais para a batalha final em *Revolutions*.

||||||||||||||||||||||||||||||||||||||||||||||||||||||||||||||||||||||||||||||||||||||||||||||||||||||||||

Todos esses elementos tornaram o universo do filme mais convincente, indo além das imediações que os Haxans, como a equipe de criação do filme chamava a si mesma, haviam atingido através de seu estilo particular de câmera na mão e atuação improvisada. Dan Myrick, um dos produtores do filme, explicou o que o grupo chamava de "primeira diretriz": "Tentamos criar uma lenda falsa, completa, com múltiplos pontos de vista, inclusive céticos, e mistérios inexplicáveis. Nada sobre a lenda poderia ser demonstrável, e tudo tinha de parecer ter uma explicação lógica (da qual o leitor se afastaria o mais rápido possível)".[1]

Ed Sanchez, outro membro da equipe, explicou: "Tudo foi baseado na decisão de tornar tudo o mais real possível... Vamos continuar com a primeira diretriz — a ideia de que este é um website desenvolvido por pessoas interessadas no assunto, tentando fazer justiça, encerrar o caso ou promover uma investigação do mistério. Estabelecemos a cronologia, acrescentamos detalhes aos antecedentes da história... Começamos a falsificar artefatos, pinturas, gravuras, livros antigos, e eu escaneava tudo e incluía no site".[2] Sanchez acrescentou um fórum de discussão no

---

1. FT Interviews, "The *Blair Witch* Producer-Director Dan Myrick and Production Designer Ben Rock", Fortean Times, novembro de 1999, http://www.foreteantimes.com/articles/128_haxanist.shtml.

2. Ed Sanchez, entrevista com o autor, junho de 2003. Todas as citações de Sanchez são desta entrevista.

EM BUSCA DO UNICÓRNIO DE ORIGAMI | **149**

Em *Matrix Reloaded*, Niobe aparece inesperadamente na perseguição na estrada, bem a tempo de resgatar Morpheus e Trinity, mas, para as pessoas que jogam o game, levar Niobe até o ponto de encontro é uma missão crucial. Novamente, perto do final de *Matrix Reloaded*, Niobe e a tripulação são despachadas para explodir uma usina, mas, fora a sensação de que o plano deve ter funcionado, pois só assim poderíamos ver o que se desenrolava na tela, os detalhes da operação não são representados, para que possam ser jogados com mais profundidade no game. Reencontramos Niobe no início de *Matrix Revolutions*, onde ela é deixada no clímax, no game *Enter the Matrix*.

Pelos padrões da narrativa clássica de Hollywood, essas lacunas (como a falha em introduzir The Kid ou explicar de onde Niobe surgiu) e excessos (como a referência à "última transmissão de Osíris") confundem o espectador.[17] O velho sistema de Hollywood dependia da redundância, a fim de assegurar que os espectadores conseguiriam acompanhar o enredo o tempo todo, mesmo se estivessem distraídos ou fossem até o saguão comprar pipoca durante uma cena crucial. A nova Hollywood exige que mantenhamos os olhos na estrada o tempo todo, e que façamos pesquisa antes de chegarmos ao cinema.

Foi aí, provavelmente, que *Matrix* caiu em desgraça entre os críticos, que estavam acostumados a criticar o filme, e não o aparato em torno dele. Poucos

||||||||||||||||||||||||||||||||||||||||||||||||||||||||||||||||||||||||||||||||||||||||||||||||||||

site e viu surgir uma comunidade de fãs fascinados com a mitologia da *A Bruxa de Blair*: "O que aprendemos com *A Bruxa de Blair* é que, se você der às pessoas coisas suficientes para explorar, elas vão explorar. Não todas as pessoas, mas algumas. As que exploram e aproveitam aquele universo serão suas fãs para sempre e trarão uma energia que não se pode comprar pela publicidade. É o modo como se coloca a teia de informações que mantém as pessoas interessadas e mantém as pessoas trabalhando para ela. Se as pessoas têm de trabalhar para uma coisa, dedicam-lhe mais tempo. E dão mais valor emocional". Sanchez reconhece, com franqueza, que o site e os produtos derivados foram usados como marketing, mas acabaram se tornando parte integrante da experiência: "É o tipo de marketing com o qual eu, como consumidor, teria me envolvido... Acabamos explorando a web de um modo que, no que diz respeito a filmes, ninguém havia explorado antes".

150 | CULTURA DA CONVERGÊNCIA

consumiram os games, os quadrinhos ou os curtas de animação e, consequentemente, poucos absorveram as informações essenciais que continham. Como explicou Fiona Morrow, do *London Independent*, "podem me chamar de ultrapassada – o que me importa é o filme, e apenas o filme. Não quero ter de 'expandir' a experiência cinemática me sobrecarregando com artifícios turbinados".[18] Os que perceberam que havia informações importantes nas outras fontes desconfiaram das motivações econômicas por trás do que Ivan Askwith, na *Salon*, chamou de "narrativa sinérgica": "Mesmo que os novos filmes, o game e os curtas de animação mantenham o alto padrão estabelecido pelo primeiro filme, ainda há uma sensação inquietante de que a Warner Bros. está se aproveitando do culto a *Matrix* para ganhar dinheiro enquanto pode". Mike Antonucci, do *San Jose Mercury*, interpretou tudo como um "marketing inteligente", mais do que uma "narrativa inteligente".[19]

Então, sejamos claros: há fortes motivações econômicas por trás da narrativa transmídia. A convergência das mídias torna inevitável o fluxo de conteúdos pelas múltiplas plataformas de mídia. Na era dos efeitos digitais e das imagens de alta resolução, o universo dos games pode ter quase exatamente a mesma aparência do universo dos filmes – pois estão reutilizando muitos dos mesmos recursos. Tudo sobre a estrutura da moderna indústria do entretenimento foi planejado com uma única ideia em mente – a construção e expansão de franquias de entretenimento. Como vimos no capítulo anterior, há um forte interesse em integrar entretenimento e marketing, em criar fortes ligações emocionais e usá-las para aumentar as vendas. Mike Saksa, vice-presidente sênior de marketing da Warner Bros., não poderia ser mais explícito sobre esse ponto: "Isto [*Matrix*] é, verdadeiramente, a sinergia da Warner Bros. Todas as divisões irão se beneficiar da propriedade... Não sabemos qual é o topo, só sabemos que será muito alto".[20]

O enorme "topo" não é apenas econômico, entretanto. A franquia de *Matrix* foi moldada por uma visão totalmente nova de sinergia. Transformar em franquia um filme popular, uma revista em quadrinhos ou uma série de televisão não é novidade. Veja a torrente interminável de bonequinhos de plástico disponíveis no McLanche Feliz do McDonald's. Promoções cruzadas estão em toda parte. Mas a maioria delas, como os brinquedos do McDonald's, é bem fraca e facilmente esquecida. Os acordos atuais de licenciamento asseguram que todos esses produtos sejam periféricos àquilo que, em primeiro lugar, nos atraiu à história

EM BUSCA DO UNICÓRNIO DE ORIGAMI | 151

original. Sob licenciamento, a empresa de mídia central – quase sempre produtores de filmes – vende os direitos de fabricação de produtos, com a utilização de seus recursos, a um terceiro, geralmente não associado; o licenciamento limita o que pode ser feito com os personagens ou conceitos, para proteger a propriedade original. Em pouco tempo, o licenciamento abre caminho para o que o pessoal da indústria está chamando de "cocriação". Na cocriação, as empresas colaboram desde o início para criar conteúdos considerados adequados a cada um dos setores, permitindo que cada meio de comunicação gere novas experiências ao consumidor e aumente os pontos de acesso à franquia.

O atual sistema de licenciamento normalmente gera obras redundantes (não permitindo novos antecedentes dos personagens ou novo desenvolvimento de enredo), diluídas (solicitando ao novo meio de comunicação que duplique, sem originalidade, experiências mais bem realizadas pelo antigo), ou permeadas de contradições grosseiras (falhando em respeitar a consistência que o público espera da franquia). Essas falhas explicam por que as sequências e franquias têm má reputação. Produtos de franquias são orientados demais pela lógica econômica e não o suficiente pela visão artística. Hollywood age como se tivesse apenas de proporcionar mais do mesmo, imprimindo um logotipo de *Star Trek* (1966) em um monte de bugigangas. Na realidade, o público quer que o novo trabalho ofereça novos *insights* e novas experiências. Se as empresas de mídia correspondem a essa exigência, os espectadores investem no produto e sentem que têm domínio sobre ele; negue isso aos consumidores e eles se afastam, em desgosto.

Em 2003, compareci a uma reunião dos maiores criadores de Hollywood e da indústria de games, patrocinada pela Electronic Arts; eles discutiam como a cocriação deveria funcionar. Danny Bilson, vice-presidente de desenvolvimento de propriedade intelectual da Electronics Arts, organizou a cúpula sobre o que ele chama de "entretenimento multiplataforma".[21] Como alguém que já trabalhou com cinema (*The Rocketeer*, 1991), televisão (*The Sentinel*, 1996; *Viper*, 1994) e quadrinhos (*The Flash*, 1990), bem como games, Bilson compreende os desafios de criar conteúdos para cada um desses meios, de forma coordenada. Ele quer desenvolver games que não apenas levem as marcas de Hollywood a um novo espaço de mídia, mas que também contribuam para um sistema maior de narrativa. Para que isso funcione, ele afirma, a história precisa ser concebida, desde o início, em termos de narrativa transmídia:

152 | CULTURA DA CONVERGÊNCIA

Criamos filmes e games juntos, organicamente, em todos os aspectos, impulsionados pela mesma força criativa. Idealmente, essa força criativa envolve roteiristas e diretores que também são gamers. Em qualquer forma de arte, você deve gostar do que faz para fazer benfeito; na verdade, você deve ser fã para fazer benfeito, para usar seu talento na construção do entretenimento multiplataforma. O filme e o game são planejados juntos, o game depende da ficção e a expande, mas não apenas repete o material do filme. Deve ser orgânico com aquilo que tornou a experiência do filme atraente.

Mais adiante, as pessoas vão querer se aprofundar naquilo de que gostam, em vez de experimentar amostras de várias coisas. Se existe algo que eu adoro, quero que seja maior do que apenas duas horas no cinema, ou a experiência de uma hora semanal na TV. Quero um aprofundamento do universo. [...] Quero participar. Acabei de ser apresentado ao universo de um filme e quero chegar lá, explorá-lo. Você precisa dessa ligação ao universo para tornar a experiência estimulante.

Bilson quer usar sua posição de supervisor de todas as propriedades intelectuais da principal produtora de games do mundo na criação de entretenimento multiplataforma. O primeiro passo é o desenvolvimento de *Golden Eye: Rogue Agent* (2004), um game de James Bond em que se pode desempenhar o papel de vilões clássicos, como dr. No ou Goldfinger, encenando confrontos com 007, em recriações digitais dos cenários originais dos filmes. Tudo nos games é consistente com o que os espectadores conhecem dos filmes de James Bond, mas os acontecimentos são vistos de uma perspectiva ética diferente.

Esse nível de integração e coordenação é difícil de atingir, muito embora a lógica econômica dos grandes conglomerados de mídia incentive os criadores a pensar em termos de sinergias e franquias. Até agora, as franquias transmídia mais bem-sucedidas surgiram quando um único criador, ou uma unidade de criação, detinha o controle. Bem que Hollywood poderia estudar o modo como a Lucasfilm gerenciou e cultivou as franquias de *Indiana Jones* (1981) e *Star Wars* (1977). Quando *Indiana Jones* foi para a televisão, por exemplo, explorou o potencial desse meio de comunicação para a narrativa estendida e o desenvolvimento dos personagens: *As Aventuras do Jovem Indiana Jones* [*The Young Indiana Jones Chronicles*] (1992) mostrou o personagem tomando forma, tendo como pano de fundo diversos eventos históricos e ambientes exóticos. Quando *Star Wars* foi para os livros, os romances expandiram a cronologia e mostraram acontecimentos que não aparecem na trilogia de filmes, ou recontaram as histórias em torno de personagens secundários, como fez a série *Tales from the Mos Eisley Cantina* (1995), que traz para primeiro plano aqueles alienígenas de aparência curiosa do filme original.[22] Quando *Star Wars* foi para os games, os games não apenas apresentaram acontecimentos dos filmes; mostraram como era a vida de um aprendiz de Jedi, ou de um caçador de recompensas. Cada vez mais são inseridos elementos nos filmes para criar aberturas que serão exploradas completamente apenas por outras mídias.

Embora a infraestrutura tecnológica esteja pronta, as perspectivas econômicas sejam promissoras e o público esteja preparado, a indústria não tem colaborado muito para a produção de experiências transmídia atraente. Mesmo

|||||||||||||||||||||||||||||||||||||||||||||||||||||||||||||||||||||||||||||||||||||||||||||||||||||||||||||||||||||||||

O outro lado do Mangaverso

Ao escrever para o jornal londrino *The Guardian*, o cineasta indiano Shakhar Kapur (*Elizabeth*, *Honra e Coragem*) observou que o faturamento mundial de Hollywood tinha diminuído 16%, e os cineastas locais estavam colhendo os benefícios.[1] Ele previu que, em uma década, provavelmente estaremos falando sobre o mundo dominado pela mídia asiática. Usando um sucesso de bilheteria da época como exemplo, escreveu: "Em dez anos, *Homem-Aranha* [*Spider-Man*] vai arrecadar US\$ 1 bilhão na primeira semana. Mas quando o *Homem-Aranha* tirar a máscara, provavelmente será chinês. E a cidade onde ele opera não será Nova York, e sim Xangai. E, no entanto, ainda será um filme internacional, ainda será *Homem-Aranha*."

Importantes empresas de mídia, como a Bertelsmann Media Worldwide, a Sony ou a Vivendi Universal, contratam talentos no mundo todo, fornecendo divertimento para os gostos locais, em vez de seguir interesses nacionalistas; sua estrutura econômica incentiva-os não apenas a ser intermediários entre diferentes mercados asiáticos, mas também a trazer conteúdo asiático aos países ocidentais. Sony, Disney, Fox e Warner Bros. abriram empresas para produzir

---

1. Shakhar Kapur, "The Asians Are Coming", *The Guardian* (Reino Unido), 23 de agosto de 2002, acessado em http://www.shekharkapur.com/guardian.htm. Para uma discussão útil sobre tendências que estão conectando as produções de mídia asiáticas e americanas, veja "Martial Artsand the Globalization of US and Asian Film Industries", de Christina Klein, *Comparative Studies* 2, nº 3 (setembro de 2004): 360-384.

154 | CULTURA DA CONVERGÊNCIA

nos conglomerados de mídia, existe uma agressiva competição entre as unidades, em vez de colaboração. Muitos acreditam que uma maior coordenação entre as mídias seja necessária para produzir conteúdos transmídia. A Electronics Arts (EA) explorou esse modelo ao desenvolver *O Senhor dos Anéis* [*The Lord of the Rings*]. Os designers de games trabalharam na locação, junto com a unidade de produção de Peter Jackson, na Nova Zelândia. Como explicou Neil Young, o encarregado da franquia de *O Senhor dos Anéis* na EA:

> Eu queria adaptar o trabalho de Peter Jackson para nossa mídia do mesmo modo que ele estava adaptando o trabalho de Tolkien para a mídia dele. Em vez de ser uma peça de merchandising derivativa, junto com o pôster, a caneta, a caneca ou o chaveiro, talvez pudéssemos virar a ponta dessa pirâmide para

filmes em chinês, alemão, italiano, japonês e outras línguas, destinados tanto aos mercados domésticos quanto à exportação global. A televisão e o cinema americanos cada vez mais fazem remakes de produtos bem-sucedidos de outros mercados, desde *Survivor* (2000) e *Big Brother* (2000), remakes das populares séries holandesas, até *O Chamado* [*The Ring*] (*2002*), remake de um filme de terror cult japonês, ou *Vanilla Sky* (2001), remake de um filme espanhol de ficção científica. Muitos dos desenhos animados exibidos na televisão americana são feitos na Ásia (cada vez mais na Coreia), muitas vezes com apenas uma supervisão limitada das empresas ocidentais. Muitas crianças ocidentais, hoje, estão mais familiarizadas com os personagens da série japonesa *Pokémon* do que com personagens de contos de fadas europeus, de autoria dos Irmãos Grimm ou de Hans Christian Andersen.[2] Com a ascensão da comunicação por banda larga, produtores de mídia estrangeiros irão distribuir conteúdos de mídia diretamente

---

2. Para proveitosas visões gerais do impacto asiático na cultura popular americana, veja Anne Allison, *Millenial Monsters: Japanese Toys and the Global Imagination* (trabalho em andamento); Henry Jenkins, "Pop Cosmopolitanism: Mapping Cultural Flows in an Age of Media Convergence", em *Globalization: Culture and Education in the New Millenium*, de Marcelo M. Suarez-Orozco e Desiree B.Qin-Hilliard (eds.) (Berkeley: University of California Press, 2005); e Joseph Tobin (ed.), *Pikachu's Global Adventure: The Rise and Fall of Pokémon* (Durham, N.C.: Duke University Press, 2004); Mikuzo Ito, "Technologies of the Childhood Imagination: *Yugioh*, Media Mixes and Everyday Cultural Production", em *Network/Netplay: Structures of Participation in Digital Culture*, de Joe Karaganis e Natalie Jeremikenko (eds.) (Durham, N.C.: Duke University Press, 2005).

EM BUSCA DO UNICÓRNIO DE ORIGAMI | 155

cima, alavancar as peças que vieram antes e nos tornar o pináculo da franquia, em vez da base. Quer você esteja fazendo a caneca, o chaveiro ou o jogo, praticamente todos têm acesso aos mesmos recursos. Para mim, quando assumi *O Senhor dos Anéis*, isso parecia insustentável, querer construir algo que captasse a visão particular de Peter, a música de Howard Shore, os atores, a aparência daquele mundo... Era preciso um acesso muito mais direto. Assim, em vez de trabalharmos exclusivamente com o grupo de produtos ao consumidor, fizemos uma parceria direta com a empresa da New Line Productions, a 3 Foot 6 Productions, que funcionava como uma câmara de compensação para as coisas de que precisávamos.[23]

Esse sistema permitiu importar milhares de "recursos" da produção do filme para o jogo eletrônico, garantindo um grau inédito de fidelidade aos detalhes do universo de Tolkien. Ao mesmo tempo, trabalhar de perto com

||||||||||||||||||||||||||||||||||||||||||||||||||||||||||||||||||||||||||||||||||||||||||||||||

aos consumidores americanos, sem ter de passar por *gatekeepers* americanos ou confiar em distribuidores multinacionais.

O fluxo de bens asiáticos no mercado ocidental foi moldado por duas forças concorrentes: a convergência corporativa, promovida pelas indústrias midiáticas, e a convergência alternativa, promovida por comunidades de fãs e populações de imigrantes. Retornaremos à convergência alternativa no processo de globalização no Capítulo 4. Por enquanto, vamos nos concentrar na convergência corporativa. Três tipos distintos de interesses econômicos estão em jogo na promoção dessas novas trocas culturais: produtores nacionais ou regionais, que veem a circulação global de seus produtos não apenas como uma expansão de lucros, mas também como fonte de orgulho nacional; conglomerados multinacionais, que não mais definem suas decisões de produção e distribuição em termos nacionais, mas buscam identificar conteúdos potencialmente valiosos, estendendo-os ao maior número possível de mercados; e distribuidores de nichos, que procuram por conteúdos diferenciados como meio de atrair consumidores de maior poder aquisitivo, distinguindo-se das coisas que já estão no mercado.

A imagem de Kapur do *Homem-Aranha* chinês talvez não seja exagerada, afinal. À medida que as histórias em quadrinhos e graphic novels se deslocaram para grandes redes de livrarias, como Barnes & Noble e Borders, o espaço na prateleira dedicada a mangás superou o espaço dedi-

156 | CULTURA DA CONVERGÊNCIA

Peter Jackson e os outros cineastas proporcionou a Young uma latitude maior para explorar outras dimensões desse universo, que não apareceriam na tela.

David Perry definiu sua relação com os irmãos Wachowski em termos bem similares: "Os Wachowskis entendem de games. Eles ficavam no set para se certificarem de que tínhamos tudo o que era necessário para fazermos um jogo de qualidade. Eles sabem o que os gamers procuram. Com o poder que têm em Hollywood, conseguiram nos garantir tudo o que era preciso para tornar o game o que ele é hoje".[24] A equipe de Perry gravou, durante quatro meses, os movimentos físicos da atriz Jada Pinkett Smith, que fez o papel de Niobe, assim como de outros membros do elenco de *Matrix*. Todos os movimentos e gestos foram criados por artistas reais, no set de filmagem, e encarados como extensões de suas caracterizações. A equipe utilizou o recurso *alpha-mapping* para criar uma versão digital do rosto da atriz, preservando suas próprias expressões faciais. O game incorporou muitos dos efeitos especiais que haviam

cado a conteúdo de produção americana, refletindo uma lacuna crescente também nas vendas. Procurando recuperar o mercado que estava perdendo para a concorrência asiática, a Marvel Comics fez uma experiência, em 2002, com a nova série *Mangaverso*, que reinventou o grupo de heróis, situando-os dentro das tradições japonesas do gênero: o Homem-Aranha é um ninja, os membros dos Vingadores se reúnem num enorme robô e Hulk transforma-se num monstro verde gigante.[3] Inicialmente concebido como uma novidade que seria publicada apenas uma vez, sem continuação, o Mangaverso obteve tanto sucesso que a Marvel lançou uma linha de produção inteira, Tsunami, produzindo conteúdo no estilo mangá para os mercados americano e global e trabalhando, principalmente, com artistas asiáticos ou com americanos de origem asiática.[4] De modo semelhante, *Kingdom Hearts* (2002), da Disney, surgiu da colaboração com a empresa japonesa de games SquareSoft, criadores da bem-sucedida franquia *Final Fantasy*. O game mistura mais de cem personagens dos filmes de animação da Disney com protagonistas de estilo anime, associados a títulos anteriores da SquareSoft.[5]

---

3. Rene A. Guzman, "Manga Revises Marvel Heroes", *San Antonio Express-News*, 23 de janeiro de 2002.
4. "Tsunami Splash", *Wizard*, março de 2003, p. 100.
5. Para mais informações, veja http://www.kingdomhearts.com.

EM BUSCA DO UNICÓRNIO DE ORIGAMI | 157

tornado *Matrix* tão característico, quando do lançamento do filme, permitindo aos jogadores reproduzir algumas das acrobacias que Woo-Ping Yuen (o célebre coreógrafo de Hong Kong) tinha criado através do seu trabalho com cabos, ou mover-se em *bullet time*, a espantosa técnica de câmera lenta do filme.

Autoria cooperativa

Os conglomerados de mídia proporcionaram um contexto à experiência estética dos irmãos Wachowski – eles queriam brincar com um novo tipo de narrativa e utilizar o poder de promoção da Warner Bros. para torná-lo acessível ao maior público possível. Se tudo o que quisessem fosse sinergia, poderiam ter contratado colaboradores para desenvolver os games, quadrinhos e desenhos animados. Isso certamente ocorreu em outros casos que procuraram imitar o modelo de *Matrix*. Filmes mais recentes, desde *As Panteras* [*Charles'*

―――――――――――――――――――――――――――――――――――――

O Japão não é a única cultura asiática que exerce forte influência sobre a produção americana de mídia. A DC Comics criou *Batman: Hong Kong* (2003), graphic novel em edição luxuosa destinada a apresentar aos leitores ocidentais o estilo peculiar do desenhista de quadrinhos chinês Tony Wong e a tradição do *manhua*.[6] A Marvel lançou a série de quadrinhos *Spider-Man: India* (Homem-Aranha: Índia), planejada para coincidir com o lançamento do filme *Homem-Aranha 2* na Índia e adaptada aos gostos dos sul-asiáticos.[7] Peter Parker virou Pavitr Prabhakar e o Duende Verde virou Rakhasa, um demônio mitológico tradicional. Os desenhos, que mostram o Homem-Aranha saltando sobre motonetas nas ruas de Bombaim e se movendo em curvas pelo Portal da Índia, foram feitos pelo desenhista de quadrinhos indiano Jeevan J. Kang. A Marvel chama isso de "transcriação", um passo além da tradução. Ao criar essas HQs, a Marvel reconhece que seus super-heróis não se saíram bem fora do mundo anglo-americano, mas há uma chance de que os filmes atuais

―――――――――

6.   Tony Wong, *Batman: Hong Kong* (Nova York: DC Comics, 2003); Wendy Siuyi Wong, *Hong Kong Comics: A History of Manhua* (Nova York: Princeton Architectural Press, 2002).

7.   Chidanand Rajghatta, "Spiderman Goes Desi", *Times of India*, 17 de junho de 2004.

158 | CULTURA DA CONVERGÊNCIA

Angels] até *A Batalha de Riddick* [*Riddick's Chronicles*], de *Star Wars* a *Homem-*
-Aranha, desenvolveram desenhos animados, por exemplo, com o intuito de
fazer uma ponte entre as sequências ou prenunciar evoluções no enredo.
Destes, apenas os curtas de *Star Wars* trabalharam com um animador reno-
mado – nesse caso, Genndy Tartakovsky (*Samurai Jack*).[25] Em contrapartida,
os Wachowskis procuraram animadores e escritores de histórias em quadrinhos que já eram cultuados e conhecidos por seu estilo visual característico e
autoral. Os diretores trabalharam com pessoas que admiravam, e não pessoas
que iriam seguir suas ordens. Como explicou Yoshiaki Kawajiri, animador de
Program, "o projeto me atraiu porque a única limitação era a de que eu deveria atuar dentro do universo de *Matrix*; fora isso, poderia trabalhar com inteira liberdade".[26]

Os irmãos Wachowski, por exemplo, viram a cocriação como um veículo
para expandir o potencial mercado global, trazendo colaboradores cuja pre-

||||||||||||||||||||||||||||||||||||||||||||||||||||||||||||||||||||||||||||||||||||||||||||||||||||||||||

estejam criando uma oportunidade para atrair esse mercado. Mesmo que as HQs fracassem na
Índia, entretanto, eles geraram muito interesse entre os fãs ocidentais de quadrinhos.

Podemos definir *The Animatrix, Mangaverso e Spider-Man: India* como hibridismo empresarial.
O hibridismo ocorre quando o espaço cultural — nesse caso, uma indústria midiática nacional — absorve e transforma elementos de outro; uma obra híbrida, portanto, existe entre duas
tradições culturais, oferecendo um caminho que pode ser explorado a partir das duas direções.
O hibridismo foi muitas vezes discutido como uma estratégia dos países em desenvolvimento,
uma forma de resistência ao fluxo da mídia ocidental em suas culturas — aceitando e remodelando o material imposto de fora, mas transformando-o em seu próprio material.[8] Nesse caso,
o hibridismo pode ser visto como uma estratégia corporativa, vinda de uma posição de força,
em vez de vulnerabilidade ou marginalidade, uma estratégia que procura controlar, em vez de
conter, o consumo transcultural.

---

8. Para uma proveitosa visão geral da literatura sobre hibridismo, veja Jan Nederveen Pieterse, "Globalization
as Hybridization", em *Global Modernities*, de Michael Featherstone (ed.) (Nova York: Sage, 1995); Nestor Garcia
Canclini, *Consumidores e Cidadãos: Conflitos Multiculturais da Globalização* (Rio de Janeiro: UFRJ Editora, 2005).

EM BUSCA DO UNICÓRNIO DE ORIGAMI | 159

sença evocava formas distintas de cultura popular de outras partes do mundo. Geof Darrow, que fez os desenhos conceituais das naves e de outros aparatos tecnológicos, estudou com Moebius, o mestre dos quadrinhos europeus famoso pelas imagens que não traçam claramente a linha que separa o orgânico do mecânico. Os cineastas contrataram o célebre coreógrafo de lutas de Hong Kong, Woo-Ping Yuen, famoso por ter ajudado a reinventar a *persona* de Jackie Chan na tela, a desenvolver um peculiar estilo feminino para Michelle Yeoh, e a trazer o estilo de luta asiático ao cinema global, através de *O Tigre e o Dragão* [*Crouching Tiger, Hidden Dragon*] (2000).[27] Os filmes foram rodados na Austrália, e os diretores contrataram talentos locais, como Kym Barret, figurinista de longa data do cineasta australiano Baz Luhrmann. O elenco era enfaticamente multirracial, com artistas afro-americanos, hispânicos, sul-asiáticos, sul-europeus e aborígenes, para criar um Zion predominantemente não branco.

|||||||||||||||||||||||||||||||||||||||||||||||||||||||||||||||||||||||||||||||||||||||||||||||||||||||||||||||||||||||||||||||||

Christina Klein examinou o status claramente transnacional do filme *O Tigre e o Dragão*.[9] O diretor, Ang Lee, nasceu em Taiwan, mas foi educado nos Estados Unidos; foi o primeiro filme que Lee produziu em solo chinês. O financiamento veio de uma mistura de conglomerados de mídia japoneses e americanos. O filme foi produzido e escrito por um colaborador de longa data de Lee, o americano James Schamus. O elenco incluiu artistas colhidos da diáspora chinesa – Zhang Ziyi (China Continental), Chan Chen (Taiwan), Chow Yun-Fat (Hong Kong) e Michelle Yeoh (Malásia). Ang Lee define *O Tigre e o Dragão* como um "*combination platter*"*, realçando as referências de múltiplas tradições culturais. James Schamus concorda: "Acabamos fazendo um filme oriental para o público ocidental e, em alguns aspectos, um filme ocidental para o público oriental". Esses exemplos de hibridismo corporativo dependem de consumidores com competências culturais que se originam somente no contexto da convergência global, exigindo não apenas conhecimento

---

9. Christina Klein, "*Crouching Tiger, Hidden Dragon*: A Transnational Reading" (trabalho em andamento).

* Prato para viagem dos restaurantes chineses nos EUA, que mistura uma grande variedade de pratos típicos da cozinha chinesa. [N. de T.]

160 | CULTURA DA CONVERGÊNCIA

Talvez o mais importante seja o fato de os irmãos Wachowski terem buscado animadores japoneses e outros asiáticos como colaboradores em *The Animatrix*. Eles citam fortes influências do mangá (quadrinhos japoneses) e do anime: a cadeira de couro vermelho de Morpheus é uma homenagem a *Akira* (1988), e o macacão de Trinity vem direto de *O Fantasma do Futuro* [*Ghost in the Shell*] (1995). Possivelmente, todo o interesse dos Wachowskis pela narrativa transmídia pode ter-se originado na fascinação por aquilo que o antropólogo Mimi Ito definiu como a cultura "mídia mix" do Japão. Por um lado, a estratégia da mídia mix dispersa conteúdos em vários meios de radiodifusão, em tecnologias portáteis, como game boys ou telefones celulares, em itens colecionáveis e em diversos centros de entretenimento, desde parques de diversão até fliperamas. Por outro lado, essas franquias dependem da hipersociabilidade, ou seja, elas incentivam várias formas de participação e interações

||||||||||||||||||||||||||||||||||||||||||||||||||||||||||||||||||||||||||||||||||||||||||||||||||||||||||||

da cultura popular asiática, mas uma compreensão das semelhanças e diferenças em relação a tradições paralelas do Ocidente.

Enquanto *The Animatrix e Spider-Man: India* podem ser interpretados como um exemplo de "transcriação", os filmes de *Matrix* simplesmente adicionaram várias referências multinacionais e multiculturais em grande medida invisíveis aos consumidores ocidentais, mas planejadas para proporcionar às pessoas de diferentes partes do globo um apoio para o ingresso à franquia. Alguns elementos podem mover-se para primeiro ou segundo plano, dependendo das competências locais dos consumidores de mídia. Um dos meus alunos de pós-graduação, por exemplo, deu o seguinte exemplo: "Muitos amigos na Índia me contaram como as discussões da família sul-asiática em *Revolutions* acabaram girando em torno da migração para os EUA, a posição dos não-brancos na indústria de software de alta tecnologia, a terceirização etc." No Japão, onde a tradição do "cosplay" (ou "costume play", brincadeira de vestir roupas de personagens de mangá ou anime) está firmemente enraizada nas culturas de fãs, e onde os fãs de determinado programa podem reunir-se em algum lugar como o Parque Yoyogi, em Tóquio, num domingo à tarde, vestidos a caráter e prontos para brincar, houve uma série de encenações de *Matrix* (Figura 3.2).

EM BUSCA DO UNICÓRNIO DE ORIGAMI | 161

sociais entre consumidores.[28] A estratégia de mídia mix chegou aos EUA em séries como *Pokémon* (1998) e *Yu-Gi-Oh!* (1998), mas opera de formas ainda mais sofisticadas em franquias japonesas mais obscuras. Ao trazer animadores japoneses estreitamente associados à estratégia de mídia mix, os irmãos Wachowski encontraram colaboradores que compreendiam o que eles estavam tentando realizar.

Os irmãos Wachowski não apenas licenciaram ou subcontrataram, esperando pelo melhor; eles escreveram e dirigiram pessoalmente conteúdos do game, esboçaram cenários para alguns dos curtas de animação e coescreveram algumas das histórias em quadrinhos. Para os fãs, o envolvimento pessoal deles tornou esses outros textos de *Matrix* uma parte fundamental do "cânone". Não havia nada de periférico nessas outras mídias. Os cineastas correram o risco de se indispor com os frequentadores de cinema ao tornar esses elementos tão essenciais à evolução da narrativa. Ao mesmo tempo, poucos cineastas ficaram tão abertamente fascinados com o processo de autoria cooperativa. O

||||||||||||||||||||||||||||||||||||||||||||||||||||||||||||||||||||||||||||||||||||||||||||||||||||||

Centenas de fãs chegam fantasiados e sistematicamente encenam momentos-chave dos filmes, como uma espécie de espetáculo público participativo.[10] Essas encenações, na verdade, adaptam o conteúdo, ao interpretá-lo de acordo com práticas e costumes específicos dos fãs.

Dito isso, a economia política da convergência das mídias não se delineia simetricamente no mundo todo; públicos fora das economias "desenvolvidas" muitas vezes têm acesso apenas aos filmes e, em alguns casos, apenas a cópias piratas, em que podem faltar algumas cenas. Mesmo em economias mais desenvolvidas, devido ao fato de os circuitos de distribuição serem diferentes, ou os direitos serem adquiridos por empresas diferentes, ou simplesmente devido a objetivos corporativos diferentes, as partes podem mover-se separadamente e em sequências diferentes – os games ou histórias em quadrinhos vindos depois ou antes dos próprios filmes. À medida que as informações se espalham do filme para outras mídias, elas criam inadequações de participação no interior da franquia. *Matrix* pode ser um fenômeno cult global, mas é experimentado de forma diferente em cada país ao redor do mundo.

---

10. Tobias C. Van Veen, "Matrix Multitudes in Japan: Reality Bleed or Corporate Performance?" *Hallucinations and Antics*, 27 de junho de 2003, http://www.quadrantcrossing.org/blog/.

162 | CULTURA DA CONVERGÊNCIA

website de *Matrix* fornece entrevistas detalhadas com cada um dos principais técnicos, explicando aos fãs sobre suas contribuições específicas. Os DVDs, com horas de documentários "making of", também enfocaram toda a extensão do trabalho técnico e criativo.

Podemos ver a autoria cooperativa em ação examinando mais atentamente as três histórias em quadrinhos criadas por Paul Chadwick: "Déjà Vu", "Let It All Fall Down" e "The Miller's Tale".[29] As histórias em quadrinhos de Chadwick foram, no fim, tão bem aceitas pelos irmãos Wachowski, que Chadwick foi convidado a desenvolver enredos e diálogos para o game on-line de *Matrix*. Chadwick pode parecer, à primeira vista, uma escolha estranha para trabalhar numa franquia importante de um filme. Ele é um criador de quadrinhos cultuado, mais conhecido por *Concreto* e por seu forte compromisso com a política ambientalista. Trabalhando à margem do gênero dos super-heróis, Chadwick usa *Concreto*, um enorme corpo de pedra que abriga a mente de um ex-autor de discursos políticos, para fazer perguntas sobre a ordem social e econômica atual. Em *Think Like a Mountain* (1996), *Concreto* une forças com o movimento Earth First!, que protege árvores e trava uma guerra contra a indústria madeireira, a fim de preservar uma antiga floresta.[30] Os compromissos políticos de Chadwick estão expressos não apenas nas histórias, mas também em seu estilo visual: ele cria cenas de página inteira integrando os protagonistas aos ambientes, para mostrar as pequenas criaturas que existem à nossa volta, ocultas, mas impactadas pelas escolhas que fazemos.

Chadwick utiliza suas contribuições a *Matrix* para estender a crítica do filme à paisagem urbana e para trazer a primeiro plano a devastação ecológica resultante da guerra entre máquinas e humanos. Em "The Miller's Tale", o protagonista, um membro do subterrâneo Zion, tenta recuperar a terra a fim de cultivar milho e fazer pão. Arriscando a própria vida, ele viaja pela paisagem enegrecida, em busca de sementes com as quais poderá plantar novas colheitas; mói o grão para fazer pães e alimentar o movimento de resistência. O moleiro de Chadwick acaba sendo morto, mas a história termina numa bela imagem, de página inteira, da vida vegetal crescendo acima das ruínas, as quais reconhecemos por terem aparecido nos vários filmes de *Matrix*. De todos os artistas de histórias em quadrinhos, Chadwick é o que demonstra o maior interesse em Zion e seus rituais culturais, ajudando-nos a entender os tipos de espiritualidade que surgem em um povo subterrâneo.[31]

Embora crie sobre elementos encontrados nos filmes, Chadwick encontra sua própria ênfase nesse material e explora pontos de intersecção com seu próprio trabalho. Os outros animadores e artistas de quadrinhos fazem mais ou menos o mesmo, expandindo potenciais significados e conexões intertextuais da franquia.

A arte da construção de universos

Os irmãos Wachowski construíram um playground onde outros artistas puderam fazer experiências e que os fãs puderam explorar. Para isso funcionar, tiveram de imaginar o universo de *Matrix* com consistência suficiente para que cada fração fizesse parte de um todo, e com flexibilidade suficiente para que o universo fosse reproduzido em todos os diferentes estilos de representação – da animação computadorizada realista de *Final Flight of the Osiris* às imagens quadriculadas do primeiro webgame de *Matrix*. Por todas as diversas manifestações da franquia, há dezenas de motivos recorrentes, como os cadentes ideogramas *kanji* verdes, a cabeça careca e os óculos espelhados de Morpheus, as naves em forma de inseto, os gestos da mão de Neo ou as acrobacias de Trinity.[32] Nenhuma obra em particular reproduz todos os elementos, mas cada uma deve usar os elementos suficientes para que reconheçamos, à primeira vista, que essas obras pertencem ao mesmo universo ficcional. Considere um dos pôsteres criados para a webpage de *Matrix*: um agente vestido de preto está se aproximando de uma cabine telefônica crivada de balas, de arma em punho, enquanto em primeiro plano o telefone está pendurado, fora do gancho. Quais desses elementos pertencem exclusivamente a *Matrix*? Contudo, qualquer um familiarizado com a franquia pode construir a sequência narrativa de onde a imagem deve ter sido extraída.

Cada vez mais, as narrativas estão se tornando a arte da construção de universos, à medida que os artistas criam ambientes atraentes que não podem ser completamente explorados ou esgotados em uma única obra, ou mesmo em uma única mídia. O universo é maior do que o filme, maior, até, do que a franquia – já que as especulações e elaborações dos fãs também expandem o universo em várias direções. Como me disse um experiente roteirista: "Quando comecei, era preciso elaborar uma história, porque, sem uma boa história, não havia um filme de verdade. Depois, quando as sequências começaram a decolar, era preciso elaborar um personagem, porque um bom personagem poderia sustentar múltiplas histórias. Hoje, é preciso elaborar um universo, porque um universo pode sustentar múltiplos personagens e múltiplas histórias, em múltiplas mídias". Franquias diferentes seguem sua própria lógica: algumas, como os filmes de *X-Men* (2000), desenvolvem o universo na primeira parte e então permitem que as sequências evoluam em histórias diferentes, no interior daquele universo; outras, como os filmes de *Alien* (1979) ou o ciclo dos *Mortos-Vivos* [*Living Dead*], 1968), de George Romero, introduzem novos aspectos do universo a cada nova sequência, para que mais energia seja despendida em mapear o universo do que em habitá-lo.

Figura 3.2 – Fãs japoneses se reúnem em Osaka para representar cenas de *Matrix Reloaded*.

A construção de universos segue sua própria lógica de mercado, numa época em que cineastas estão envolvidos tanto no negócio de criação de produtos licenciados quanto no negócio de contar histórias. Cada elemento realmente interessante tem o potencial de gerar sua própria linha de produtos, como descobriu George Lucas quando criou mais e mais brinquedos baseados em personagens secundários dos filmes. Um deles, Boba Fett, assumiu vida própria em parte por conta dos brinquedos infantis.[33] No fim, Boba Fett virou o protagonista de seus próprios romances e jogos e desempenhou um papel maior nos filmes posteriores. Acrescentar informações demais, entretanto, traz alguns riscos: os fãs discutiram por longo tempo se Boba Fett poderia ser, na verdade, uma mulher sob o capacete, já que nunca vimos seu rosto ou ouvimos sua voz. Mas quando Lucas colocou o personagem em destaque, ele também encerrou essas possibilidades, descartando importantes linhas de especulação dos fãs, mesmo tendo acrescentado informações que poderiam sustentar novas fantasias.

À medida que a arte da criação de universos avança, a direção de arte assume um papel mais central na concepção de franquias. Um diretor como

EM BUSCA DO UNICÓRNIO DE ORIGAMI | 165

Tim Burton é reconhecido menos como um contador de histórias (seus filmes têm, com frequência, construções frágeis) do que como um geógrafo cultural, preenchendo cada cena com detalhes sugestivos. O enredo e as atuações em *Planeta dos Macacos* [*Planet of the Apes*] (2001), por exemplo, decepcionaram quase todo mundo; no entanto, cada cena merece atenção cuidadosa, já que os detalhes são importantes para a compreensão da sociedade criada pelos macacos: um fã mais ardoroso pode estudar como se vestem, como projetam suas edificações, que artefatos utilizam, como se movimentam, como é sua música, e daí por diante. Um filme assim torna-se mais gratificante quando o vemos no DVD, parando e recomeçando para absorver o segundo plano. Alguns fãs veem traços dessas tendências desde *Blade Runner* (1982), quando o urbanista Syd Mead foi convidado a construir a futura metrópole sobre as fundações reconhecíveis da

||||||||||||||||||||||||||||||||||||||||||||||||||||||||||||||||||||||||||||||||||||||||||||||||||||

Dawson's Desktop

Chris Pike foi uma das pessoas da indústria das mídias que se inspiraram em *A Bruxa de Blair*, dos Haxans. Pike fazia parte de uma equipe que trabalhava na Sony tentando encontrar novas formas de explorar a web na promoção de séries de TV. O resultado foi Dawson's Desktop, um website que representava os arquivos de computador do personagem-título de *Dawson's Creek* (1998), permitindo ao visitante ler e-mails dele aos outros personagens, dar uma espiada em seu diário, nos trabalhos de seu curso, nos rascunhos de roteiros, e, para o visitante mais curioso, até remexer o cesto de lixo. O site era atualizado todos os dias, preenchendo o espaço entre os episódios exibidos. No auge da popularidade, o site atraía 25 milhões de visitas por semana. Como explicou Pike,

> Considerávamos nossos episódios um arco de sete dias, começando um dia após o fim do programa. [...] Inevitavelmente, *Dawson's Creek* terminava com algum tipo de gancho, e então nós estendíamos e alinhávávamos esse gancho e abordávamos elementos sobre os quais os fãs discutiam. Queríamos agarrar essa energia logo após o programa e ganhar impulso para a semana toda. Às 9h01min, um e-mail ou uma mensagem instantânea iniciaria o processo. Tinha o formato de uma área de trabalho real no computador. Os e-mails chegavam em intervalos irregulares. No meio da semana, estendíamos um longo enredo que estava sendo desenvolvido na temporada, ou criávamos arcos exclusivos on-line,

166 | CULTURA DA CONVERGÊNCIA

cidade real de Los Angeles. Essas visões só podiam ser plenamente apreciadas pela leitura dos livros que acompanham o lançamento de filmes assim, com comentários sobre o figurino e sobre o trabalho da direção de arte.

A estudiosa de novas mídias Janet Murray escreveu sobre a "capacidade enciclopédica" da mídia digital, que, em sua opinião, irá conduzir a novas formas de narrativa, à medida que o público buscar informações além dos limites da história individual.[34] Ela compara o processo de criação de universos em games ou filmes a Faulkner, cujos romances e contos se somavam para retratar a vida e a época de uma cidade ficcional do Mississipi. Para tornar esses universos ainda mais reais, ela afirma, narradores e leitores começam a criar "artifícios que formam um contexto – caminhos identificados por cores, cronologia, árvores genealógicas, mapas, relógios, calendários e por aí afora".[35] Tais artifícios "permitem ao espectador apreender os densos espaços psicológicos e

||||||||||||||||||||||||||||||||||||||||||||||||||||||||||||||||||||||||||||||||||||||||||||||||||||||

o que dava mais credibilidade ao personagem, que, como um adolescente on-line, visitava websites para bater papo com amigos, que poderiam ou não aparecer nos episódios semanais, mas que lhe proporcionavam uma tridimensionalidade. E então, à medida que nos aproximávamos do próximo episódio, um dia ou dois antes, era hora de inflamar a audiência e começar a liberar mais algumas pistas sobre o que poderia acontecer. [...] Tínhamos de fornecer todas as pistas sem revelar demais. Nossa tarefa era atiçar a curiosidade.

Parte do que torna um site como Dawson's Desktop possível é a mudança no modo como as narrativas operam na televisão americana. Nos anos 1960, quase todos os episódios das séries de horário nobre eram totalmente autônomos e completos, introduzindo uma crise temporária na vida dos protagonistas, mas tendo de terminar mais ou menos como tinham começado. Qualquer um que tenha crescido naquela época sabia que Gilligan e os outros náufragos jamais sairiam da ilha, por mais vívida que fosse a promessa de resgate, durante o intervalo comercial.* Nos anos 1970 e 1980, produtores de televisão como Stephen Bochco, de *Hill Street Blues* (1981), insistiram para ter uma chance de expandir a complexidade narrativa da televisão episódica,

---

* O autor refere-se ao seriado americano *A Ilha dos Birutas* [*Gilligan's Island*] (1964). [N. de T.]

culturais [representados por histórias modernas] sem se perder".[36] Os filmes de animação, o game e os quadrinhos funcionam de maneira similar, no caso de *Matrix*, acrescentando informações e retratando partes do universo, a fim de que o todo se torne mais convincente e mais compreensível.

"The Second Renaissance" (2003), de Mahiro Maeda, por exemplo, é uma crônica de ritmo acelerado e ricamente detalhada que nos leva do presente até a era do domínio da máquina, mostrada no primeiro filme de *Matrix*. O curta de animação tem o formato de um documentário produzido por uma inteligência artificial, para explicar os eventos que conduzem ao seu triunfo sobre os humanos. "The Second Renaissance" fornece a cronologia do universo de *Matrix*, oferecendo um contexto para eventos como o julgamento de B116ER, a primeira máquina a matar um humano, a Marcha de Um Milhão de Máquinas

||||||||||||||||||||||||||||||||||||||||||||||||||||||||||||||||||||||||||||||||||||||||||||||||||||||||||||

mas enfrentaram a resistência dos executivos das redes, que não tinham certeza se as pessoas se lembrariam do que tinha acontecido nos episódios anteriores. Nos anos 1990, muitas dessas batalhas já tinham sido travadas e vencidas, auxiliadas, talvez, pela presença do videocassete, que permitia às pessoas reverem sua série favorita, e da Internet, que podia fornecer resumos a quem perdesse pontos-chave do enredo. O impulso de séries como *Babylon 5* (1994) ou *Arquivo X* [*X-Files*] (1993) foi na direção de arcos de história ao longo da temporada (e informações do enredo que evoluíam gradualmente por múltiplas temporadas). Hoje, até algumas sitcoms dependem fortemente da familiaridade do público com o histórico do programa. E séries como *24 Horas* [*24*] (2001) presumem que o público conseguirá se lembrar dos eventos ocorridos semanas antes, na televisão, mas apenas há algumas horas, na história.

Como série de TV, *Dawson's Creek* não representou uma ruptura radical com as normas das redes, mas o que ela criou na web foi mais inovador. O estratagema da área de trabalho (desktop) permitiu aos produtores trazer os espectadores para dentro da cabeça dos personagens, vendo outras dimensões de suas interações sociais. Como estava coordenada com os escritores da série, a equipe da web conseguia apresentar antecedentes dos acontecimentos que estavam por vir. Como Pike explicou, "se a tia Jenny envia um e-mail do nada, há um motivo, e é melhor ficar de olho, pois em três ou quatro episódios, quando a tia Jenny chegar, você não vai estranhar,

168 | CULTURA DA CONVERGÊNCIA

e o "escurecimento dos céus", mencionados em outros textos de *Matrix*. Como explica Maeda:

> Na primeira parte, vemos os humanos tratando os robôs como objetos, enquanto na segunda parte o relacionamento entre o ser humano e o robô muda de direção, quando os humanos passam a ser estudados pelas máquinas. Gostei de investigar como os dois lados mudaram. Quis mostrar a amplitude da sociedade, e como os robôs se tornaram uma parte tão insignificante da vida que passaram a ser tratados como meros objetos pelos seres humanos. Ao explorar o passado de *Matrix*, quis mostrar ao público como os robôs eram maltratados. As imagens que vemos dos robôs sofrendo abusos estão esquecidas nos Arquivos. Há muitos exemplos da crueldade humana no passado.[37]

|||||||||||||||||||||||||||||||||||||||||||||||||||||||||||||||||||||||||||||||||||||||||||||||||||||

pois já sabe que essa personagem é dos anos 1960 e bebe muito. Você conhece todos os antecedentes; então, quando um personagem entra na tela, você sabe quem ele é, e sua relação com a série se intensifica. Fizemos nosso trabalho".

Desde o início, a equipe de Dawson's Desktop recebeu a colaboração de fãs ativos do programa. Os produtores disseram que se inspiraram para expandir a história a partir da leitura de cada *fan fiction* que surgia em torno dos personagens. Monitoraram de perto os 500 sites de fãs de *Dawson's Creek* e criaram um conselho consultivo composto dos 25 sites que, segundo a avaliação dos produtores, tinham desenvolvido o melhor concurso de amadores. Como explicou Andrew Schneider, um dos líderes do projeto, "mantínhamos contato com eles o tempo todo. Queríamos ter certeza de que os fãs estavam recebendo aquilo que desejavam. Eles nos ajudaram a criar a interface e nos disseram do que gostaram e do que não gostaram".[1] À medida que o site continuava, os fãs foram incentivados a enviar seus próprios e-mails a Dawson, como se fossem seus colegas do colégio, e ele respondia às *personas* ficcionais do site. Desse modo, os produtores integraram a energia criativa da comunidade de fãs ao desenvolvimento de novos conteúdos, o que, por sua vez, sustentou o interesse dos fãs.

---

1. Darren Crosdale, *Dawson's Creek: The Official Companion* (Londres: Ebury, 1999), pp. 145-147.

EM BUSCA DO UNICÓRNIO DE ORIGAMI | 169

Para moldar nossa reação às imagens de autoridades humanas esmagando as máquinas, Maeda utilizou imagens que evocam a agitação civil do século 20, mostrando as máquinas se jogando debaixo das correias de tanques de guerra, numa referência ao massacre da Praça da Paz Celestial, ou retratando buldôzeres passando por cima de cemitérios de robôs despedaçados, uma lembrança de Auschwitz.

"The Second Renaissance" fornece muito do histórico necessário aos espectadores quando veem Neo voltar a 01, a cidade das máquinas, a fim de solicitar assistência dos habitantes para a destruição dos agentes. Sem o conhecimento de que, por muitas vezes, as máquinas tinham tentado estabelecer relações diplomáticas com os humanos, e sido rejeitadas, é difícil entender por que a abordagem de Neo gerou resultados tão transformadores. De modo semelhante, as imagens que mostram a tentativa dos humanos de bloquear os

||||||||||||||||||||||||||||||||||||||||||||||||||||||||||||||||||||||||||||||||||||||||||||||||||||||||||||||

Da televisão com hora marcada para a televisão de envolvimento

O modelo transmídia está intimamente ligado às grandes mudanças no modo como a indústria televisiva americana encara seus consumidores — distanciando-se de um modelo baseado em hora marcada para um paradigma com base na televisão de envolvimento. Sob o modelo da televisão com hora marcada, às vezes descrito como "TV Obrigatória" ("Must See TV", frase de uma campanha publicitária dos anos 1980 para as noites de quinta-feira da NBC), as redes buscavam telespectadores comprometidos que organizavam a vida de modo a estar em casa no horário certo para assistir a seus programas favoritos. Desde então, novos mecanismos permitem aos consumidores acessar o conteúdo da televisão no horário que lhes convém — videocassetes e, mais tarde, gravadores de DVD e downloads digitais, iPods e caixas de DVDs. Em 2007, as redes estavam baseando suas decisões de programação num modelo híbrido, que combinava dados sobre os que assistiam ao programa durante a transmissão com os que assistiam depois (embora o valor dessa "mudança de tempo" tenha sido medido em termos de sua proximidade com o horário de transmissão programado). Os lucros provenientes dessas plataformas alternativas tornaram-se cada vez mais importantes para financiar a produção de conteúdo.

Essas mudanças no contexto da audiência levaram as indústrias da televisão e da publicidade a procurar mecanismos alternativos de medição do envolvimento da audiência. Um dos parti-

170 | CULTURA DA CONVERGÊNCIA

raios solares sobre a Terra voltam à tona quando vemos a nave de Neo subir acima das nuvens, em direção ao céu azul, que os humanos não viam há gerações. "The Second Renaissance" introduz muitas das armas empregadas durante o ataque final a Zion, inclusive as enormes "roupas mecanizadas" que os humanos usam quando combatem os invasores.

Ao mesmo tempo, "The Second Renaissance" baseia-se em "Bits and Pieces of Information", uma das histórias em quadrinhos de *Matrix*, desenhada por Geof Darrow a partir de um roteiro dos irmãos Wachowski.[38] A história em quadrinhos introduziu a figura fundamental de B116ER, o robô que mata seus mestres quando está prestes a virar lixo, e cujo julgamento foi o primeiro a afirmar o conceito de direitos das máquinas dentro da cultura humana. Assim

||||||||||||||||||||||||||||||||||||||||||||||||||||||||||||||||||||||||||||||||||||||||||||||||||||||||||||||||

cipantes de uma reunião sobre mídia resumiu os desafios de definir envolvimento: "Estamos conversando com uma agência que acha que fidelidade é um fator importante, e eles a medem pelo número de pessoas que assistiram a três de quatro episódios. Outra agência acha que o importante é a persistência, e isso é medido pelo número de minutos vistos a cada programa. E há as que dão importância à 'capacidade de persuasão'. Na verdade, analisamos a literatura especializada e encontramos oito palavras e expressões diferentes utilizadas pelas pessoas para chegar a esse conceito."[1]

Do lado criativo, uma série de programas cult e inovadores, como *Alias, Lost, 24 horas, Battlestar Galactica, Família Soprano, The Shield, The Wire e Heroes*, definiram o aspecto da televisão de envolvimento. Conforme observaram escritores como Jason Mittell e Steven Johnson, esses seriados são marcados pela complexidade formal e narrativa, muitas vezes representada por um elenco fixo, longos arcos de história e uma constante intensificação e prorrogação de enigmas narrativos.[2] A confiança em elencos fixos e na mistura de vários gêneros de entretenimento significa que essas séries fornecem vários pontos de entrada, atendendo fãs com diferentes perspectivas e interesses. Assim, *Lost* equilibra charadas (Qual a situação da ilha? O que pode-

---

1. Veja Ivan Askwith, "TV 2.0: Turning Television into an Engagement Medium", tese de mestrado, Comparative Media Studies Program, MIT, Cambridge, MA, 2007.

2. Jason Mittell, "Narrative Complexity in Contemporary American Television", *The Velvet Light Trap*, 58.1 (2006) 29-40; Steven Johnson, *Everything Bad Is Good For You* (New York: Riverhead, 2006). No Brasil: Steven Johnson, *Surpreendente!: a televisão e o videogame nos tornam mais inteligentes* (Rio de Janeiro: Campus, 2005).

como "The Second Renaissance", "Bits and Pieces of Information" aproxima-se da iconografia da luta pelos direitos humanos, citando diretamente a decisão sobre o caso Dred Scott*, e dando o nome ao robô em homenagem a Bigger Thomas, o protagonista de *Filho Nativo* [*Native Son*] (1940), de Richard Wright. Se o primeiro filme começava com uma simples oposição entre o homem e a máquina, os irmãos Wachowski usaram esses intertextos para criar uma história muito mais sutil, do ponto de vista emocional, e muito mais complexa, do ponto de vista moral. No fim, homem e máquina conseguem, ainda, encontrar interesses comuns, apesar de séculos de conflito e opressão.

A maioria dos críticos de cinema aprende a pensar em termos de estruturas narrativas muito tradicionais. Cada vez mais, os críticos falam sobre o co-

||||||||||||||||||||||||||||||||||||||||||||||||||||||||||||||||||||||||||||||||||||||||||||||||||||||||||||||||||||||

mos aprender decifrando o mapa?) com histórias pregressas dos personagens (Como cada um deles chegou ali? Que problemas enfrentam em casa?) e enigmas narrativos (O que acontecerá depois, à medida que os personagens fizerem alianças interpessoais, lutarem contra os Outros e passarem por um processo de redenção e corrupção pessoal?). Enquanto a complexidade nos anos 1980 talvez fosse definida em termos da necessidade de oferecer "drama de qualidade" para um consumidor demograficamente de elite, os programas "complexos" de hoje normalmente oferecem entretenimento de gênero, na esperança de atrair os mais jovens, que estavam abandonando a televisão em favor de jogos e outros entretenimentos interativos. Quando esses fãs foram atraídos para um programa, eles exigiram um relacionamento mais intenso e profundo com o conteúdo.

Entre 2006 e 2007, as redes estavam anunciando estratégias transmídia para todos os seus programas. A NBC chamou a estratégia de "entretenimento 360°"; a ABC, de "TV Expandida" (Enhanced TV). Uma das estratégias mais comuns foi o desenvolvimento de cenas curtas adicionais para consumo via plataformas móveis (como a série de "mobisodes" [*mobile episodes*], desenvolvidos em torno de personagens secundários em *The Office*, ou uma trama altamente compactada para *24 Horas*), a utilização de jogos de realidade alternativa em séries como *Lost* ou *Torchwood*, livros derivados incorporados à ficção (como *Bad Twin*, de *Lost*, ou *Oakdale Confi-*

---

* Dred Scott foi um escravo americano que, por meio de um processo na Suprema Corte, tentou conquistar a liberdade, mas perdeu o caso, em 1856. [N. de T.]

172 | CULTURA DA CONVERGÊNCIA

lapso da narrativa. Temos de desconfiar dessas declarações, já que é difícil imaginar que o público tenha, realmente, perdido o interesse em histórias. Histórias são fundamentais em todas as culturas humanas, o principal meio pelo qual estruturamos, compartilhamos e compreendemos nossas experiências comuns. Em vez disso, estamos descobrindo novas estruturas narrativas, que criam complexidade ao expandirem a extensão das possibilidades narrativas, em vez de seguirem um único caminho, com começo, meio e fim. A revista *Entertainment Weekly* proclamou 1999, em que *Matrix, Clube da Luta [Fight Club], A Bruxa de Blair, Quero Ser John Malcovich [Being John Malcovich], Corra, Lola, Corra [Lola Rennt], Vamos Nessa [Go], Beleza Americana [American Beauty]* e *O Sexto Sentido [The Sixth Sense]* chegaram ao mercado, o "ano que

||||||||||||||||||||||||||||||||||||||||||||||||||||||||||||||||||||||||||||||||||||||||||||||||||||||||

dential, de *Guiding Light*), podcasts que ofereciam um vislumbre mais íntimo dos processos de produção (inclusive os que giravam em torno de *Battlestar Galactica*), e perfis em sites de relacionamento, permitindo aos fãs expressar suas afinidades com personagens específicos (como os criados em torno de *Veronica Mars* e *Gossip Girl*).

Para o drama de super-heróis *Heroes*, uma série em quadrinhos lançada a cada semana, coordenada com o conteúdo televisivo, fornecia um veículo ideal para mostrar os antecedentes dos personagens: "Tínhamos tantas histórias para contar, e havia tão pouco espaço no programa de TV, que decidimos contar essas histórias alternativas nos quadrinhos. As HQs poderiam ser mais profundas, mais abrangentes e revelar mais segredos sobre nossos personagens".[3] Tendo aprendido com experiências como a de *Dawson's Desktop* ou *The Animatrix*, os produtores procuraram respeitar e recompensar as diferentes formas de audiência: "Temos que atender a audiência da TV primeiro e nos certificar de que eles estão entendendo o que se passa, de que podem sintonizar o programa e entendê-lo. Mas queremos agregar valor aos fãs mais dedicados, que desejam se aprofundar no seriado. Quase sempre nos debatemos sobre o que revelar on-line e o que revelar na TV. É um desafio interessante, pois temos a transmídia para expandir nossas histórias" (produtor executivo de *Heroes*, Jesse Alexander).[4]

---

3. Jeph Loeb, *The Heroes Interview, Heroes Volume One* (La Jolla, CA: Wildstorm, 2007), pp. 233-235. No Brasil: *Heroes Volume Um* (São Paulo: Panini, 2008), pp. 235-237.

4. Jesse Alexander, NBC's *Heroes*: "Appointment TV" to "Engagement TV", *MIT Communications Forum*, 15 de novembro de 2007, http://web.mit.edu/comm-forum/forums/heroes.html#audiocast.

EM BUSCA DO UNICÓRNIO DE ORIGAMI | 173

mudou o mercado de filmes". Frequentadores de cinema acostumados a mídias não lineares, como videogames, estavam à espera de um tipo diferente de experiência de entretenimento.[39] Se analisados por critérios antigos, esses filmes podem parecer mais fragmentados, mas os fragmentos existem para que os consumidores possam fazer as conexões em seu próprio ritmo e à sua própria maneira. Murray observa, por exemplo, que essas obras tendem a atrair três tipos de consumidores: "os espectadores em tempo real e comprometidos ativamente, que precisam encontrar suspense e satisfação em cada um dos episódios; o público de mais longo prazo, que busca padrões coerentes na história como um todo... [e] o espectador navegante, que tem prazer em acompanhar as conexões entre as diversas partes da história e em descobrir múltiplos arranjos do mesmo material".[40]

||||||||||||||||||||||||||||||||||||||||||||||||||||||||||||||||||||||||||||||||||||||||||||||||||||||||

Numa outra experiência de narrativa transmídia, os produtores de *CSI: NY* trabalharam em colaboração com o Lindel Lab, criadores do *Second Life*, um popular mundo virtual, e com a Electric Sheep, uma agência de publicidade intimamente ligada a estratégias transmídia de construção de marcas. Os espectadores podiam entrar numa recriação digital da cena de um crime introduzida num episódio e investigar as pistas juntos, antes de o mistério ser anunciado no episódio seguinte. Damon Taylor, da Electric Sheep, delineou os múltiplos objetivos por trás dessa iniciativa altamente publicitária:

> Potenciais novos usuários que são fãs de *CSI: NY* vão se interessar por esse cruzamento porque lhes dará a oportunidade de lidar com o conteúdo de *CSI* de um modo que nunca esteve disponível para eles... Ao mesmo tempo, oferecemos aos novos usuários que nunca estiveram no mundo virtual uma experiência num universo fechado em que podem entrar no *Second Life*, se ambientar nesse mundo e descobrir o que significa estar num mundo virtual, e jogarem um jogo interativo de mistério interessante para eles. Esse cruzamento oferece aos fãs de *CSI: NY* um motivo e um pretexto para entrar num mundo virtual e fazer algo funcional, empolgante, interessante e envolvente.[5]

---

5. Sam Ford, "Producing The CSI: NY/Second Life Crossover: An Interview With Electric Sheep's Taylor and Krueger," Confessions of an Aca-Fan, 24 de outubro de 2007, http://henryjenkins.org/2007/10/ producing_ the_ csinysecond_life.html.

174 | CULTURA DA CONVERGÊNCIA

Apesar de todas as suas qualidades experimentais e inovadoras, a narrativa transmídia não é inteiramente nova. Veja, por exemplo, a história de Jesus, conforme contada na Idade Média. A menos que se soubesse ler, Jesus não era fundamentado em livros, mas algo que se encontrava em múltiplos níveis da cultura. Cada representação (um vitral, uma tapeçaria, um salmo, um sermão, uma apresentação teatral) presumia que o personagem e sua história já eram conhecidos de algum outro lugar. Mais recentemente, escritores como J. R. R. Tolkien procuraram criar novas ficções que, intencionalmente, imitassem a organização do folclore ou da mitologia, criando um conjunto entrelaçado de histórias que, juntas, dão vida ao universo da Terra Média. Seguindo uma lógica semelhante, Maeda explicitamente compara "The Second Renaissance" aos épicos de Homero: "Queria tornar o filme tão bonito quanto a história de um mito da Antiga Grécia e explorar o que significa ser humano, bem como não ser humano, e como as ideias se relacionam entre si. Nos mitos gregos, há momentos em que o lado bom da natureza humana é explorado, e outros em que os protagonistas se mostram muito cruéis. Queria trazer a mesma atmosfera aos episódios".[41]

||||||||||||||||||||||||||||||||||||||||||||||||||||||||||||||||||||||||||||||||||||||||||||||||||||||||||||||||||||||

Essa íntima colaboração entre produtores de programas, gurus de marcas e empresas de novas mídias sugere um rápido aumento do interesse da indústria no entretenimento transmídia nos últimos anos.

No final de 2007, essas estratégias transmídia tinham se tornado tão completamente integradas ao modo como a televisão americana opera que se tornaram um dos pontos focais de uma longa greve de roteiristas. Executivos das redes e produtoras procuravam definir o conteúdo transmídia como "promocional", enquanto que os que trabalhavam na criação argumentavam que esse conteúdo era agora parte integrante do desenvolvimento criativo do programa (para não dizer de sua própria fonte de lucros). Anunciantes exigiam acordos que estendiam suas campanhas de marca para dentro do espaço transmídia. Os escritores não estavam sendo compensados por esse conteúdo do mesmo modo como seriam por um material transmitido na TV. Todos esses pontos revelam o complexo entrelaçamento de objetivos criativos e econômicos por trás das estratégias para essas novas plataformas cruzadas.

EM BUSCA DO UNICÓRNIO DE ORIGAMI | 175

Quando os gregos ouviam as histórias de Odisseu, não era preciso explicar quem ele era, de onde vinha ou qual sua missão. Homero conseguiu criar um épico oral baseado em "pedaços e fragmentos de informações" de mitos preexistentes, contando com um público informado para contornar quaisquer pontos de confusão potenciais. É por isso que, hoje, estudantes secundaristas se debatem com *A Odisseia*, porque eles não têm o mesmo quadro de referências do público original. Onde um ouvinte nativo talvez recebesse a descrição do elmo de um personagem e o reconhecesse como herói de uma determinada cidade-estado, e, a partir daí, pudesse saber algo sobre seu caráter e sua importância, o estudante secundarista contemporâneo choca-se contra um muro de concreto, com algumas das informações, que já fizeram esses personagens parecerem tão reais, perdidas em passagens enigmáticas. Seus pais podem enfrentar barreira semelhante para o completo entendimento das franquias de filmes tão estimadas por seus filhos – entrar num filme de *X-Men* sem conhecimento prévio das histórias em quadrinhos pode deixá-lo confuso a respeito de alguns dos personagens secundários, que têm significado muito maior para os leitores antigos. Muitas vezes, personagens de narrativas transmídia não precisam ser apresentados ou reapresentados, pois já são conhecidos a partir de outras fontes. Assim como o público de Homero se identificava com os diferentes personagens, dependendo de sua cidade-estado, as crianças de hoje entram no filme com identificações preexistentes, pois já brincaram com bonequinhos articulados ou os avatares dos games.

A ideia de que a Hollywood contemporânea se aproxima das estruturas dos antigos mitos tornou-se consenso entre a geração atual de cineastas. Joseph Campbell, autor de *O Herói de Mil Faces* [*The Hero with a Thousand Faces*] (1949), exaltou *Star Wars* por personificar o que ele definiu como "monomito", estrutura conceitual derivada da análise cultural cruzada das maiores religiões do mundo.[42] Hoje, muitos guias para roteiristas falam sobre "a jornada do herói", popularizando as ideias de Campbell, e designers de games são, do mesmo modo, aconselhados a sequenciar as tarefas que seus protagonistas devem desempenhar em provações físicas e espirituais semelhantes.[43] A familiaridade do público com essa estrutura básica de enredo permite aos roteiristas omitir sequências transicionais ou expositivas, jogando-nos direto no centro da ação.

De modo semelhante, se protagonistas e antagonistas são arquétipos óbvios, e não personagens individualizados, romanescos ou complexos, são ime-

176 | CULTURA DA CONVERGÊNCIA

diatamente reconhecíveis. Podemos interpretar *Matrix* como uma obra que faz referência tanto a arquétipos de gêneros populares de entretenimento (o protagonista hacker, o movimento de resistência subterrâneo, os misteriosos homens de preto) quanto a fontes mitológicas (Morfeu, Perséfone, O Oráculo). Essa dependência de personagens recorrentes é especialmente importante no caso dos games, cujos manuais de instruções e cenas iniciais os jogadores muitas vezes ignoram, concedendo pouco tempo para explicações antes de agarrarem o controle e tentarem navegar pelo universo do jogo. Críticos de cinema muitas vezes compararam os personagens dos filmes de *Matrix* a personagens de videogame. Roger Ebert, por exemplo, sugere que avaliava sua preocupação com Neo, em *Revolutions*, menos em termos de afeição pelo personagem e "mais como a pontuação de um videogame".[44] David Edelstein, da revista *Slate*, sugere que uma espetacular acrobacia de abertura de Trinity, em *Matrix*, "causa a sensação descartável de um videogame. Dá para imaginar o programa reiniciando-se e, depois, todos aqueles pequenos zeros e uns se reorganizando para começar o jogo outra vez".[45] Em ambos os casos, os escritores usam a analogia do videogame para sugerir um desinteresse pelos personagens; no entanto, para os gamers, a experiência é de imediatismo: o personagem torna-se um veículo para sua experiência direta no universo do game. Ao recorrer à iconografia do videogame, os filmes de *Matrix* criam um envolvimento mais intenso, mais imediato com os espectadores, que vão ao cinema sabendo quem são os personagens e o que eles podem fazer. À medida que o filme evolui, vamos acrescentando substância, complexidade e motivação aos *stick figures* e continuamos a buscar informações adicionais em outras mídias, quando saímos do cinema.

Quando proponho paralelos entre *A Odisseia* e *Matrix*, antevejo certo grau de ceticismo. Não afirmo que essas obras modernas tenham a mesma profundidade de significados embutidos. As novas "mitologias", se podemos chamá-las assim, estão emergindo no contexto de uma sociedade cada vez mais fragmentada e multicultural. Embora os filmes de *Matrix* tenham sido tema de vários livros, associando-os a debates filosóficos fundamentais, e embora muitos fãs vejam os filmes como a representação de mitos religiosos, articular a espiritualidade não é seu objetivo primordial; a perspectiva que os filmes adotam provavelmente não será interpretada de forma literal pelo público, e os pontos de vista expressos não são necessariamente fundamentais para nossa vida cotidiana. Homero escreveu em uma cultura de relativo consenso e estabilidade, ao passo que *Matrix* surge numa época de rápidas mudanças e de diversidade cultural. Seu propósito não é tanto preservar tradições culturais, e sim juntar as peças da cultura de maneira inovadora. *Matrix* é, em grande medida, uma obra muito do momento, tratando dos anseios contemporâneos com relação à tecnologia e à burocracia, inspirando-se nos conceitos atuais de multiculturalismo e recorrendo a recentes modelos de resistência. A história pode fazer referência a uma série de sistemas de crença diferentes, como o mito do Messias judaico-cristão, para tratar desses assuntos atuais com alguma força visionária. Ao mesmo tempo, ao evocar narrativas antigas, *Matrix* convida-nos a compreender mais profundamente a tradição ocidental, estabelecendo uma conexão entre o que lá encontramos e os meios de comunicação contemporâneos.[46]

Considere, por exemplo, esta leitura da celebração tribal em *Matrix Reloaded* através das lentes da interpretação bíblica:

> Os pés [batendo] no chão indicam que Zion está na Terra. Pura e simplesmente. Isso se assemelha à cena do Arquiteto, e chega à tese central. Fomos expulsos da "perfeição" do Paraíso e vivemos no Mundo Real. Simbolicamente, Matrix é o Paraíso. Cypher faz essa observação no primeiro filme. O Mundo Real é difícil, sujo e desconfortável. Matrix é, bem, o paraíso. A mesma observação é feita novamente no primeiro filme pelo Agente Smith, que chama Matrix de "o mundo humano perfeito" [parafraseado]. Lembre que a cena do Arquiteto ocorre numa perfeição completamente limpa, completamente branca. A referência bíblica é bastante clara. Neo, Trinity, Morpheus e os demais de Zion rejeitaram o Jardim do Éden, onde todas as suas necessidades são satisfeitas, em troca de uma existência difícil, penosa, mas em que pelo menos têm livre-arbítrio.[47]

Dessa forma, mesmo que mitos clássicos sejam considerados mais valiosos que seus correspondentes contemporâneos, obras como *Matrix* atraem os consumidores de volta a esses antigos mitos, colocando-os novamente em circulação.

O crítico de cinema Roger Ebert ridiculariza a tentativa de inserir mitos tradicionais num épico pop de ficção científica/kung fu:

CULTURA DA CONVERGÊNCIA

Esses discursos não produzem sentido, mas efeito de sentido: certamente, dão a impressão de que esses sujeitos estão dizendo coisas profundas. Isso não impede que os fãs analisem a filosofia de *Matrix Reloaded* em intermináveis posts na Internet. Parte da diversão consiste em tornar-se um expert no significado profundo da rasa mitologia pop; há algo agradavelmente irônico em tornar-se uma autoridade nos produtos transitórios da cultura de massa, e Morpheus (Lawrence Fishburne) agora se une a Obi-Wan Kenobi como o Platão de nossa época.[48]

Essa crítica soa diferente se aceitarmos a ideia de que o valor surge a partir do processo de busca de sentido (e a elaboração da história pelo público), e não apenas a partir da intencionalidade dos irmãos Wachowski. O que os irmãos Wachowski fizeram foi desencadear uma busca de sentido; eles não determinaram onde o público iria encontrar as respostas.

Compreensão adicional

Se os criadores, em última análise, não controlam o que fazemos com suas histórias transmídia, isso não evita que tentem moldar nossas interpretações. Neil Young fala de "compreensão adicional". Ele cita o exemplo da versão do diretor de *Blade Runner*, em que a inclusão de um pequeno segmento adicional, mostrando Deckard descobrindo um unicórnio de origami, levou os espectadores a questionar se Deckard seria um replicante: "Isso muda toda a sua perspectiva do filme, sua percepção do final... O desafio, para nós, especialmente em *O Senhor dos Anéis*, foi como inserir o unicórnio de origami, como inserir a informação que fará você olhar para os filmes de forma diferente". Young explicou como esse momento inspirou sua equipe: "No caso de *O Senhor dos Anéis: O Retorno do Rei*, a compreensão adicionada é o fato de Gandolf ser o arquiteto do plano, e há bastante tempo... Nossa esperança era que isso funcionasse e motivasse o espectador e ver os filmes outra vez, com esse conhecimento novo, o que mudaria a sua perspectiva sobre o que aconteceu nos filmes anteriores". Aqui, Young aponta para uma possibilidade sugerida nos livros, mas não citada diretamente nos filmes.

Como seu colega Danny Bilson, Young vê a narrativa transmídia como o terreno que deseja explorar em seus futuros trabalhos. Sua primeira experiência, *Cine Majestic*, foi criada do nada, com fragmentos de informação chegando ao jogador por fax, chamadas de celular, e-mail e sites na Internet. Com os games de *O Senhor dos Anéis*, ele trabalhou dentro dos limites de um universo estabelecido e uma importante franquia de filmes. No futuro, voltará sua atenção à criação de novas franquias que possam ser construídas do zero, como colaborações cruzadas dos meios de comunicação. Suas ideias vão longe: "Quero entender os tipos de compreensão da história exclusivos da narrativa transmídia. Tenho meu universo, meus arcos, alguns desses arcos podendo ser representados no espaço de um videogame, outros no espaço do filme, no espaço da televisão, no espaço literário, e assim estaremos perto da verdadeira narrativa transmídia".

|||||||||||||||||||||||||||||||||||||||||||||||||||||||||||||||||||||||||||||||||||||||||||||||||||

Os Cloudmakers e a "Besta"

Eles o chamaram de A "Besta" (The "Beast"). O nome começou com os Puppetmasters, a equipe da Microsoft contratada para criar o que talvez tenha sido o enigma mais complexo do mundo, mas logo o nome começou a ser utilizado também pelos Cloudmakers, uma equipe autosselecionada para resolvê-lo. A "Besta" foi criada para ajudar a promover o filme *A.I. – Inteligência Artificial* [*Artificial Intelligence: A.I.*] (2001), de Steven Spielberg, mas quase todas as pessoas que viveram a experiência riem na sua cara se você pensa que o filme foi, sob qualquer aspecto, mais importante e interessante do que o jogo que gerou.[1]

Eis como um dos Puppetmasters do jogo, Sean Stewart, definiu o conceito inicial:

> Crie um mundo totalmente autônomo na web, digamos, com mil páginas, e então conte ali uma história, avançando o enredo com atualizações semanais, ocultando cada nova parte da narrativa de tal modo

---

1. Charles Herold, "Game Theory: Tracking an Elusive Film Game Online", *New York Times*, 3 de maio de 2001; Keith Boswell, "Artificial Intelligence – Viral Marketing and the Web", *Marketleap Report*, 16 de abril de 2001, http://www.marketleap.com/report/ml_report_05.htm; Pamela Parker, "Who Killed Evan Chan? The Intelligence behind an AI Marketing Effort", *Ad Insight*, 8 de maio de 2001, http://channelseven.com/adinsight/commentary/2001comm/comm20010508.shtml; Christopher Saunders, "The All-Encompassing Media Experience", *Internet Advertising Report*, 27 de junho de 2001, http://www.turoads.com/richmedia_news/2001rmn/rmn20010627.shtml.

CULTURA DA CONVERGÊNCIA

Com *Enter the Matrix*, o "unicórnio de origami" toma várias formas, notadamente o foco da narrativa em torno de Niobe e Ghost. Como explica o designer de games David Perry, cada elemento do jogo nos ajuda a entender quem são aquelas pessoas: "Se você joga no papel de Ghost, um assassino apache zen-budista, automaticamente terá uma arma de fogo e poderá atirar nos agentes que o perseguem. Niobe é conhecida em Zion como uma das motoristas mais rápidas e loucas do universo de *Matrix*, então, quando você joga como ela, consegue dirigir pelo mundo complexo de *Matrix*, cheio de tráfego real e pedestres, enquanto Ghost, controlado pelo computador, elimina os inimigos".[49] As cenas editadas (momentos do jogo que são pré-gravados e não sujeitos à intervenção do jogador) nos revelam mais sobre o triângulo amoroso entre Niobe,

||||||||||||||||||||||||||||||||||||||||||||||||||||||||||||||||||||||||||||||||||||||||||||||||||||||||||||||||||||||||||

que seja necessário um trabalho de equipe inteligente para descobri-la. Crie um vasto conjunto de recursos — fotos de figurinos, roteiros, trechos de críticas, logotipos, tratamentos gráficos, websites, flash movies — e distribua-os através de uma rede (não rastreável) de websites, telefonemas, sistemas de fax, vazamentos, releases, anúncios falsos em jornais, e por aí afora, *ad infinitum*.[2]

A porta de entrada (ou o que os designers chamam de "toca do coelho") para esse vasto universo de websites interconectados era o mistério em torno da morte de Evan Chan e do que Jeanine Salla, a "terapeuta de máquinas inteligentes", sabia sobre o assunto. Mas a morte de Chan foi apenas o artifício que deu o impulso inicial ao enredo. Antes de o jogo acabar, os jogadores já tinham explorado todo o universo em que se situava o filme de Spielberg, e os autores já tinham recorrido a praticamente todas as ideias possíveis. Desde o início, os enigmas eram muito complexos, o conhecimento muito esotérico, o universo muito vasto, para serem solucionados por um único jogador. Como um jogador declarou à CNN, "até agora, os enigmas nos fizeram ler *Godel, Escher e Bach*, traduzir alemão e japonês e até uma língua obscura chamada kannada, decifrar código Morse, código Enigma e realizar uma série inacreditável de operações em arquivos de som e imagem".[3] Para enfrentar a "besta", os jogadores tinham de jogar juntos, procurando amigos,

---

2. Sean Stweart, "The A.I. Web Game", http://www.seanstewart.org/beat/intro/.
3. Daniel Sieberg, "Reality Blurs, Hype Builds with Web A.I. Game", http://cnn.com/SPECIALS/2001/coming.atractions/stories/aibuzz.html.

EM BUSCA DO UNICÓRNIO DE ORIGAMI | 181

Morpheus e Locke, o que ajuda a explicar, em parte, a hostilidade de Locke em relação a Morpheus, durante todo o filme. Tendo jogado o game, você consegue interpretar o desejo e a tensão no relacionamento entre eles, mostrados na tela. Quanto a Ghost, ele continua um personagem secundário no filme, tendo apenas um punhado de falas, mas suas cenas na tela recompensam os que se empenharam em jogar o game. Alguns críticos de cinema reclamaram do modo como a personagem Niobe tira Morpheus do centro de *Matrix Revolutions*, como se um personagem menor estivesse ofuscando um protagonista consagrado. No entanto, nosso sentimento em relação a Niobe depende do fato de termos ou não jogado o game *Enter the Matrix*. Alguém que tenha jogado o game passou, talvez, cem horas controlando a personagem Niobe, em compa-

||||||||||||||||||||||||||||||||||||||||||||||||||||||||||||||||||||||||||||||||||||||||||||||||||||||||||

criando comunidades na web, atraindo o maior número possível de pessoas. Não demorou muito e grupos menores uniram forças, até que se formou um exército de investigadores e solucionadores de enigmas, passando horas e horas ao dia tentando desvendar as origens das conspirações. Tanto os Puppetmasters quanto os Cloudmakers admitiram que o jogo foi sendo inventado ao longo do caminho. A equipe da Microsoft não fazia ideia de que a Besta iria desencadear esse tipo de envolvimento e interesse dos fãs, e os fãs não sabiam até onde os produtores estavam dispostos a ir, a fim de mantê-los envolvidos no mistério. Tom, um dos Cloudmakers, explicou: "À medida que fomos aprimorando a solução dos enigmas, eles tiveram de criar enigmas cada vez mais difíceis. Estavam reagindo a coisas que fazíamos e dizíamos. Quando decifrávamos um enigma muito rápido, eles mudavam o tipo de enigma. Chegou ao ponto de encontrarmos coisas no código fonte deles que eles não tiveram a intenção de colocar lá. Então, tinham de escrever alguma história para explicar aquilo. Eles estavam escrevendo apenas alguns passos à frente dos jogadores".[4] Escrever o jogo foi tão desafiador quanto decifrá-lo. Stewart explicou: "Quando estávamos em boa forma – como os jogadores – éramos assustadoramente bons e rápidos... Era teatro de rua, trapaça, campeonato, tudo junto, numa coisa só".[5]

A Besta foi uma nova forma de entretenimento de imersão, ou narrativa enciclopédica, que se desenrolou nos pontos de contato entre autores e consumidores. Jane McGonigal, que trabalhou

---

4. Tom, entrevista com o autor, abril de 2003.
5. Stewart, "The A.I. Web Game".

182 | CULTURA DA CONVERGÊNCIA

ração às menos de quatro horas assistindo a Morpheus nos filmes; lutar para manter a personagem viva e completar as missões resultaria em um vínculo intenso, que não seria experimentado por espectadores que a viram apenas em algumas cenas na tela.

Talvez o exemplo mais espetacular de "compreensão adicional" tenha ocorrido depois que a trilogia de filmes foi concluída. Com pouco barulho e sem aviso, em 26 de maio de 2005, Morpheus, o mentor de Neo, foi morto em *The Matrix Online* enquanto tentava recuperar o corpo de Neo, que tinha sido levado pelas máquinas no final de *Revolutions*. Como explicou Chadwick, "eles queriam começar com algo significativo e chocante, e foi isso".[50] Essa importante virada na franquia ocorreu não na tela, para um público em massa, mas num jogo para um nicho do público. Nem os jogadores de games testemunharam a morte diretamente, mas ficaram sabendo por meio de boatos de outros jogadores, ou outra fonte secundária. A morte de Morpheus, então, foi utilizada

||||||||||||||||||||||||||||||||||||||||||||||||||||||||||||||||||||||||||||||||||||||||||||||||||||||||||||||||||||||||||

com alguns dos Puppetmasters no desenvolvimento do game subsequente, ilovebees, denomina o gênero de jogo de realidade alternativa (ARG — alternative reality gaming). Ela define os ARGs como "um drama interativo jogado on-line e em espaços do mundo real, que se passa em várias semanas ou meses, em que dezenas, centenas, milhares de jogadores se reúnem on-line, formam redes sociais cooperativas e trabalham juntos para resolver um mistério ou um problema que seria absolutamente impossível resolver sozinho".[6] Fiel à lógica da economia afetiva, a 4orty2wo Entertainment, a empresa que Stewart e os demais criaram para desenvolver jogos de realidade alternativa, explica que essas atividades geram a consciência do produto e da marca: "Nossa meta é entalhar o universo do cliente no panorama cultural de hoje, para que, assim como a Terra Média ou Hogwarts, esse universo se torne um destino prioritário para a imaginação americana... Criamos comunidades ardorosamente dispostas a gastar não apenas dinheiro, mas imaginação nos universos que representamos".[7] É isso o que eles devem ter falado aos investidores.

---

6. Jane McGonigal, "Alternative Reality Gaming", apresentação à MacArthur Foundation, novembro de 2004, http://avantgame.com/McGonigal%20MacArthur%20Foundation%20Nov%2004.pdf.

7. "Capabilities and Approach", http://www.4orty2tw.com.

EM BUSCA DO UNICÓRNIO DE ORIGAMI | **183**

para motivar uma variedade de missões para jogadores, no interior do universo dos games.

Neil Young, da Electronic Arts, teme que os irmãos Wachowski talvez tenham limitado seu público, por ter exigido demais dele:

> Quanto mais camadas você coloca em algo, menor o mercado. Você está exigindo que as pessoas intencionalmente invistam mais tempo na história que você está tentando contar, e esse é um dos desafios da narrativa transmídia. [...] Se vamos criar um universo e representá-lo por meio de múltiplas mídias ao mesmo tempo, talvez seja o caso de fazermos isso em sequência. Talvez seja preciso conduzir as pessoas a um amor mais profundo pela história. Talvez ela comece num jogo, continue num filme e depois na televisão. Constrói-se uma relação com o universo, em vez de se tentar apresentar tudo de uma vez.

Para os jogadores mais fervorosos, esses jogos podem ser muito mais. Os ARGs ensinam os participantes a navegar em ambientes de informação complexos e a se unir em equipes para resolver problemas. McGonigal afirma que os ARGs estão gerando "jogadores que se sentem mais habilitados, mais confiantes, mais expressivos, mais envolvidos e mais conectados em sua vida diária".[8] Um ARG bem-feito renova a maneira como os participantes pensam sobre seu ambiente real e virtual. Como explica McGonigal, "os melhores jogos realmente deixam você mais desconfiado, mais inquisitivo em relação aos arredores de seu cotidiano. Um bom jogo de imersão vai lhe mostrar padrões de jogos em lugares que não são de jogos; esses padrões revelam oportunidades para interação e intervenção".[9] Um ARG bem-feito também muda a forma como os participantes pensam sobre si mesmos, dando-lhes uma amostra do que é trabalhar em grandes equipes, reunindo seus conhecimentos por uma causa comum. Eles desenvolvem uma ética baseada no compartilhamento, e não na sonegação de conhecimento; aprendem a distinguir entre conhecimento confiável e conhecimento descartável. Eis como um dos Cloudmakers, a

---

8. McGonigal, "Alternative Reality Gaming".

9. Jane McGonigal, "A Real Little Game: The Performance of Belief in Pervasive Play", http://avantgame.com/MCGONIGAL%20A%20Reak%20Kuttke%20Game%20DIGRA%202003.pdf.

184 | CULTURA DA CONVERGÊNCIA

Young pode estar certo. Os irmãos Wachowski estavam tão firmes em suas expectativas de que os consumidores acompanhariam a franquia, que grande parte da compensação emocional de *Revolutions* é acessível apenas às pessoas que tenham jogado o game. A tentativa do filme de fechar os furos no enredo decepcionou muitos fãs. O interesse por *Matrix* definhou, após atormentar os fãs com tantas possibilidades. Para o consumidor casual, *Matrix* exigiu demais. Para o fã, ofereceu de menos. Algum filme teria conseguido satisfazer as expectativas e interpretações crescentes da comunidade de fãs, mantendo-se ainda acessível a um público em massa? Deve haver um ponto crítico além do qual as franquias não podem ser estendidas, enredos secundários não podem ser acrescentados, personagens secundários não podem ser identificados e referências não podem ser plenamente compreendidas. Nós apenas não sabemos ainda onde fica esse ponto.

O crítico de cinema Richard Corliss levantou o assunto quando perguntou aos leitores: "O Zé Pipoca vai ter de carregar um guia de *Matrix* na cabeça?"[51] A resposta é não, mas o "Zé Pipoca" pode unir seu conhecimento ao de outros fãs

|||||||||||||||||||||||||||||||||||||||||||||||||||||||||||||||||||||||||||||||||||||||||||||||||||||

maior e mais influente equipe do jogo A.I., descreveu sua autopercepção: "Nós, as 7.500 pessoas ou mais deste grupo, somos todos um. Demonstramos a ideia de uma inteligência incrivelmente intrincada. Somos uma só mente, uma só voz... Passamos a fazer parte de algo muito maior do que nós mesmos".[10]

Para Barry Joseph, um dos Cloudmakers, o jogo não apenas o imergiu no universo de *A.I.* Solucionar o jogo em conjunto mudou o significado do filme, apresentando uma visão alternativa do modo como as pessoas estarão vivendo e interagindo numa era de novas tecnologias da informação. Ao contrário do pessimismo que muitos encontraram no cerne da história, "a imagem de humanos vivendo com medo do olho ubíquo da tecnologia", eles tiveram sua própria experiência de "comportamento cooperativo que se aproveita do poder de uma mente grupal". O conteúdo do jogo os ensinou a temer o futuro; a experiência de jogá-lo, a aceitá-lo.[11]

---

10. Jane McGonigal, "This Is Not a Game: Immersive Asthetics and Collective Play", http:www.seanstewart.org/beast/mcgonigal/notagame/paper;pdf.

11. Barry Joseph, "When the Medium is the Message", 25 de maio de 2001, hrrp://cloudmakers.cloudmakers.org/editorials/bjoseph525.shtml.

EM BUSCA DO UNICÓRNIO DE ORIGAMI | 185

e construir um guia coletivo na Internet.[52] Em uma série de sites de fãs e listas de discussão, os fãs foram acumulando informações, pesquisando referências, mapeando sistemas hierárquicos, montando cronologias, transcrevendo diálogos, estendendo a história através de sua própria *fan fiction* e especulando loucamente sobre o significado disso tudo. A profundidade e o fôlego do universo de *Matrix* tornaram impossível a qualquer consumidor "entendê-lo", mas o surgimento de culturas do conhecimento tornou possível à comunidade como um todo escavar mais profundamente esse texto insondável.

Obras assim também impõem aos críticos novas expectativas – e talvez seja contra isso, em parte, que Corliss estava reagindo. Ao escrever este capítulo, tive de recorrer à inteligência coletiva da comunidade de fãs. Muitos dos *insights* que propus aqui surgiram da leitura de críticas de fãs e trocas de ideias em listas de discussão. Embora eu possua alguma expertise própria, como fã de longa data de ficção científica e quadrinhos (sabendo, por exemplo, como os trabalhos anteriores de Paul Chadwick se conectam à sua participação na franquia de *Matrix*), isso apenas faz de mim um membro a mais na comunidade de conhecimento – alguém que sabe algumas coisas mas tem de confiar em outras pessoas para acessar informações adicionais. Posso ter ferramentas analíticas para examinar uma série de meios de comunicação diferentes, mas muito do que sugiro aqui sobre as ligações entre o game e os filmes, por exemplo, surgiu não a partir de meu próprio ato de jogar, mas a partir da troca de ideias on-line sobre o jogo. No processo de redação deste capítulo, então, tornei-me participante em vez de expert, e há muita coisa sobre essa franquia que ainda não sei. No futuro, minhas ideias talvez realimentem a troca de ideias, mas ainda assim terei de recorrer à discussão pública em busca de informações e *insights* recentes. O exercício da crítica talvez já tenha sido o encontro de apenas duas mentes – do crítico e do autor –, mas existem múltiplos autores e múltiplos críticos.

Habitar um universo assim acaba sendo uma brincadeira de criança – literalmente. A narrativa transmídia mais elaborada, até agora, talvez esteja nas franquias infantis, como *Pokémon* ou *Yu-Gi-Oh!* Como explicam os professores de pedagogia David Buckingham e Julian Sefton-Green, "*Pokémon* é algo que você faz, não algo que você apenas lê, vê ou consome".[53] Existem centenas de *Pokémon* diferentes, cada um com múltiplas formas evolucionárias e um complexo conjunto de rivalidades e afetos. Não existe um texto único em que se possam obter informações sobre as várias espécies; em vez disso, a criança

186 | CULTURA DA CONVERGÊNCIA

reúne seu conhecimento sobre *Pokémon* a partir de diversas mídias, e o resultado é que cada criança sabe alguma coisa que seus amigos não sabem e, portanto, tem a chance de compartilhar sua expertise com outros. Buckingham e Sefton-Green explicam: "As crianças podem assistir ao desenho animado na televisão, por exemplo, como meio de colher informações que mais tarde utilizarão no jogo do computador ou na troca de cartões, e vice-versa. [...] Os textos de *Pokémon* não são planejados apenas para serem consumidos, no sentido passivo da palavra. [...] A fim de fazer parte da cultura de *Pokémon* e aprender o que você precisa saber, é preciso buscar ativamente novas informações e novos produtos e, fundamentalmente, envolver-se com outras pessoas ao fazê-lo".[54]

Podemos encarar essas brincadeiras com as possibilidades de *Pokémon* e *Yu-Gi-Oh*! como parte do processo por meio do qual as crianças estão aprendendo a viver nos novos tipos de estruturas sociais e culturais descritos por Lévy.[55] As crianças estão sendo preparadas para contribuir com uma cultura do conhecimento mais sofisticada. Até agora, nossas escolas ainda se concentram em gerar aprendizes autônomos; buscar informação com outras pessoas ainda é classificado como "cola". No entanto, na vida adulta, estamos dependendo cada vez mais dos outros para nos fornecer informações que não conseguimos processar sozinhos. Nosso local de trabalho tornou-se mais cooperativo; nosso processo político tornou-se mais descentralizado; estamos vivendo cada vez mais no interior de culturas baseadas na inteligência coletiva. Nossas escolas não estão ensinando o que significa viver e trabalhar em tais comunidades de conhecimento, mas a cultura popular talvez esteja. Em *A Galáxia da Internet* [*The Internet Galaxy*] (2001), o ciberteórico Manuel Castells afirma que, embora o público tenha demonstrado um interesse limitado em hipertextos, ele desenvolveu uma relação hipertextual com os conteúdos de mídia existentes: "Nossas mentes – não nossas máquinas – processam a cultura. [...]Se nossas mentes têm a habilidade de acessar todo o domínio das expressões culturais – selecioná-las, recombiná-las –, na verdade temos um hipertexto: o hipertexto está dentro de nós".[56] Consumidores mais jovens tornaram-se caçadores e coletores de informações, tendo prazer em rastrear os antecedentes de personagens e pontos de enredos, fazendo conexões entre diferentes textos dentro da mesma franquia. Assim, é previsível que esperem os mesmos tipos de experiências de obras que atraem adolescentes e jovens, resultando em algo como *Matrix*.

Em breve, talvez vejamos os mesmos princípios hipertextuais e transmídia aplicados a dramas de qualidade que atraem consumidores mais maduros – séries como *West Wing – Nos Bastidores do Poder* [*The West Wing*] (1999) ou *Família Soprano* [*The Sopranos*] (1999), por exemplo, parecem adequar-se sem dificuldade a essa perspectiva, e novelas há muito tempo dependem de relações elaboradas entre os personagens e de linhas de enredo serializadas, que podem facilmente expandir-se além da televisão, deslocando-se para outros meios de comunicação. Pode-se perfeitamente imaginar mistérios que demandariam, da parte dos leitores, uma busca de pistas em uma série de mídias diferentes, ou ficções históricas que dependeriam da compreensão adicional, possibilitada por múltiplos textos, a fim de tornar o passado vivo e estimulante aos leitores. Esse impulso transmídia está no centro daquilo que chamo de cultura da convergência. Artistas mais experimentais, como Peter Greenaway ou Matthew Barney, já estão experimentando maneiras de incorporar princípios transmídia ao seu trabalho. Pode-se imaginar também que crianças que cresceram numa cultura mídia-mix produzirão novos tipos de mídia, à medida que a narrativa transmídia se torne mais intuitiva. *Matrix* pode ser esse próximo passo no processo de evolução cultural – uma ponte para um novo tipo de cultura e um novo tipo de sociedade. Numa cultura de caçadores, as crianças brincam com arco e flecha. Na sociedade da informação, elas brincam com informação.

Neste momento, os leitores devem estar balançando a cabeça, em total ceticismo. Essa abordagem funciona melhor com consumidores mais jovens, argumentam, porque os jovens têm mais tempo livre. Essa abordagem exige muito esforço do "Zé Pipoca", da mãe aflita, do trabalhador que acabou de se aconchegar no sofá, após um dia difícil no escritório. Como vimos, os conglomerados das mídias fornecem um incentivo econômico para uma mudança nessa direção, mas Hollywood não pode ir muito longe nessa direção se o público não estiver pronto para mudar seu modo de consumo. Hoje, muitos consumidores mais velhos ficam confusos e não se envolvem com esse tipo de entretenimento, embora alguns estejam aprendendo a se adaptar. Nem toda narrativa seguirá essa direção – embora cada vez mais narrativas estejam percorrendo os meios de comunicação e oferecendo uma profundidade de expe-

188 | CULTURA DA CONVERGÊNCIA

riência não prevista em décadas anteriores. O ponto essencial é que um envolvimento mais profundo continua sendo opcional – algo que os leitores decidem fazer ou não –, e não o único modo de extrair prazer das franquias midiáticas. Um número crescente de consumidores talvez esteja escolhendo sua cultura popular pela oportunidade de explorar mundos complexos e comparar suas observações com outras pessoas. Cada vez mais consumidores estão gostando de participar de culturas de conhecimento on-line e de descobrir como é expandir a compreensão, recorrendo à expertise combinada das comunidades alternativas. No entanto, às vezes queremos apenas observar. E, enquanto for esse o caso, muitas franquias talvez permaneçam grandes, indecisas e ruidosas. Mas não fiquem muito surpresos se, aqui e ali, houver pistas de que alguma outra coisa está acontecendo, ou se empresas de mídia nos oferecerem a oportunidade de acolher novos tipos de experiência com esses personagens e universos.

4

STAR WARS POR QUENTIN TARANTINO?

CRIATIVIDADE ALTERNATIVA ENCONTRA A INDÚSTRIA MIDIÁTICA

Filmando em estúdios de garagem, reproduzindo efeitos especiais em computadores domésticos e pegando músicas de CDs e de arquivos MP3, os fãs criaram novas versões da mitologia de *Star Wars* (1977). Nas palavras do diretor de *Star Wars or Bust* (*Star Wars ou Nada*), Jason Wishnow, "esse é o futuro do cinema – *Star Wars* é o catalisador".[1]

A circulação amplamente difundida de bens relacionados a *Star Wars* disponibilizou recursos a uma geração emergente de cineastas adolescentes e jovens. Eles cresceram se fantasiando de Darth Vader no Halloween, dormindo nos lençóis da Princesa Leia, lutando com sabres de luz feitos de plástico e brincando com bonequinhos de Boba Fett. *Star Wars* tornou-se a "lenda" deles, e agora eles estão determinados a reescrevê-la a seu modo.

Quando a AtomFilms lançou um concurso oficial de filmes de fãs de *Star Wars*, em 2003, recebeu mais de 250 inscrições. Embora o entusiasmo tenha diminuído um pouco, o concurso de 2005 recebeu mais de 150 inscrições.[2] E muitos

190 | CULTURA DA CONVERGÊNCIA

outros filmes, que estariam fora das regras do concurso oficial, estão surgindo na web em sites não oficiais, como o TheForce.net. Muitos dos filmes são completos, com seus próprios pôsteres e campanhas publicitárias. Alguns websites fornecem informações atualizadas sobre filmes amadores ainda em fase de produção.

Os fãs sempre foram os primeiros a se adaptar às novas tecnologias de mídia; a fascinação pelos universos ficcionais muitas vezes inspira novas formas de produção cultural, de figurinos a fanzines e, hoje, de cinema digital. Os fãs são o segmento mais ativo do público das mídias, aquele que se recusa a simplesmente aceitar o que recebe, insistindo no direito de se tornar um participante pleno.[3] Nada disso é novo. O que mudou foi a visibilidade da cultura dos fãs. A web proporciona um poderoso canal de distribuição para a produção cultural amadora. Os amadores têm feito filmes caseiros há décadas; agora, esses filmes estão vindo a público.

Quando a Amazon disponibilizou os DVDs de *George Lucas in Love* (1999), talvez a paródia mais conhecida de *Star Wars*, vendeu mais do que o DVD de *Star Wars Episódio I: A Ameaça Fantasma* (1999), na primeira semana.[4] Os cineastas amadores, com mais legitimidade, consideram seu trabalho um "cartão de visita" que pode ajudá-los a entrar para a indústria comercial. Na primavera de 1998, uma matéria de duas páginas na revista *Entertainment Weekly* traçou o perfil do aspirante a cineasta Kevin Rubio, cujo filme de dez minutos e orçamento de US$ 1.200, *Troops* (1998), tinha atraído o interesse de Hollywood.[5] *Troops* satiriza *Star Wars*, mostrando, no estilo da série *Cops*, a vida dos stormtroopers que fazem a segurança cotidiana de Tatooine, resolvendo brigas domésticas, capturando criminosos espaciais e tentando destruir os Cavaleiros Jedi. O resultado, segundo a matéria, foi que Rubio passou a receber ofertas de vários estúdios interessados em financiar seu próximo projeto. George Lucas gostou tanto do filme que contratou Rubio para escrever as histórias em quadrinhos de *Star Wars*. Rubio reapareceu como escritor e produtor da versão norte-americana de *Duel Masters* (2004), uma série pouco conhecida do Cartoon Network.

O filme digital feito por fãs está para o cinema como a cultura punk do "faça você mesmo"* estava para a música. Na época, experimentações alterna-

---

* Em inglês, DIY, abreviação de "do it yourself" ("faça você mesmo"), lema do movimento punk. [N. de T.]

tivas geraram novos sons, novos artistas, novas técnicas e novas relações com os consumidores, que foram cada vez mais sendo utilizados em práticas comerciais. Hoje, os fãs cineastas estão começando a abrir caminho para a indústria comercial, e ideias efervescentes dos amadores – como o uso de games como ferramentas de animação – estão começando a ser utilizadas pela mídia comercial.

Se, como já se afirmou, o surgimento dos meios de comunicação de massa modernos decretou o fim de importantes tradições culturais que floresceram nos EUA do século 20, o momento atual de transformação midiática está reafirmando o direito que as pessoas comuns têm de contribuir ativamente com sua cultura. Como a antiga cultura das quilteiras* e dos bailes de celeiro**, esta nova cultura vernácula incentiva a ampla participação, a criatividade alternativa e uma economia baseada em trocas e presentes. Isso é o que acontece quando os consumidores assumem o controle das mídias. Naturalmente, esta talvez não seja a melhor forma de abordar o assunto, já que na cultura tradicional não há uma divisão clara entre produtores e consumidores. Na cultura da convergência, todos são participantes – embora os participantes possam ter diferentes graus de status e influência.

Talvez seja útil estabelecer uma distinção entre interatividade e participação, palavras que muitas vezes são utilizadas indistintamente, mas que, neste livro, assumem significados bem diferentes.[6] A interatividade refere-se ao modo como as novas tecnologias foram planejadas para responder ao feedback do consumidor. Pode-se imaginar os diferentes graus de interatividade possibilitados por diferentes tecnologias de comunicação, desde a televisão, que nos permite mudar de canal, até videogames, que podem permitir aos usuários interferir no universo representado. Tais relações, naturalmente, não são fixas: a introdução do TiVo pode transformar, de maneira fundamental, nossas interações com a televisão. As restrições da interatividade são tecnológicas. Em quase

---

* *Quilting bees*, mulheres que executavam manualmente o *quilt* e o *patchwork*, trabalhos elaborados de costura feitos com retalhos. A tradição medieval foi trazida aos EUA pelas esposas dos colonizadores ingleses. As mulheres reuniam-se em grandes grupos para, coletivamente, realizar esses trabalhos. [N. de T.]

** *Barn dances*. Bailes em que todos – crianças, jovens e adultos de qualquer idade – dançavam juntos, numa mistura de danças tradicionais inglesas e americanas. Apesar do nome (bailes de celeiro), os bailes geralmente ocorriam em outros locais, como pátios de igrejas e de vilas. [N. de T.]

192 | CULTURA DA CONVERGÊNCIA

todos os casos, o que se pode fazer num ambiente interativo é determinado previamente pelo designer.

A participação, por outro lado, é moldada pelos protocolos culturais e sociais. Assim, por exemplo, o quanto se pode conversar num cinema é determinado mais pela tolerância das plateias de diferentes subculturas ou contextos nacionais do que por alguma propriedade inerente ao cinema em si. A participação é mais ilimitada, menos controlada pelos produtores de mídia e mais controlada pelos consumidores de mídia.

Inicialmente, o computador ofereceu amplas oportunidades de interação com o conteúdo das mídias e, enquanto operou nesse nível, foi relativamente fácil para as empresas de mídia controlar o que ocorria. Cada vez mais, entretanto, a web tem se tornado um local de participação do consumidor, que inclui muitas maneiras não autorizadas e não previstas de relação com o conteúdo de mídia. Embora a nova cultura participativa tenha raízes em práticas que, no século 20, ocorriam logo abaixo do radar da indústria das mídias, a web empurrou essa camada oculta de atividade cultural para o primeiro plano, obrigando as indústrias a enfrentar as implicações em seus interesses comerciais. Permitir aos consumidores interagir com as mídias sob circunstâncias controladas é uma coisa; permitir que participem na produção e distribuição de bens culturais – seguindo as próprias regras – é totalmente outra.

Grant McCracken, antropólogo cultural e consultor da indústria, afirma que, no futuro, produtores de mídia terão de se ajustar às exigências de participação do consumidor, ou correrão o risco de perder seus consumidores mais ativos e entusiasmados para alguma outra atração de mídia mais tolerante: "As corporações precisam decidir se estão, literalmente, dentro ou fora. Farão de si mesmas uma ilha ou entrarão na confusão? Fazer de si mesmas uma ilha talvez traga alguns benefícios financeiros de curto prazo, mas, no longo prazo, os custos poderão ser substanciais".[7] Como vimos, a indústria midiática está cada vez mais dependente de consumidores ativos e envolvidos para divulgar marcas num mercado saturado e, em alguns casos, procurando formas de aproveitar a produção midiática dos fãs para baixar os custos de produção. Ao mesmo tempo, fica aterrorizada com o que pode acontecer se esse poder do consumidor fugir ao controle, como alega ter ocorrido após o aparecimento do Napster e de outros programas de compartilhamento de arquivos. À medida que a produtividade dos fãs se torna pública, ela não pode mais ser ignorada pelas indústrias midiáticas, tampouco pode ser totalmente controlada ou aproveitada por elas.

Pode-se observar duas reações características das indústrias midiáticas à expressão alternativa: ao iniciarem a batalha contra o Napster, as indústrias passaram cada vez mais a adotar uma política de terra arrasada em relação aos consumidores, tratando de regular e criminalizar muitas formas de participação dos fãs que, antes, não eram detectadas por seu radar. Vamos chamar essas indústrias de proibicionistas. Até agora, a posição proibicionista tem sido dominante nas indústrias midiáticas mais antigas (cinema, televisão, indústria fonográfica), embora esses grupos estejam começando, em graus variados, a reexaminar algumas posturas. Por enquanto, as proibicionistas são as que têm mais espaço na imprensa – com processos contra adolescentes que baixam músicas da Internet ou contra fãs webmasters que ganham cada vez mais espaço na mídia popular. Ao mesmo tempo, aos poucos, novas empresas de mídia (Internet, games e, em menor grau, as empresas de telefone celular) estão experimentando novas abordagens que consideram os fãs colaboradores importantes na produção de conteúdos, e intermediários alternativos, ajudando a promover a franquia. Vamos chamar essas empresas de cooperativistas.

A franquia de *Star Wars* foi arrastada para o meio desses dois extremos, tanto ao longo do tempo (conforme reage às táticas cambiantes dos consumidores e aos recursos tecnológicos) quanto nas mídias (à medida que seu conteúdo se divide entre velhas e novas mídias). Na franquia de *Star Wars*, Hollywood procurou, mais tarde, proibir a *fan fiction*, a fim de reafirmar sua propriedade intelectual, e, por fim, ignorar sua existência; promoveram trabalhos de fãs em vídeo, mas também limitaram o tipo de filme que eles podem fazer; e buscaram a colaboração de gamers no desenvolvimento de jogos para múltiplos jogadores em massa, a fim de satisfazer melhor as fantasias dos jogadores.

Cultura tradicional, cultura de massa, cultura da convergência

Em linhas gerais, pode-se definir a história das artes americanas no século 19 como a mistura, a adaptação e a fusão de tradições populares extraídas de várias populações nativas e imigrantes. A produção cultural ocorreu, majoritariamente, no nível popular; habilidades criativas e tradições artísticas eram

194 | CULTURA DA CONVERGÊNCIA

passadas de mãe para filha, de pai para filho. Histórias e canções tinham ampla circulação, muito além de seus pontos de origem, com pouca e nenhuma expectativa de compensação econômica; muitas das melhores baladas e dos contos tradicionais nos chegam hoje sem marcas claras de autoria individual. Embora novas formas de entretenimento pago – shows de menestréis, circos, *showboats** – tenham surgido do meio para o final do século 19, esse entretenimento profissional competia com as prósperas tradições locais, como os bailes de celeiros, coros da igreja, quilteiras e histórias em volta da fogueira do acampamento. Não havia fronteiras nítidas entre a cultura comercial emergente e a cultura tradicional residual: a cultura comercial invadia o território da cultura tradicional, e a cultura tradicional invadia o território da cultura comercial.

Pode-se contar a história das artes americanas do século 20 em termos da substituição da cultura tradicional pelas mídias de massa. No início, a emergente indústria do entretenimento conviveu em paz com as práticas tradicionais, considerando a disponibilidade de cantores e músicos populares como um potencial acervo de talentos, incorporando as cantorias comunitárias na exibição de filmes e transmitindo concursos de talentos amadores pelo rádio e pela TV. As novas artes industrializadas exigiam grandes investimentos e, portanto, uma audiência em massa. A indústria do entretenimento comercial estabeleceu padrões de perfeição técnica e realização profissional que poucos artistas populares alternativos poderiam atingir. As indústrias comerciais desenvolveram infraestruturas poderosas para garantir que suas mensagens atingiriam toda a população americana que não vivesse numa caverna. Progressivamente, a cultura comercial produziu as histórias, as imagens e os sons que mais interessavam ao público.

As práticas da cultura tradicional foram empurradas para o *underground* – as pessoas ainda compunham e cantavam canções, escritores amadores ainda rascunhavam versos, pintores de fim de semana ainda davam suas pinceladas, as pessoas ainda contavam histórias, e algumas pequenas comunidades ainda promoviam bailes na praça. Ao mesmo tempo, comunidades alternativas de fãs surgiram como reação ao conteúdo dos meios de comunicação de massa. Alguns estudiosos das mídias conservam a distinção entre cultura de massa (uma categoria de produção) e cultura popular (uma categoria de consumo), argu-

---

* Barco a bordo do qual se davam espetáculos no rio Mississippi. [N. de T.]

mentando que a cultura popular é o que acontece aos materiais da cultura de massa quando chegam às mãos dos consumidores, quando uma música tocada no rádio se torna tão associada a uma noite particularmente romântica, que dois amantes decidem chamá-la de "nossa música", ou quando um fã fica tão fascinado com determinada série de televisão que ela o inspira a escrever histórias originais sobre os personagens. Em outras palavras, cultura popular é o que acontece quando a cultura de massa é empurrada de volta à cultura tradicional. A indústria cultural nunca precisou enfrentar seriamente a existência dessa economia cultural alternativa porque, em sua maior parte, ela existia a portas fechadas, e seus produtos circulavam apenas num pequeno grupo de amigos e vizinhos. Filmes caseiros nunca ameaçaram Hollywood, enquanto permaneceram dentro de casa.

Pode-se contar a história das artes americanas do século 21 em termos do ressurgimento público da criatividade popular alternativa, à medida que pessoas comuns se aproveitam das novas tecnologias que possibilitam o arquivamento, a apropriação e a recirculação de conteúdos de mídia. Provavelmente começou com a fotocópia e a editoração eletrônica (*desktop publishing*); talvez tenha começado com a revolução do videocassete, que forneceu ao público acesso a ferramentas para a produção de filmes e possibilitou a cada família ter seu próprio acervo de filmes. Mas essa revolução criativa alcançou o auge, até agora, com a web. O processo de criação é muito mais divertido e significativo se você puder compartilhar sua criação com outros, e a web, desenvolvida para fins de cooperação dentro da comunidade científica, fornece uma infraestrutura para o compartilhamento das coisas que o americano médio vem criando em casa. Uma vez que se tem um sistema de distribuição confiável, a produção da cultura tradicional começa a florescer novamente, da noite para o dia. A maior parte do que os amadores criam é terrivelmente ruim; no entanto, uma cultura próspera necessita de espaços onde as pessoas possam fazer arte ruim, receber as críticas e melhorar. Afinal, boa parte do que circula pelas mídias de massa também é ruim, sob qualquer critério, mas as expectativas de um acabamento profissional tornam o ambiente menos hostil para os novatos aprenderem e progredirem. Uma parte do que os amadores criam será surpreendentemente boa, e os melhores artistas serão recrutados para o entretenimento comercial ou para o mundo da arte. Uma parte maior dessas criações será boa o suficiente para atrair o interesse de um público modesto, para inspirar a cria-

196 | CULTURA DA CONVERGÊNCIA

ção de outros artistas, ou para fornecer novos conteúdos que, quando refinados por muitas mãos, talvez se transformem em algo mais valioso no futuro. É assim que o processo tradicional funciona, e a convergência alternativa representa a aceleração e a expansão do processo tradicional para a era digital.

Dado esse histórico, não deveria ser surpresa o fato de que boa parte das criações do público se espelha em, dialoga com, reage a ou contra, e/ou adapta materiais extraídos da cultura comercial. A convergência alternativa está personificada, por exemplo, na obra dos *modders* de jogos*, cujas criações são fundamentadas em códigos e ferramentas de design desenvolvidos para games comerciais e servem como base para a produção de games amadores e filmes digitais, que muitas vezes extraem amostras diretamente do material da mídia comercial; ou no chamado *adbusting* (caça-publicidade), que faz referências à iconografia da publicidade para divulgar mensagens anticorporativas ou anticonsumistas. Ao enterrar a cultura tradicional, a cultura comercial tornou-se a cultura comum. A cultura tradicional americana mais antiga foi construída sobre referências de vários países de origem; a cultura de massa moderna é construída sobre referências da cultura tradicional; a nova cultura da convergência será construída sobre referências de vários conglomerados de mídia.

A web tornou visíveis os acordos tácitos que possibilitaram a coexistência entre a cultura participativa e a cultura comercial durante boa parte do século 20. Ninguém se importava muito se você fizesse fotocópias de algumas histórias e as distribuísse dentro de seu fã-clube. Ninguém se importava muito se você gravasse algumas músicas e desse a fita cassete de presente a um amigo. As corporações sabiam, abstratamente, que tais transações ocorriam em toda parte, mas não sabiam, concretamente, quem as praticava. E mesmo se soubessem, não iriam bater à porta das casas das pessoas à noite. Porém, à medida que essas transações saíram de seus recintos fechados, passaram a representar uma ameaça pública e visível ao controle absoluto que as indústrias culturais mantinham sobre sua propriedade intelectual.

Com a consolidação do poder representada pelo Digital Millenium Copyright Act (Lei dos Direitos Autorais do Milênio Digital), de 1998, a lei de propriedade intelectual americana foi reescrita para refletir as exigências dos produtores dos meios de comunicação de massa – na contramão do forneci-

---

* O termo "modder" vem de *modify* – modificar. Os *modders* modificam jogos de computador de acordo com seus interesses. [N. de T.]

STAR WARS POR QUENTIN TARANTINO? | 197

mento de incentivos econômicos a artistas individuais e em direção à proteção dos enormes investimentos econômicos que as empresas de mídia efetuaram no entretenimento de marca; na contramão da proteção de direitos por tempo limitado, que permite que as ideias entrem em circulação geral enquanto ainda beneficiam o bem comum, em direção à noção de que os direitos autorais devem durar para sempre; na contramão do ideal de uma cultura pública, em direção ao ideal de propriedade intelectual. Como Lawrence Lessig observa, a lei foi reescrita para que "ninguém possa fazer com a Corporação Disney o que Walt Disney fez com os Irmãos Grimm".[8] Uma das formas encontradas pelos estúdios para salvaguardar esses direitos autorais é a emissão de notificações, com o intuito de intimidar criadores culturais amadores para que retirem seus trabalhos da web. O Capítulo 5 relata o que aconteceu quando o estúdio Warner Bros. enviou notificações aos jovens fãs de *Harry Potter* (1998). Em tais situações, os estúdios muitas vezes exercem um controle muito mais amplo do que poderiam defender legalmente: alguém sujeito a perder a casa ou a poupança da faculdade dos filhos para enfrentar os advogados dos estúdios está propenso a ceder. Após três décadas de disputas, ainda não há jurisprudência que possa ajudar a determinar até que ponto a *fan fiction* está protegida pela lei do uso aceitável.

A tentativa de fechar as comunidades de fãs ocorre diante do que aprendemos até agora sobre os novos tipos de relações afetivas que anunciantes e empresas de entretenimento desejam criar com seus consumidores. Nas últimas décadas, as corporações buscaram vender conteúdo de marca para que os consumidores se tornem os portadores de suas mensagens. Profissionais de marketing transformaram nossos filhos em outdoors ambulantes e falantes, que usam logotipos na camiseta, pregam emblemas na mochila, colam adesivos no armário, penduram pôsteres na parede, mas não podem, sob pena da lei, postar nada disso em suas páginas na Internet. De alguma forma, quando os consumidores escolhem onde e quando exibir essas imagens, sua participação ativa na circulação de marcas subitamente torna-se um ultraje moral e uma ameaça ao bem-estar econômico da indústria.

Os adolescentes de hoje – a chamada geração Napster – não são os únicos confusos a respeito de onde estão os limites; empresas de mídia estão emitindo sinais profundamente confusos, pois, na verdade, não conseguem decidir que tipo de relação desejam ter com esse novo tipo de consumidor. Querem que olhemos sem *tocar*, que compremos sem *usar* os conteúdos da mídia. Essa

CULTURA DA CONVERGÊNCIA

contradição talvez seja sentida mais fortemente no que se refere a conteúdos cult. Um sucesso cult de mídia depende da conquista de uma clientela de fãs e de nichos de mercado; um sucesso comercial depende de um distanciamento entre esse sucesso e seus produtores, segundo a visão dos próprios produtores de mídia. O sistema depende de relações dissimuladas entre produtores e consumidores. O trabalho do fã em intensificar o valor de uma propriedade intelectual não pode jamais ser reconhecido publicamente, se o estúdio quiser sustentar que só o estúdio é a fonte de todo o valor daquela propriedade. A Internet, entretanto, acabou com o disfarce, já que os sites dos fãs são agora visíveis a qualquer um que saiba utilizar o Google.

Algumas pessoas do meio da indústria – por exemplo, Chris Albrecht, que dirige o concurso oficial de filmes de *Star Wars* na AtomFilms, ou Raph Koster, o ex-jogador de RPG que ajudou a desenvolver o game *Star Wars Galaxies* (2002) – vieram de comunidades alternativas e têm um respeito saudável pelo valor delas. Eles consideram os fãs como um potencial de revitalização de franquias estagnadas e um meio de baixo custo para geração de novos conteúdos de mídia. Muitas vezes, essas pessoas lutam pelo poder, dentro das próprias empresas, contra outros que querem proibir a criatividade alternativa.

"Cara, vamos ser Jedi!"

George Lucas in Love retrata o futuro gênio das mídias como um estudante de cinema da USC* completamente perdido que não consegue ter uma boa ideia para seu trabalho de produção, apesar de habitar um mundo cheio de possibilidades narrativas. Seu colega de quarto doidão surge por detrás do capuz do roupão e faz um sermão sobre "a gigantesca força cósmica, um campo de energia criado por todas as coisas vivas". O sinistro vizinho do lado, um arqui-rival vestido todo de preto, com a respiração ofegante de um asmático, proclama: "Meu roteiro está pronto. Em breve irei reinar sobre o universo do entretenimento". Quando Lucas segue apressado à sala de aula, encontra no caminho um amigo jovem e impetuoso que se gaba do novo carro esporte turbinado e do auxiliar de rosto peludo que rosna quando bate a cabeça no capô, enquanto tenta fazer alguns reparos básicos. O professor, um homenzinho, bal-

---

*   USC – University of Southern California (Universidade do Sul da Califórnia). [N. de T.]

STAR WARS POR QUENTIN TARANTINO? | 199

bucia conselhos enigmáticos, mas nada disso inspira Lucas, até que ele se apaixona loucamente por uma linda jovem que usa coques nas laterais da cabeça. Mas, oh, o romance é impossível, pois ele acaba descobrindo que ela é a sua irmã há muito desaparecida.

George Lucas in Love é, obviamente, uma paródia de *Shakespeare Apaixonado* [*Shakespeare in Love*] (1998) e de *Star Wars* em si. É também uma homenagem de uma geração de estudantes de cinema da USC a outra. Como explicou o cocriador Joseph Levy, um estudante de 24 anos recém-formado na mesma universidade onde George Lucas se formou, "Lucas, definitivamente, é o deus da USC... Filmamos a cena da exibição-teste num local chamado Edifício Educacional George Lucas. Lucas dá um apoio incrível a estudantes de cinema, ajudando-os a desenvolver a carreira, facilitando o acesso deles à tecnologia atual".[9] No entanto, o que torna esse filme tão bem-aceito é o modo como ele traz George Lucas para o mesmo nível de outros incontáveis cineastas, e, ao fazê-lo, ajuda a diluir a fronteira entre o mundo fantástico da *space opera** ("Muito tempo atrás, numa galáxia muito distante") e o mundo familiar da vida cotidiana (o mundo de colegas de quarto doidões, vizinhos esnobes e professores incompreensíveis). O protagonista está apaixonado, perdido na produção de seu filme, mas, de alguma forma, dá um jeito de juntar tudo isso e produzir um dos filmes de maior bilheteria de todos os tempos. *George Lucas in Love* nos oferece o retrato do artista quando jovem e desajeitado.

Pode-se comparar essa representação bastante realista de Lucas – o autor como amador – com o modo como o website do cineasta Evan Mather (http://www.evanmather.com/) constrói o amador como autor emergente.[10] Uma das colunas do site apresenta uma filmografia, listando todas as produções de Mather, desde o colégio, bem como uma lista de diversos jornais, revistas, websites, televisão e estações de rádio que fizeram a cobertura de seu trabalho – *La Republica, Le Monde, New York Times, Wired, Entertainment Weekly*, CNN, NPR e assim por diante. Uma outra coluna fornece informações atualizadas sobre seus trabalhos em andamento. Numa outra parte, estão as novidades sobre as exibições-teste de seus filmes em diversos festivais de cinema e todo e qualquer

---

*   *Space opera* é um subgênero da ficção científica que enfatiza a aventura romântica, cenários exóticos e personagens épicos. [N. de T.]

200 | CULTURA DA CONVERGÊNCIA

prêmio que ele tenha ganhado. Mais de 19 filmes digitais são apresentados em fotografias e descrições, com links para download em múltiplos formatos.

Outro link permite acessar um livreto totalmente colorido, de qualidade profissional, que documenta o *making of* de *Les Pantless Menace* (1999), incluindo close-ups de vários objetos e cenários, reproduções de esboços e imagens do filme, e explicações detalhadas de como ele conseguiu fazer os efeitos especiais, a trilha sonora e a edição do filme (Figura 4.1). Descobrimos, por exemplo, que alguns diálogos foram tirados diretamente dos chips da Commtech embutidos nos brinquedos de *Star Wars* da Hasbro. Uma biografia fornece algumas informações:

> Evan Mather passou boa parte da infância correndo pelas ruas do sul da Louisiana com uma câmera sem som de 8 mm, encenando viagens de carona e sodomias diversas. [...] Como paisagista, Mather passa os dias projetando uma variedade de praças e outros ambientes urbanos na região de Seattle. À noite, Mather explora o mundo do cinema digital e é o renomado criador de curtas-metragens que fundem o tradicional desenho à mão e as técnicas de animação do *stop motion** com a flexibilidade e o realismo de efeitos especiais gerados por computador.

Embora sua experiência e suas técnicas de produção não sejam exatamente exclusivas, o design incrivelmente bem elaborado e decididamente profissional de seu website é. Seu website ilustra o que acontece quando essa nova cultura amadora se dirige a públicos cada vez maiores.

O Fan Theater (Cinema do Fã) do site TheForce.net, por exemplo, permite que diretores amadores façam seus próprios comentários. Os criadores de *When Senators Attack IV* (1999), por exemplo, oferecem "comentários cena a cena" do filme: "Nas próximas 90 e poucas páginas, você terá um insight sobre o que estávamos imaginando quando filmamos determinada cena, que métodos utilizamos, explicações para cenas mais enigmáticas e qualquer outra coisa

---

* Modalidade de animação em que o animador utiliza objetos reais, como pequenos bonecos, fotografando-os quadro a quadro. Entre um fotograma e outro, muda-se um pouco a posição dos objetos. Quando o filme é projetado a 24 quadros por segundo, tem-se a ilusão de que os objetos estão se movendo. [N. de T.]

Figura 4.1 Com *Les Pantless Menace*, o fã cineasta Evan Mather cria uma comédia anárquica por meio da utilização criativa de *action figures* de *Star Wars* (Imagem reproduzida com a permissão do artista.)

que nos vier à mente".[11] Esses materiais espelham a tendência dos lançamentos recentes de DVD de incluírem cenas alternativas e deletadas, esboços e comentários do diretor. Muitos dos websites fornecem informações sobre filmes de fãs em produção, incluindo filmagens preliminares, esboços e trailers de filmes que talvez jamais serão concluídos. Quase todos os cineastas amadores criam pôsteres e imagens publicitárias utilizando o Adobe PageMaker e o Adobe Photoshop. Em muitos casos, os fãs cineastas produzem trailers elaborados. Esses materiais facilitam a cultura dos filmes amadores. Os artigos sobre o *making of* compartilham recomendações técnicas; essas informações ajudam a melhorar a qualidade geral do trabalho dentro da comunidade. Os trailers também respondem a desafios específicos da web como canal de distribuição: pode levar horas para baixar um filme digital relativamente longo, e os trailers mais curtos, com resolução mais baixa (muitas vezes distribuídos no formato *video streaming*) permitem que o espectador tenha uma amostra do trabalho.

Toda a publicidade em torno das paródias de *Star Wars* serve como lembrete da qualidade mais diferenciada desses filmes amadores – o fato de serem tão públicos. A ideia de que cineastas amadores pudessem dispor de uma audiência tão global contraria a histórica marginalização da produção de mídia alternativa. Em seu livro *Reel Families: A Social History of Amateur Film* (1995), a historiadora Patricia R. Zimmermann apresenta uma atraente história dos filmes amadores nos Estados Unidos, examinando a intersecção entre a produção não profissional e o sistema de entretenimento de Hollywood. Embora a produção amadora de filmes exista desde o advento do cinema, e embora, periodicamente, críticos a promovam como uma alternativa popular à produção

202 | CULTURA DA CONVERGÊNCIA

comercial, o filme amador permanece, acima de tudo, como "filme caseiro", em vários sentidos do termo: primeiro, filmes amadores eram exibidos principalmente em espaços privados (em sua maioria, domésticos), sem qualquer canal público de distribuição viável; segundo, filmes amadores eram quase sempre documentários da vida doméstica e familiar; e, terceiro, filmes amadores eram considerados tecnicamente falhos e de interesse marginal, além da família. Os críticos destacavam a falta de qualidade artística e a espontaneidade do filme amador em contraste com o acabamento técnico e a sofisticação estética dos filmes comerciais. Zimmermann conclui: "[O filme amador] foi gradualmente restringido ao núcleo familiar. Padrões técnicos, normas estéticas, pressões de socialização e objetivos políticos desviaram sua construção cultural, transformando-o num hobby privatizado, quase bobo".[12] Escrevendo no início dos anos 1990, Zimmermann não via motivos para acreditar que a filmadora e o videocassete alterassem significativamente a situação. As limitações técnicas tornavam difícil a edição de filmes aos amadores, e os únicos meios públicos de exibição eram controlados pela mídia comercial (programas como *America's Funniest Home Videos* – Os Vídeos Mais Engraçados dos EUA, 1990).

A produção digital de filmes alterou muitas das condições que levaram à marginalização as iniciativas anteriores – a web fornece um ponto de exibição, levando o cineasta amador do espaço privado ao espaço público; a edição digital é muito mais simples que a edição do Super-8 ou do vídeo e, portanto, abre espaço para artistas amadores remodelarem seu material de forma mais direta; o computador pessoal possibilitou ao cineasta amador até imitar os efeitos especiais associados a sucessos de Hollywood, como *Star Wars*. O cinema digital é um novo capítulo da complexa história das interações entre cineastas amadores e mídia comercial. Esses filmes continuam amadores, no sentido de que são feitos com orçamento baixo, produzidos e distribuídos em contextos não comerciais e criados por cineastas não profissionais (embora muitas vezes sejam pessoas que desejam entrar para a esfera comercial). Contudo, muitos dos criadores clássicos de filmes amadores desapareceram. Esses filmes não são mais caseiros, e sim públicos – públicos porque, desde o início, são destinados a espectadores que vão além do círculo imediato de amigos e conhecidos; públicos em seu conteúdo, que envolve a recriação de mitologias populares; e públicos em seu diálogo com o cinema comercial.

STAR WARS POR QUENTIN TARANTINO? | **203**

Os cineastas digitais enfrentaram o desafio de fazer filmes de *Star Wars* por diferentes motivos. Como explicou Joseph Levy, cocriador de *George Lucas in Love*, "nossa única intenção foi fazer algo que os agentes e produtores colocassem em seus videocassetes, em vez de jogarem fora".[13] A diretora de *Kid Wars* (2000), Dana Smith, é uma garota de 14 anos de idade que recentemente adquiriu uma filmadora e decidiu encenar trechos de *Star Wars* com seu irmão mais novo e os amigos dele, que se prepararam para a batalha com revólveres de espirrar água e armas de brinquedo. *The Jedi Who Loved Me* (2000) foi filmado pelos convidados de uma festa de casamento como uma homenagem aos noivos, fãs de *Star Wars*. Alguns filmes – como *Macbeth* (1998) – eram projetos escolares. Dois estudantes secundaristas – Bienvenido Concepcion e Don Fitz-Roy – realizaram o filme, uma mistura criativa entre George Lucas e Shakespeare, como um trabalho para a aula de inglês. Encenaram batalhas com sabres de luz no corredor da escola, embora a diretora tenha ficado preocupada com possíveis danos aos armários; a nave Millenium Falcon decolou do ginásio de esportes, mas eles tiveram de compor a cena acima das líderes de torcida, que estavam ensaiando no dia em que filmaram essa sequência em particular. Surgiram ainda outros filmes, como projetos coletivos para diversos fã-clubes de *Star Wars*. *Boba Fett: Bounty Trail* (2002), por exemplo, foi filmado para um concurso patrocinado por uma convenção da Lucasfilm, em Melbourne, Austrália. Cada membro do elenco fez seu próprio figurino, com base em experiências anteriores em concursos de máscaras e fantasias. As razões pessoais para a criação dos filmes, entretanto, têm importância secundária, já que eles são distribuídos na web. Se esses filmes atraem interesse mundial, não é porque nos importamos com o fato de Bienvenido Concepcion e Don Fotz-Roy terem tirado uma nota boa em seu trabalho sobre Shakespeare. Em vez disso, o que motivou espectadores distantes a assistirem a esses filmes foi seu investimento no universo de *Star Wars*.

Cineastas amadores estão produzindo conteúdo de qualidade comercial – ou quase comercial – com orçamentos minúsculos. Continuam amadores, no sentido de que não lucram com seu trabalho (da mesma forma que poderíamos chamar os atletas olímpicos de amadores), mas estão reproduzindo efeitos especiais que custaram uma pequena fortuna há apenas uma década. Cineastas amadores conseguem fazer que os *pod racers* de *Star Wars* deslizem na superfície do oceano ou espalhem poeira enquanto atravessam o deserto, zunindo em

204 | CULTURA DA CONVERGÊNCIA

alta velocidade. Conseguem fazer que feixes de laser disparem contra naves e detonem coisas diante de nossos olhos. Vários fãs tentaram reproduzir o personagem de animação Jar Jar e inseri-lo nos próprios filmes, com vários graus de sucesso. A batalha do sabre de luz, entretanto, tornou-se o padrão ouro da produção amadora, com quase todo cineasta impelido a demonstrar sua habilidade em realizar esse efeito em particular. Muitos dos curtas de *Star Wars*, na verdade, consistem em pouco mais que batalhas de sabre de luz encenadas em porões e lugares afastados no subúrbio, em terrenos vazios, nos corredores de escolas, em shopping centers, ou num cenário mais exótico, com ruínas medievais ao fundo (filmadas durante as férias). Shane Faleux utilizou a abordagem do código aberto* para completar sua obra de 40 minutos, *Star Wars: Revelations* (2005), um dos trabalhos mais aclamados do movimento (Figura 4.2). Como Faleux explicou, "*Revelations* foi criado para dar uma oportunidade a artistas de mostrar seu trabalho, para oferecer a todos os envolvidos uma oportunidade de viver um sonho, e talvez – apenas talvez – abrir os olhos da indústria para o que pode ser feito com um orçamento pequeno, pessoas dedicadas e talentos desconhecidos".[14] Centenas de pessoas ao redor do mundo contribuíram com o projeto, inclusive mais de 30 artistas de computação gráfica, de profissionais de efeitos especiais a adolescentes talentosos. Quando foi lançado na web, mais de um milhão de pessoas baixaram o filme.

Como os cineastas amadores se apressam em dizer, George Lucas e Steven Spielberg também faziam filmes de ficção em Super-8 quando eram adolescentes e consideram a experiência decisiva em seus trabalhos posteriores. Embora esses filmes não estejam disponíveis ao público, alguns foram analisados em detalhe em várias biografias e matérias de revista. Esses "movie brats"** rapidamente adotaram as potencialidades do cinema digital, não apenas como meio de baixar os custos de produção de seus próprios filmes, mas também como um campo de treinamento de novos talentos. Lucas, por exemplo, declarou à revista *Wired*: "Alguns efeitos especiais que refizemos para *Star Wars* foram criados num laptop da Macintosh, em poucas horas... Eu poderia facilmente

---

*   Código aberto (*open source*, em inglês) é um tipo de software cujo código fonte é aberto publicamente, podendo ser utilizado, copiado e distribuído com apenas algumas restrições. [N. de T.]

** Cineastas da geração de Spielberg, Lucas, Coppola e Scorcese, dos anos 1970 e 1980, ficaram conhecidos como "movie brats" ("moleques do cinema", em tradução literal), por terem iniciado a carreira ainda muito jovens. [N. de T.]

Figura 4.2 Material de publicidade criado para *Star Wars: Revelations*, obra de 40 minutos produzida com a colaboração de centenas de fãs cineastas ao redor do mundo.

ter filmado a série de TV *As Aventuras do Jovem Indiana Jones* em Hi-8... Assim, você pode comprar uma câmera Hi-8 por alguns milhares de dólares, um pouco mais pelo software, e o computador por menos de US$ 10 mil, e você tem um estúdio de cinema. Não existe nada que o impeça de criar algo provocativo e significativo por esse meio".[15] A retórica de Lucas sobre as potencialidades do cinema digital conquistou a imaginação de cineastas amadores, que agora enfrentam o mestre em seu próprio território.

Como explicou Clay Kronke, aluno da Universidade A&M, do Texas, que fez *The New World* (1999): "Esse filme foi fruto do amor. Uma aventura em um novo meio... Sempre adorei os sabres de luz e o mito dos Jedi, e depois de pôr a mão num software que, de fato, iria possibilitar que eu me transformasse naquilo que sempre admirei a distância, o que era uma vaga ideia logo começou a se tornar realidade... Cara, vamos ser Jedi".[16] Kronke comemora abertamente o fato de ter realizado o filme com um orçamento de US$ 26,79 (a maioria dos objetos e figurinos era parte de coleções preexistentes da parafernália de *Star Wars*), o fato de que o maior problema enfrentado no set foram os sabres de luz de plástico, que viviam quebrando, e o fato de os efeitos sonoros incluírem "o som de um cabide batendo contra uma lanterna de metal, o som da porta do meu microondas e do meu corpo caindo várias vezes no chão".

A comercialização em massa de *Star Wars* inadvertidamente forneceu muitos dos recursos necessários a essas produções. *Star Wars* é, de várias formas, um ótimo exemplo da convergência dos meios de comunicação em ação. A decisão de George Lucas de abrir mão do salário, no primeiro filme de *Star Wars*, em troca de uma participação nos lucros da venda de produtos extras é amplamente citada como um momento decisivo no surgimento da nova estra-

206 | CULTURA DA CONVERGÊNCIA

tégia de produção e distribuição de mídia. Lucas fez fortuna, e a Twentieth Century Fox Film Corporation aprendeu uma lição valiosa. Os *action figures* de *Star Wars* da Kenner são considerados primordiais ao restabelecimento do valor de produtos associados à mídia para a indústria de brinquedos, e a música de John Williams ajudou a revitalizar o mercado de discos de trilhas sonoras. O rico universo narrativo da saga de *Star Wars* proporcionou inúmeras imagens, ícones e artefatos que podiam ser reproduzidos de várias formas. Apesar da lacuna prolongada entre as datas de lançamento de *O Retorno de Jedi* (1983) e *A Ameaça Fantasma* (1999), a Lucasfilm continuou a gerar lucros com a franquia de *Star Wars*, por meio da produção de romances originais e revistas em quadrinhos, da distribuição de fitas de vídeo e de áudio, da comercialização ininterrupta de brinquedos e outros produtos de *Star Wars* e da manutenção de um elaborado aparato publicitário, incluindo uma sofisticada revista mensal para os fãs.

Muitos desses brinquedos e bugigangas eram banais, se comparados aos tipos de narrativa transmídia descritos no capítulo anterior: quase não acrescentam informações novas à franquia em expansão. Contudo, assumiram significados mais profundos à medida que se tornaram recursos para a brincadeira de crianças, ou para a produção digital de filmes. Cineastas amadores muitas vezes fazem uso de figurinos e objetos disponíveis no mercado, utilizam trechos de música do disco da trilha sonora e sons dos vídeos ou dos jogos de computador de *Star Wars* e aproveitam a assistência técnica sobre efeitos especiais nos documentários de TV e nas revistas de grande circulação. Por exemplo, os criadores de *Duel* descreveram as fontes de sua trilha sonora: "Tiramos quase todos os sons dos sabres de luz de uma edição especial em *laserdisc* de *O Império Contra-Ataca* e alguns do disco da trilha sonora de *Uma Nova Esperança*. *O Retorno de Jedi* foi quase inútil para nós, pois as batalhas de sabre de luz no filme são sempre acompanhadas de música. Os sons de chutes são, na verdade, sons de socos de *Os Caçadores da Arca Perdida* [*Raiders of the Lost Ark*], e há um som – Hideous correndo na areia – que pegamos de *Lawrence da Arábia* [*Lawrence of Arabia*]. A música, é claro, veio da trilha sonora de *A Ameaça Fantasma*".[17] A disponibilidade desses diversos produtos extras incentivou os cineastas amadores, desde a infância, a construírem suas próprias fantasias no universo de *Star Wars*. Um crítico esclareceu: "Quem era criança nos anos 1970 provavelmente brigou no recreio para ver quem iria ser Han, perdeu um *action figure* de Wookiee no quintal e sonhou em dar um último disparo na Estrela da Morte. E, provavelmente, seus devaneios e conversas não eram sobre William Wallace, Robin Hood ou Odisseu, mas sobre sabres de luz, homens frios e insensíveis e pais esquecidos. Em outras palavras, falávamos sobre nossas lendas".[18] Os *action figures* proporcionaram a essa geração seus primeiros avatares, incentivando-os a assumir o papel de um Cavaleiro Jedi ou de um caçador de recompensa intergaláctico, permitindo a manipulação física dos personagens e a construção de suas próprias histórias.

Não surpreende que um número significativo de cineastas no fim da adolescência e com 20 e poucos anos de idade tenham recorrido a *action figures* nas primeiras iniciativas de produção. Os produtores de *Toy Wars* (2002), Aaron Halon e Jason VandenBerghe, lançaram o plano ambicioso de produzir uma refilmagem quadro a quadro de *Star Wars*: *Uma Nova Esperança*, com um elenco inteiro de *action figures*. Os filmes de *action figures* exigem engenhosidade constante por parte dos cineastas amadores. Damon Wellner e Sebastian O'Brien, dois autoproclamados "nerds dos *action figures*" de Cambridge, Massachusetts, criaram a Probot Productions com o objetivo de "tornar os brinquedos tão vivos quanto nos pareciam na infância". O website da Probot Productions (www.probotproductions.com) dá a seguinte explicação sobre o processo de produção:

> A primeira coisa que você precisa saber sobre a Probot Productions é que estamos falidos. Gastamos todo o nosso dinheiro em brinquedos. O que sobra do orçamento é muito pouco para efeitos especiais, então temos de, literalmente, trabalhar com o que encontramos no lixo... Para os cenários, usamos uma caixa de pão, o tubo de ventilação de uma secadora, caixas de papelão, uma parte descartada de uma máquina de venda automática e engradados de leite. Pedaços grandes de isopor que vêm dentro das embalagens de aparelhos de som funcionam muito bem na criação de ambientes em naves espaciais![19]

Nenhum cineasta digital foi tão longe na estética do cinema de *action figures* quanto Evan Mather. Os filmes de Mather, como *Godzilla versus Disco Lando*, *Kung Fu Kenobi's Big Adventure* e *Quentin Tarantino's Star Wars*, representam uma travessura sem restrições por meio da cultura popular contemporânea. A ação cheia de socos e pontapés de *Kung Fu Kenobi's Big Adventure* passa-se em cenários retirados de filmes, desenhados à mão ou construídos

208 | CULTURA DA CONVERGÊNCIA

com blocos de LEGO, com uma eclética e sugestiva trilha sonora, que inclui Neil Diamond, *Missão Impossível* [*Mission: Impossible*] (1996), *As Grandes Aventuras de Pee Wee* [*Pee Wee's Big Adventure*] (1985) e *O Natal de Charlie Brown* [*A Charlie Brown Christmas*] (1965). Disco Lando flerta com todo mundo, do almirante Ackbar à dançarina azul de Jabba, e todas as suas falas românticas são da trilha sonora de *O Império Contra-Ataca*. Mace Windu se enfurece no Conselho Jedi e profere as palavras de Samuel L. Jackson no filme *Pulp Fiction* (1994) antes de metralhar o lugar todo. A câmera dá um close no careca e moribundo Darth Vader enquanto ele suspira "rosebud". Além do humor anárquico e do ritmo acelerado, os filmes de Mather destacam-se pela sofisticação visual. O estilo frenético de Mather tornou-se cada vez mais notável no conjunto de suas obras, constantemente fazendo experiências com formas diferentes de animação, de imagens intermitentes ou dissimuladas e movimentos de câmera dinâmicos.

Se, por um lado, os cineastas de *action figures* desenvolveram uma estética baseada na apropriação de material da mídia comercial, por outro, a mídia comercial foi rápida em imitar essa estética. O efêmero *Action League Now!!!* (1994) do Nickelodeon, por exemplo, tinha um elenco regular de personagens que consistia de bonecos desengonçados e *action figures* mutilados. Em alguns casos, seus rostos tinham sido derretidos ou deformados por mau uso. Um dos protagonistas não tinha roupa. Os bonecos tinham tamanhos variados, sugerindo o choque entre universos narrativos diferentes que caracteriza as brincadeiras das crianças com *action figures*. *Celebrity Deathmatch* (1998), da MTV, criou seus *action figures* em *claymation* (animação em massinha), encenando lutas livres entre várias celebridades, algumas prováveis (Monica Lewinsky contra Hillary Clinton), outras bizarras (o astro de rock conhecido antigamente como Prince contra o Príncipe Charles).

Ou veja o exemplo do *Frango Robô*, do Cartoon Network, uma série de animação em *stop motion* produzida por Seth Green (*Buffy, a Caça-Vampiros* e *Austin Powers*) e Matthew Senreich: imagine uma série em que todos os papéis são interpretados por bonecos. O programa faz uma sátira da cultura pop, misturando e unindo personagens com a mesma liberdade de uma criança brincando no chão com seus brinquedos. Na paródia de *The Real World*, da MTV, Superman, Aquaman, Batman, Mulher Maravilha, Mulher Gato, Hulk e outros super-heróis dividem um apartamento e lidam com questões da vida real, como a fila para usar o banheiro ou as brigas para decidir quem vai fazer as tarefas domésticas. Ou, em sua versão de *American Idol*, os candidatos são zumbis ou estrelas do rock mortas e os jurados são ícones dos cereais matinais – Frankenberry (como Randy), Booberry (como Paula) e Count Chocula (como Simon).

A série originou-se como uma coluna regular na *Toy Fare*, uma revista especializada cujo público-alvo era colecionadores de bonecos e construtores de maquetes. Seth Green, fã da publicação, pediu aos colaboradores da revista que o ajudassem a desenvolver um segmento especial de animação para apresentar em sua futura participação no programa *The Conan O'Brien Show*, o que, por sua vez, levou a um convite para produzir uma série de cartuns para o Screenblast, um programa da Sony na web que teve vida curta mas muita influência, e que, por sua vez, levou a um convite para produzir uma série de televisão como parte da programação adulta, Adult Swim, do Cartoon Network. Podemos, então, remontar passo a passo como esse conceito se move a partir da subcultura de fã até uma série de sites conhecidos por seu conteúdo cult.[20] A cobertura noticiosa da série enfatiza o próprio status de Seth Green como colecionador de brinquedos e costuma descrever os desafios enfrentados pelo "caçador de brinquedos" do programa, que vai ao eBay ou a lojas retrô em busca de brinquedos específicos necessários para compor o elenco dos segmentos, tornando indistinta a linha que separa as práticas amadoras e comerciais de produção midiática.[21]

A web representa um lugar de experimentação e inovação, onde os amadores sondam o terreno, desenvolvendo novos métodos e temas e criando materiais que podem atrair seguidores, que criam suas próprias condições. Os métodos mais viáveis comercialmente são então absorvidos pela mídia comercial, seja diretamente, por meio da contratação de novos talentos e do desenvolvimento de trabalhos para televisão, vídeo e cinema com base nesses materiais, seja indiretamente, por meio da imitação da mesma qualidade estética e temática. Em compensação, a mídia comercial pode fornecer inspiração para empreendimentos amadores subsequentes, o que impulsiona a cultura popular a novas direções. Num mundo assim, os trabalhos dos fãs não podem mais ser encarados como simples derivados de materiais comerciais, e sim como sendo eles próprios passíveis de apropriação e reformulação pelas indústrias midiáticas.

"O Wookiee de 200 Kg"

Os fãs têm a confiança renovada quando George Lucas e seus amigos, pelo menos às vezes, dão uma olhada no que os fãs criaram e enviam sua aprovação. Na verdade, parte da fascinação de participar do concurso oficial de cinema de fã de *Star Wars* é o fato de que Lucas, pessoalmente, escolhe o vencedor entre os finalistas, identificados por Chris Albrecht, da AtomFilm, e examinados pelo pessoal da LucasArts. Não há dúvida de que Lucas, pessoalmente, gosta de pelo menos algumas formas de criatividade dos fãs. Como explica Albrecht, "tiro o chapéu para Lucas por ele reconhecer que isso está acontecendo e oferecer ao público uma oportunidade de participar de um universo que ele conhece e adora. Não há nada parecido com isso por aí. Nenhum outro produtor foi tão longe".[22] Em outros níveis, a empresa – e talvez o próprio Lucas – quer controlar o que os fãs produzem e circulam. Jim Ward, vice-presidente

||||||||||||||||||||||||||||||||||||||||||||||||||||||||||||||||||||||||||||||||||||||||||||||||||||||

Pixelvision e Machinima

As imagens embaçadas de *Toy Soldiers* (1996), de Kyle Cassidy, evocam vagas lembranças da infância. Este curta-metragem expressa as esperanças e os anseios de um garotinho enquanto espera por seu pai, que está servindo no Vietnã. Preocupações de adulto moldam os rituais e hábitos de seu dia a dia, enquanto brinca com soldados de plástico no quintal e reflete sobre os que foram atropelados pelo cortador de grama, enquanto assiste ao noticiário com sua mãe, enquanto aguarda a chegada de mais uma carta. *Toy Soldiers* possui a intimidade de um filme caseiro, embora tenha sido refeito décadas depois das lembranças do próprio diretor. Cassidy fez o filme, aclamado pela crítica, com sua câmera Pixelvision 2000, que tem estojo e lentes de plástico, funciona com pilhas AA e grava as imagens numa fita de áudio normal. A câmera Pixelvision, da Fisher-Price, vendida entre 1987 e 1989 por US$ 100, é a filmadora mais barata já fabricada.

A câmera Pixelvision tem uma lente de foco fixo que, como uma câmara obscura, teoricamente possui foco absoluto de zero ao infinito, mas na prática se sai melhor quando o objeto filmado se encontra a alguns metros de distância. A câmera consegue filmar bem em ambientes com pouca luz, mas tudo fica com um aspecto opaco e desbotado. Originalmente, era destinada às crianças, mas os pequenos nunca se entusiasmaram muito com ela, pois os filmes não se pareciam em de marketing da Lucasfilm, declarou à repórter do *New York Times*, Amy Harmon, em 2002: "Fomos claros, desde o início, sobre onde estabelecemos os limites. Adoramos os fãs. Queremos que se divirtam. Mas se de fato alguém está usando nossos personagens para criar uma história própria, isso está fora do espírito do que consideramos ser fã. Ser fã é celebrar a história do jeito que ela é".[23] Lucas quer que o "celebrem", mas não que se apropriem dele.

Lucas abriu um espaço para os fãs criarem e compartilharem sua criação com outros, mas somente sob suas condições. A franquia tem se debatido com essas questões desde os anos 1970 até hoje, desejando uma zona de tolerância dentro da qual os fãs possam operar, enquanto controla o que acontece com sua história. Nessa história, houve períodos em que a empresa foi muito tolerante, e outros em que foi bastante agressiva na tentativa de acabar com todas as formas de *fan fiction*. Ao mesmo tempo, as diferentes divisões da mesma empresa desenvolveram diversas abordagens no trato com os fãs: a divisão de

||||||||||||||||||||||||||||||||||||||||||||||||||||||||||||||||||||||||||||||||||||||||||||||||||||||||

nada com o que viam na televisão. A imagem da Pixelvision possui dois mil pontos em preto e branco, tornando-a bem mais grosseira do que a imagem-padrão da TV, com seus 200 mil pixels. Porém, a câmera Pixelvision chegou ao coração e às mãos de um número crescente de cineastas amadores e vanguardistas que gostam dela justamente pelos motivos por que o aparelho decepcionou seu público-alvo. A imagem nebulosa, granulada e instável da Pixelvision tornou-se a marca registrada da autenticidade da mídia alternativa. Os entusiastas da Pixelvision adoram a característica "apontar e filmar" da câmera, que eles alegam permitir aos neófitos iniciar seus trabalhos criativos de imediato. Artistas iniciantes podem investir energia na comunicação de ideias, e não no aprendizado e no controle da tecnologia. O que era um brinquedo caro tornou-se uma ferramenta incrivelmente barata.

O movimento Pixelvision é o equivalente artístico do Culto à Carga: uma tecnologia descartada e abandonada por seu fabricante chega, de forma imprevista, a mãos dedicadas, e hoje podemos ver o resultado de duas décadas de elaboração, já que os adoradores conseguiram transformar os "defeitos" dessa tecnologia em características desejáveis e desenvolveram um novo modo de expressão em torno de suas propriedades singulares. Os fãs da Pixelvision criaram seus próprios websites, produziram seus próprios críticos e criaram seus próprios festivais de filmes (como o PXL THIS), tudo diante da total negligência, às vezes do franco desdém, da Fisher-Price. Como

212 | CULTURA DA CONVERGÊNCIA

games pensa nos fãs de modo consistente com o que outras empresas de games pensam sobre os fãs (o que provavelmente está no lado mais permissivo do espectro), e a divisão de filmes tende a pensar como uma companhia de cinema e fica um pouco menos confortável com a participação dos fãs. Chamo a atenção para esse ponto não para dizer que a LucasArts é ruim com os fãs – sob muitos aspectos, a empresa parece mais avançada e receptiva à comunidade de fãs do que a maioria das empresas de Hollywood –, mas para ilustrar como a indústria da mídia vem tentando encontrar uma solução diante da criatividade dos fãs.

No começo, a Lucasfilm incentivou ativamente a *fan fiction*, instituindo um escritório de licenciamento em 1977 que, gratuitamente, analisava materiais e dava consultoria sobre potencial infração dos direitos autorais.[24] No início dos anos 1980, esse esquema ruiu, supostamente porque Lucas teria deparado com alguns exemplares de literatura erótica de fãs que chocou sua sensibilidade. Em 1981, a Lucasfilm passou a emitir alertas aos fãs que produzissem fanzines com histórias de sexo explícito, ao mesmo tempo dando permissão implícita à publicação de histórias não eróticas sobre os personagens,

||||||||||||||||||||||||||||||||||||||||||||||||||||||||||||||||||||||||||||||||||||||||||||||||||||||||

escreve o cineasta Eric Sacks, "a Pixelvision é uma forma de arte aberrante, salientada pelo fato de que, uma vez que a câmera se desgasta facilmente e está fora de linha, traz em si mesma uma obsolescência consciente. Cada vez que um artista utiliza uma PXL 2000, toda uma forma de arte fica mais próxima da extinção".[1]

Muitos dos melhores filmes em Pixelvision revelam uma fascinação pelos processos e artefatos da vida cotidiana: a câmera deu origem a um gênero de filmes confessionais, com rostos fantasmagóricos falando diretamente para a câmera, com surpreendente franqueza. Sadie Benning, a filha adolescente de um consagrado cineasta experimental, ficou famosa no mundo da arte com seus curtas simples e diretos, filmados em seu quarto, sobre seu amadurecimento como lésbica. Aos 19 anos, Benning foi a pessoa mais jovem a conquistar um Prêmio Rockefeller.

Andrea McCarty, aluna de graduação dos Estudos de Mídia Comparada do MIT, está estudando o movimento Pixelvision a fim de compreender melhor como funciona a criatividade alternativa. Ela me disse: "A resistência e a popularidade da Pixelvision provam que não se trata de uma

---

1. Erik Saks, "Big Pixel Theory", http://www.the kitchen.org/MovieCatalog/Titles/BigPixelTheory.html.

STAR WARS POR QUENTIN TARANTINO? | 213

desde que não fossem vendidas para a obtenção de lucro: "Já que toda a saga de *Star Wars* é livre, qualquer história publicada também deve ser livre. A Lucasfilm não produz episódios de *Star Wars* proibidos para menores, então por que deveríamos ser colocados numa posição em que as pessoas poderiam pensar que produzimos?"[25] A maior parte da literatura erótica de fã tornou-se *underground* depois dessa política, embora continuasse a circular informalmente. A questão ressurgiu nos anos 1990: *fan fictions* de todas as variedades prosperaram na "fronteira eletrônica". Um website, por exemplo, fornecia regularmente links atualizados para sites e *fan fiction* de mais de 153 filmes, livros e programas de televisão, de *Águia de Fogo* [*Airwolf*] (1984) a *Zorro* (1975).[26] Os editores de fanzines de *Star Wars* aos poucos foram saindo do subterrâneo, cautelosamente, sondando o terreno. Jeanne Cole, porta-voz da Lucasfilm, explicou: "O que se pode fazer? Como se pode controlar isso? Nós valorizamos os fãs, o que faríamos sem eles? Se ficarem com raiva de nós, de que adianta?"[27]

O estudioso das mídias Will Brooker cita uma nota corporativa de 1996 que explica: "Como a Internet está crescendo muito rápido, estamos desenvolvendo normas para ampliar a capacidade dos fãs de se comunicarem entre si

||||||||||||||||||||||||||||||||||||||||||||||||||||||||||||||||||||||||||||||||||||||||||||||||||||

tecnologia fracassada... O fascínio pelas câmeras Pixelvision desmente sua obsolescência – colecionadores as procuram, artistas criam com elas, fãs de tecnologia as modificam e fãs assistem aos filmes no festival PXL THIS".[2] Os melhores filmes em Pixelvision foram aceitos no mundo da arte, e a câmera tem fãs até entre cineastas comerciais. O diretor Michael Almereyda incorporou algumas imagens em Pixelvision em seus lançamentos para o cinema *Nadja* (1994) e *Hamlet* (2000), para o elogio da crítica.

Isso é o que se afirmava que iria ocorrer como consequência inevitável da revolução digital: a tecnologia colocaria nas mãos de pessoas comuns, para sua expressão criativa, ferramentas de baixo custo e fáceis de usar. Derrube as barreiras da participação e forneça novos canais de publicidade e distribuição, e as pessoas irão criar coisas extraordinárias. Pense nessas subculturas como frascos de laboratório estéticos. Ponha neles uma semente e observe a germinação. Na maioria dos casos, nada de interessante acontece. Podemos aplicar a lei de Sturgeon à criação cultural amadora: 90% é lixo. Mas se o número de pessoas que participam da criação

---

2. Andrea McCarty, correspondência pessoal, novembro de 2004.

214 | CULTURA DA CONVERGÊNCIA

sem infringirem os direitos autorais e de marca de *Star Wars*".[28] Os primeiros anos sem lei da Internet estavam dando lugar a um período de intensificação do escrutínio corporativo e de expansão do controle. Mesmo durante o que pode ser visto como um período de "lua-de-mel", alguns fãs sentiam que a Lucasfilm estava agindo como um "Wookiee de 200 kg", caminhando pesadamente e emitindo ruídos ameaçadores.[29]

A visão da Lucasfilm parecia relativamente mais esclarecida, até mesmo acolhedora, quando comparada ao modo como outros produtores de mídia reagiam aos fãs. No final dos anos 1990, a Viacom experimentou uma nova abordagem em relação à cultura dos fãs – começando pela Austrália. Um representante da corporação reuniu-se com líderes de fã-clubes do país inteiro e declarou que haveria novas diretrizes para suas atividades.[30] As diretrizes proibiam a exibição de episódios de seriados em encontros do clube, a menos que esses episódios já estivessem disponíveis naquele mercado. (Essa política traz consequências sérias aos fãs australianos, pois eles muitas vezes só obtêm

||||||||||||||||||||||||||||||||||||||||||||||||||||||||||||||||||||||||||||||||||||||||||||||||||||||||||

de arte aumentar, a quantidade de trabalhos realmente interessantes também pode aumentar. Seguramente, os impulsos criativos irão superar as limitações e os obstáculos técnicos. Artistas amadores se saem melhor quando operam em comunidades de apoio, lutando com os mesmos problemas criativos e evoluindo com o sucesso dos outros.

Consideremos um segundo exemplo poderoso desse processo em ação: o Machinima. O nome, uma junção das palavras máquina e cinema, refere-se à animação digital em 3-D, criada em tempo real, utilizando mecanismos de games. O movimento Machinima começou em 1993, quando *Doom* foi lançado com um programa que permitia a gravação e reprodução de ações *in--game*. A ideia era de que as pessoas talvez quisessem rever suas próprias experiências no jogo, como minifilmes de ação. Há poucas evidências de que o controvertido jogo tenha incentivado garotos a saírem atirando em colegas e professores nas escolas, mas há várias evidências de que ele inspirou uma geração de animadores (amadores e profissionais).

Jogos posteriores ofereciam ferramentas cada vez mais sofisticadas, que permitiam aos jogadores criar seus próprios recursos digitais ou colocar a própria "pele" (aparência) sobre os personagens e outros componentes do universo do game. Logo as pessoas estavam jogando e gravando as ações que desejavam incluir em seus filmes e até redefinindo os jogos, a fim de criar personagens e

STAR WARS POR QUENTIN TARANTINO? | 215

episódios de seriados um ano ou dois após irem ao ar nos Estados Unidos, e a circulação e exibição *underground* de fitas de vídeo permitiam que participassem ativamente das discussões on-line). Da mesma forma, a Viacom restringiu a publicação e distribuição de fanzines e proibiu o uso de nomes da marca *Star Trek* (1966) na publicidade de convenções de fãs. Seu objetivo, declarado explicitamente, era forçar os fãs a participarem de fã-clubes controlados pela corporação.

Em 2000, a Lucasfilm ofereceu aos fãs de *Star Wars* espaço de graça na web (www.starwars.com) e conteúdo exclusivo para os seus sites, mas apenas sob a condição de que qualquer coisa que criassem se tornasse propriedade intelectual do estúdio. Como esclarecia a nota oficial de lançamento desse novo "terreno", "para incentivar o contínuo entusiasmo, a criatividade e a interação de nossos dedicados fãs da comunidade de *Star Wars* on-line, a Lucas Online (http://www.lucasfilm.com/divisions/online/) tem o prazer de oferecer, pela primeira vez, um site oficial para os fãs celebrarem seu amor por *Star Wars* na

||||||||||||||||||||||||||||||||||||||||||||||||||||||||||||||||||||||||||||||||||||||||||||||||||||

cenários de que precisavam para encenar suas próprias histórias. Os mecanismos dos games proporcionavam aos artistas uma drástica redução dos custos e do tempo de produção da animação digital. Imagine uma animação complexa com a espontaneidade de um desempenho improvisado! A maioria dos filmes em Machinima permanecem profundamente radicados na cultura dos gamers – *My Trip to Liberty City* é um diário de viagem pelo mundo apresentado no *GTA3* [*Grand Theft Auto*] (2001); *Halo Boys* envolve *boy bands* do universo de *Halo* (2001); alguém reproduziu momentos clássicos de *Monty Python em Busca do Cálice Sagrado* [*Monty Python and the Holy Grail*] (1975) utilizando *Dark Age of Camelot* (2001). Mas isso não é tudo. Algumas pessoas iniciaram o desafio de reproduzir filmes clássicos de ação – tudo, desde *Matrix* até a sequência da Praia de Omaha, em *O Resgate do Soldado Ryan* [*Saving Private Ryan*] (1998). Cineastas mais políticos foram mais longe, utilizando os mecanismos dos jogos para criticar a guerra ao terrorismo ou para reproduzir o cerco ao Ramo Davidiano, em Waco. *Ozymandias*, de Hugh Hancock e Gordon McDonald, adota um poema de Percy Shelley, e *Anna*, de Fountainhead, retrata a vida de uma flor. Assim como no caso da Pixelvision, o movimento Machinima lançou sua própria comunidade na web, com críticas, programas de treinamento e festivais de filmes.

216 | CULTURA DA CONVERGÊNCIA

rede mundial de computadores".[31] Historicamente, a *fan fiction* provou ser uma porta de entrada ao mercado editorial comercial, pelo menos para alguns amadores que conseguiam vender seus romances às séries profissionais de livros centradas em diversas franquias. Se a Lucasfilm Ltd. alegasse ter a propriedade desses direitos, poderia publicá-los sem compensação e também removê-los sem prévio aviso ou permissão.

Elizabeth Durack foi uma das líderes que se expressaram mais abertamente numa campanha que exortava os fãs de *Star Wars* a não participar desse novo sistema. "É a genialidade da Lucasfilm oferecendo aos fãs espaço na web – isso faz com que pareçam incrivelmente generosos, *e também* sejam mais controladores do que antes... A Lucasfilms não odeia os fãs, não odeia os sites dos fãs. Na verdade, eles sabem que se beneficiam da publicidade gratuita que os fãs representam – e quem não gosta de ser adorado? Essa jogada releva isso mais do que qualquer coisa. Mas eles têm medo, e isso faz com que magoem aqueles que os amam".[32] Durack argumenta que os fãs, de fato, respeitam Lucas como criador de *Star Wars*, mas querem manter o direito de participar da produção e circulação da saga de *Star Wars*, que se tornou parte da vida deles: "Muitos escritores observaram que *Star Wars* (intencionalmente baseada em temas recorrentes da mitologia) e outras criações midiáticas populares desem-

||||||||||||||||||||||||||||||||||||||||||||||||||||||||||||||||||||||||||||||||||||||||||||||||||

Se a Pixelvision foi adotada pelo mundo da arte, o maior impacto do Machinima até agora foi na cultura comercial. O History Channel, por exemplo, lançou uma bem-sucedida série, *Batalhas Decisivas* [*Decisive Battles*] (2004), que reproduz eventos como a Batalha de Maratona utilizando, como ferramenta básica de animação, o jogo *Rome: Total War* (2004), da Creative Assembly. O programa *Video Mods* da MTV2 apresenta videoclipes de bandas como Black Eyed Peas e Fountains of Wayne, produzidos com a utilização de peles parecidas com as dos artistas, inseridas no universo de games como *Tomb Raider*, *Leisure Suit Larry*, *The Sims 2* e *SSX3*.

A Pixelvision foi completamente abandonada pela Fisher-Price. Mas o Machinima – e as modificações em games, de maneira geral – foi adotado pela indústria de games. O novo lançamento da Lionhead, *The Movies* (2005), dá um passo adiante no movimento Machinima: o game permite a montagem do próprio estúdio, a produção dos próprios filmes, com a utilização de seus personagens e cenários e o compartilhamento com amigos on-line.

penham, nos Estados Unidos de hoje, o papel que os mitos culturais dos gregos ou dos índios americanos desempenharam para os povos mais antigos. Manter os mitos modernos reféns por meio de batalhas legais parece ser, de alguma forma, contrário à natureza".

Hoje, as relações entre a LucasArts e a comunidade de *fan fiction* estão um pouco menos tensas. Embora eu não tenha encontrado nenhuma declaração oficial que sinalize uma mudança de estratégia da empresa, a *fan fiction* de *Star Wars* está em toda parte na web, inclusive em vários sites de fãs mais visíveis e populares. Os webmasters desses sites afirmam que lidam com a empresa de produção oficial o tempo todo, sobre diversos assuntos, mas a empresa nunca pediu que retirassem do site o que um dia já foi considerado conteúdo que infringe os direitos autorais. No entanto, o que Lucas dá com uma mão, tira com a outra. Muitos fãs escritores me disseram que sempre ficam apreensivos com a possível reação dos "poderes constituídos" às histórias particularmente controversas.

Lucas e seus colegas *movie brats* evidentemente se identificaram mais com os jovens cineastas digitais, que faziam filmes "cartões de visitas" para tentar entrar na indústria cinematográfica, do que com escritores que compartilhavam suas fantasias eróticas. No final da década, entretanto, a tolerância de Lucas para com a produção de filmes de fãs deu lugar a uma estratégia semelhante de incorporação e contenção. Em novembro de 2000, a Lucasfilm designou o site de cinema digital comercial AtomFilms.com como o site de hospedagem oficial para filmes de fã de *Star Wars*. O site forneceria uma biblioteca oficial de efeitos sonoros e realizaria concursos periodicamente, em reconhecimento às realizações de maior destaque dos amadores. Em troca, os cineastas participantes aceitariam certas restrições no conteúdo: "Os filmes devem ser paródias do universo existente de *Star Wars*, ou documentários sobre as experiências dos fãs de *Star Wars*. Nenhuma *fan fiction* – que tenta expandir o universo de *Star Wars* – será aceita. Os filmes não podem fazer uso de música ou vídeo de *Star Wars* protegidos por direitos autorais, mas podem utilizar *action figures* e os clipes de áudio fornecidos pela seção kit de produção desse site. Os filmes não podem fazer uso de propriedade protegida por direitos autorais de qualquer outro filme, música ou obra literária".[33] Aqui, vemos as normas de direitos autorais da cultura de massa sendo aplicadas ao processo de cultura tradicional.

218 | CULTURA DA CONVERGÊNCIA

Uma obra como *Star Wars: Revelations* seria proibida de se inscrever no concurso oficial de *Star Wars*, pois cria sua própria história original nos interstícios entre o terceiro e o quarto filmes e, portanto, trata-se de uma *fan fiction*. Albrecht, o supervisor do concurso, deu várias explicações para a proibição. Antes de mais nada, Lucas temia que ele e sua empresa fossem processados por plágio, ao permitir o contato com materiais produzidos por fãs que imitavam a estrutura dramática da franquia de filmes, caso qualquer material oficial de *Star Wars* fizesse uso de personagens e situações semelhantes. Além disso, sugeriu Albrecht, "só quando os atores começassem a falar é que seria possível dizer se aquele era um filme real de *Star Wars* ou a criação de um fã, pois os efeitos especiais são muito bons... À medida que as ferramentas se aperfeiçoam, aumentam as chances de confusão no mercado". De qualquer forma, a Lucasfilm teria tido muito menos suporte legal para proibir uma paródia, que desfruta de ampla proteção sob a atual jurisprudência, ou documentários sobre o fenômeno em si, que estariam claramente inseridos na categoria de comentário jornalístico ou crítico. A Lucasfilm estava na verdade tolerando o que, por lei, era obrigada a aceitar, em troca da proibição daquilo que, de outra forma, talvez fosse incapaz de controlar.

Essas regras não têm nada de neutras em relação ao sexo dos fãs: embora as fronteiras entre o masculino e o feminino estejam começando a ficar menos claras nos últimos anos, a maioria esmagadora das paródias de fãs é produzida por homens, enquanto que a *fan fiction* é quase inteiramente produzida por mulheres. Na comunidade feminina de fãs, há muito tempo as mulheres produzem "clipes musicais" editados com imagens de filmes, programas de televisão e música pop. Esses clipes de fã muitas vezes funcionam como uma forma de *fan fiction*, ao destacar aspectos da vida emocional dos personagens ou tentar adivinhar o que pensam e sentem. Às vezes, exploram subtextos pouco desenvolvidos no filme original, oferecem interpretações originais da história ou sugerem enredos que vão além da obra em si. O tom emocional desses trabalhos não poderia ser mais diferente do tom das paródias exibidas nos concursos oficiais – filmes como *Sith Apprentice*, em que o Imperador leva alguns aspirantes a stormtroopers à sala da diretoria; *Anakin Dynamite*, em que um jovem Jedi tem de enfrentar "idiotas", como seu correspondente no sucesso cult *Napoleon Dynamite* (2004); ou *Intergalactic Idol* (2003), em que o público decide qual candidato realmente tem a força. Em contrapartida, *Come What May*

(2001), de Diane Williams, um videoclipe típico, utiliza imagens de *A Ameaça Fantasma* para explorar o relacionamento entre Obi-Wan Kenobi e seu mentor, Qui-Gon Jinn. As imagens mostram a intensa amizade entre os dois homens e culminam com imagens de Obi-Wan Kenobi embalando o corpo despedaçado de seu amigo assassinado, após a batalha com Darth Maul. As imagens são acompanhadas da música "Come What May", extraída do filme *Moulin Rouge* (2001), de Baz Luhrmann, cantada por Ewan McGregor, ator que também faz o papel de Obi-Wan Kenobi em *A Ameaça Fantasma*.

Se a AtomFilms iria definir esse trabalho como paródia é uma questão de interpretação: embora divertido em alguns momentos, ele não possui a comédia aberta da maior parte dos filmes de *Star Wars* produzida por homens, envolve uma identificação muito mais próxima com os personagens e sugere aspectos de seu relacionamento que não foram apresentados explicitamente na tela. *Come What May* seria interpretado pela maioria dos fãs como um subgênero *slash*, que constrói relações eróticas entre personagens do mesmo sexo, e seria interpretado de forma melodramática, e não satírica. Evidentemente, do ponto de vista legal, *Come What May* talvez represente uma paródia, o que não exige que o trabalho seja cômico, mas apenas que seja adequado e transforme o original para fins de comentário crítico. Seria difícil argumentar que um vídeo que trata Obi-Wan e Qui-Gon como amantes não transforma o original de modo a expandir seus potenciais significados. Muito provavelmente, este e outros clipes musicais produzidos por mulheres seriam considerados *fan fiction*; *Come What May* também estaria fora das regras da AtomFilms em relação à apropriação de conteúdo de filmes e de outros produtos de mídia.

Essas regras criam um sistema de dois níveis: alguns trabalhos podem se tornar mais públicos, pois se ajustam ao que o detentor dos direitos considera uma apropriação adequada de sua propriedade intelectual, enquanto outros permanecem ocultos (ou pelo menos distribuídos por canais menos oficiais). Nesse caso, os trabalhos foram tão apartados da visibilidade do público que, quando pergunto a cineastas digitais de *Star Wars* sobre a invisibilidade dessas obras feitas principalmente por mulheres, a maioria responde que nem fazia ideia de que as mulheres estavam produzindo filmes de *Star Wars*.

O antropólogo e consultor de marketing Grant McCracken expressou ceticismo a respeito dos paralelos que os fãs estabelecem entre sua produção cultural alternativa e a cultura popular tradicional: "Os antigos heróis não

220 | CULTURA DA CONVERGÊNCIA

pertenciam a todos, não serviam a todos, não tinham relações com todos. Esses heróis universais nunca foram muito universais".[34] Só para constar, minhas afirmações aqui são muito mais particularizadas do que as analogias generalizadas a mitos gregos que provocaram a ira de McCracken. Ele, quase com certeza, está certo: quem podia contar aquelas histórias, sob que circunstâncias e para que propósitos refletiam hierarquias operando no interior de uma cultura clássica. Minha analogia, por outro lado, reflete um momento específico no surgimento da cultura popular americana, em que canções diversas vezes circulavam muito além de seu ponto de origem, perdiam todo o reconhecimento de sua autoria original, eram utilizadas para outros fins e reutilizadas para servir a uma série de interesses diferentes, tornando-se parte da trama da vida cotidiana para um grande conjunto de participantes não profissionais. É assim que a cultura tradicional funcionava, numa democracia emergente.

Não quero retroceder ao passado, a uma mítica época de ouro. Em vez disso, quero que reconheçamos os desafios representados pela coexistência desses dois tipos de lógica cultural. Os tipos de práticas de produção que esta-

||||||||||||||||||||||||||||||||||||||||||||||||||||||||||||||||||||||||||||||||||||||||||||||||||||||||||||

Quando a Pirataria Se Transforma em Promoção

As vendas globais de animação japonesa e mercadorias afins, impressionantes 9 trilhões de ienes (US$ 80 bilhões), são dez vezes maiores do que há uma década. Grande parte do aumento ocorreu na América do Norte e na Europa Ocidental. O anime japonês conquistou sucesso mundial em parte porque as empresas de mídia japonesas foram tolerantes com as atividades alternativas que as empresas de mídia americanas parecem tão determinadas a interromper. Parte dos riscos em entrar para o mercado ocidental e muitos dos custos da experimentação e promoção foram arcados por consumidores dedicados. Há duas décadas, o mercado americano estava totalmente fechado às importações japonesas. Hoje, o céu é o limite, com muitas das séries infantis mais bem-sucedidas, de *Pokémon* (1998) a *Yu-Gi-Oh!* (1998), vindo diretamente das produtoras japonesas. A mudança ocorreu não por meio de algum plano orquestrado pelas empresas japonesas, mas em resposta ao impulso dos fãs americanos, que utilizavam cada tecnologia à disposição para expandir a comunidade, que conhecia e adorava esse conteúdo. Iniciativas comerciais posteriores foram tomadas com base na infraestrutura desenvolvida pelos

STAR WARS POR QUENTIN TARANTINO? | 221

mos discutindo aqui eram uma parte normal da vida americana, naquele período. Eles estão simplesmente mais visíveis hoje, por conta da mudança nos canais de distribuição das produções culturais amadoras. Se a mídia corporativa não conseguiu esmagar a cultura vernácula na época em que o poder dos meios de comunicação de massa era, em grande medida, inconteste, é difícil acreditar que ameaças legais serão uma reação adequada num momento em que as ferramentas digitais e as novas redes de distribuição aumentaram o poder de pessoas comuns de participarem de sua cultura. Depois de sentirem esse poder, os fãs e outros grupos subculturais não irão retornar à docilidade e à invisibilidade. Irão submergir no *undeground*, se tiverem de fazê-lo – já estiveram lá – mas não vão parar de criar.

É aqui que o argumento de McCracken se junta novamente ao meu. McCracken afirma que, em última análise, não existe um cisma entre o interesse do público em ampliar as oportunidades para a criatividade alternativa e o interesse corporativo em proteger sua propriedade intelectual: "As corporações terão de permitir que o público participe da construção e representação de

||||||||||||||||||||||||||||||||||||||||||||||||||||||||||||||||||||||||||||||||||||||||||||||||||||||||||

fãs nos anos de intervalo. A convergência alternativa preparou o caminho para novas estratégias da convergência corporativa.

A animação japonesa já era exportada ao mercado ocidental desde os anos 1960, quando *Astro Boy* (1963), *Speed Racer* (1967) e *Gigantor* (1965) chegaram às TVs americanas. No final dos anos 1960, entretanto, iniciativas de reformas na televisão, como a Action for Children's Television, fizeram ameaças de boicotes e legislação federal para controlar o conteúdo considerado inadequado para as crianças americanas. O conteúdo japonês destinava-se a adultos em seu país de origem, muitas vezes tratava de temas mais maduros e se tornou alvo preferencial do repúdio. Distribuidores japoneses desestimulados retiraram-se do mercado americano, despejando seus desenhos animados, falados em japonês, em canais pagos transmitidos a cidades com grandes populações de origem asiática.

Com o advento dos videocassetes, os fãs americanos conseguiram dublar os programas dos canais com transmissão em japonês e compartilhá-los com amigos de outras regiões. Logo os fãs começaram a fazer contatos no Japão – tanto a juventude local como militares americanos com

222 | CULTURA DA CONVERGÊNCIA

suas criações, ou, no devido tempo, comprometerão o valor comercial de suas propriedades. O novo consumidor irá ajudar na criação de valor, ou irá se recusar a fazê-lo... As corporações têm o direito de manter seus direitos autorais, mas também têm interesse em liberá-los. A economia da escassez talvez dite o primeiro. A economia da plenitude dita o segundo".[35] O aumento do leque de opções de mídias, que McCracken chama de "economia da plenitude", irá forçar as empresas a abrir mais espaço para a participação e afiliação populares – começando, talvez, com as empresas de nicho e públicos periféricos, mas, com o tempo, movendo-se na direção de correntes cultural e comercialmente predominantes. McCraken argumenta que as empresas que liberarem seus direitos autorais irão atrair os consumidores mais ativos e comprometidos, e as que impuserem limites implacáveis irão sofrer uma diminuição em sua participação no mercado das mídias.[36] É claro que esse modelo depende da participação coletiva de fãs e membros do público contra empresas que possam seduzi-los com entretenimento feito sob medida para suas próprias necessidades. As

||||||||||||||||||||||||||||||||||||||||||||||||||||||||||||||||||||||||||||||||||||||||||||||||||||||||||||||||||||||||

acesso às novas séries. Tanto o Japão quanto os Estados Unidos utilizavam o mesmo formato, NTSC, facilitando o fluxo de conteúdo pelas fronteiras nacionais. Fã-clubes americanos surgiram para apoiar o armazenamento e a circulação de animação japonesa. Nos *campi* das faculdades, organizações de estudantes formaram grandes bibliotecas, com material legal e pirateado, e realizavam exibições destinadas a educar o público sobre os artistas, estilos e gêneros do anime japonês. O Anime Club, do MIT, por exemplo, organiza exibições semanais utilizando material de uma biblioteca com mais de 1.500 filmes e vídeos. Desde 1994, o clube mantém um website destinado a educar os americanos sobre o anime e a cultura dos fãs do anime. Na maioria dos casos, o clube exibia conteúdo sem tradução. Da mesma forma como ocorre com uma ópera no rádio, alguém levantava no início da sessão e descrevia o enredo, muitas vezes com base no que se lembrava da explicação de uma outra pessoa, numa sessão anterior. Os distribuidores japoneses permitiam essas sessões. Não tinham autorização da sede da empresa para cobrar dos fãs ou fornecer material, mas queriam saber o real interesse despertado pelos programas. No final nos anos 1980 e início dos anos 1990, surgiu a "fansubbing", tradução e legendagem amadoras dos animes japoneses. Sistemas sincronizados de VHS e S-VHS permitiam legendas nas fitas, para que pudessem manter a sincronia precisa de texto e imagem. Como explica o

STAR WARS POR QUENTIN TARANTINO? | 223

empresas de produção estão centralizadas e conseguem agir de modo unificado; os fãs estão descentralizados e não têm capacidade para garantir a obediência a seus direitos. E, até agora, as empresas de mídia têm demonstrado uma notável disposição em despertar a hostilidade dos fãs, por meio de medidas legais contra eles, contrariando toda a racionalidade econômica. Na melhor das hipóteses, será uma luta árdua. Entretanto, talvez a melhor maneira de essa luta suceder seja criando sucessos que demonstrem o valor econômico do envolvimento do público participativo.

Crie sua própria galáxia

Adotando a lógica da colaboração, os criadores de RPG para múltiplos jogadores on-line (MMORPGs) já formaram uma relação mais aberta e cooperativa com sua base de consumidores. Designers de games reconhecem que seu trabalho tem menos a ver com a criação de histórias pré-estruturadas do que com a criação das precondições para atividades espontâneas da comunidade. Raph

||||||||||||||||||||||||||||||||||||||||||||||||||||||||||||||||||||||||||||||||||||||||||||||||||||||||||

presidente do Anima Club do MIT, Sean Leonard, "a legenda de fã foi crucial para o crescimento do número de fãs de anime no mundo ocidental. Se não fossem as exibições dos fãs do final dos anos 1970 e início dos anos 1990, não haveria o interesse pela animação japonesa inteligente e 'intelectual', como existe hoje". O alto custo dos primeiros aparelhos fez com que a produção de legendas permanecesse um empreendimento coletivo: os clubes concentravam tempo e recursos para garantir que suas séries favoritas atingissem um público maior. À medida que o custo baixou, a produção de legendas se espalhou, e os clubes passaram a utilizar a Internet para coordenar suas atividades, distribuindo as séries a serem legendadas e recorrendo a uma comunidade maior de candidatos a tradutores.

No início dos anos 1990, grandes convenções de anime trouxeram artistas e distribuidores do Japão, que ficaram perplexos ao ver uma cultura tão próspera em torno do conteúdo que, na verdade, eles nunca haviam vendido ao exterior. Eles voltavam ao Japão motivados para tentar atrair esse interesse comercialmente. Algumas figuras fundamentais da indústria de animação japonesa estavam entre aqueles que haviam auxiliado e apoiado a distribuição alternativa americana, uma década antes.

224 | CULTURA DA CONVERGÊNCIA

Hoster, o homem a quem a LucasArts incumbiu a tarefa de desenvolver o game *Star Wars Galaxies*, conquistou prestígio profissional como um dos principais arquitetos do *Ultima Online* (1997). Ele é o autor de uma importante declaração dos direitos dos jogadores, antes de entrar para a indústria de games, e desenvolveu uma sólida filosofia no design de games focada no poder dos jogadores em moldar suas próprias experiências e formar suas próprias comunidades. Perguntado sobre a natureza do MMORPG, Koster deu uma explicação que se tornou famosa: "Não é apenas um jogo. É um serviço, é um mundo, uma comunidade".[37] Koster também se refere à administração de uma comunidade on-line, seja um MUD não comercial ou um MMORPG comercial, como um ato de controle: "Assim como não é uma boa ideia um governo realizar mudanças

IIIIIIIIIIIIIIIIIIIIIIIIIIIIIIIIIIIIIIIIIIIIIIIIIIIIIIIIIIIIIIIIIIIIIIIIIIIIIIIIIIIIIIIIIIIIIIIIIIIIIIIIIIIIIIIIIIIIIIIIII

As primeiras empresas de nicho a distribuir anime em DVD e fitas de vídeo surgiram quando os fã-clubes se profissionalizaram, adquirindo os direitos de distribuição das empresas japonesas. O primeiro material distribuído já tinha um entusiasmado séquito de fãs. Interessados em expor seus membros à série completa de conteúdos disponíveis no Japão, os fã-clubes muitas vezes corriam riscos que nenhum distribuidor comercial teria enfrentado, testando o mercado para novos gêneros, produtores e séries, e levando as empresas comerciais a seguirem seus passos, sempre que houvesse aceitação pública. Os vídeos legendados por fãs com frequência exibiam avisos solicitando aos usuários para "cessar a distribuição quando o vídeo for licenciado". Os clubes não estavam tentando lucrar com a distribuição de animes, e sim expandir o mercado; tiravam de circulação qualquer título que tivesse encontrado um distribuidor comercial. De todo modo, a qualidade das cópias comerciais era superior à de suas cópias gravadas e regravadas. As primeiras cópias disponíveis comercialmente eram quase sempre dubladas e reeditadas, a fim de ampliar o potencial interesse de consumidores casuais. O crítico cultural japonês Koichi Iwabuchi utilizou o termo "desodorização" para se referir à forma como os "bens de consumo rápido" estavam sendo despidos das marcas de sua cultura nacional de origem, para que pudessem circular livremente pelo globo.[1] Nesse contexto, a comunidade alternativa de fãs ainda exerce um papel importante, explicando aos espectadores americanos, através de websites e

---

1. Koichi Iwabuchi, *Recentering Globalization: Popular Culture and Japanese Transnationalism* (Durham, N.C.: Duke University Press, 2002, pp. 25-27).

STAR WARS POR QUENTIN TARANTINO? | 225

radicais na lei sem um período de debate público, não é sensato um operador de um mundo on-line fazer o mesmo".[38]

Ele argumenta que os jogadores devem ter a sensação de "posse" do mundo imaginário, já que vão investir a energia e o tempo necessários para torná-lo vivo para si mesmos e para outros jogadores. Koster afirma: "Não é possível comandar um universo ficcional com milhares de pessoas. O melhor que se pode esperar é que o universo seja vibrante o bastante para que as pessoas ajam de acordo com os princípios ficcionais".[39] Para os jogadores participarem, eles devem sentir que o que trazem ao jogo faz diferença, não apenas em relação às próprias experiências, mas também às experiências dos outros jogadores. Ao escrever sobre os desafios de corresponder às expectativas da comunidade, no *Ultima Online*, Koster explicou: "Eles querem moldar seu

||||||||||||||||||||||||||||||||||||||||||||||||||||||||||||||||||||||||||||||||||||||||||||||||||||

boletins, as referências e as tradições do gênero que definem esses produtos. Os fã-clubes continuam a explorar potenciais produtos de nicho que, com o tempo, poderão emergir como sucessos comerciais.

Muitas empresas de mídia americanas talvez tivessem encarado toda essa circulação *underground* como pirataria e a interrompido antes de ela atingir a massa crítica. A tolerância da empresa japonesa com as iniciativas dos fãs é coerente com o tratamento similar dispensado a comunidades de fãs em seu mercado local. Como observa o professor da Faculdade de Direito da Universidade de Temple, Salil K. Mehra, a venda *underground* de mangás produzidos por fãs, com frequência derivados diretos de produtos comerciais, ocorre em grande escala no Japão, com algumas feiras de quadrinhos atraindo 150 mil visitantes ao mês; essas feiras são realizadas quase toda semana, em certas partes do país.[2] Raramente tomando medidas legais, os produtores comerciais patrocinam esses eventos, usando-os para anunciar seus lançamentos, recrutar potenciais novos talentos e monitorar mudanças no gosto do público. De qualquer modo, eles temem enfurecer os consumidores se tomarem medidas legais contra uma prática cultural tão arraigada, e a estrutura legal japonesa aplicaria penas muito leves, caso eles decidissem perseguir os infratores. De modo geral, como afirma Yuichi Washida, diretor de pesquisa da Hakuhodo,

---

2. Salil K. Mehra, "Copyright and Comics in Japan: Does Law Explain Why All the Cartoons My Kid Watches Are Japanese Imports?" *Rutgers Law Review*, acessado em http://papers.ssrn.com/sol3/papers/cfm?abstract_id=347620.

espaço e deixar uma marca duradoura. Você deve fornecer meios para que o façam".[40] Richard Bartle, outro designer e teórico de games, concorda: "Autoexpressão é outro modo de promover a imersão. Ao oferecer aos jogadores formas livres para que se comuniquem, os designers conseguem atraí-los mais intensamente ao universo – eles sentem que fazem parte do universo".[41]

Koster é conhecido por defender a ideia de oferecer aos jogadores espaço para se expressarem no mundo do jogo:

> Fazer qualquer tipo de coisa geralmente exige treinamento. É raro, em qualquer meio, que alguém inexperiente seja bem-sucedido na criação de algo realmente impressionante ou popular. De modo geral, são pessoas que aprenderam o trabalho e que fazem escolhas conscientes. Mas sou absolutamente a

||||||||||||||||||||||||||||||||||||||||||||||||||||||||||||||||||||||||||||||||||||||||||||||||||||||||

a segunda maior empresa de publicidade e marketing do Japão, as corporações japonesas buscaram cooperar com fã-clubes, subculturas e outras comunidades de consumo, encarando-as como aliados importantes ao desenvolvimento de conteúdos novos e atraentes e na ampliação de mercados[3]. Ao cortejar os fãs, as empresas ajudaram a construir uma "economia ética", que aliou seus interesses em alcançar um mercado ao desejo dos fãs de ter acesso a mais conteúdo. Hoje, as empresas americanas estão licenciando conteúdos quase com a mesma rapidez com que os japoneses os estão gerando. O intervalo entre a transmissão no Japão e no mercado americano está cada vez menor, tornando mais difícil aos fãs se organizarem para conhecer e divulgar o novo conteúdo. Mesmo empresas fundadas por fãs estão adotando a lógica corporativa americana, bloqueando cópias de fãs não autorizadas, a partir do momento que adquirem uma licença. Os fãs preocupam-se com o fato de essas empresas estarem subestimando o valor da publicidade alternativa e temem que um patrulhamento tão agressivo dos direitos autorais resulte em uma base de consumo menos informada, que talvez esteja menos disposta a experimentar conteúdos desconhecidos.[4]

---

3. Yuichi Washida, "Collaborative Structures Between Japanese High-Tech Manufacturers and Consumers", trabalho apresentado no MIT, Cambridge, Mass., em janeiro de 2004.

4. Este relato da história do anime na América do Norte foi todo feito por Sean Leonard, "Celebrating Two Decades of Unlawful Progress: Fan Distribution, Proselytization Commons, and the Explosive Growth of Japanese Animation", *UCLA Entertainment Law Review*, primavera de 2005, pp. 191-265.

favor de dar autonomia às pessoas para que se envolvam no processo de criação, porque não apenas o talento se intensifica, mas também a economia em escala se aplica. Se você tiver um número grande o suficiente de amostras, acabará criando algo bom.

Quando Koster passou a se dedicar ao desenvolvimento de *Star Wars Galaxies*, percebeu que estava trabalhando com uma franquia conhecida em todos os seus detalhes pelos fãs, que haviam crescido com seus personagens, representando-os no quintal ou brincando com *action figures*, e que desejavam ver as mesmas fantasias criadas no reino digital. Numa carta aberta à comunidade de fãs de *Star Wars*, Koster definiu o que gostaria de trazer ao projeto:

> *Star Wars* é um universo amado por muitos. E imagino que muitos de vocês são como eu. Vocês querem estar lá. Querem sentir como é. Antes mesmo de pensar em *skill trees* e nas promoções a Jedi, antes de considerar as estatísticas de uma arma ou a distância até Mos Eisley, e onde você deve pegar conversores de energia – você só quer *estar* lá. Inalar o ar penetrante do deserto. Observar alguns Jawas desmontando um droid. Sentir o sol batendo num corpo que não é seu, num mundo estranho. Você não vai querer saber de naves, num primeiro momento. Vai querer sentir como se tivesse adquirido um passaporte a um universo de possibilidades ilimitadas... Minha tarefa é captar essa magia, para que você tenha essa experiência.[42]

Satisfazer os interesses dos fãs é o maior desafio da franquia. Koster me disse: "Não há como negar – os fãs conhecem *Star Wars* melhor do que os criadores dos games. Eles vivem e respiram *Star Wars*, conhecem tudo intimamente. Por outro lado, com algo tão vasto como o universo de *Star Wars*, existe um amplo espaço para opiniões divergentes sobre as coisas. Coisas que levam a guerras religiosas entre os fãs e, de repente, você tem de tomar um dos lados, pois vai estabelecer como tudo vai funcionar no jogo".

Para garantir que os fãs seriam atraídos por sua versão do universo de *Star Wars*, Koster basicamente tratou a comunidade de fãs como se fizesse parte de seu grupo de clientes, postando na web relatórios regulares sobre vários elementos do projeto do jogo, criando um fórum on-line em que potenciais jogadores podiam fazer comentários e sugestões e certificando-se de que seu

228 | CULTURA DA CONVERGÊNCIA

pessoal estava monitorando regularmente a discussão on-line e enviando respostas às recomendações da comunidade. Em compensação, a produção de um filme de *Star Wars* é envolta em segredo. Koster compara o que ele fez com as exibições-teste ou o processo de *focus groups* que muitos filmes de Hollywood realizam, mas a diferença é que esse processo de testes ocorre a portas fechadas, com grupos selecionados de consumidores, e não aberto à participação de qualquer um que queira entrar na conversa. É difícil imaginar Lucas criando um fórum na Internet para uma apresentação prévia ao público das reviravoltas no enredo e do desenvolvimento dos personagens. Se tivesse feito isso, nunca teria incluído Jar Jar Binks ou dedicado tanto tempo na tela à infância e

No Shopping Center dos *Sims*

Muitas empresas de games estão lançando suas ferramentas de design junto com os jogos. Essas ferramentas estão disponíveis a *modders* amadores para que tentem programar níveis adicionais ou universos que possam estender as experiências do jogo. Algumas empresas elaboram até tutoriais para treinar os amadores na utilização das ferramentas, e às vezes organizam concursos para patrocinar e reconhecer as realizações da comunidade de *modders*. Nem todo jogador despende tempo no desenvolvimento e compartilhamento de conteúdo original de games. Mas, como explica Ray Muzyka, da Bioware, "se apenas 1% numa base de um milhão de usuários criar conteúdo, já haverá muitos designers. E isso basta para o jogo se sustentar por muito tempo".[1] Para jogar o game dos amadores, você deve comprar o game comercial no qual eles se basearam, o que transforma esses entusiasmados *modders* em evangelistas da empresa que criou o jogo.

Anteriormente, neste capítulo, tracei uma distinção entre interatividade (que surgiu a partir das propriedades das tecnologias dos meios de comunicação) e participação (que surgiu a partir dos protocolos e práticas sociais em torno das mídias). Talvez seja produtivo pensar nessa distinção ao lado de outra, um pouco mais famosa, feita por Lawrence Lessig, entre lei e código. Leis são acordos sociais: tem-se a liberdade de infringi-las, embora quem o faça possa sofrer penalida-

---

1. Ray Muzyka, "The Audience Takes Charge: Game Engines as Creative Tools", conferência Entertainment in the Interactive Age, Universidade do Sul da Califórnia, 29 e 30 de janeiro de 2001, acessado em http://www.annenberg.edu/interactive-age/assets/trabscripts/atc.html.

à adolescência de Anakin Skywalker, decisões malvistas pelo público central. Koster queria que os fãs de *Star Wars* sentissem que haviam, de fato, criado sua própria galáxia.

Os estudiosos de games Kurt Squire e Constance Steinkuehler examinaram as interações entre Koster e a comunidade de fãs. Koster permitiu que os fãs agissem como "geradores de conteúdo, criando expedições, missões e relações sociais que constituem o universo de *Star Wars*", mas o mais importante é que o feedback dos fãs "deu o tom" da cultura de *Star Wars*:

> Os jogadores estabeleceram normas de civilidade e de role playing na comunidade, dando aos designers a oportunidade de efetivamente *criarem* as sementes

||||||||||||||||||||||||||||||||||||||||||||||||||||||||||||||||||||||||||||||||||||||||||||||||||||||

des. Códigos são dados técnicos: a programação torna impossível a violação de suas restrições de uso (mesmo que essas restrições, na prática, excedam qualquer exigência legal). Podemos encarar a ação dos *modders* (*modding*) como um caso especial, em que a cultura participativa busca reprogramar o código a fim de possibilitar novos tipos de interação com o jogo. No entanto, trata-se também de um caso especial, em que o produtor comercial continua a exercer restrições de uso, mesmo que o trabalho seja apropriado pela comunidade alternativa. Posso mudar o código fundamental do jogo ao modificá-lo, mas, ao mesmo tempo, ninguém pode jogar minha versão modificada do jogo, a menos que se torne consumidor do jogo original.

A Bioware e outras empresas de games encaram o lançamento de ferramentas de modificação como uma pesquisa de mercado; monitoram as modificações para verificar quais são as características mais populares e oferecer versões mais profissionais e refinadas, quando realizarem o *upgrade* de suas franquias. Em alguns casos, adquirem os direitos de games produzidos por amadores e vendem-nos diretamente aos consumidores, ou recrutam os amadores mais talentosos. *Counter-Strike* (2002), uma modificação de *Half-Life* (1998), é o exemplo mais citado de sucesso comercial surgido a partir da comunidade de *modders*, mas várias modificações feitas por amadores foram incluídas nos módulos adicionais que a Bioware vendeu para o jogo *Neverwinter Nights* (2002). Outras comunidades de fãs têm, historicamente, funcionado como um campo de treinamento para a mídia comercial: a maioria dos artistas de histórias em quadrinhos e escritores de ficção científica, por exemplo, iniciou a carreira por meio de publicações de fãs. Contudo, a comunidade de *modders* talvez seja a única cujos trabalhos produzidos por amadores do universo de *Star Wars Galaxies* meses antes de o jogo chegar às lojas... O jogo que os designers prometeram e a comunidade esperava foi basicamente conduzido pelos jogadores. A economia *in-game* (dentro do jogo) consistia de itens (por exemplo, roupas, armaduras, casas, armas) criados pelos jogadores, com preços também fixados por eles, por meio de leilões e lojas administradas também por jogadores. Cidades foram projetadas por jogadores, e prefeitos e líderes de conselho idealizavam missões e expedições para outros jogadores. A Guerra Civil Galáctica (a luta entre rebeldes e imperiais) era o pano de fundo do game, mas os jogadores criavam suas próprias missões, à medida que representavam a saga de *Star Wars*. Em suma, o sistema era para ser conduzido pela *interação dos jogadores*, com o universo sendo criado menos pelos designers e mais pelos próprios jogadores.[43]

Os jogadores podem adotar identidades de várias raças diferentes de alienígenas, de Jawas a Wookiees, retratadas no universo de *Star Wars*, assumir várias classes de profissionais – de pilotos de *pod racers* a caçadores de recompensa

‖‖

são absorvidos diretamente por empresas comerciais para distribuição. Ao mesmo tempo, a linha que separa a produção amadora da profissional está desaparecendo, à medida que empresas menores são capazes de criar games por meio da utilização dessas mesmas ferramentas e, na sequência, de licenciá-los na empresa original, a fim de possibilitar sua distribuição.[2] Essas práticas reduzem os riscos da inovação, permitindo aos amadores experimentar novas direções e desenvolvimentos e, às empresas, comercializar os produtos mais lucrativos. Ao mesmo tempo, o processo de modificação pode prolongar a validade do produto, com a comunidade de *modders* mantendo vivo o interesse do público em uma propriedade que não é mais, necessariamente, a última palavra em tecnologia. Essas práticas também aumentam a fidelidade do consumidor: os fãs mais dedicados são mais propensos a serem atraídos por empresas e produtos que apoiam os *modders*, pois sabem que poderão obter conteúdo gratuito que estende a duração dos games adquiridos. Em alguns casos, as empresas de games estão até reduzindo o material contido no produto inicial lançado, já contando com os *modders* para expandir a experiência do

---

2. David B. Nieborg, "Am I a Mod or Not? An Analysis of First Person Shooter Modification Culture", apresentado na conferência Creative Gamers, Universidade de Tampiere, Tampiere, Finlândia, janeiro de 2005.

– e representar diferentes fantasias, individuais ou compartilhadas. O que eles não podem fazer é adotar a identidade de qualquer dos personagens principais dos filmes de *Star Wars*, e só conquistam o status de Cavaleiro Jedi depois de completar uma série de missões *in-game*. Do contrário, a ficção do universo do jogo seria reduzida a milhares de Han Solos tentando fugir de milhares de Boba Fetts. Para o universo ser coerente, os jogadores teriam de abrir mão da fantasia infantil de serem os protagonistas e ser, em vez disso, apenas um pequeno jogador, interagindo com inúmeros outros jogadores, dentro de uma fantasia construída mutuamente. O que possibilitou a existência dessas negociações e colaborações foi o fato de os jogadores terem um fundamento comum na mitologia já bem estabelecida de *Star Wars*. Como Squire e Steinkuehler observam, "os designers não podem exigir que os Jedi se comportem de modo consistente dentro do universo de *Star Wars*, mas *podem* introduzir estruturas no jogo (como prêmios) que estimulem comportamentos esperados de um Jedi

jogo. A analogia com o episódio de Tom Sawyer pintando a cerca de branco é quase inevitável: as empresas de games conseguiram convencer os consumidores a trabalhar de graça, tratando o design de games como uma extensão da brincadeira. Ao mesmo tempo, a comunidade de *modders* é o mais próximo que se tem, atualmente, de um movimento experimental e independente de games, com um grande número de amadores produzindo games que são apenas vagamente associados à indústria comercial, numa época em que a consolidação do controle sobre a produção de jogos está cada vez mais nas mãos de um pequeno número de grandes fabricantes avessos a riscos e voltados a lucros em larga escala.[3]

A modificação de games representa a versão mais extrema de outras práticas difundidas, através das quais jogadores customizam os personagens, os ambientes ou as experiências do jogo. Will Wright, criador de *SimCity* (1989) e *The Sims* (2000), afirma que, na indústria de games, a separação entre criadores e consumidores é muito menor do que a maior parte dos outros setores

---

3. Hector Postigo, "From Pong to Planet Quake: Post-Industrial Trasitions from Leisure to Work", *Information, Communication & Society*, dezembro de 2003. Julian Kucklich, "Precarious Playbour: Modders and the Digital Games Industry", apresentado na conferência Creative Gamers, Universidade de Tampiere, Tampiere, Finlândia, janeiro de 2005.

232 | CULTURA DA CONVERGÊNCIA

(como oferecer uma recompensa pela captura de um Jedi que possa gerar uma missão secreta da parte dos Jedi)".[44]

Completando o ciclo, um número crescente de gamers vem utilizando os cenários, objetos e personagens criados para *Star Wars Galaxies* como recursos para a produção dos próprios filmes de fã. Em alguns casos, os recursos são utilizados em suas próprias reproduções dramáticas de cenas dos filmes, ou na criação – suspiro – de sua própria "ficção de fã". Talvez a mais intrigante nova forma de cinema de fã criada a partir do universo do game sejam as chamadas Cantina Crawls.[45] No espírito da sequência da cantina no filme original de *Star Wars*, o jogo criou uma classe de personagens cuja função no universo do jogo é entreter os outros jogadores. Receberam movimentos especiais que lhes permitem dançar e se contorcer de forma erótica, se os jogadores digitarem combinações complexas de teclas. Grupos de mais de 30 dançarinos e músicos planejam, ensaiam e executam elaborados números musicais sincronizados: por exemplo, o *Christmas Crawl 1*, dos Gypsies, apresentou números como "Papai Noel Está Chegando" e "Tenha um Feliz Natal"; dançarinas de pele azul e ca-

||||||||||||||||||||||||||||||||||||||||||||||||||||||||||||||||||||||||||||||||||||||||||||||||||||||||||

da indústria de entretenimento, em parte porque quase todo o pessoal da indústria de jogos se lembra de quando as pessoas desenvolviam games na garagem de casa.[4]

Com *The Sims*, Wright criou a casa de boneca mais espetacular do mundo, convenceu as pessoas a pagar para entrar e brincar e incentivou-as a modificá-la, de acordo com as próprias especificações. Wright e sua equipe recorreram à base de fãs da franquia de *SimCity* que já existia, oferecendo a webmasters selecionados o direito de participar das discussões em andamento em torno do projeto e do desenvolvimento do jogo, dando-lhes acesso avançado a ferramentas de modificação, que eles poderiam utilizar para criar as próprias peles e demais componentes do jogo, e permitindo-lhes ver transmissões pela Internet e baixar milhares de imagens, enquanto o game era desenvolvido. Quando o primeiro jogo *Sims* foi lançado, já havia mais de 50 sites de fãs na Internet dedicados a *The Sims*. Hoje, há milhares. Wright calcula que, no fim das contas, mais de 60% do conteúdo de *The Sims* terá sido desenvolvido pelos fãs. Os fãs estão desenhando roupas, construindo casas, fabricando móveis, programando comportamentos e escrevendo

---

4. Salvo indicação contrária, as referências a Will Wright refletem entrevista com o autor, em junho de 2003.

belos com tentáculos balançam o traseiro, alienígenas com aparência de lagarto e chapéu de Papai Noel tocam saxofone, e sujeitos com guelras dançam como garotos de uma *boy band*, enquanto flocos brilhantes de neve caem ao redor (Figura 4.3). Imagine como seria *Star Wars* se tivesse sido dirigido por Lawrence Welk! Apesar do abuso estético, não se pode deixar de admirar a realização técnica e a coordenação social envolvidas na produção desses filmes. Quando pessoas comuns têm em mãos ferramentas criativas, nunca se sabe o que farão com elas – e isso faz parte da diversão.

Xavier, um dos gamers envolvidos na produção dos vídeos Cantina Crawls, usou o formato contra a empresa produtora, criando uma série de vídeos protestando contra decisões corporativas que, segundo ele, minaram seu envolvimento com o jogo. No fim, Xavier produziu um vídeo de despedida anunciando a retirada em massa de muitos fãs fiéis. As políticas de aproximação com fãs criadas por Koster degradaram com o tempo, levando à frustração e à desconfiança cada vez maiores entre os jogadores. Alguns jogadores casuais sentiam que o jogo dependia demais do conteúdo gerado por jogadores, enquanto que

||||||||||||||||||||||||||||||||||||||||||||||||||||||||||||||||||||||||||||||||||||||||||||||||||||||

as próprias histórias, amplamente ilustradas por imagens dos games. Wright, modestamente, observa: "Nós provavelmente fomos responsáveis pela venda do primeiro milhão de unidades, mas foi a comunidade que levou o jogo ao patamar seguinte".

Para distribuir todo esse conteúdo, os fãs criaram uma série de sites na Internet. Talvez o mais elaborado e conhecido seja "The Mall of *The Sims*" (O Shopping Center dos *Sims*). Os visitantes podem percorrer mais de 50 lojas diferentes que oferecem de tudo, dos eletrônicos mais avançados a objetos de antiguidade, de tapeçarias medievais a roupas em tamanhos especiais – e peles parecidas com Britney Spears, Sarah Michelle Gellar ou personagens de *Star Wars*. O shopping tem seu próprio jornal e serviço de televisão. No momento, o shopping ostenta mais de 10 mil assinantes. Wright observa que o sucesso da franquia quase levou a comunidade de fãs à extinção, pois os sites mais populares precisavam pagar contas enormes da banda larga que consumiam, até que a empresa alterou os termos de adesão, a fim de que os fãs pudessem cobrar uma taxa menor para cobrir os gastos de manutenção de seus centros de distribuição. Tudo nas lojas é produzido por outros jogadores e, depois que você paga as mensalidades, pode baixar qualquer coisa que desejar, de graça.

Figura 4.3 Cada personagem neste número musical, *Christmas Crawl 1*, feito pelos Gypsies utilizando o game *Star Wars Galaxies*, é controlado por um jogador diferente.

os jogadores mais criativos sentiam que os upgrades na verdade tolhiam sua capacidade de expressão e marginalizavam a classe dos *entertainers* na experiência como um todo. Ao mesmo tempo, o jogo falhou em corresponder às

---

Talvez o mais importante é que tudo isso tem a aprovação de Will Wright e da Maxis, a empresa na qual ele trabalha. Ele não criou o shopping; ele não manda a polícia atrás de infratores da lei, nem declara ter propriedade sobre o que os fãs desenvolveram. Wright apenas deixou acontecer. Como ele explica,

> Encaramos como muito benéfica a interação com os fãs. Não são apenas pessoas que compram nossos produtos. Num sentido muito real, são pessoas que ajudam a criar nossos produtos... Concorremos com outras empresas por esses indivíduos criativos. Muitos desses games concorrem pelas comunidades, pois, no fim das contas, são elas que impulsionam as vendas... O jogo que atrair a melhor comunidade alcançará o maior sucesso. O que se pode fazer para tornar o jogo mais bem-sucedido não é aperfeiçoar o jogo, mas aperfeiçoar a comunidade.

Nesse caso, a imagem de Wright, de empresas de games concorrendo pelos consumidores mais criativos, lembra a previsão de McCracken de que as empresas inteligentes do futuro iriam incentivar, em vez de restringir, a participação do consumidor, e aquelas que não construíssem relações mais fortes com os consumidores seriam incapazes de competir. Como resultado da visão iluminada de Wright, *The Sims* talvez tenha se tornado a mais bem-sucedida franquia de games de todos os tempos.

expectativas de lucro da própria empresa, especialmente em face da concorrência do enorme sucesso *World of Warcraft*.

Em dezembro de 2005, a empresa anunciou planos de renovar radicalmente as regras e o conteúdo do jogo, decisão que resultou em deserções em massa, sem chegada de novos clientes. Uma declaração feita por Nancy MacIntyre, diretora-sênior do jogo na LucasArts, ao *New York Times* ilustra a grande mudança desde as ideias da filosofia original de Koster até essa franquia "readaptada": "Nós realmente apenas precisávamos tornar o jogo mais acessível a uma base mais ampla de jogadores. Havia muita coisa para ler, muitas habilidades diferentes a aprender. Nós realmente precisávamos oferecer às pessoas a experiência de ser Han Solo ou Luke Skywalker, em vez de ser Tio Owen. Queríamos uma gratificação mais instantânea: matar, pegar o tesouro, repetir. Queríamos dar às pessoas mais oportunidade de fazer parte do que tinham visto nos filmes, em vez de algo criado por elas mesmas."[46]

Em poucas e concisas frases, MacIntyre salientou a necessidade de simplificar o conteúdo, indicou planos de voltar a centrar o jogo nos personagens principais dos filmes em vez de um conjunto mais diverso de protagonistas, descartou as colaborações criativas dos fãs e sugeriu que *Star Wars Galaxies* retornaria à mecânica mais convencional dos jogos. Essa "readaptação" foi o tipo de mudança de estratégia sem a contribuição dos fãs que Koster alertara poder ser fatal a essas iniciativas. Graças às redes sociais construídas pelos fãs em torno do jogo, em pouco tempo todos os jogadores do planeta sabiam que MacIntyre os chamara de idiotas no *New York Times* e muitos deles partiram para outros mundos virtuais que tinham mais respeito por sua participação – ajudando, por exemplo, a alimentar o crescimento do Second Life.

O que vai acontecer daqui para a frente?

É muito cedo para afirmar se essas experiências com conteúdo gerado por consumidores irá influenciar as empresas de meios de comunicação de massa. No fim das contas, isso depende do quanto (e se) devemos levar a sério a retórica da emancipação e o envolvimento dos consumidores como meio de conquistar maior fidelidade às marcas. Por enquanto, as evidências são contraditórias: para cada franquia que estende a mão e corteja a base de fãs, existem outras que disparam notificações. À medida que confrontarmos a intersecção entre os estilos corporativo e alternativo, não devemos nos surpreender com o fato de que nem produtores nem consumidores sabem quais regras devem guiar suas interações; no entanto, ambos os lados parecem determinados a responsabilizar o outro por suas escolhas. A diferença é que a comunidade de fãs tem de negociar a partir de uma posição de relativa falta de poder e tem de confiar unicamente em sua autoridade moral coletiva, enquanto as corporações, por enquanto, agem como se tivessem a força da lei a seu lado.

No final, a posição proibicionista não terá eficácia contra nada além dos níveis mais locais, a menos que as empresas de mídia consigam reconquistar a aprovação popular; sejam quais forem os limites impostos pelas empresas, elas terão de respeitar o consenso público crescente sobre o conceito de uso aceitável do conteúdo de mídia, e terão de permitir que o público participe, de modo significativo, de sua própria cultura. Para atingir esse equilíbrio, os estúdios terão de aceitar (e promover ativamente) algumas distinções básicas: entre concorrência comercial e apropriação amadora, entre uso para fins lucrativos e economia à base de troca da Internet, entre adaptações criativas e pirataria.

Será difícil para as empresas aceitar essas concessões, mas necessário, se quiserem exercer autoridade moral suficiente para controlar os tipos de pirataria que ameaçam sua subsistência econômica. Em tempos difíceis, não acredito que os estúdios irão, voluntariamente, abrir mão do controle total sobre sua propriedade intelectual. O que me deixa esperançoso, entretanto, é o grau de apoio que a abordagem cooperativa está começando a conquistar no meio da indústria midiática. Tais experiências sugerem que os produtores conseguem obter maior fidelidade e mais concordância com suas preocupações legítimas se conquistarem a lealdade dos fãs; a melhor maneira de fazê-lo é oferecer aos fãs a oportunidade de participar da sobrevivência da franquia, assegurando-lhes um conteúdo que reflita mais plenamente seus interesses, criando um espaço onde possam fazer suas contribuições criativas e reconhecendo os melhores trabalhos que emergirem. Num mundo em que as opções de mídia estão em crescente expansão, haverá brigas por espectadores cujos gostos e preferências serão inéditos para a mídia corporativa. As pessoas mais atentas da indústria já sabem disso: algumas estão tremendo, outras estão lutando para renegociar suas relações com os consumidores. No fim, os produtores precisam dos fãs tanto quanto os fãs precisam deles.

5

POR QUE HEATHER PODE ESCREVER

LETRAMENTO* MIDIÁTICO E AS GUERRAS DE *HARRY POTTER*

té agora, vimos que as mídias corporativas reconhecem cada vez mais o valor, e a ameaça, da participação dos fãs. Produtores de mídia e anunciantes falam hoje em "capital emocional" ou "lovemarks", referindo-se à importância do envolvimento e da participação do público em conteúdos de mídia. Roteiristas e outros criadores pensam na narrativa, hoje, em termos da criação de oportunidades para a participação do consumidor. Ao mesmo tempo, os consumidores estão utilizando novas tecnologias midiáticas para se envolverem com o conteúdo dos velhos meios de comunicação, encarando a Internet como um veículo para ações coletivas – solução de problemas, deliberação pública e criatividade alternativa. De fato, sugerimos que é a ação – e a tensão – recíproca entre a força de cima para baixo da convergência corporativa e a força de

---

* Letramento é a tradução do termo inglês "literacy", que pode ser entendido como a condição de ser letrado (não apenas alfabetizado). É o conjunto de práticas que denotam a capacidade de uso de diferentes tipos de material escrito. [N. de T.]

CULTURA DA CONVERGÊNCIA

baixo para cima da convergência alternativa, que está impulsionando muitas das mudanças que observamos na paisagem midiática.

Em toda parte e em todos os níveis, o termo "participação" emergiu como um conceito dominante, embora cercado de expectativas conflitantes. As corporações imaginam a participação como algo que podem iniciar e parar, canalizar e redirecionar, transformar em mercadoria e vender. As proibicionistas estão tentando impedir a participação não autorizada; as cooperativistas estão tentando conquistar para si os criadores alternativos. Os consumidores, por outro lado, estão reivindicando o direito de participar da cultura, sob suas próprias condições, quando e onde desejarem. Esse consumidor, mais poderoso, enfrenta uma série de batalhas para preservar e expandir seu direito de participar.

Toda essa tensão veio à tona, muito claramente, por meio de dois cenários de conflitos em torno dos livros de *Harry Potter*, de J. K. Rowling, conflitos aos quais os fãs se referem, coletivamente, como "as guerras de Potter". Por um lado, houve o empenho de professores, bibliotecários, editores de livros e grupos de liberdades civis contra as tentativas da direita religiosa de banir os livros de *Harry Potter* das bibliotecas escolares e das livrarias locais. Por outro lado, houve as tentativas da Warner Bros. de controlar as apropriações dos fãs dos livros de *Harry Potter*, sob a alegação de que eles infringiam a propriedade intelectual do estúdio. As duas tentativas ameaçavam o direito das crianças de participarem do universo imaginário de *Harry Potter* – uma contestando seu direito de ler, a outra, seu direito de escrever. Do ponto de vista puramente jurídico, a primeira constitui uma forma de censura; a segunda, um legítimo exercício sobre direitos autorais. Do ponto de vista do consumidor, entretanto, as duas começam a se confundir, já que ambas impõem restrições à capacidade de pleno envolvimento com uma fantasia que passou a ocupar um lugar fundamental em nossa cultura.

Quanto mais de perto examinamos esses dois conflitos, mais complexos parecem. Contradições, confusões e múltiplos pontos de vista são esperados num momento de transição, em que um paradigma midiático está morrendo e outro está nascendo. Nenhum de nós sabe realmente como viver numa nesta época de convergência das mídias, inteligência coletiva e cultura participativa. Essas mudanças estão produzindo anseios e incertezas, até mesmo pânico, à medida que as pessoas imaginam um mundo sem *gatekeepers* e convivem com uma realidade de poder crescente da mídia corporativa. Nossas reações a essas mudanças não podem ser facilmente delineadas em termos ideológicos tradicionais: não existe uma reação unificada da direita ou da esquerda à cultura da convergência. No meio cristão, há alguns grupos que adotam os potenciais da nova cultura participativa, enquanto outros estão aterrorizados. Dentro das empresas, como observamos, há certas guinadas repentinas entre reações proibicionistas e cooperativistas. Entre os reformistas da mídia, algumas formas de participação são mais valorizadas que outras. Os fãs discordam entre si sobre o grau de controle que J. K. Rowling ou a Warner Bros. deveriam ter sobre o que os consumidores fazem com *Harry Potter*. Aparentemente, nenhum de nós sabe ainda todas as respostas.

Tudo o que foi exposto acima sugere que as guerras de Potter são, no fundo, uma luta sobre os direitos que temos de ler e escrever a respeito de mitos culturais essenciais – ou seja, uma luta sobre letramento. Aqui, entende-se por letramento não apenas o que podemos fazer com material impresso, mas também com outras mídias. Assim como, tradicionalmente, não consideramos letrado alguém que sabe ler, mas não sabe escrever, não deveríamos supor que alguém seja letrado para as mídias porque sabe consumir, mas não se expressar. Historicamente, restrições ao letramento advêm das tentativas de se controlar diversos segmentos da população – algumas sociedades adotaram o letramento universal, outras restringiram o letramento a classes sociais específicas, além das restrições por questões de raça ou sexo. Podemos também encarar as atuais lutas sobre letramento como tendo o efeito de determinar quem tem o direito de participar de nossa cultura, e sob quais condições. *Harry Potter* é um ponto focal particularmente rico para o estudo das atuais restrições ao letramento, pois o livro em si lida, muito explicitamente, com questões de educação (muitas vezes dando voz aos direitos das crianças, em detrimento de restrições institucionais) e foi muito elogiado por estimular os jovens a desenvolver o hábito da leitura.

Contudo, os livros também foram o foco de várias tentativas de restringir o que as crianças podem ler e escrever. Meu foco nas guerras de Potter são as noções conflitantes sobre letramento midiático e como ele deveria ser ensinado: a pedagogia informal que surgiu no interior da comunidade de fãs de *Harry Potter*, as tentativas de atrair o interesse das crianças pelos livros em salas de aulas e bibliotecas, o empenho das mídias corporativas de nos dar uma

240 | CULTURA DA CONVERGÊNCIA

lição sobre tratamento responsável de sua propriedade intelectual, a preocupação sobre a secularização da educação, expressa pelos conservadores culturais, e a concepção muito diferente de pedagogia, compartilhada por cristãos que apoiam os livros de *Harry Potter*, dentro do "movimento do discernimento". Todos os lados reivindicam participação na forma como educamos os jovens, já que moldar a infância é muitas vezes visto como um modo de moldar a direção futura de nossa cultura.[1] Ao examinarmos mais atentamente as diversas propostas sobre educação, podemos traçar algumas das expectativas conflitantes que estão moldando a cultura da convergência. Ao longo do caminho, irei considerar o que acontece à medida que o conceito de cultura participativa

||||||||||||||||||||||||||||||||||||||||||||||||||||||||||||||||||||||||||||||||||||||||||||||||||||||||||||||||||||

Fan fiction na era da web 2.0

Vocês dizem "conteúdo gerado pelos usuários"
Nós dizemos "cultura dos fãs"
Vamos cancelar tudo! *

Como este livro sugeriu, a indústria da mídia, bem como seus consumidores, hoje operam como se caminhássemos em direção a uma cultura mais participativa, mas eles ainda não entraram num acordo sobre as condições dessa participação. Mesmo as empresas que adotam uma lógica mais cooperativa ainda têm muito a aprender a respeito da criação e manutenção de um relacionamento significativo e recíproco com seus consumidores.

Veja, por exemplo, a FanLib.com, uma empresa recém-criada fundada por profissionais consagrados da mídia, como o produtor de *Titanic* Jon Landau, o advogado especializado em entretenimento Jon Moonves, e o ex-diretor de marketing da Yahoo Anil Singh.[1] A FanLib começou com a promoção de concursos de *fan fiction* em torno de *The L Word e Ghost Whisperer*. Em pouco tempo, a empresa tornou-se um grande portal de *fan fiction*, solicitando ativamente material dos principais fãs-escritores, ignorando os detentores dos direitos autorais. Chris Williams, diretor-executivo da FanLib, explicou o modelo de negócios da empresa: "A proposta aos fãs é oferecer

---

* Esta epígrafe é uma referência à canção "Let's call the whole thing off" (Vamos cancelar tudo), dos irmãos Gershwin (1937), cuja letra fala da aparente incompatibilidade entre dois amantes. [N. de T.]

1. Para mais informações sobre a controvérsia FanLib, veja Henry Jenkins, "Transforming Fan Culture into User-Generated Content: The Case of FanLib," Confessions of an Aca-Fan, 22 de maio de 2007, http://www.henryjenkins.org/2007/05/transforming_fan_culture_into.html.

POR QUE HEATHER PODE ESCREVER | **241**

defronta com duas das forças mais poderosas que moldam as vidas das crianças: educação e religião.

Considere a seguinte história de participação e seus descontentamentos.

Hogwarts e tudo o mais

Quando tinha 13 anos, Heather Lawver leu um livro que, segundo ela, mudou sua vida: *Harry Potter e a Pedra Filosofal*.[2] Inspirada pelos relatos de que o romance de J. K. Rowling estava levando os jovens à leitura, ela quis fazer sua parte para promover o letramento. Menos de um ano depois, lançou *The Daily*

IIIIIIIIIIIIIIIIIIIIIIIIIIIIIIIIIIIIIIIIIIIIIIIIIIIIIIIIIIIIIIIIIIIIIIIIIIIIIIIIIIIIIIIIIIIIIIIIIIIIIIIIIIIIIIIIIIIIII

um local livre, onde eles possam exercer sua paixão, criando, mostrando, lendo, criticando, compartilhando, arquivando, descobrindo novas histórias e participando de eventos divertidos numa comunidade com interesses comuns... A proposta para as empresas de mídia e editoras é conectar, envolver e entreter os fãs de seus produtos, em um novo ambiente de narrativas on-line."[2]

Os fãs tiveram motivos para duvidar da credibilidade do compromisso da empresa em defender os direitos dos escritores de *fan fiction* quando toparam com um antigo prospecto da empresa, ainda on-line, que tinha sido utilizado nos primeiros concursos de *fan fiction*. Nesse prospecto, a FanLib fez promessas diferentes às empresas comerciais que controlavam os direitos sobre os personagens: "Controlado e Moderado ao Extremo".

- Toda ação da FanLib ocorre num ambiente altamente controlado e adaptado à empresa.
- Como num livro de colorir, os jogadores devem respeitar as linhas existentes.
- Condições de uso restritivas ao jogador protegem seus direitos e produtos.
- "Missões" moderadas mantêm a história sob controle.
- Completo monitoramento e controle de inscrições e jogadores.
- "Filtro de profanações" automático.
- O trabalho completo é apenas o primeiro rascunho a ser lapidado por profissionais.

---

2. Henry Jenkins, "Chris Williams Responds to Our Questions About FanLib," Confessions of an Aca-Fan, 25 de maio de 2007, http://www.henryjenkins.org/2007/05/chris_williams_respond_to_our.html.

242 | CULTURA DA CONVERGÊNCIA

Prophet (*O Profeta Diário*, http://www.dprophet.com), um "jornal escolar", baseado na web, para a Hogwarts fictícia. Hoje, a publicação conta com uma equipe de mais de 102 crianças do mundo inteiro.

Lawver, ainda adolescente, é a editora-chefe. Ela contrata colunistas que, semanalmente, fazem a cobertura de seus próprios "furos de reportagem" – que incluem de tudo, desde os últimos jogos de quadribol até a culinária dos trouxas*. Heather edita cada matéria pessoalmente, preparando-as para publicação. Ela incentiva os membros da equipe a comparar atentamente os textos originais e as versões editadas, trocando ideias com eles sobre questões de estilo e gramática, quando necessário. No início, Heather pagava o site com sua mesada, até que alguém sugeriu que ela abrisse uma caixa postal para onde os

||||||||||||||||||||||||||||||||||||||||||||||||||||||||||||||||||||||||||||||||||||||||||||||||||||||||||||||||||||||

Cada item sinalizava a morte do espaço livre e aberto que os fãs haviam cavado para suas atividades de *fan fiction*, se não na lei, na prática, nas últimas décadas.

A FanLib tinha feito a lição de casa, segundo os padrões do arriscado mundo capitalista: eles realmente tinham identificado um mercado potencial; tinham desenvolvido um plano de negócios; tinham até identificado potenciais colaboradores do site; tinham criado uma diretoria. Mas não tinham ouvido ou respeitado a comunidade alternativa existente que crescera em torno da produção e distribuição de *fan fiction*. A empresa, por exemplo, tendo como público-alvo a comunidade predominantemente feminina de escritores de *fan fiction*, criou uma campanha publicitária que retratava uma *fan fiction* magra, fraca e patrocinada comercialmente como se fosse forte e musculosa. Os fãs mais atentos perceberam rapidamente a ausência de mulheres na diretoria da empresa e a ausência de qualquer tipo de comissão de fãs que representasse os interesses daqueles que escreviam e publicavam *fan fiction* há mais de três décadas.

A controvérsia FanLib deve ser vista contra o pano de fundo do que os conhecedores da indústria têm chamado de "Web 2.0", um termo popularizado pelo guru dos negócios Tim O'Reilly para descrever a revitalização da economia digital fomentada por empresas como a Flickr, um site de compartilhamento de fotos, sites de relacionamento como MySpace e Facebook, e sites de

---

* "Trouxa" é a tradução brasileira de "muggle", termo utilizado nos livros de *Harry Potter* para se referir às pessoas que não possuem poderes mágicos. [N. de T.]

POR QUE HEATHER PODE ESCREVER | **243**

participantes poderiam enviar suas contribuições; ela ainda administra o site com um orçamento baixo, mas pelo menos pode recorrer às mesadas dos amigos e colaboradores para mantê-lo no ar, em tempos difíceis.

Lawver, a propósito, foi educada em casa e nunca pôs os pés numa sala de aula, desde a primeira série. Sua família ficara horrorizada com o racismo e o anti-intelectualismo que encontraram quando ela entrou na primeira série de uma escola rural no Mississippi. Ela explica: "É difícil combater o preconceito quando você o enfrenta todos os dias. Eles simplesmente expulsaram a mim e a um dos meus irmãos da escola. E não quisemos mais voltar".

Uma garota que não frequentava a escola desde a primeira série estava liderando uma equipe mundial de estudantes escritores, sem supervisão de

||||||||||||||||||||||||||||||||||||||||||||||||||||||||||||||||||||||||||||||||||||||||||||||||||||||

vídeo como YouTube e Veoh.[3] Esses empreendimentos da Web 2.0 construíram seus planos de negócios nas costas do conteúdo gerado pelos usuários. O'Reilly descreveu essas empresas como a construção de uma "arquitetura da participação", o que as tornou mais atraentes aos consumidores e as permitiu "canalizar a inteligência coletiva", extraindo grande parte de seu valor da recirculação de conteúdo gerado por outros usuários. Durante os anos de 2005 e 2006, as revistas de notícias trombetearam essas empresas, com a *Business Week* proclamando "o poder de todos nós", a *Newsweek* falando sobre "colocar o 'nós' na web", e a *Time* indicando "Você" ("You", como no YouTube) como a pessoa do ano.[4]

No entanto, a controvérsia FanLib foi apenas um dos muitos sinais de que o contrato social implícito e informal por trás dessa conversa de Web 2.0 estava começando a desgastar-se em 2007. Defensores da privacidade questionaram a quantidade de dados explorados por essas empresas comerciais; críticos sociais argumentaram que os usuários muitas vezes ficavam presos a relacionamentos de longo prazo com essas empresas, como consequência dos esforços que os consumidores investiam ao fazer o upload de seus dados e ao trazer os amigos a essas redes

---

3. Tim O'Reilly, "What Is Web 2.0?: Design Patterns and Business Models for the Next Generation of Software", http://www.oreillynet.com/pub/a/oreilly/tim/news/2005/09/30/what-is-web-20.html.

4. "The Power of Us," *Business Week*, 20 de junho de 2006, http://www.businessweek.com/magazine/content/05_25/b3938601.htm; "Putting the 'We' in the Web," *Newsweek*, 3 de abril de 2006; Lev Grossman, "Time's Person of the Year: You," *Time*, 13 de dezembro de 2006, http://www.time.com/time/magazine/article/0,9171,1569514,00.html.

244 | CULTURA DA CONVERGÊNCIA

adultos e publicando um jornal escolar para uma escola que existia somente em sua imaginação.

Desde o início, Lawver estruturou seu projeto com objetivos pedagógicos explícitos, que utilizou para auxiliar os pais a compreender a participação dos filhos. Numa carta aberta aos pais dos colaboradores, Lawver define os objetivos do site:

> O Daily Prophet é uma organização dedicada a dar vida ao mundo da literatura... A criação de um "jornal" on-line, com artigos que levam os leitores a acreditar que o mundo fantástico de *Harry Potter* é real, faz com que a mente se abra para explorar livros, mergulhar nos personagens e analisar a gran-

||||||||||||||||||||||||||||||||||||||||||||||||||||||||||||||||||||||||||||||||||||||||||||||||||||||||||||||||||||

sociais. Alguns exigiam mais interoperabilidade, o que permitiria às pessoas transferir facilmente seus dados de um site para outro. Tiziana Terranova apresentou uma crítica convincente da Web 2.0 como uma forma de "trabalho gratuito": "Trabalho gratuito é o momento em que esse consumo inteligente de cultura é traduzido em atividades produtivas adotadas com prazer e, ao mesmo tempo, muitas vezes exploradas sem pudor."[5] Uma piada que circulou pela Internet definiu a Web 2.0: "Você produz todo o conteúdo. Eles ficam com todo o lucro".

A FanLib adotou esse modelo Web 2.0 de "conteúdo gerado pelos usuários", esquecendo que estava interagindo com uma comunidade subcultural existente, e não uma criada do zero, em torno de ferramentas ou serviços inovadores. A indústria tende a encarar esses usuários isoladamente – como indivíduos que querem se expressar, e não como parte de comunidades preexistentes com suas próprias normas e práticas institucionalizadas. A FanLib falava de *fan fiction* como uma prática tradicional, mas seus executivos ficavam mais confortáveis cortejando os fãs como agentes livres, em vez de lidar com eles como membros de uma comunidade maior.

Para muitos fãs, a natureza não comercial da cultura do fã é uma de suas características mais importantes. Essas histórias são fruto do amor; elas operam numa economia de doação e são oferecidas gratuitamente a outros fãs que compartilham da mesma paixão pelos personagens. Sendo livres das restrições comerciais que cercam os textos originais, elas conquistam nova liberdade para explorar temas e experimentar estruturas e estilos que não poderiam fazer parte

---

5. Tiziana Terranova, "Free Labor: Producing Culture for the Digital Economy." Electronic Book Review. 2003, http://www.electronicbookreview.com/thread/technocapitalism/voluntary.

POR QUE HEATHER PODE ESCREVER | 245

de literatura. O desenvolvimento, em tenra idade, da capacidade mental de analisar a palavra escrita faz com que as crianças tomem um gosto pela leitura diferente de todos os outros. Ao criarmos este mundo de mentirinha, estamos aprendendo, criando e nos divertindo numa amigável sociedade utópica.[3]

Lawver é tão boa na imitação da linguagem professoral que até esquecemos que ela ainda não é adulta. Por exemplo, ela garante que o site irá preservar a identidade real das crianças e que ela irá selecionar as mensagens, para que nenhuma tenha conteúdo inadequado aos participantes mais jovens.[4] Lawver estava ansiosa para que seu trabalho fosse reconhecido por professo-

||||||||||||||||||||||||||||||||||||||||||||||||||||||||||||||||||||||||||||||||||||||||||||||||||||||||||||||||||||||

das versões "*mainstream*" desses universos.[6] Outros do *fandom*, entretanto, argumentaram que o fracasso dos fãs em capitalizar sobre a própria produção cultural é que os deixou vulneráveis aos interesses comerciais externos. A resistência do grupo em produzir lucros, argumentaram, refletiam antigos preconceitos que desvalorizavam as contribuições femininas, tratando-as como "trabalhos manuais".[7]

Sendo certo ou errado obter lucros da *fan fiction*, poucos fãs de longa data desejavam que uma empresa nova invadisse seu espaço e lucrasse com sua cultura. Escrevendo no auge da controvérsia FanLib, um fã explicou: "Esse é o motivo por que me envolvi recentemente em discussões sobre nossa comunidade aceitar ou não a monetização da *fan fiction*. Porque acho que ela vai ocorrer de qualquer modo, queiramos ou não, e eu preferia que os próprios fãs-criadores obtivessem o benefício do dinheiro, e não um empresário implacável que não se importa com nossa comunidade, e apenas nos vê como um nicho de mercado".[8]

Longe de serem indefesos, fãs furiosos uniram-se de modo rápido e eficiente em oposição à FanLib, utilizando seus próprios canais de comunicação – particularmente *o LiveJournal* – para causar danos à marca. Uniram seus conhecimentos e desconstruíram as condições do serviço

---

6. Catherine Tossenberger, Potterotics: Harry Potter Fanfiction on the Internet, Dissertação, University of Florida 2007. Tossenberger deriva seu conceito em parte de uma mensagem de Seperis, no LiveJournal, de 23 de novembro de 2003, http://seperis.livejournal.com/108109.html.

7. Abigail Derecho, Illegitimate Media: Race, Gender, and Censorship in Digital Remix, Dissertação, Comparative Literary Studies, Northwestern University, 2008.

8. almostnever, LiveJournal, 14 de maio de 2007, http://almostnever.livejournal.com/572926.html?format=light.

246 | CULTURA DA CONVERGÊNCIA

res, bibliotecários e outras crianças e jovens que, como ela, estudam em casa. Desenvolveu planos detalhados de como os professores podem utilizar seus modelos na criação de versões locais do jornal de Hogwarts, em trabalhos de escola. Vários professores seguiram suas sugestões.

Seja dentro ou fora da educação formal, o projeto de Lawver proporcionou às crianças uma imersão no mundo imaginário de Hogwarts e uma sensação muito real de conexão com uma comunidade de verdade, de crianças do mundo todo, trabalhando juntas para produzir o *Daily Prophet*. A escola que estavam inventando juntas (construída sobre as fundações do romance de J. K. Rowling) não poderia ser mais diferente daquela de onde ela fugira no Mississippi. Aqui, pessoas de diferentes etnias, raças e nações (algumas reais, outras imaginárias) formavam uma comunidade onde as diferenças individuais eram aceitas e onde o aprendizado era celebrado.

O ponto de acesso a essa escola imaginária era a construção de uma identidade fictícia; na sequência, essas *personas* se entrelaçavam em uma série de

‖‖

e o material promocional, levantando questões sobre o modo como as empresas Web 2.0 se relacionavam com seus participantes.

À medida que a base de dados se desenvolvia, alguns líderes consagrados da comunidade de fãs uniram forças para formar a *Organization for Transformative Works* (Organização para Obras Transformativas), como meio de proteger suas práticas culturais tradicionais e trazê-las para o século 21:

> Imaginamos um futuro em que as obras criadas pelos fãs sejam reconhecidas como legais e transformativas, e aceitas como uma atividade criativa legítima. Somos proativos e inovadores ao defender nosso trabalho de exploração comercial e contestação jurídica. Preservamos nossa economia, nossos valores e modo de vida de fãs protegendo e nutrindo nossos colegas fãs, nosso trabalho, nossas críticas, nossa história e nossa identidade, ao mesmo tempo fornecendo o acesso mais amplo possível às atividades de todos os fãs. Valorizamos nossa infinita diversidade em infinitas combinações. Valorizamos a polinização desimpedida e a troca de ideias e culturas entre os fãs, ao mesmo tempo procurando evitar a homogeneização e centralização do *fandom*.[9]

---

9. "Our Vision," Organization for Transformative Works, http://transformativeworks.org/.

POR QUE HEATHER PODE ESCREVER | **247**

"notícias" sobre eventos em Hogwarts. Muitas crianças apenas criavam o próprio perfil – ser um personagem nesse mundo ficcional bastava para satisfazer as necessidades que as tinham levado até o site. Para outras, esse era apenas o primeiro passo na construção de uma fantasia mais elaborada sobre suas vidas em Hogwarts. Em seus perfis, as crianças muitas vezes misturavam detalhes triviais de suas experiências cotidianas a histórias imaginárias sobre sua posição no mundo de J. K. Rowling:

> Fui transferida recentemente da Academia de Mágica de Madame McKay, nos EUA, para Hogwarts. Vivi no sul da Califórnia quase a vida toda, e minha mãe nunca contou a meu pai que ela era bruxa, até eu completar 5 anos (ele nos abandonou logo depois).

> Órfã aos 5 anos, quando os pais morreram de câncer, esta bruxa puro sangue foi morar com uma família de magos associados ao Ministério da Magia.

Adotando o modelo do movimento do código aberto, fãs programadores estão criando uma nova infraestrutura para o compartilhamento de *fan fiction*, vídeos de fãs e outras formas de produção cultural de fãs; fãs com conhecimento jurídico estão elaborando argumentos na esperança de poderem rebater as ações legais contra eles; e fãs com conhecimento acadêmico estão criando uma revista científica on-line contextualizando as práticas e tradições culturais da comunidade. Apesar da eficácia em desenvolver um modelo alternativo para o futuro de sua comunidade, os fãs revoltosos não destruíram a lucratividade da FanLib. No final de 2007, a empresa atraiu mais de 10 mil colaboradores. Alguns destes eram usuários principiantes atraídos para o *fandom* pelas iniciativas promocionais da empresa e outros foram afastados da comunidade de fãs estabelecida. A maioria encarava a *fan fiction* como uma atividade baseada no indivíduo, e não na comunidade. Ao tentar criar uma "comunidade" para a *fan fiction*, a FanLib atraíra em primeiro lugar aqueles que tinham investido pouco na associação com outros fãs.[10]

---

10 Xiaochang Li, "Fan, Inc.: Another Look at Fanlib.com," Convergence Culture Consortium Newsletter, 14 de dezembro de 2007.

248 | CULTURA DA CONVERGÊNCIA

A imagem da criança especial sendo criada por uma família comum (no caso, trouxa) e descobrindo sua identidade quando atinge idade escolar é um tema clássico de romances de fantasia e contos de fada; no entanto, muitas vezes há referências a divórcio e câncer, dificuldades do mundo real enfrentadas por tantas crianças. Com base apenas nos perfis, não podemos saber ao certo se são problemas que elas enfrentaram pessoalmente ou se são apreensões que estão explorando por meio da fantasia. Heather sugeriu que muitas crianças chegam até o *Daily Prophet* por causa de frustrações com a escola ou a família; utilizam a nova comunidade escolar para superar algum evento traumático ou para compensar a hostilidade de crianças de sua comunidade real. Algumas crianças são atraídas por raças imaginárias – elfos, duendes, gigantes e afins –, enquanto outras não conseguem se imaginar sendo outra coisa senão trouxas de nascença, mesmo em suas brincadeiras de fantasia. As crianças usam histórias para fugir de certos aspectos de sua vida real, ou para reafirmá-los.[5]

O universo de Rowling, rico em detalhes, permite vários pontos de acesso. Algumas crianças se imaginam parentes dos personagens principais, como Harry Potter e Snape, claro, mas também de figuras menos importantes – os inventores das vassouras do quadribol, os autores dos livros didáticos, os chefes de agências citadas, colegas de classe dos pais de Harry, qualquer associação que lhes permita reivindicar um espaço especial para si mesmas na história. Em seu livro, *Writing Superheroes* (1997), Anne Haas Dyson utiliza a metáfora de uma "licença para brincar" para descrever como os papéis fornecidos pelos produtos de mídia são distribuídos entre as crianças, no espaço da sala de aula, com o objetivo de policiar quem pode participar e qual papel podem assumir.[6] Algumas crianças se ajustam confortavelmente aos papéis disponíveis; outras se sentem excluídas e precisam se esforçar mais para se inserirem na fantasia. O foco de Dyson tem a ver, primordialmente, com as divisões de sexo e raça, mas, devido ao caráter global da comunidade do *Daily Prophet*, a nacionalidade também estava em jogo. O reconhecimento de Rowling, nos livros subsequentes, de que Hogwarts interagia com escolas do mundo todo forneceu a estudantes de muitos países uma "licença" para entrar na fantasia: "Sirius nasceu na Índia, filho de Ariel e Derek Koshen. Derek trabalhava no Ministério Indiano como embaixador do Ministério da Magia. Sirius foi criado em Bombaim e fala híndi fluentemente. Quando ainda vivia em Bombaim, salvou um Hipogrifo em apuros, impedindo que virasse um casaco, consolidando seu amor du-

POR QUE HEATHER PODE ESCREVER | **249**

radouro por criaturas mágicas. Frequentou a Escola de Magia e Bruxaria de Gahdal, na Tailândia". Nesse caso, ajuda o fato de a comunidade empenhar-se para ser inclusiva e aceitar fantasias que talvez não se ajustem confortavelmente ao mundo descrito nos livros.

Uma consequência extraordinária do valor dado à educação nos livros de *Harry Potter* é que quase todos os participantes do *Daily Prophet* se imaginam estudantes talentosos. Crianças que leem por lazer são ainda um subconjunto do total da população escolar; assim, é provável que muitas dessas crianças sejam as favoritas dos professores, na vida real. A personagem Hermione representava um modelo particularmente influente para as garotas estudiosas e inteligentes que eram as principais colaboradoras do *Daily Prophet*. Algumas críticas feministas afirmam que ela recai nos tradicionais estereótipos de garota dependente e prendada.[7] Pode ser verdade, mas a personagem oferece um ponto de identificação às leitoras, em um livro tão focado em garotos. Eis como uma jovem escritora estruturou sua relação com a personagem:

> Meu nome é Mandi Granger. Tenho 12 anos. Nasci trouxa. Sim, sou parente de Hermione Granger. Sou prima dela. Estou frequentando a Escola de Magia e Bruxaria de Hogwarts. Este é meu terceiro ano em Hogwarts. Estou escrevendo este artigo no intervalo dos estudos. Acho que aprendi meus hábitos de estudo com minha prima. Estou na casa de Grifinória, assim como minha prima. Conheço Harry Potter pessoalmente através de minha prima. Minha prima o levou à minha casa antes de eu ir para Hogwarts. Conversei com ele sobre Hogwarts e os filhos dos Weasley.

Por meio das fantasias infantis, Hermione assume um papel muito mais ativo e central do que o reservado a ela por Rowling. Como observa Ellen Seiter a respeito de séries destinadas a meninas, como *Moranguinho* [*Strawberry Shortcake*] (1981), pais feministas às vezes subestimam suas filhas ao não confiarem na capacidade delas de extrapolar o que veem representado na tela, ou ao estigmatizarem a oferta já limitada de conteúdo de mídia disponível para elas.[8] As leitoras decerto são livres para se identificar com uma série de outros personagens, inclusive do sexo oposto – e é possível interpretar as declarações de laços familiares especiais como uma forma de marcar essas identificações. Contudo, numa idade em que os papéis feminino e masculino são reforçados

250 | CULTURA DA CONVERGÊNCIA

de todos os lados, transgredir esses papéis por meio da fantasia pode ser mais difícil do que reconstruir os personagens como veículos de suas próprias fantasias de autonomia.

Em alguns casos, a história desses personagens são muito elaboradas, com relatos detalhados de suas varinhas mágicas, seus amigos animais, suas habilidades em magia, as aulas favoritas, os planos para o futuro e coisas assim. Essas *personas* fictícias podem conter as sementes de narrativas maiores, sugerindo como a construção de uma identidade pode fomentar subsequentes ficções de fãs:

> Sou a única irmã de Harry Potter e vou jogar como artilheira no time de quadribol de Grifinória este ano. Minha melhor amiga é Cho Chang e estou namorando Drago Malfoy (embora Harry Potter não esteja feliz com isso). Outro amigo meu é Riley Cornival, coescritor. Tenho alguns animais de estimação, um testrálio alado chamado Bostrio, um unicórnio chamado Golden e uma coruja-das-neves (como Edwiges) chamada Cassiddia. Consegui fugir do ataque do Lorde Voldemort à minha família porque, na época, estava passando as férias na Irlanda com minha tia Zeldy, mas sofro pela morte da mamãe e do papai. Fiquei furiosa com as coisas horríveis que a senhorita Skeeter escreveu sobre meu irmãozinho e enviei a ela um pacotinho com pus de bubotúbera não diluído. HA!

À medida que os repórteres do *Daily Prophet* desenvolvem as notícias sobre a vida em Hogwarts, eles incluem as *personas* de outros membros do site em suas histórias, tentando preservar o que cada criança encara como seu lugar especial dentro desse mundo. O resultado é uma fantasia produzida em conjunto – algo entre um RPG e uma *fan fiction*. O entrelaçamento de fantasias torna-se um elemento-chave de ligação entre as crianças, que passam a gostar umas das outras por meio da interação com as *personas* fictícias.

De que habilidades as crianças precisam para se tornar participantes plenos da cultura da convergência? Neste livro, já identificamos várias – a capacidade de unir seu conhecimento ao de outros numa empreitada coletiva (como o *spoiling* de *Survivor*), a capacidade de compartilhar e comparar sistemas de valores por meio da avaliação de dramas éticos (como ocorre na fofoca em torno dos reality shows), a capacidade de formar conexões entre pedaços espalhados de informação (como ocorre quando consumimos *Matrix*, 1999, ou *Pokémon*, 1998), a capacidade de expressar suas interpretações e seus senti-

POR QUE HEATHER PODE ESCREVER | 251

mentos em relação a ficções populares por meio de sua própria cultura tradicional (como ocorre no cinema de fã de *Star Wars*) e a capacidade de circular as criações através da Internet, para que possam ser compartilhadas com outros (de novo, como no cinema de fã). O exemplo do *Daily Prophet* sugere ainda outra competência cultural importante: a brincadeira de interpretar papéis como meio de explorar um mundo ficcional e como meio de desenvolver uma compreensão mais rica de si mesmo e da cultura à sua volta. Essas crianças compreenderam *Harry Potter* ocupando um espaço em Hogwarts; ocupar esse espaço ajudou-as a traçar mais plenamente as regras desse mundo ficcional e os papéis que os diversos personagens exercem nele. Assim como atores constroem personagens pela combinação entre coisas descobertas em pesquisas e coisas aprendidas na introspecção pessoal, essas crianças recorriam às próprias experiências para expor vários aspectos da ficção de Rowling. É um tipo de domínio intelectual que só se tem por meio da participação ativa. Ao mesmo tempo, brincar de interpretar papéis era uma fonte de inspiração para que expandissem outros tipos de habilidades de letramento – as já valorizadas pela educação tradicional.

O extraordinário nesse processo, no entanto, é que ele ocorre fora da sala de aula e sem qualquer controle adulto direto. Crianças estão ensinando crianças o que elas precisam saber para se tornarem participantes plenas da cultura da convergência. Cada vez mais, educadores estão começando a valorizar o aprendizado que ocorre nesses espaços recreativos informais, especialmente educadores que são contra as restrições ao aprendizado impostas por políticas de educação, que aparentemente só valorizam aquilo que pode ser calculado em exames padronizados. Se as crianças devem aprender as habilidades necessárias à plena participação em sua cultura, podem muito bem aprendê-las envolvendo-se em atividades como a edição de um jornal numa escola imaginária, ou ensinando umas às outras as habilidades necessárias para se sair bem em jogos para múltiplos jogadores, ou quaisquer outras coisas que pais e professores atualmente consideram ocupações sem importância.

Reescrevendo a escola

O professor James Paul Gee, da Escola de Educação Madison, da Universidade de Wisconsin, chama essas culturas informais de aprendizado de "espa-

252 | CULTURA DA CONVERGÊNCIA

ços de afinidades" e questiona por que as pessoas aprendem mais, participam mais ativamente e se envolvem mais profundamente com a cultura popular do que com os conteúdos dos livros didáticos.[9] Como me disse Flourish, uma fã de *Harry Potter* de 16 anos, "uma coisa é discutir sobre o tema de um conto que você nunca ouviu falar e para o qual você não dá a mínima. Outra coisa é discutir o tema de um trabalho de 50 mil palavras sobre Harry e Hermione que um amigo levou três meses para escrever".[10] Gee afirma que os espaços de afinidades oferecem poderosas oportunidades para o aprendizado porque são sustentados por empreendimentos comuns, criando pontes que unem as diferenças de idade, classe, raça, sexo e nível educacional; porque as pessoas podem participar de diversas formas, de acordo com suas habilidades e seus interesses; porque dependem da instrução de seus pares, de igual para igual, com cada participante constantemente motivado a adquirir novos conhecimentos ou refinar suas habilidades existentes; porque, enfim, esses espaços de afinidades permitem a cada participante sentir-se um expert, ao mesmo tempo que recorrem à expertise de outros. Cada vez mais, experts em educação estão reconhecendo que encenar, recitar e apropriar-se de elementos de histórias preexistentes é uma parte orgânica e valiosa do processo através do qual as crianças desenvolvem o letramento cultural.[11]

Há uma década, a *fan fiction* publicada era, em sua maioria, escrita por mulheres na faixa dos 20, 30 anos, ou mais. Hoje, essas escritoras mais velhas estão acompanhadas de uma geração de novos colaboradores que descobriram a *fan fiction* navegando pela Internet e decidiram ver o que eram capazes de produzir. *Harry Potter*, em particular, incentivou muitos jovens a escrever e compartilhar suas primeiras histórias. Zsenya, 33, webmaster do The Sugar Quill, um dos principais sites de *fan fiction* de *Harry Potter*, fez o seguinte comentário:

> Em muitos casos, os adultos realmente tentam ter cuidado com os membros mais jovens (teoricamente, todos os que se registram em nossos fóruns devem ter mais de 13 anos). Os adultos comportam-se mais ou menos como supervisores. Na verdade, acho que é uma forma incrível de comunicação... A ausência de contato direto iguala todo mundo um pouco, então os membros mais jovens têm a chance de conversar com os mais velhos sem, talvez, aquela inibição que normalmente poderiam sentir ao conversar com adultos. E, por

outro lado, acho que isso ajuda os adultos a se lembrarem de como era ter certa idade ou estar em certo lugar na vida.[12]

Os fãs mais velhos muitas vezes se envolvem mais diretamente com pessoas como Flourish. Ela começou a ler *fan fiction* de *Arquivo X* quando tinha 10 anos, escreveu suas primeiras histórias sobre *Harry Potter* aos 12 e publicou seu primeiro romance on-line aos 14.[13] Flourish rapidamente se tornou mentora de outros fãs-escritores emergentes, inclusive muitos que tinham o dobro de sua idade, ou mais. Muitos supunham que ela era, provavelmente, uma universitária. A interação on-line permitiu que Flourish omitisse a idade até se tornar tão importante para a comunidade de fãs que ninguém iria se importar com o fato de ela ainda estar cursando o ensino fundamental.

Os educadores gostam de falar em "andaime" (*scaffolding*), o conceito de que um bom processo pedagógico funciona passo a passo, incentivando as crianças a construir novas habilidades sobre aquelas que já dominam, fornecendo um suporte para os novos passos até que o aprendiz se sinta confiante o bastante para caminhar sozinho. Na sala de aula, o andaime é fornecido pelo professor. Numa cultura participativa, a comunidade inteira assume uma parte da responsabilidade em ajudar os iniciantes na Internet. Muitos jovens autores começaram a redigir histórias sozinhos, como uma reação espontânea a uma cultura popular. Para esses jovens escritores, o próximo passo foi a descoberta da *fan fiction* na Internet, que forneceu modelos alternativos do que significava ser autor. No início, eles talvez apenas lessem as histórias, mas as comunidades fornecem muitos estímulos para que os leitores atravessem o último limiar para a redação e apresentação de suas próprias histórias. E depois que um fã apresenta uma história, o feedback que recebe o inspira a escrever mais e melhor.

Que diferença fará, ao longo do tempo, se uma porcentagem crescente de jovens escritores começar a publicar e receber feedback sobre sua obra enquanto ainda estão no colégio? Irão desenvolver sua arte com mais rapidez? Irão descobrir sua forma de expressão mais cedo? E o que vai acontecer quando esses jovens escritores compararem suas observações, se tornarem críticos, editores e mentores? Isso irá ajudá-los a desenvolver um vocabulário básico para pensar em narrativas? Ninguém tem certeza absoluta, mas o potencial parece enorme. A autoria tem uma aura quase sagrada, num mundo onde as oportunidades de circular suas ideias a um público maior são limitadas. À me-

254 | CULTURA DA CONVERGÊNCIA

dida que expandimos o acesso à distribuição em massa pela web, nossa compreensão do que significa ser autor – e que tipo de autoridade se deve atribuir a autores – necessariamente muda. A mudança pode levar a uma consciência maior sobre direitos de propriedade, à medida que mais e mais pessoas têm a sensação de posse sobre as histórias que criam. Porém, pode resultar também em uma desmistificação do processo criativo, um reconhecimento crescente das dimensões comunitárias da expressão, à medida que o ato de escrever assume mais aspectos das práticas tradicionais.

A comunidade de fãs não mediu esforços para fornecer instrução informal ao escritores mais novos. O maior arquivo de *Harry Potter* na Internet, www.fictionalley.org, atualmente hospeda mais de 30 mil histórias e capítulos de livros, incluindo centenas de romances completos ou parcialmente completos. Essas histórias são escritas por autores de todas as idades. Mais de 200 pessoas trabalham para o site, sem remuneração, incluindo 40 mentores, que dão as boas-vindas a cada novo participante, individualmente. No Sugar Quill, www.sugarquill.net, cada história postada passa primeiro por uma leitura beta (um processo de crítica de outros escritores). O nome leitura beta foi inspirado no termo teste beta, utilizado em computação: os fãs buscam aconselhamento sobre os rascunhos de suas histórias quase terminadas, para que possam consertar os "bugs" e conduzi-las ao nível seguinte. Como os editores explicam, "queremos que este seja um lugar onde a *fan fiction* possa ser lida e apreciada, mas onde escritores que queiram mais do que elogios possam vir e receber críticas realmente construtivas (calma – pense como Lupin, não Minerva McGonagall) e uma edição técnica. Descobrimos que isso é essencial para nossas próprias histórias, e ficamos felizes em ajudar com as histórias dos outros. Nossa esperança é de que essa experiência traga coragem e confiança às pessoas para se diversificarem e começarem a escrever suas próprias histórias".[14] (Remo Lupin e Minerva McGonagall são dois dos professores que J. K. Rowling retrata em seus romances: enquanto Lupin é um educador calmo, McGonagall pratica uma abordagem mais dura). Os novos escritores geralmente passam por vários rascunhos e vários leitores beta antes que suas histórias estejam prontas para publicação. "O serviço de Leitor Beta realmente me ajudou a tirar o excesso de advérbios dos meus textos, a colocar as preposições no lugar certo, a melhorar a sintaxe e a aperfeiçoar a qualidade geral da minha redação", explica Sweeney Agonistes, estudante de primeiro ano de faculdade, com anos de edição.[15]

As instruções para os leitores beta, postadas no Writer's University (www. writersu.net), um site que ajuda a instruir fãs editores e escritores, oferece alguns *insights* das concepções pedagógicas que moldam esse processo:

Um bom leitor beta:

- admite ao autor que tem pontos fortes e fracos – por exemplo, "Sou ótimo leitor beta para enredos, mas não para ortografia!" Qualquer um que se ofereça para verificar a ortografia, a gramática e a pontuação dos outros deve, no mínimo, merecer uma nota B em inglês, de preferência nota A.
- lê criticamente, analisando problemas estilísticos, consistência, furos no enredo, falta de clareza, uniformidade de fluência e ação, dicção (escolha das palavras), realismo e adequação de diálogo, e assim por diante. A história se afunda em descrições e antecedentes desnecessários? Os personagens "soam" como deveriam? O enredo tem lógica e os personagens têm motivação para fazer o que fazem?
- sugere, em vez de editar. Na maioria dos casos, um leitor beta não deve reescrever ou simplesmente corrigir problemas. Chamar a atenção do autor para os problemas o ajuda a ter consciência deles e, com isso, aperfeiçoar-se.
- salienta as coisas de que gostou na história. Mesmo que tenha sido a pior história que já tenha lido, diga algo positivo! Diga várias coisas positivas! Veja o potencial de cada história...
- é diplomático, mesmo com coisas que considera falhas graves – mas também é honesto.
- aprimora as próprias habilidades. Se você encara com seriedade a tarefa de ajudar outros escritores, recomendamos a leitura de alguns dos textos cujos links estão no fim desta página. Eles trazem um excelente panorama sobre os erros mais comuns cometidos por escritores de *fan fiction*, além de dicas básicas sobre como escrever bem.[16]

Essa descrição está mais para a construção de uma relação diferente entre mentores e aprendizes do que para uma aula de redação, começando com a primeira cláusula, segundo a qual os editores devem reconhecer seus pró-

256 | CULTURA DA CONVERGÊNCIA

prios pontos fortes e limitações, e continuando com o foco na sugestão, em vez da imposição, como meio de fazer o aluno refletir sobre as implicações de seu processo de redação.

Como a pesquisadora educacional Rebecca Black observa, a comunidade de fãs pode muitas vezes ser mais tolerante com erros linguísticos do que professores tradicionais em salas de aula, e mais generosa, ao possibilitar que o aprendiz identifique o que realmente está querendo dizer, porque o leitor e o escritor operam dentro do mesmo quadro de referências, compartilhando um profundo envolvimento emocional com o conteúdo que está sendo explorado.[17] A comunidade de fãs promove uma série mais abrangente de formas de letramento – não apenas *fan fiction*, mas vários modos de comentários e explanações – do que os modelos disponíveis na sala de aula, e muitas vezes a comunidade exibe próximos passos realistas para o desenvolvimento do aprendiz, em vez de mostrar apenas textos profissionais, muito distantes de qualquer coisa que os alunos serão capazes de produzir.

Além da leitura beta, o Sugar Quill fornece uma série de outras referências relevantes aos fãs escritores, algumas tratando de questões de gramática e estilo, outras tratando de detalhes do universo de *Harry Potter*, mas todas destinadas a ajudar os aspirantes a escritores a aprimorar suas histórias e se aventurar em outras direções. As classificações de estilo do Sugar Quill fornecem modelos dos diversos modos como os aspirantes a escritores podem se envolver com o texto de Rowling: "Pontos de Vista Alternativos", que reestrutura os eventos do livro pelos olhos de outro personagem, não de Harry Potter; "E Se?", que explora "possibilidades" sugeridas mas não desenvolvidas nos romances; "Momentos Perdidos", que preenche as lacunas entre os eventos do enredo; e "Verão Após o Quinto Ano", que se estende além do ponto do último livro publicado*, mas não entra em eventos que Rowling provavelmente irá incluir no próximo livro. O Sugar Quill exige que os escritores façam uma interpretação exata e literal, insistindo para que as informações incluídas nas histórias sejam compatíveis com o que Rowling já revelou. Como explica o editor:

---

* À época da pesquisa de Jenkins, o último livro publicado da série era o quinto, *Harry Potter e a Ordem da Fênix*. O sétimo e último livro, *Harry Potter e as Relíquias da Morte*, foi publicado em 2007. [N. de T.]

POR QUE HEATHER PODE ESCREVER | 257

Não escrevo *fan fiction* para "consertar" nada, escrevo para explorar cantos que o cânone [de Harry Potter] não teve a oportunidade de espreitar, ou para especular sobre o que *talvez* pudesse levar a alguma coisa ou o que *poderia* resultar em alguma outra coisa. Uma história que deixa esses cantos maravilhosos não precisa de conserto, é uma história que estimula a exploração, como aquelas lindas ruazinhas arborizadas transversais que você nunca tem a chance de percorrer quando está num ônibus, a caminho do trabalho pela rua principal. Isso não significa que há algo errado com o ônibus, com a rua principal ou com o fato de eu estar indo trabalhar – significa apenas que existe mais coisa lá para se olhar.[18]

Muitos adultos se preocupam com o fato de as crianças estarem "copiando" o conteúdo de mídia preexistente, em vez de criar os próprios trabalhos originais. Entretanto, deve-se pensar nessas apropriações como um tipo de aprendizagem. Historicamente, jovens artistas sempre aprenderam com os mestres consagrados, às vezes colaborando com as obras dos artistas mais velhos, muitas vezes seguindo seus padrões, antes de desenvolver o próprio estilo e a própria técnica. As expectativas modernas sobre expressões originais são um fardo difícil para qualquer um em início de carreira. Da mesma forma, esses jovens artistas aprendem o que podem com as histórias e imagens que lhes são mais familiares. Erigir os primeiros esforços a partir de produtos culturais existentes permite-lhes concentrar sua energia em outras coisas, dominar a arte, aperfeiçoar as habilidades e comunicar suas ideias. Como muitos outros jovens artistas, Sweeney disse que os livros de Rowling forneceram o andaime de que ela precisava para se concentrar em outros aspectos do processo de escrita: "É mais fácil desenvolver uma boa noção de enredo, de caracterização e outras técnicas literárias se o seu leitor já sabe alguma coisa sobre o universo onde a história se passa". Sweeney escreve principalmente sobre os professores de Hogwarts, tentando contar os eventos dos livros a partir do ponto de vista deles e explorando seus relacionamentos quando não estão na sala de aula. Como ela explica:

Imagino que J. K. Rowling irá cuidar do ponto de vista dos alunos desse universo, quando Harry chegar lá. O problema com a criação de um universo é que há tanta coisa para brincar! Gosto de preencher as lacunas... Gosto de ver se

258 | CULTURA DA CONVERGÊNCIA

consigo imaginar uma maneira plausível, que se ajuste ao cânone estabelecido, para explicar por que Snape deixou Voldermort para servir Dumbledore.
Há tantas explicações para isso, mas ainda não temos certeza. Então, quando
descobrirmos, se descobrirmos, haverá muitas pessoas lendo a história, e se
alguém acertar, vai dizer: sim, acertei!

Outros observaram que escrever sobre personagens ficcionais criados
por outra pessoa, em vez de recorrer diretamente às próprias experiências,
lhes proporcionou uma distância fundamental para refletir sobre o que estavam tentando exprimir. Sweeney descreveu como entrar na cabeça de um personagem tão diferente dela própria a ajudou a entender as pessoas com quem
convive na escola, pessoas com histórias e valores muito diferentes. Nesse sentido, ela via a *fan fiction* como um recurso útil para sobreviver no colégio. A *fan
fiction* de *Harry Potter* produz inúmeras narrativas sobre o poder da juventude,
com personagens lutando contra as injustiças que seus jovens escritores enfrentam todos os dias na escola. Muitas vezes, os escritores mais jovens de-
monstram uma fascinação por entrar na cabeça dos personagens adultos.
Muitas das melhores histórias são contadas do ponto de vista dos professores,
ou retratam os pais e mentores de Harry quando estavam em idade escolar. Algumas histórias são românticas e adocicadas, outras são histórias agridoces
sobre amadurecimento (em que a consumação sexual se dá quando dois personagens pegam na mão um do outro); outras, ainda, são carregadas de raiva
ou de sentimentos sexuais que estão desabrochando, temas que os autores relutam em tratar nos trabalhos de escola. Quando tratam dessas histórias, os fãs
adolescentes e adultos falam abertamente sobre suas experiências de vida, trocando conselhos sobre outras coisas, além das questões relacionadas ao enredo e à caracterização.

Por meio das discussões on-line sobre redação de fãs, os escritores adolescentes desenvolvem um vocabulário para conversar sobre estratégias de escrita e aprendizagem, a fim de aprimorar o próprio trabalho. Quando falam dos
livros em si, fazem comparações com outras obras literárias e estabelecem conexões com tradições filosóficas e teológicas; debatem sobre o estereótipo feminino das personagens; citam entrevistas com a escritora ou leem análises
críticas das obras; utilizam conceitos analíticos que provavelmente só estuda-
riam na faculdade.

POR QUE HEATHER PODE ESCREVER | 259

A escola ainda está presa num modelo de aprendizagem autônoma que contrasta nitidamente com a aprendizagem necessária aos estudantes à medida que eles entram nas novas culturas do conhecimento. Gee e outros educadores temem que os estudantes que se sentem confortáveis em participar e trocar conhecimento através dos espaços de afinidades estejam sendo menosprezados na sala de aula:

> A aprendizagem torna-se uma trajetória pessoal e singular num espaço complexo de oportunidades (por exemplo, o deslocamento singular de uma pessoa pelos diversos espaços de afinidades, no decorrer do tempo) e uma jornada social, à medida que se compartilham aspectos dessa trajetória com outros (que podem ser muito diferentes dela mesma e, de resto, viver em espaços completamente diferentes) por um período mais curto ou mais longo, antes de prosseguir. O que esses jovens veem na escola pode empalidecer, diante da comparação. A escola talvez pareça não ter a imaginação existente em aspectos de sua vida fora da escola. No mínimo, podem se perguntar e argumentar: "Para que serve a escola?"[19]

O foco de Gee é o sistema de suporte que emerge em torno do aprendiz individual, o foco de Lévy é o modo como cada aprendiz colabora com uma inteligência coletiva maior; mas ambos estão descrevendo partes da mesma experiência – viver num mundo onde o conhecimento é compartilhado e onde a atitude crítica é contínua e vitalícia.

Não surpreende que alguém que tenha acabado de publicar seu primeiro romance on-line e de receber dezenas de cartas com comentários ache decepcionante voltar à sala de aula, onde seu trabalho será lido apenas pelo professor e o feedback pode ser muito limitado. Alguns alunos adolescentes confessaram que escondem os rascunhos de suas histórias dentro do livro didático e os corrigem durante a aula; outros se sentam em volta da mesa do almoço e conversam com colegas de classe sobre enredo e personagens, ou tentam trabalhar nas histórias usando os computadores da escola, até que bibliotecários os acusem de estar desperdiçando tempo. Mal conseguem esperar que o sinal toque, para que possam se concentrar em sua escrita.

Lawver não foi a única a compreender os benefícios da *fan fiction*. Várias bibliotecas têm trazido palestrantes imaginários para falar sobre a vida dos

260 | CULTURA DA CONVERGÊNCIA

trouxas e promovido aulas estendidas no fim de semana, inspiradas no modelo da extraordinária escola de Hogwarts. Um grupo de editores canadenses organizou um acampamento de redação de verão para as crianças, destinado a ajudá-las a aperfeiçoar sua arte. Os editores estavam respondendo aos vários manuscritos espontâneos que tinham recebido de fãs de *Harry Potter*.[20] Um grupo educacional organizou a Hogwarts Virtual, que oferecia cursos tanto de assuntos acadêmicos quanto de tópicos que ficaram famosos a partir dos livros de Rowling. Professores adultos de quatro continentes desenvolveram materiais on-line para 30 aulas diferentes, e a iniciativa atraiu mais de três mil estudantes de 75 países.

Não está claro se os sucessos dos espaços de afinidades podem ser copiados pela simples incorporação de atividades semelhantes na sala de aula. As escolas impõem uma hierarquia fixa de liderança (inclusive papéis muito diferentes para adultos e adolescentes); é improvável que alguém como Heather ou Flourish teria as mesmas oportunidades editoriais que encontraram na comunidade de fãs. As escolas possuem menos flexibilidade para apoiar escritores em estágios muito diferentes de desenvolvimento. Até as escolas mais progressistas impõem limites sobre o que os alunos podem escrever, se comparado à liberdade que eles desfrutam sozinhos. Decerto, os adolescentes podem receber críticas severas às suas histórias mais controversas quando elas são publicadas on-line, mas os próprios adolescentes estão decidindo os riscos que desejam correr e enfrentando as consequências dessas decisões.

Dito isso, precisamos reconhecer que aprimorar as habilidades de redação é um benefício secundário da participação em comunidades de *fan fiction*. Falar sobre *fan fiction* nesses termos faz com que a atividade pareça mais valiosa aos olhos de pais e professores que talvez sejam céticos em relação ao mérito dessas atividades. E as crianças certamente levam sua arte a sério e têm orgulho de suas realizações em letramento. Ao mesmo tempo, a escrita é valiosa pelo modo como expande as experiências das crianças com o mundo de *Harry Potter* e pelas conexões sociais com outros fãs que ela facilita. Essas crianças são apaixonadas pela escrita porque são apaixonadas pelo assunto sobre o qual estão escrevendo. Até certo ponto, arrastar essas atividades para a escola tende a enfraquecê-las, pois a cultura escolar gera uma mentalidade diferente daquela que temos em nossa vida recreativa.

Defesa contra a arte das trevas

J. K. Rowling e a editora Scholastic haviam, inicialmente, sinalizado apoio aos fãs escritores, enfatizando que contar histórias ajudava as crianças a expandir a imaginação e as habilitava a encontrar sua própria expressão como escritores. Por meio de sua agência em Londres, a Christopher Little Literacy Agency, Rowling havia publicado uma declaração, em 2003, reafirmando a antiga política da autora de acolher positivamente "o enorme interesse que os fãs têm pela série e o fato de ela os ter levado a experimentar escrever suas próprias histórias".[21] Entretanto, quando a Warner Bros. adquiriu os direitos de filmagem, em 2001, as histórias entraram num segundo regime de propriedade intelectual não tão intelectual e lisonjeiro.[22] O estúdio seguia uma antiga prática de procurar websites cujos domínios usassem frases protegidas por direitos autorais ou marca registrada. A lei da marca registrada foi estabelecida para evitar "potenciais confusões" a respeito de quem produz determinados produtos ou conteúdos; a Warner imaginou ter a obrigação legal de policiar os sites que surgiram em torno de suas propriedades. O estúdio caracterizava isso como um "processo de seleção", no qual o site era suspenso até que o estúdio pudesse avaliar o que o site estava fazendo com a franquia de *Harry Potter*. Diane Nelson, vice-presidente sênior da Warner Bros. Family Entertainment, explicou:

> Quando investigamos alguns domínios, detectamos claramente quem estava criando o perfil falso de uma criança para explorar nossa propriedade de maneira ilegal. Com os fãs, não era preciso ir longe para constatar que, realmente, eram apenas fãs tentando expressar algo vital a respeito de sua relação com esta propriedade... Detestamos penalizar um fã autêntico pelas ações dos fãs não autênticos, mas tivemos várias ocorrências de pessoas que realmente estavam explorando crianças em nome de *Harry Potter*.

Em muitos casos, o dono original do site recebia permissão para continuar usando-o sob o nome original, mas a Warner Bros. mantinha o direito de fechá-lo se encontrasse "conteúdo ofensivo ou inadequado".

Os fãs sentiram como se tivessem levado uma bofetada, encarando a atitude do estúdio como uma tentativa de controlar os sites. Muitos deles eram criança ou adolescentes que estavam entre os organizadores mais ativos da comunidade de fãs de *Harry Potter*. Heather Lawver, a jovem editora do *Daily Prophet*, criou uma organização, a Defense Against the Dark Arts (Defesa Contra a Arte das Trevas), quando ficou sabendo que alguns amigos fãs tinham sido ameaçados com medidas legais: "A Warner foi muito inteligente ao escolher o alvo de seus ataques... Atacaram um bando de crianças na Polônia. Que ameaça elas representavam? Foram atrás de sites insignificantes, de jovens entre 12 e 15 anos. Mas subestimaram a interconexão de nossa comunidade de fãs. Subestimaram o fato de que conhecíamos aquelas crianças da Polônia, conhecíamos os sites insignificantes e gostávamos deles". A própria Heather recebeu uma notificação, mas a usou na causa em defesa dos amigos que estavam sob ameaça legal. No Reino Unido, a jovem de 15 anos Claire Field tornou-se símbolo da luta dos fãs contra a Warner Bros. Claire e seus pais haviam contratado um advogado, depois que ela recebera uma notificação por seu site, www.harrypotterguide.co.uk, e, durante o processo, o caso foi parar na imprensa britânica. Depois, a história foi relatada no mundo inteiro e, em cada localidade, outros webmasters adolescentes, cujos sites tinham sido fechados pelos advogados da Warner, também vieram a público.[23] Lawver uniu forças com os defensores britânicos de Claire, ajudando a coordenar os contatos com a imprensa e o ativismo contra o estúdio.

A Defense Against the Dark Arts argumentava que os fãs haviam ajudado a transformar um livro infantil pouco conhecido num best-seller internacional e, por isso, os detentores dos direitos estavam em dívida com eles e deveriam conceder-lhes um pouco de liberdade em seu trabalho. O abaixo-assinado termina com um "chamado às armas" contra estúdios que não reconhecem aqueles que os sustentam: "Há forças das trevas em ação, piores do que aquele-cujo-nome--não-pode-ser-dito, porque essas forças das trevas estão ousando nos tirar algo tão básico, tão humano, que é quase um assassinato. Estão nos tirando a liberdade de expressão, a liberdade de exprimir nossos pensamentos, sentimentos e ideias, e estão tirando a diversão de um livro mágico".[24] Lawver, a adolescente impetuosa e articulada, debateu com um porta-voz da Warner Bros. no programa *Hardball with Chris Matthews* (1997), da MSNBC. Como ela explicou, "não éramos mais criancinhas desorganizadas. Tínhamos uma multidão de apoiadores e, em duas semanas, um abaixo-assinado com 1.500 assinaturas. Eles [a Warner Bros.] finalmente tiveram de negociar conosco".

Quando a polêmica se intensificou, Diane Nelson, vice-presidente sênior da Warner Bros. Family Entertainment, reconheceu publicamente que a reação jurídica do estúdio tinha sido "ingênua" e "resultado da falta de comunicação".[25] Diane, hoje vice-presidente executiva da Global Brand Management, me disse: "No início, não sabíamos exatamente com o que estávamos lidando, ao tratar de *Harry Potter*. Fizemos o que normalmente faríamos para proteger nossa propriedade intelectual. Assim que constatamos que estávamos causando consternação a crianças e seus pais, nós paramos". Por causa desse conflito, o estúdio desenvolveu uma política mais cooperativa para envolver os fãs de *Harry Potter*, semelhante à que George Lucas procurou estabelecer com os fãs cineastas de *Star Wars*:

Heather é obviamente uma garota inteligente e fez um trabalho eficaz ao chamar a atenção para o caso... Ela chamou nossa atenção para fãs que tinham sido vítimas das notificações. Nós entramos em contato com eles. Em uma ocorrência, havia um jovem que ela usava como símbolo de nosso equívoco. Era um jovem de Londres. Ele e dois amigos da escola tinham iniciado um Torneio Tribruxo na Internet. Estavam realizando as competições através de seus sites... No fim, o que fizemos com eles foi a base do que fizemos com os fãs subsequentes. Delegamos poder a eles. Acabamos patrocinando o torneio deles e pagando uma caixa postal para quem quisesse se inscrever na competição off-line... De maneira alguma nos opúnhamos ao site ou ao que ele estava fazendo ou como ele estava se expressando, enquanto fã. Na verdade, acreditávamos, desde o início, que um dia esses sites seriam fundamentais para o sucesso do que estávamos fazendo, e quanto mais, melhor. Acabamos concedendo a ele aprovação oficial e acesso a materiais para inclusão no site, para que pudéssemos mantê-lo na família e, ao mesmo tempo, proteger adequadamente os materiais de *Harry Potter*.

Muitos fãs elogiaram a Warner por admitir seus erros e solucionar os problemas de relacionamento com os fãs. Lawver não se convenceu, encarando o resultado mais como uma tentativa de conquistar uma vitória de relações públicas do que uma mudança de mentalidade do estúdio. Recentemente, ela acrescentou uma seção no *Daily Prophet*, destinada a fornecer recursos a

264 | CULTURA DA CONVERGÊNCIA

outras comunidades de fãs que queiram se defender contra as restrições do estúdio em sua expressão e participação.[26]

Heather Lawver e seus aliados lançaram a campanha das crianças contra a Warner Bros. partindo do pressuposto de que tal ativismo dos fãs já tinha uma longa história. Ela explicou: "Imaginei que, com a história dos fãs escritores de *Star Wars* e *Star Trek*, as pessoas já tivessem feito isso antes. Não pensei muito a respeito. Achei que não éramos os primeiros, mas, aparentemente, éramos". Outros grupos já haviam tentado, mas não chegaram nem perto do mesmo grau de sucesso. Após várias décadas de agressiva diligência por parte dos estúdios, não há, literalmente, nenhuma jurisprudência a respeito da *fan fiction*. As alegações gerais impostas pelos estúdios nunca foram objeto de contestação jurídica. Os estúdios ameaçam, os fãs recuam, e nenhum dos grupos que normalmente se mobilizariam para defender a liberdade de expressão inclui em sua pauta a defesa dos criadores amadores. As organizações que defendem a liberdade de expressão, inclusive a American Civil Liberties Union e a Electronic Frontier Foundation, uniram-se ao Muggles for Harry Potter (Trouxas por Harry Potter), um grupo criado para apoiar professores que desejassem manter *Harry Potter* na sala de aula, mas não defenderam os escritores de *fan fiction* que insistiam no direito de construir fantasias em torno do romance de J. K. Rowling. O Stanford Center for Internet and Society postou uma declaração – em apoio explícito e condescendência implícita – sobre *fan fiction* em seu site, Chilling Effects (http://www.chillingeffects.org/fanfic). A declaração, em essência, admite a maior parte das alegações dos advogados dos estúdios.[27] Adotando uma posição semelhante, o presidente do conselho administrativo da Electronic Frontier Foundation, Brad Templeton, escreve: "Quase toda a '*fan fiction*' é, em princípio, uma violação de direitos autorais. Se você quiser escrever uma história sobre Jim Kirk e sr. Spock, precisará da permissão da Paramount. Simples assim".[28] Observe como Templeton alterna termos legais de salvaguarda, como o "em princípio" da primeira frase, com a certeza moral do "simples assim" da segunda. Com amigos assim, quem precisa de inimigos?

A comunidade de fãs inclui muitos advogados, alguns bem informados, dispostos a agir quando o interesse público é violado, oferecendo consultoria jurídica aos fãs sobre como contestar o fechamento de seus websites.[29] Fãs ativistas, por exemplo, contribuem com o Writers University, um website que, entre outros serviços, fornece atualizações periódicas sobre como as

POR QUE HEATHER PODE ESCREVER | 265

franquias midiáticas e os autores individuais têm reagido à *fan fiction*, identificando os que aceitam e os que proíbem a participação.[30] O objetivo do site é permitir que os fãs façam uma escolha bem pensada, que fiquem cientes dos riscos que enfrentam ao realizarem seus hobbies e interesses. Segundo a observação dos juristas Rosemary J. Coombe e Andrew Herman, os fãs descobriram que postar na web as notificações recebidas é uma tática eficaz, que obriga as empresas de mídia a enfrentar publicamente as consequências de seus atos e ajuda os fãs a perceberem os padrões das medidas legais, que, de outra forma, seriam conhecidos apenas pelos webmasters diretamente envolvidos.[31]

Ninguém sabe ao certo se a *fan fiction* se enquadra na proteção legal do uso aceitável*. A lei atual de direitos autorais não possui uma categoria que trate da expressão criativa amadora. Onde havia um fator de "interesse público" na definição de uso aceitável – como o desejo de proteger os direitos das bibliotecas de circular livros, ou dos jornalistas de citar fontes, ou dos acadêmicos de citar outras pesquisas – houve um avanço, em termos de classes e usuários legitimados, mas não um direito público generalizado à participação cultural. A noção atual de uso aceitável é o instrumento de uma época em que poucas pessoas tinham acesso ao mercado de ideias e realmente pertenciam a certas classes profissionais. A lei certamente necessita de uma revisão atenta, à medida que desenvolvemos tecnologias que ampliam o espaço de quem pode produzir e circular materiais culturais. Os juízes sabem o que fazer com pessoas que têm interesses profissionais na produção e distribuição de cultura; mas não sabem o que fazer com amadores, ou pessoas que eles consideram amadoras.

A tendência dos grupos da indústria tem sido abordar questões de direitos autorais a partir, principalmente, de um modelo de pirataria, concentrando-se na ameaça do compartilhamento de arquivos, em vez de tratar das complexidades da *fan fiction*. Seus materiais de instrução oficiais têm sido criticados por enfocar apenas a proteção dos direitos autorais, excluindo qualquer referência ao uso aceitável. Por dedução, os fãs são encarados como

---

* O conceito de "fair use" (uso aceitável) vem da legislação dos EUA, que permite a utilização de material protegido pela lei de direitos autorais, até certo ponto, para fins como educação, crítica e divulgação de notícias. A lei brasileira não utiliza o mesmo termo, apesar de ter disposições semelhantes. [N. de T.]

266 | CULTURA DA CONVERGÊNCIA

simples "piratas", que roubam dos estúdios e não oferecem nada em troca. Os estúdios defendem as medidas contra os fãs alegando que, se não zelarem pelos direitos autorais, ficarão vulneráveis à usurpação de seus conteúdos pelos concorrentes comerciais.

A melhor solução legal para essa situação talvez seja reescrever a lei de uso aceitável, legitimando a circulação alternativa de artigos e histórias sem fins lucrativos produzidos sobre conteúdos das mídias. As empresas certamente têm o direito de proteger suas propriedades contra a usurpação de concorrentes comerciais; contudo, no sistema atual, como as outras empresas sabem até onde podem ir e relutam em entrar com processos umas contra as outras, elas têm uma liberdade maior de apropriação e transformação dos conteúdos de mídia do que os amadores, que não conhecem seus direitos e, mesmo se conhecessem, dispõem de poucos meios legais para defendê-los. Um resultado paradoxal é que a aplicação da lei de direitos autorais é mais branda com trabalhos hostis aos criadores originais, e que, portanto, podem ser interpretados mais explicitamente como críticas, do que com trabalhos que acolhem as ideias por trás da obra original e apenas procuram estendê-las a novas direções. Uma história em que Harry e os outros alunos se unem para destruir Dumbledore, por conta de suas políticas paternalistas, tende a ser considerada pelo juiz como paródia e discurso político, enquanto que uma obra que imagina Rony e Harmione namorando pode ser tão próxima do original que seu *status* de crítica fica menos claro e ela tende a ser considerada uma violação de direitos autorais.

No curto prazo, é mais provável que a mudança ocorra por meio da alteração no modo como os estúdios encaram as comunidades de fãs, e não pela modificação da lei; e é por isso que a abordagem cooperativa que apresentamos nos dois capítulos anteriores parece ser um passo importante na redefinição do espaço da participação amadora. Diane Nelson disse que a polêmica em torno de *Harry Potter* foi útil porque provocou a discussão entre os diversos departamentos do estúdio – comercial, jurídico, de relações públicas, de criação – sobre os princípios que regem suas relações com os fãs: "Estamos tentando encontrar um equilíbrio entre as necessidades dos grupos envolvidos, inclusive os fãs, sem deixar de cumprir nossas obrigações legais, tudo isso num cenário novo e em transformação, e não existem precedentes claros sobre como essas questões devem ser interpretadas, ou sobre como agir diante delas, se um dia forem parar nos tribunais".

No curso da entrevista, ela descreveu os fãs como "acionistas essenciais" dessa propriedade em particular e a "alma" da franquia. O estúdio precisava encontrar um modo de respeitar a "criatividade e a energia" trazidas à franquia pelos fãs, mesmo tendo de proteger a franquia contra a usurpação por parte de grupos interessados em lucrar com seus empreendimentos, de reagir prontamente a informações incorretas ou, no caso de material destinado ao mercado infantil, de impedir o acesso das crianças a conteúdo adulto. Quanto à *fan fiction*:

> Reconhecemos que é um grande elogio, em termos de inserção dos fãs na propriedade, desejar expressar seu amor por ela. Respeitamos o significado disso. Até certo ponto, a *fan fiction* é aceitável aos autores; passando desse ponto, ela passa a não ser mais adequada, respeitosa ou um direito dos fãs. Tem muito a ver com a maneira como o fã deseja publicar sua ficção e se deseja obter benefícios comerciais com ela. Se for apenas e tão somente uma expressão para outros lerem e apreciarem, acredito que seja tolerável para os detentores dos direitos e para o criador. Quanto mais ampla a divulgação da *fan fiction*, seja para fins de retorno financeiro, promoção ou publicidade, menos tolerantes serão o estúdio e o criador.

Mas como a própria Diane reconheceu, a "sensação de posse do fã sobre determinada propriedade" é um desafio para o estúdio:

> Quando nos distanciamos do material original, ou do que os fãs interpretam como as verdadeiras raízes de uma propriedade, passamos por seu escrutínio. Eles podem se tornar nossos defensores ou detratores. Podem alterar o modo como a propriedade é introduzida no mercado, dependendo de como interpretam a forma como ela foi apresentada – se foi cuidadosa, respeitosa e exata... Os fãs talvez estejam tentando promover a propriedade na Internet à sua maneira, mas podem, às vezes, comprometer nossa responsabilidade de proteger a propriedade intelectual, a fim de conservá-la inalterada, e manter nossos direitos intactos.

268 | CULTURA DA CONVERGÊNCIA

Ainda há – e talvez sempre haverá – uma enorme lacuna entre as concepções do estúdio sobre o que constitui uma participação adequada dos fãs e a sensação dos próprios fãs de "posse" moral sobre a propriedade. Os estúdios, hoje, em sua maior parte, tratam as propriedades cultuadas como "lovemarks" e os fãs como "consumidores inspiradores", cujas iniciativas ajudam a gerar interesses mais amplos pelas duas propriedades. Consolidar a fidelidade dos fãs significa diminuir os controles tradicionais que as empresas podem exercer sobre suas propriedades intelectuais, abrindo, assim, um espaço mais amplo para a expressão criativa alternativa.

Trouxas por *Harry Potter*

Os advogados do estúdio não foram o único grupo a ameaçar os direitos das crianças de participar do universo de *Harry Potter*. Mais do qualquer outro livro nos últimos anos, os livros de *Harry Potter* estiveram no centro de polêmicas envolvendo livros didáticos e bibliotecas. Em 2002, eles foram o alvo de mais de 500 "contestações" em escolas e bibliotecas de todo o país.[32] Em Lawrence, Kansas, por exemplo, a biblioteca pública Oskaloosa foi obrigada a cancelar os planos de uma "aula especial de Hogwarts" para "jovens aspirantes a bruxas e magos" porque os pais da comunidade pensaram que a biblioteca estava tentando recrutar crianças para adorar o diabo. Paula Ware, a bibliotecária que propôs a aula, recuou rapidamente: "É o período mais movimentado do ano. Não quero entrar em confronto com ninguém. Mas se a questão fosse o banimento dos livros, eu teria levado o caso até a Suprema Corte".[33] Em Alamogordo, Novo México, a Igreja Comunidade de Cristo (Christ Community Church) queimou mais de 30 livros de Harry Potter, além de DVDs de *Branca de Neve e os Sete Anões* (1937), da Disney, CDs do Eminem e romances de Stephen King. Jack Brock, o pastor da igreja, justificou a queima de livros alegando que *Harry Potter*, livro que admitiu não ter lido, era "uma obra-prima de artimanha demoníaca" e um manual de instruções para a arte das trevas.[34] A CNN citou outro pastor, reverendo Lori Jo Scheppers, que afirmou que as crianças expostas a *Harry Potter* teriam "uma boa chance de se tornarem mais um Dylan Klebold e aqueles garotos de Columbine".[35]

Até agora, definimos a participação como uma força positiva na vida das crianças – algo que está motivando as crianças a ler, escrever, criar comunida-

POR QUE HEATHER PODE ESCREVER | 269

des e dominar outros tipos de conteúdo – além de lutar por seus direitos. Contudo, quando voltamos a atenção para algumas das críticas conservadoras a *Harry Potter*, a participação assume conotações totalmente diferentes, e muito mais sinistras. O evangelista Phil Arms, por exemplo, descreve *Harry Potter* e *Pokémon* (1998) como "atrações fatais", atraindo as crianças para o mundo das ciências ocultas: "Mais cedo ou mais tarde, todos os que entram no mundo de *Harry Potter* devem enfrentar a verdadeira face por trás do véu. E quando o fazem, descobrem o que todos aqueles que brincam com o mal descobrem, ou seja, embora talvez só estivessem brincando, o Diabo sempre joga para valer".[36] Os reformadores morais citam o exemplo das crianças que se vestem como Harry Potter, usam chapéu de bruxo para imitar o ritual de iniciação do livro ou desenham raios na testa para reproduzir a cicatriz de Harry, como prova de que elas não estão apenas lendo os livros, mas começando a participar de atividades de ocultismo. Explorando temores arraigados a respeito da teatralidade e da interpretação de papéis (como no RPG), Phil Arms e seus aliados temem que a imersão em universos ficcionais possa tornar-se uma forma de "projeção astral"[37], ou que, quando proferimos palavras mágicas, as forças do demônio que invocamos não percebem, necessariamente, que estamos apenas fingindo. Esses críticos conservadores alertam que experiências atraentes da cultura popular podem se sobrepor a experiências do mundo real, até que as crianças não possam mais distinguir entre fato e fantasia. Para alguns, esse nível de envolvimento basta para colocar os livros de *Harry Potter* sob suspeita: "Esses livros são lidos incessantemente pelas crianças, da mesma forma que a Bíblia deveria ser lida".[38]

De maneira mais geral, eles temem os aspectos de imersão e expansão dos universos imaginários que estão sendo construídos nas franquias midiáticas contemporâneas. Com relação a isso, outro evangelista, Berit Kjos, compara os livros de *Harry Potter* com *Dungeons and Dragons* (1975):

1. Em ambos, há a imersão dos fãs num mundo de fantasia plausível e bem desenvolvido, com evolução histórica, geografia mapeada em detalhes e magos cheios de entusiasmo e poder, inspirados no modelo dos xamãs.
2. Nesse mundo de fantasia, tanto crianças como adultos são conduzidos a experiências imaginárias que criam memórias, formam novos valores, guiam seus pensamentos e moldam sua compreensão da realidade.[39]

270 | CULTURA DA CONVERGÊNCIA

Nesse caso, o alvo dos críticos conservadores parece ser o próprio conceito de narrativa transmídia – encarando a ideia da construção de um universo como um perigo em si, na medida em que nos incentiva a investir mais tempo para dominar os detalhes de um ambiente ficcional do que passamos enfrentando o mundo real.

Os reformadores religiosos não estão preocupados apenas com as características de imersão de *Harry Potter*, mas igualmente com sua intertextualidade. Kjos faz um alerta:

> O principal produto vendido através desse filme é um sistema de crença que entra em choque com tudo o que Deus oferece para nossa paz e segurança. Essa ideologia pagã se completa com figurinhas, jogos de computador, roupas e enfeites estampados com os símbolos de *Harry Potter*, *action figures*, bonecas fofinhas e fitas de áudio que podem manter a mente das crianças concentrada nas ciências ocultas o dia inteiro, até à noite. Mas, aos olhos de Deus, essa parafernália se torna pouco mais que uma armadilha, uma porta de entrada para um envolvimento mais profundo com as ciências ocultas.[40]

Eles afirmam ainda que Rowling faz mais de 60 referências específicas, nos primeiros quatro livros, a práticas reais de ocultismo e a pessoas ligadas à história da alquimia e da bruxaria. Eles identificam algumas alusões históricas e literárias pelas quais Rowling pretendia ser reconhecida por leitores letrados, como a referência a Nicolau Flamel, o alquimista medieval a quem se credita a descoberta da Pedra Filosofal, ou a Merlin e Morgana, dos romances sobre o Rei Artur, que aparecem na coleção de figurinhas de *Harry Potter*. Mas alguns críticos fundamentalistas interpretam o raio na testa de Harry como a "marca da besta", ou descrevem Voldermort como "aquele sem nome", um bruxo anticristo, ambos profetizadas no livro do *Apocalipse*. Alegam que as crianças que buscam informações adicionais serão atraídas por obras pagãs que prometem mais conhecimento e poder. Um escritor católico explica: "Quando a criança terminar de ler a série de *Harry Potter*, para onde se voltará? Há uma vasta indústria produzindo materiais sinistros que irão alimentar o apetite dos jovens".[41] De fato, bibliotecários e educadores exploram muitas dessas mesmas referências intertextuais. Por exemplo, entre os cursos oferecidos na Hogwarts Virtual, constam adivinhação, astrologia e alquimia, ensinados, sem dúvida,

POR QUE HEATHER PODE ESCREVER. | 271

como crenças e práticas históricas, mas que são profundamente ofensivos aos fundamentalistas.

Os reformadores morais admitem que os livros de *Harry Potter* estão despertando o hábito da leitura e do aprendizado, mas ficam apreensivos quanto ao conteúdo ensinado às crianças. Alguns ativistas encaram os livros como um enfraquecimento da influência cristã, em favor de um novo espiritualismo global. Kjos alerta que "os livros de *Harry Potter* não seriam socialmente aceitos há 50 anos. O clima cultural atual – tolerante com o entretenimento ocultista e intolerante com o cristianismo bíblico – foi planejado um século atrás. Foi traçado pelas Nações Unidas no final dos anos 1940 e tem sido ensinado e promovido através do desenvolvimento do sistema educacional global, nas últimas seis décadas".[42] Enquanto que, há uma geração, esses grupos talvez tivessem como objetivo um humanismo secular, eles agora veem uma nova fase da globalização, em que empresas multinacionais e organizações supranacionais estão ativamente apagando as diferenças culturais. Para atingir um mercado global, afirmam os críticos cristãos, o capitalismo americano terá de remover os últimos vestígios da tradição judaico-cristã e, para promover o consumismo, terá de destruir a resistência às tentações. Aspectos da fé pagã e da fé oriental estão entrando nas salas de aula de forma secularizada – a adoração da Terra transformada em ecologia, projeção astral em exercícios de visualização –, enquanto o cristianismo é excluído pelos que advogam a separação entre Igreja e Estado. Como consequência, os livros de *Harry Potter* terão efeitos muitos diversos dos de, digamos, *O Mágico de Oz* [*The Wizard of Oz*] (1900), lido pelas crianças numa cultura profundamente cristã. Hoje, alertam os fundamentalistas, as crianças americanas estão suscetíveis à influência pagã desses livros porque eles são consumidos junto com programas como *Pokémon* (1998), ou lidos em escolas que já possuem um currículo secular e global.

Enquanto alguns adultos, como Paula Ware, estavam "muito ocupados" para defender *Harry Potter* contra esses censores, muitos professores arriscaram o próprio emprego ao defender esses livros. Mary Dana, professora de ginásio em Zeeland, Michigan, foi uma das educadoras que se envolveram nesses debates.[43] Dana foi dona de livraria por mais de uma década, antes de começar a lecionar. Ela já enfrentara várias polêmicas anteriores sobre livros que havia trazido para a comunidade. Chegou ao limite em 2000, quando o superintendente local decidiu que os livros de *Harry Potter* deveriam ser proibidos

272 | CULTURA DA CONVERGÊNCIA

em leituras públicas, tirado das prateleiras das bibliotecas escolares, excluído de compras futuras e acessível apenas aos alunos que tivessem uma autorização dos pais, por escrito. Dana explica: "Não gosto de confrontos, não gosto de falar em público. Sou muito tímida, na verdade. Tive muita experiência com contestações da Primeira Emenda quando era dona de livraria. Já tinha sido atacada. Foi uma experiência muito difícil, mas, no fim, mesmo quando você pensa que não pode lutar contra eles, deve lutar, pois eles estão errados... Eu não ia desistir". Como Lawver, Dana viu o potencial dos livros de *Harry Potter* como um estímulo para as crianças lerem e aprenderem; sentiu que os livros deveriam estar na sala de aula.

Trabalhando com a mãe de uma das crianças, Nancy Zennie, Dana organizou uma oposição à decisão do superintendente, ajudando a planejar e circular abaixo-assinados, organizar comícios e levar as pessoas a reuniões da diretoria da escola, onde o assunto seria debatido. Com o objetivo de arregimentar apoio público, Dane e Zennie ajudaram a criar uma organização, "Muggles for Harry Potter" (Trouxas por Harry Potter), que iria atrair o interesse nacional e internacional dos fãs. Uniram-se a elas outras oito organizações, representando livrarias, editoras, bibliotecários, professores, escritores, libertários civis e consumidores. "O 'Muggles for Harry Potter' está lutando pelos direitos de estudantes e professores de utilizar os melhores livros infantis disponíveis, mesmo que alguns pais façam objeções", disse Christopher Finan, presidente da American Booksellers Foundation for Free Expression (Fundação dos Livreiros Americanos pela Livre Expressão). "Os livros de *Harry Potter* estão ajudando a transformar jogadores de videogame em leitores. Não podemos deixar a censura interferir nisso".[44] Por fim, a diretoria da escola retirou muitas das restrições impostas aos livros, embora a proibição de sua leitura em sala de aula tenha permanecido.

Nos nove meses seguintes, mais de 18 mil pessoas uniram-se à campanha dos Muggles pelo website, e o grupo foi reconhecido por conter as tentativas nacionais dos fundamentalistas de proibir os livros nas escolas de todo o país.[45] A organização procurou ensinar os jovens leitores de *Harry Potter* sobre a importância de defender a liberdade de expressão. A organização, que mais tarde mudou o nome para kidSPEAK! (www.kidspeakonline.org), criou fóruns on-line em que as crianças podiam compartilhar seus pontos de vista sobre as guerras de Potter e outras questões sobre censura. Por exemplo, Jaclyn, aluna da 7ª série, escreveu esta resposta à notícia de que um pastor fundamentalista tinha picotado cópias de *Harry Potter* quando o corpo de bombeiros lhe recusou a permissão para uma queima de livros:

> O reverendo Taylor, anfitrião da Jesus Party, deveria analisar melhor antes de julgar. As crianças estão lendo esses livros e descobrindo que há mais coisas na vida do que ir para a escola. O que estão descobrindo, exatamente? Sua imaginação. O reverendo Doug Taylor percebe o que está fazendo? Que as crianças estão lutando pelos direitos garantidos pela Primeira Emenda, mas também por sua imaginação – o que as distingue dos outros? Ao vê-lo retalhar os livros, estamos vendo, quase simbolicamente, o retalhamento de nossa imaginação. As crianças gostam dos livros porque querem viver naquele mundo, querem ver a magia, e não um mágico fajuto tirando um coelho da cartola. Querem ter um amigo corajoso como Harry Potter e passear pelo lago escuro onde a lula gigante espreita o grande castelo de Hogwarts. Embora as crianças queiram fazer tudo isso, elas sabem que Hogwarts não é real e que Harry Potter não existe.

Uma das características mais notáveis das discussões no kidSPEAK! é a frequência com que as crianças são forçadas a renunciar à fantasia a fim de defender o próprio direito de possuí-la. Eis mais um exemplo: "E outra coisa, pessoal anti-*Harry Potter*: aquilo é FICÇÃO, totalmente inventada, exceto o cenário (Inglaterra) e alguns lugares (Estação Kings Cross), etc. Mas tenho sérias dúvidas de que se eu for para Londres, vou encontrar lá o Caldeirão Furado ou um Mago. Esqueçam isso!"[46]

Os fundamentalistas alegam que representações fantásticas de violência e ocultismo moldam as crenças e ações no mundo real. Contrariando tais alegações, os defensores dos livros foram forçados a argumentar que as fantasias não têm real importância quando, na verdade, o que temos dito até agora sugere que a qualidade imersiva dos livros é o que os torna um catalisador tão poderoso para a expressão criativa. Até o nome da organização sugere incerteza sobre o tipo de relação que os adultos queriam fomentar com a fantasia dos livros. Dana explicou: "O termo 'muggles' (trouxas) refere-se a qualquer um que não tenha poderes mágicos. Qualquer um que não seja

274 | CULTURA DA CONVERGÊNCIA

mago, por definição, deve ser trouxa. Claro que foi divertido, pois, se as pessoas não estavam dispostas a ser chamadas de trouxas, então o que queriam dizer? Que tinham poderes de bruxaria". Por um lado, o nome realmente explora um conhecimento de fã: apenas quem está familiarizado com o mundo de Rowling reconhece o termo. Por outro lado, adotar uma identidade trouxa alinhou os participantes com o mundo das coisas reais. Rowling é impiedosa em sua sátira à intolerância dos Dursleys, a família adotiva de Harry. Os Dursleys ficaram muito incomodados com as habilidades especiais de Harry e literalmente o mantinham preso em casa. O contraste entre a adoção da identidade trouxa pelo grupo e as identidades fantásticas possibilitadas por Lawver por meio do *Daily Prophet* não poderia ser maior. Os educadores, bibliotecários e editores viam os livros como o meio para um fim – um modo de fazer as crianças se entusiasmarem com a leitura –, enquanto que, para os fãs, ler e escrever era o meio para seu fim: ter uma relação mais envolvente com o mundo de Hogwarts.

Em contrapartida, um grupo ativista posterior, o HP Alliance, alinhou sua política ao reino da fantasia construído nos livros, incentivando uma geração de jovens que aprendem a ler e escrever com os livros de *Harry Potter* a também utilizar o mundo de J. K. Rowling como uma plataforma para o engajamento cívico. A série de *Harry Potter* retratava seus jovens protagonistas questionando a autoridade dos adultos, combatendo o mal e defendendo seus direitos. O grupo interpreta os eventos mágicos do livro como alegorias de questões do mundo real:

> Genocídio, pobreza, AIDS e aquecimento global são ignorados pela mídia e pelos governos, do mesmo modo que o retorno de Voldemort é ignorado pelo Ministério e pelo *Profeta Diário*.

> As pessoas ainda são discriminadas com base em sexualidade, raça, classe social, religião, sexo e etnia, exatamente como o Mundo Mágico continua a discriminar centauros, gigantes, elfos domésticos, mestiços, nascidos trouxas, abortos e trouxas.

> Nossos governos continuam a reagir ao terror torturando os prisioneiros (muitas vezes sem julgamento), assim como Sirius Black foi torturado pelos dementadores, sem julgamento.

Uma mentalidade trouxa prevalece em nossa cultura – mentalidade que valoriza quem é "perfeitamente normal, muito obrigado", em vez de quem é interessante, original, afetuoso e criativo.[47]

Ao contrário da campanha Muggles for Harry Potter, o HP Alliance distanciou-se da "mentalidade trouxa", definindo-a como uma recusa em aceitar a diversidade cultural ou desafiar o *status quo*. O HP Alliance comparou sua iniciativa ao exército de Dumbledore, um grupo subterrâneo de resistência que Harry e seus amigos organizaram diante das proibições de Dolores Umbridge a tais reuniões (*Harry Potter e a Ordem da Fênix*).

Enquanto a campanha dos Muggles recorreu a organizações de liberdades civis existentes para ajudar a difundir sua mensagem, a do HP Alliance buscou aliados no interior da comunidade de fãs. Por exemplo, em julho de 2007, o grupo trabalhou como o *The Leaky Cauldron*, um dos sites de notícias de Harry Potter mais populares, para organizar reuniões domiciliares por todo o país, com o intuito de conscientizar as pessoas sobre o genocídio no Sudão. Os participantes ouviam e discutiam um podcast com especialistas em política do mundo real – como Joe Wilson, ex-embaixador dos EUA; John Prendergast, conselheiro do International Crisis Group; Dot Maver, diretor executivo da Peace Alliance; e John Passacantando, diretor executivo do Greenpeace – ao lado de apresentações de grupos de *wizard rock*, como Harry and the Potters.[48]

Wizard rock refere-se a um gênero musical criado por fãs em que os artistas costumam adotar temas e identidades do universo ficcional de Rowling; mais de 200 desses grupos se apresentam pelo país, conquistando visibilidade por meio da utilização das redes sociais e sites de compartilhamento de música.[49] Grupos de *wizard rock*, como o The Hermione Crookshanks Experience, The Whomping Willows, Draco and the Malfoys, DJ Luna Lovegood e os Parselmouths, trabalharam juntos para criar e comercializar um CD, *Wizards and Muggles Rock for Social Justice*, cuja renda seria revertida à causa do HP Alliance.[50] A organização recorreu também aos talentos dos fãs cineastas de *Harry Potter* para produzir e distribuir vídeos virais criticando as políticas do Wal-Mart com seus funcionários. O HP Alliance criou uma nova forma de engajamento cívico que permite aos participantes conciliar suas identidades ativistas com as fantasias prazerosas que deram origem à comunidade de fãs.

Os cristãos conservadores são apenas o grupo mais visível de uma ampla série, cada um citando suas próprias preocupações ideológicas, em reação à mudança de paradigma das mídias. Cristãos anti-*Harry Potter* compartilham muitas preocupações com outros grupos de reformadores, associando o receio do poder persuasivo da publicidade ao receio do aspecto demoníaco da imersão, explorando, em suas críticas ao espiritualismo global, os anseios sobre o consumismo e o capitalismo multinacional. Em *Plenitude* (1998), Grant McCracken trata da "decadência dos decadentes", isto é, do colapso do poder que grupos tradicionais exerciam sobre a expressão cultural.[51] *Gatekeepers* corporativos, autoridades educacionais e líderes religiosos representam as diferentes forças que, historicamente, reprimiram tendências de diversificação e fragmentação. Nas últimas décadas, argumenta McCracken, esses grupos perderam o poder de definir as normas culturais, à medida que vários meios e canais de comunicação se expandiram. Ideias e práticas que estavam longe da vista do público – como, por exemplo, as crenças da Wicca, que os críticos fundamentalistas alegam estar moldando os livros de *Harry Potter* – hoje estão entrando na cultura predominante, e esses grupos estão lutando para policiar a cultura que entra em suas casas e comunidades.

Enquanto reformadores educacionais como James Gee esperam romper o domínio que a educação formal exerce sobre o aprendizado das crianças e expandir as oportunidades para as crianças praticarem o letramento fora da sala de aula, essas outras vozes são mais cautelosas, tentando reafirmar valores e estruturas tradicionais em um mundo que eles não conseguem controlar completamente. Vemos esse impulso em restaurar os "decadentes" quando observamos as batalhas para impor classificações nos videogames ou proibir os livros de *Harry Potter* nas escolas. Onde alguns veem um mundo sem *gatekeepers*, eles veem um mundo onde as comportas se abriram e ninguém consegue controlar o fluxo de "esgoto" que entra em suas casas. Esses grupos querem reivindicar uma reação coletiva a problemas que certos pais não conseguem enfrentar sozinhos. Ecoando as preocupações expressas por muitos pais seculares, os críticos fundamentalistas sustentam que a permissividade das mídias modernas torna difícil para os pais reagirem a suas mensagens. Como protesta Michael O'Brien, "nossa cultura nos impele continuamente a baixar a guarda, a fazer julgamentos apressados que parecem mais fáceis, pois reduzem a tensão da vigilância. O ritmo acelerado e o grande volume de consumo que a cultura moderna exige de nós tornam o discernimento verdadeiro mais difícil".[52]

O que Jesus faria com Harry Potter?

Seria um equívoco supor que as guerras de Potter representaram uma luta entre cristãos conservadores e educadores e fãs liberais. Enquanto alguns simplesmente desejam reintroduzir antigas autoridades e fortalecer as instituições que estão sendo desafiadas por uma cultura mais participativa, outros desejam ajudar as crianças a formar juízos sobre o conteúdo de mídia. Muitos grupos cristãos defenderam os livros, apresentando o conceito de "discernimento" como uma alternativa ao discurso da guerra cultural. Connie Neal, autora de *What's a*

||||||||||||||||||||||||||||||||||||||||||||||||||||||||||||||||||||||||||||||||||||||||||||||||||||||||

A contracultura cristã

Em vez de rejeitar a cultura popular, um número crescente de cristãos tem produzido e consumido sua própria mídia popular, na periferia da indústria do entretenimento comercial. Embora muitos cristãos tenham se sentido alijados dos meios de comunicação de massa, eles foram rápidos em adotar as novas tecnologias – como fitas de vídeo, televisão a cabo, estações de rádio de baixa potência e a Internet – que lhes permitem evitar os *gatekeepers* estabelecidos. O resultado foi a criação de produtos que se assemelham às convenções do gênero da cultura popular, mas expressam um conjunto alternativo de valores. Em *Shaking the World for Jesus* (1994), Heather Hendershot apresenta um quadro dos tipos de cultura popular produzidos por e para evangélicos.[1] Decepcionados com a televisão, conservadores culturais criaram suas próprias séries animadas e sitcoms, distribuídas em vídeo. Produziram seus próprios romances de ficção científica, terror, mistério, todos eles à venda na Internet. E, alarmados com os videogames modernos, produziram os seus próprios, como *Victory at Hebron* (2003), em que os jogadores lutam contra Satanás para resgatar os mártires.

O surgimento de novas tecnologias proporcionou aos evangélicos algum grau de autonomia da mídia comercial, permitindo-lhes identificar e desfrutar produtos mais alinhados à sua visão

---

1. Heather Hendershot, *Shaking the World for Jesus: Media and Conservative Evangelical Culture* (Chicago: University of Chicago Press, 2004).

278 | CULTURA DA CONVERGÊNCIA

Christian to Do with Harry Potter?, imaginou essa alternativa como a "construção de um muro" para proteger as crianças contra as influências externas, ou uma "blindagem", para que possam ter os próprios valores quando depararem com a cultura popular. Neal observa que "restringir a liberdade pode incitar a curiosidade e a rebeldia, levando aquele que se pretende proteger a tentar ultrapassar a barreira protetora, para ver o que está perdendo... Mesmo se fosse possível manter as crianças longe de qualquer influência, isso as impediria de enfrentar situações em que poderiam desenvolver a maturidade para evitar os perigos sozinhas".[53] Em vez disso, Neal defende propiciar às crianças habilidades de letramento midiático, ensinando-lhes a avaliar e interpretar a cultura popular dentro de um contexto cristão.

Um dos grupos de discernimento, o Ransom Fellowship, define o discernimento como "a capacidade, pela graça de Deus, de traçar criativamente um

‖‖

de mundo. A tecnologia também baixou os custos de produção e distribuição, permitindo a esse grupo – que continua sendo, basicamente, um nicho de mercado – sustentar uma série incrivelmente ampla de produtos culturais. Naturalmente, apesar de ser um "nicho de mercado", é espantosamente grande. De acordo com um levantamento feito em 2000 pela ABC News/Beliefnet, 83% dos americanos consideram-se cristãos, e os batistas (apenas uma das denominações evangélicas) somam 15% da nação.[2]

Quando os produtores perceberam a dimensão desse dado demográfico, os muros entre a cultura popular e os cristãos começaram a ruir. Os vídeos *Os Vegetais* [*VeggieTales*] (1994), animação infantil de cunho cristão, estão sendo vendidos no Wal-Mart; os discos da série em áudio *Adventures in Odyssey* (1991), do grupo cristão Focus on the Family, são distribuídos como brindes na rede de lanchonetes Chick-fil-A; os livros da série *Deixados para Trás* [*Left Behind*] (1996) tornaram-se best-sellers na Amazon.com, e o cantor pop Amy Grant está entre os 40 maiores sucessos do rádio. Nesse processo, algumas das marcas mais abertamente religiosas são descartadas. As redes de televisão estão começando a produzir alguns programas, como *O Toque de um Anjo* [*Touched by an Angel*] (1994), *Sétimo Céu* [*7th Heaven*] (1996) e *Joan of Arcadia* (2003), que tratam de temas religiosos de uma forma planejada para atrair tanto os "buscadores" (não

---

2. Gary Langer, "Poll: Most Americans Say They're Christian", *ABC News*, 18 de julho de 2002, http://abcnews.go.com/sections/us/DailyNews/beliefnet_poll_-1-718.html.

POR QUE HEATHER PODE ESCREVER | 279

caminho honrado em meio ao labirinto de escolhas e opções com que depara-
mos, mesmo quando enfrentamos situações e questões que não são menciona-
das especificamente nas Escrituras".[54] O movimento do discernimento foi
inspirado em uma série de passagens bíblicas que tratam de pessoas que mantinham a fé mesmo quando viviam em uma terra estrangeira. O movimento
alega que os cristãos estão vivendo em um "cativeiro moderno", mantendo e
transmitindo sua fé num ambiente cada vez mais hostil.

Em "Pop Culture: Why Bother?" (Cultura Popular: Por Que Se Preocupar?),
Denis Haack, fundador e diretor do Ransom Fellowship, afirma que o envolvimento com a cultura popular, em vez do distanciamento, traz benefícios importantes. Exercícios de discernimento podem ajudar os cristãos a desenvolver
uma compreensão maior de seu próprio sistema de valores, podem proporcionar *insights* sobre a visão de mundo dos "não crentes" e podem oferecer a opor-

crentes) quanto os "salvos" (crentes). Como era esperado, alguns evangélicos temem que o
cristianismo tenha se tornado uma mercadoria e que Jesus esteja se tornando apenas mais uma
marca no grande "mercado de ideias".

É nesse contexto que precisamos compreender o sucesso de *A Paixão de Cristo* [*The Passion of
the Christ*] (2004), de Mel Gibson. Os cristãos sabiam como levar as pessoas ao cinema para
apoiar o filme. Por exemplo, Mel Gibson procurou os serviços da Faith Highway, agência que
já havia produzido anúncios com mensagens religiosas para serem exibidos em transmissões
locais da TV a cabo, e que receberam acabamento profissional graças ao patrocínio de igrejas
locais. A Faith Highway convenceu as igrejas a levantar dinheiro para bancar os anúncios do
filme e exibi-los junto com os anúncios locais. Muitas igrejas lotaram ônibus escolares de crentes
para assistir às sessões de *A Paixão de Cristo*, e, com o lançamento do DVD, fizeram pedidos em
massa para que suas congregações tivessem o filme. Alguns líderes da igreja admitiram que
apoiaram o filme na esperança de que o sucesso comercial faça com que Hollywood lhes dê mais
atenção. O diretor-executivo da Faith Highway, Dennis Dautel, explicou: "Os líderes da igreja
estão impacientes para ter produtos relevantes para sua mensagem. Hollywood não os produz...
As congregações queriam que as pessoas fossem ver o filme. Havia um grande desejo na comunidade cristã de que o filme fizesse um sucesso estrondoso. Foi a nossa *Paixão*.[3]

---

3. Dennis Dautel, entrevista pessoal, outono de 2004.

280 | CULTURA DA CONVERGÊNCIA

tunidade de uma troca significativa entre cristãos e não cristãos. Segundo Haack, "se quisermos entender aqueles que não compartilham nossas mais profundas convicções, devemos tentar compreender aquilo em que eles acreditam, por que acreditam e como essas crenças operam na vida cotidiana".[55] O site do grupo apresenta argumentos e conselhos sobre como estimular o letramento dentro de um contexto explicitamente religioso, encontrando ideias que valem a pena ser discutidas em obras comerciais tão diversas como *Todo Poderoso* [*Bruce Almighty*] (2003), *Cold Mountain* (2003) e *O Senhor dos Anéis* (2001). O Oráculo de *Matrix* (1999) é comparado a um profeta bíblico; os espectadores são convidados a refletir sobre o papel da prece nos filmes do *Homem-Aranha* (2002) e sobre a "grande responsabilidade" dos cristãos, que são incentivados a demonstrar solidariedade às buscas espirituais empreendidas pelos nativos em *Encantadora de Baleias* [*Whale Rider*] (2002), ou pelo personagem de

||||||||||||||||||||||||||||||||||||||||||||||||||||||||||||||||||||||||||||||||||||||||||||||||||||||||||||||||||||

O sucesso de *Paixão de Cristo* com os cristãos evangélicos inspirou outros produtores a fazer parcerias com grupos religiosos. Veja, por exemplo, o caso da Walden Media, uma empresa fundada em 2001 por um professor de Boston, Michael Flaherty, e Cary Granat, ex-presidente da Dimension Pictures, para promover "entretenimento que estimule a imaginação e a curiosidade das crianças e forneça aos pais e professores material para continuar o processo de aprendizagem". Muitas vezes distribuindo seus filmes por meio da Disney Corporation, a Walden produziu *Holes* (2003), *Meu Melhor Amigo* (*Because of Winn-Dixie*, 2005), *A Menina e o Porquinho* (*Charlotte's Web*, 2006), e *Ponte para Terabítia* (*Bridge to Terabithia*, 2006). Para o lançamento de *O Leão, a Feiticeira e o Guarda-Roupa* (*The Lion, The Witch, and The Wardrobe*, 2005), o primeiro de uma série de adaptações para a telona dos livros *As Crônicas de Nárnia*, de C. S. Lewis, a Walden contratou a agência especializada em marketing evangélico Outreach Inc. para desenvolver um livreto com críticas positivas de líderes da igreja e grupos religiosos, com uma série de exercícios sugeridos para a escola dominical, e uma coleção de sermões on-line com temas baseados em *Nárnia*. Embora filmes de fantasia tenham sido historicamente difíceis de vender a cristãos conservadores, a franquia de *Nárnia* foi aprovada, entre outros, pela Mission America Coalition, a National Assotiation of Evangelicals, e o Billy Graham Center. James Dobson, do Focus on the Family, até cancelou um longo boicote à Disney Corporation para recomendar aos evangélicos que fossem ver *O Leão, a Feiticeira e o Guarda-Roupa* no cinema. A opção de Walden pelos livros

POR QUE HEATHER PODE ESCREVER | 281

Bill Murray em *Encontros e Desencontros* [*Lost in Translation*] (2003). O site é muito explícito quanto às eventuais discordâncias entre os próprios cristãos a respeito do que vale ou não a pena considerar nessas obras, mas acrescenta que o processo de discussão sobre as diferenças concentra a energia em questões espirituais e ajuda todos os envolvidos a se tornarem mais habilidosos na aplicação e na defesa de sua fé.

Enquanto alguns conservadores culturais interpretaram a imersividade da cultura popular contemporânea como uma armadilha que enreda os jovens num perigoso mundo de fantasias, outros do movimento do discernimento promoveram o uso de jogos de interpretação e de computador como espaços para explorar e debater questões morais. A Christian Gamers Guild – Associação de Gamers Cristãos (cujo boletim mensal se chama *O Caminho, a Verdade & os Dados*) surgiu em meio a fortes ataques de alguns líderes evangélicos con-

||||||||||||||||||||||||||||||||||||||||||||||||||||||||||||||||||||||||||||||||||||||||||||||||||||||

de *Nárnia* não foi acidental: líderes cristãos costumam sugerir que a série de C. S. Lewis é uma alternativa adequada a *Harry Potter* e *O Senhor dos Anéis.*

A controvérsia de Harry Potter foi alimentada por esses canais de mídia alternativos. Embora muitos dos televangelistas e radialistas mais proeminentes, como Charles Colson e James Dobson, tenham feito as pazes com o universo de J. K. Rowling, seja aprovando ou advertindo os pais a terem cuidado,[4] as vozes anti-Potter quase sempre vinham de pregadores novos que tinham conquistado espaço na Internet. Utilizaram o debate para contra-atacar o que interpretavam como um *establishment* teológico. Um desses sites, Trumpet Ministries, chegou ao ponto de condenar Colson e Dobson como dois "Judas Iscariotes contemporâneos", por sua recusa em unir-se à campanha contra os livros.[5] Do mesmo modo que a fluidez da cultura propiciou à juventude um acesso inédito a crenças pagãs, permitiu também que pregadores de escala modesta exercessem influência mundial ao postarem sermões e críticas a partir das regiões mais remotas do país. Da mesma forma, pequenas empresas produtoras de vídeo, como a Jeremiah Films, conseguiram produzir documentários em DVD com títulos como *Harry Potter: Witchcraft*

---

4. Para uma série de respostas cristãs, veja Neal, *What's a Christian to Do?* Veja também "Opinion Roundup: Positive about Potter", *Christianity Today*, http://www.christianitytoday.com/ct/1999/150/12.0.html.

5. "Harry Potter? What Does God Have to Say?", http://www.lasttrumpetministries.orh/tracts/tract7.html.

282 | CULTURA DA CONVERGÊNCIA

tra o RPG *live action* (jogos de interpretação com ação ao vivo) e contra os jogos de computador. Ao voltar a atenção aos games, levam o conceito de discernimento ainda mais longe – argumentando que os mestres individuais de jogos (as pessoas que "conduzem" o RPG *live action* e os jogos de computador) têm o poder de se apropriar de materiais culturais e transformá-los de acordo com suas convicções. Eles são, tomando emprestado o nome de outro grupo, Fãs por Cristo (FFC – Fans for Christ).

Grupos como os Fãs por Cristo e Anjos Anime (Anime Angels) definem-se dentro do mesmo tipo de linguagem de identidade política que sustenta organizações de gays, lésbicas e bissexuais, ou organizações feministas cristãs. O FAQ (seção de perguntas mais frequentes) do site dos Fãs por Cristo explica:

Estamos sozinhos há muito tempo! Há muitos fãs como nós aí fora que se sentem *diferentes* por serem o que são. Alguns nos chamam de malucos, esquisi-

||||||||||||||||||||||||||||||||||||||||||||||||||||||||||||||||||||||||||||||||||||||||||||||||||||||||||||||||||||||

Repackaged (Harry Potter: Bruxaria em Nova Embalagem, 2001) e vendê-los a pais preocupados pela web ou em infomerciais de madrugada na TV a cabo.

A comunidade evangélica procurou identificar alguns escritores de fantasia cristãos como alternativas a *Harry Potter*. Seguindo a tradição de C. S. Lewis (*As Crônicas de Nárnia*) e J. R. R. Tolkien (*O Senhor dos Anéis*), G. P. Taylor, vigário anglicano, usou seu romance de fantasia, *Shadowmancer – O Feiticeiro das Sombras* (2004), para explorar questões morais e teológicas. O livro superou as vendas de *Harry Potter* por 15 semanas no Reino Unido e manteve-se por seis semanas seguidas na lista de best-sellers do *New York Times*, no verão de 2004. O livro foi promovido na mídia cristã, incluindo o "The 700 Club", de Pat Robertson, e o "Focus on the Family", de James Dobson, como "a coisa perfeita para se contrapor à magia de Harry Potter". *Shadowmancer* conseguiu penetrar em livrarias cristãs que normalmente não vendem livros de fantasia, e, dali, foi parar nas livrarias seculares, que ainda não vendem um grande volume de ficção espiritual. Os direitos de filmagem foram rapidamente para a Fortitude Films, grupo formado para apoiar *A Paixão de Cristo*, de Mel Gibson, e houve boatos de que o próprio Gibson iria dirigir o filme. De sua parte, Taylor foi explícito ao declarar que escreveu o livro para mostrar às crianças o poder de Deus, e não como uma alternativa aos livros de *Harry Potter*, que ele afirma não ter lido.[6]

---

6.   Dinitia Smith, "*Harry Potter* Inspires a Christian Alternative", New York Times, 24 de julho de 2004, AI5.

tos, nerds, o que seja. O FFC – Fãs por Cristo está aqui para que todos vocês possam conversar com seus irmãos cristãos e compartilhar sua esquisitice... Aqui você é bem-vindo para ser esquisito e nerd o quanto quiser... o FFC está aqui para mostrar que nosso estilo de vida de fã é perfeitamente aceitável para Jesus. Esperamos ajudar os membros do FFC a serem capazes de explicar claramente a outros que a Bíblia não condena o que fazemos, que sabemos que ficção é ficção, e que Deus nos fez diferentes e isso é maravilhoso.[56]

O site fornece uma lista de igrejas "simpáticas a fãs", que respeitam as escolhas de seu estilo de vida e valorizam seu ponto de vista singular a respeito de questões espirituais. Em troca, os membros comprometem-se a compartilhar o amor de Cristo com outros fãs, a organizar as próprias reuniões para promover autores de fantasia e ficção científica cristãos e a escrever suas próprias histórias de fã, abordando os principais temas religiosos.

Muitos líderes do movimento do discernimento enaltecem menos os aspectos "esquisitos" da cultura popular, mas reconhecem o valor da apropriação e reavaliação de obras da cultura popular. Muitos defensores do discernimento consideram os livros de *Harry Potter* a oportunidade perfeita para os pais conversarem com seus filhos sobre os desafios de preservar seus valores numa sociedade secular. Haack explica:

A verdade é ensinada aqui, verdade que vale a pena ser refletida e discutida, e, embora seja ensinada num mundo imaginário, ela também se aplica à realidade... O mundo em que Harry Potter vive é um mundo de ordem moral, onde ideias e escolhas têm consequências, onde o bem e o mal são desumanizados e destrutivos, e onde a morte é dolorosamente real... Mesmo que tudo o que dizem os críticos fosse verdade, a atitude defensiva de suas recomendações é francamente constrangedora. Se os romances de *Harry Potter* fossem uma introdução ao ocultismo, a igreja deveria aproveitar a oportunidade para lê-los e discuti-los. O neopaganismo é uma realidade crescente neste mundo pós-cristão, e nossas crianças devem ser capazes de enfrentar esse desafio com uma confiança serena nos Evangelhos. Elas precisam saber a diferença entre a literatura de fantasia e o ocultismo. E precisam ver os mais velhos agindo com integridade, não com escândalo.[57]

284 | CULTURA DA CONVERGÊNCIA

Poucos defensores do discernimento vão tão longe quanto Heather Lawver, que convida as crianças a adotar papéis fantasiosos e jogar dentro do universo da história, mas alguns de fato se apropriam dos livros para tratar de valores cristãos. Connie Neal pede aos pais cristãos que considerem o que Jesus faria se confrontado com essas histórias:

> Jesus talvez lesse as histórias de *Harry Potter* e as usasse como pontos de partida para suas parábolas... Assim como Jesus deu atenção às carências físicas das pessoas, ele talvez desse atenção às carências terrenas reveladas na vida dos que se identificam com os personagens de *Harry Potter*. Ele talvez conversasse sobre *Harry Potter* e ouvisse as coisas com as quais eles mais se identificam: negligência, pobreza, discriminação, abuso, medos, sonhos, as pressões para se ajustarem, o desejo de realizar alguma coisa na vida, ou o estresse da escola. Depois, ele lhes mostraria como lidar com esses aspectos da vida.[58]

Em vez de proibir conteúdos que não se ajustam completamente à sua visão de mundo, o movimento do discernimento ensina às crianças e aos pais como ler esses livros de maneira crítica, como atribuir-lhes novos significados e como usá-los como pontos de acesso a perspectivas espirituais alternativas.

Em vez de bloquear a intertextualidade, tão profusa na era da narrativa transmídia, Neal, Haack e outros líderes do discernimento estão buscando formas de aproveitar a força da intertextualidade. Eles fornecem listas de leitura para pais que queiram utilizar o interesse de seus filhos em *Harry Potter* como um ponto de acesso à fantasia cristã. Vários grupos de discernimento publicaram guias de estudo para acompanhar os livros e os filmes de *Harry Potter*, com "perguntas de sondagem" destinadas a explorar as escolhas morais feitas pelos personagens, complementadas com versículos da Bíblia que sugerem como as mesmas decisões são enfrentadas dentro da tradição cristã. Os guias salientam, por exemplo, o momento em que a mãe de Harry sacrifica a vida para protegê-lo como um modelo positivo de amor cristão, ou apontam as escolhas morais deturpadas, que levaram à criação da Pedra Filosofal, como exemplo de pecado. Enquanto os cristãos anti-*Harry Potter* desejam proteger as crianças contra qualquer exposição a esses livros perigosos, o movimento do discernimento enfatiza a ação dos consumidores para adequar e transformar o conteúdo de mídia.

Como podemos ver, os conflitos que ensejaram as guerras de Potter não se resumem a censores maus contra defensores bons das liberdades civis. A dinâmica criada pela cultura da convergência não nos permite operar com esse grau de certeza moral. Todos esses grupos estão enfrentando a natureza imersiva e o aspecto expansivo das novas franquias de entretenimento. Numa época de convergência das mídias, a participação dos consumidores emergiu como o principal problema conceitual: *gatekeepers* tradicionais procuram agarrar-se ao controle do conteúdo cultural, e outros grupos – fãs, defensores das liberdades civis e o movimento cristão do discernimento – querem proporcionar aos consumidores as habilidades necessárias para a construção de sua própria cultura. Para alguns, como Heather Lawver ou James Gee, RPGs e *fan fiction* são coisas valiosas, pois permitem que as crianças compreendam os livros muito bem; essas atividades envolvem a relação entre a autoexpressão e os produtos culturais compartilhados, entre a introspecção e a construção da fantasia cooperativa. Outros, como os Fãs por Cristo ou os gamers cristãos, adotam essas atividades porque elas permitem que jogadores e escritores explorem opções morais, testem seus valores contra obstáculos fictícios e superem, imaginariamente, desafios que representariam um risco muito maior na vida real. Para outros, ainda, como os cristãos conservadores que se opuseram à leitura dos livros, jogos de interpretação e fantasias compartilhadas são perigosos porque desviam a juventude da educação moral séria e a deixam suscetível aos apelos de grupos pagãos e às práticas de ocultismo. No entanto, em alguns aspectos, grupos como o Muggles for Harry Potter pareciam compartilhar o receio de que a fantasia em si pode ser perigosa para as crianças, especialmente se elas não forem capazes de discernir a separação entre imaginação e realidade.

Podemos interpretar esse debate como uma reação contra muitas das propriedades da cultura da convergência que vimos até agora – contra a expansão do mundo ficcional nas diversas mídias e contra o desejo de dominar os detalhes misteriosos desses textos e transformá-los em recursos para uma cultura mais participativa. Para alguns, a preocupação é com o conteúdo específico dessas fantasias – se ele está em consonância com a visão de mundo cristã. Para outros, a preocupação é com a venda dessas fantasias às crianças – se desejamos que as oportunidades para a participação se transformem em mercadorias. Ao mesmo tempo, ironicamente, as corporações estão preocupadas com essa brincadeira de fantasia, pois ela opera fora de seu controle.

286 | CULTURA DA CONVERGÊNCIA

Entretanto, ao contrário de batalhas anteriores em torno da cultura infantil, esta não é uma história de crianças como vítimas passivas das tentativas dos adultos de impor regras e restrições. As crianças são participantes ativas nessa nova paisagem midiática, encontrando a própria voz por meio da participação em comunidades de fãs, declarando seus próprios direitos, mesmo diante de entidades poderosas e, às vezes, sem o conhecimento dos pais, se elas sentem que estão agindo corretamente. Ao mesmo tempo, por meio da participação, as crianças estão traçando novas estratégias para lidar com a globalização, com as batalhas em torno da propriedade intelectual e com os conglomerados de mídia. Estão usando a Internet para se conectar a crianças do mundo todo e, desse modo, encontrando interesses comuns e forjando alianças políticas. Por envolver pessoas de todas as idades, crianças e adultos, a comunidade de fãs de *Harry Potter* tornou-se um espaço onde as conversas ocorriam entre diferentes gerações. Assim, ao tratarmos da pedagogia midiática, não podemos mais imaginá-la como um processo em que os adultos ensinam e as crianças aprendem. Devemos interpretá-la como um espaço cada vez mais amplo, onde as crianças ensinam umas às outras e onde, se abrissem os olhos, os adultos poderiam aprender muito.

6

PHOTOSHOP PELA DEMOCRACIA
A NOVA RELAÇÃO ENTRE POLÍTICA E CULTURA POPULAR

Na primavera de 2004, circulou pela Internet um vídeo editado com imagens do noticiário e de *O Aprendiz* (2004), o bem-sucedido programa de Donald Trump. Numa imitação bem-humorada de um trailer de *O Aprendiz*, o narrador explica: "George W. Bush recebeu a tarefa de ser presidente. Ele afunda a economia, mente para justificar guerras, gasta muito mais que o orçamento e quase escapa impune, até que Donald descobre tudo". O vídeo corta para uma sala de reunião, onde Trump exige saber "quem escolheu esse conceito estúpido" e demite Bush. O olhar de reprovação de Trump é editado com a imagem de Bush balançando a cabeça, em incredulidade e decepção. Então, entra o locutor: "Infelizmente, Donald não pode demitir Bush para nós. Mas nós podemos fazer isso. Junte-se ao True Majority Action. Vamos demitir Bush juntos e nos divertir".[1]

Quem diria que Donald Trump poderia surgir como um porta-voz popular e que imagens controladas por uma corporação poderiam servir a um movimento de resgate da democracia? Curiosa mistura de cinismo e otimismo, o vídeo fez com que os democratas rissem da administração Bush e se unissem para transformá-la.

O True Majority Action (Movimento pela Verdadeira Maioria) foi fundado por Ben Cohen (dos sorvetes Ben & Jerry's). Seus objetivos eram aumentar a participação do eleitor na eleição de 2004 e arregimentar apoio para um projeto progressista. Segundo o site do movimento (www.truemajority.org), o grupo contou com o apoio de mais de 300 mil pessoas, que recebem comunicados e participam de campanhas de cartas.[2]

Entrevistado poucas semanas antes da eleição, Garret LoPorto, consultor criativo sênior do True Majority, disse que a essência do marketing viral é levar a ideia certa às mãos certas na hora certa.[3] Ele afirma que o vídeo gerou uma reação maior do que a média porque expressava o desejo difundido de pôr fim a uma administração falida e porque *O Aprendiz* fornecia uma metáfora perfeita para simplificar a decisão: "Não estamos tratando de uma grande causa, como apontar alguém como líder do mundo livre. Estamos apenas tentando demitir um sujeito incompetente. Simples assim". O objetivo era circular essas ideias o mais amplamente possível. Para isso, procuraram criar imagens vívidas, memoráveis e evocativas. E, o mais importante, o conteúdo tinha de ser consistente com aquilo em que as pessoas mais ou menos já acreditavam sobre o mundo. Encontrar pessoas que compartilham suas convicções é fácil, diz LoPorto, pois tendemos a procurar, na web, comunidades com ideias afins. Cada pessoa que passava o vídeo adiante estava reafirmando seu compromisso com essas convicções e também dando um passo adiante em direção à ação política. Uma certa porcentagem dos receptores clicou no link do site do True Majority, ampliando a lista de e-mails cadastrados. Repita o processo por um número suficiente de vezes, com um número suficiente de pessoas, afirmou LoPorto, e você consegue formar um movimento e começar a "empurrar" delicadamente a estrutura de convicções vigente para a sua direção. Pelo menos é esta a teoria. O desafio real é levar essas ideias às mídias comerciais, onde elas irão atingir pessoas que não compartilham suas convicções. Como ele admitiu, "tudo de que precisávamos era que a NBC nos processasse. Se entrassem com um processo, a coisa atingiria um nível global e todo mundo ficaria sabendo. Era nossa segunda esperança... Mas a NBC foi esperta – perceberam que era uma paródia e não reagiram".

Na esperança de tornar a política mais divertida, o site do True Majority apresentava não apenas o vídeo "Trump Demite Bush" aos visitantes, mas também um jogo em que você podia dar umas palmadas no Bush, um vídeo em que "Ben, o homem do sorvete" compara o orçamento federal a uma pilha de biscoitos recheados e mostra como, mudando a posição de alguns biscoitos, é possível solucionar problemas sociais urgentes, e outros exemplos do que o grupo chama de "diversão séria".

Em alguns aspectos, este livro todo tem sido sobre "diversão séria". Os militares americanos desenvolvem um jogo para múltiplos jogadores em massa para facilitar a comunicação entre militares e civis. Empresas como Coca-Cola e BMW entram para a indústria de entretenimento para criar um envolvimento emocional mais forte com suas marcas. Educadores adotam a pedagogia informal de comunidades de fãs como modelo para desenvolver habilidades de letramento. Grupos da Primeira Emenda recorrem ao interesse dos jovens pelos livros de *Harry Potter*. Igrejas "simpáticas a fãs" utilizam as discussões sobre filmes e programas de televisão para ajudar as congregações a desenvolver habilidades de discernimento. Em cada caso, instituições arraigadas estão se espelhando nas comunidades de fãs alternativas e se reinventando para uma época de convergência das mídias e de inteligência coletiva. Então, por que não aplicar as mesmas lições na eleição presidencial? Talvez não possamos derrubar o poder estabelecido (seja o poder dos partidos políticos ou dos grandes doadores de dinheiro) da noite para o dia: ninguém envolvido nessas campanhas inspiradas na cultura popular está falando em revolução, digital ou de outra ordem. Estão falando de uma mudança no papel do público no processo político, aproximando o mundo do discurso político das experiências de vida dos cidadãos; estão falando em mudar a maneira como as pessoas pensam sobre comunidade e poder, para que sejam capazes de mobilizar a inteligência coletiva e transformar o governo; e estão falando em substituir o conceito do cidadão individualmente informado pelo conceito cooperativo do cidadão monitor.

Este capítulo desloca o foco das franquias de entretenimento popular para a escolha de um presidente dos Estados Unidos. Em termos convencionais, esses dois processos são mundos separados – um trata de coisas para consumo, o outro, de coisas de cidadania. Contudo, com a eleição de 2004, pudemos ver cidadãos começando a aplicar o que aprenderam como consumidores de cultura popular em formas mais visíveis de ativismo político. A cultura popular influenciou o modo como as campanhas cortejaram seus eleitores – porém, o

290 | CULTURA DA CONVERGÊNCIA

mais importante é que a cultura popular moldou a forma como o público processou e reagiu ao discurso político.

Meu enfoque será menos nas mudanças em leis e instituições, que é o foco tradicional da ciência política, e mais nas mudanças em sistemas de comunicação e normas culturais, que devem ser compreendidas por meio de ferramentas provenientes do estudo das mídias e da cultura popular. A atual diversificação dos canais de comunicação é politicamente importante porque expande o conjunto de vozes que podem ser ouvidas: embora algumas vozes tenham mais proeminência que outras, nenhuma voz sozinha fala com autoridade inquestionável. A nova mídia opera sob princípios diferentes daqueles que regiam a mídia de radiodifusão que dominou a política americana por tanto tempo: acesso, participação, reciprocidade e comunicação ponto a ponto, em vez de um-para-muitos. Em vista desses princípios, podemos antever que a democracia digital será descentralizada, dispersada de forma desigual, profundamente contraditória e vagarosa em seu surgimento. Essas forças tendem a surgir primeiro em formas culturais – um senso de comunidade diferente, uma sensação maior de participação, menos dependência de expertise oficial e maior confiança na solução coletiva de problemas, tudo o que vimos até agora neste livro. Parte da discussão deste capítulo parecerá a velha política conduzida de novas formas – tentativas de moldar a opinião pública, registrar eleitores, mobilizar apoio e enfatizar o "lado negativo" de um candidato rival. Outras coisas parecerão menos familiares – eleições conduzidas no interior de mundos de jogos on-line para múltiplos jogadores em massa, paródias de programas de notícias, imagens alteradas com Photoshop – contudo, essas formas de cultura popular também têm efeitos políticos, representando espaços híbridos onde podemos deixar de lado nossas inclinações políticas (e mudar a linguagem da política) o suficiente para dominar as habilidades de que precisamos para participar do processo democrático.

A campanha de 2004 foi um período de inovação e experimentação no uso das novas tecnologias e de estratégias baseadas na cultura popular. Por um lado, a proximidade da eleição inflamou o entusiasmo dos eleitores, que tenderam a se envolver desde o início na campanha do candidato de sua escolha. Por outro lado, essa proximidade deixou as duas campanhas desesperadas para mobilizar sua base, atrair eleitores indecisos e registrar novos participantes – especialmente os jovens. Adicione a isso uma nova geração de organizadores de campanha, que vinha acompanhando os desdobramentos da cultura digital na última década e estava pronta para aplicar o que tinha aprendido. O diretor da campanha de Howard Dean, Joe Trippi, levantou as questões cruciais num memorando muito comentado: "As ferramentas, a energia, a liderança e o candidato certo estão todos prontos para criar um 'Mar em Fúria' da política presidencial – onde milhões de americanos atuam juntos e organizam suas comunidades, seus bairros e suas zonas eleitorais... Como esses americanos encontram uns aos outros? Como se auto-organizam? Como conseguem agir juntos?"[4] É aí que a cultura popular entra em cena.

"A revolução não será televisionada"

Trabalhando para um candidato obscuro e rebelde que, segundo especialistas, não tinha nenhuma chance de vencer, Trippi procurou aproveitar esse poder alternativo emergente. Dean levantou mais dinheiro on-line, em pequenas doações, do que qualquer candidato anterior, estabelecendo um modelo que John Kerry usaria mais tarde para acabar com a "diferença de dinheiro" entre ele e os republicanos. A equipe de Dean usou blogs para criar uma relação mais íntima, e em tempo real, com os partidários. Empregaram táticas do estilo "smart mob", incluindo a utilização do Meetup.com para promover encontros rapidamente, reunindo milhares de pessoas, enquanto outros candidatos ainda falavam a salas quase vazias. Dean não criou o movimento; sua equipe apenas estava disposta a ouvir e aprender.[5]

Trippi define os primeiros sucessos da campanha de Dean como um "ponto de virada": em que a política da televisão deu lugar à política da Internet. Como os executivos pontocom anteriores, Trippi (e Dean) cometeu o erro de confundir o próprio discurso publicitário com o modelo realista de como ocorre a transformação midiática. Até agora, os cibercandidatos mais ativos foram rebeldes que não conseguiram levar a mídia digital à vitória, mas conseguiram mudar a natureza do debate. É significativo que Trippi tenha intitulado suas memórias *The Revolution Will Not Be Televised* (A Revolução Não Será Televisionada, 2005), em homenagem à canção de Gil Scott Heron. O slogan tornou-se uma profecia autorrealizável. Se a Internet fez a candidatura de Dean, a televisão a desfez.

292 | CULTURA DA CONVERGÊNCIA

Nos anos 1960, quando Heron cantou a música pela primeira vez, era improvável que um fluxo estreito controlado pelas principais empresas de mídia fosse transmitir ideias contrárias aos interesses dominantes. A contracultura comunicava-se principalmente por meio da mídia alternativa – jornais *underground*, música folk, pôsteres, rádios populares e histórias em quadrinhos. As redes de TV e jornais filtravam as mensagens que desejavam omitir do público, e as práticas excludentes desses intermediários promoveram a demanda por canais de mídia alternativos e participativos. Trippi define a televisão como uma tecnologia inerentemente passiva (e pacificadora): "Enquanto a TV é um meio que nos emburrece, que não nos envolve e nos deixa desconectados, a Internet nos deixa mais espertos, mais envolvidos e mais bem informados".[6] Qualquer um que tenha lido este livro até aqui sabe o suficiente para questionar as duas afirmações.

Se, em 2004, perguntássemos se a revolução seria transmitida por meios digitais, as respostas seriam diferentes. As poucas barreiras existentes para se entrar na web facilitam o acesso a ideias inovadoras e até revolucionárias, pelo menos entre o crescente segmento da população com acesso a um computador. Os que são silenciados pelas mídias corporativas têm sido os primeiros a transformar o computador em uma gráfica. Essa oportunidade tem beneficiado outros, sejam revolucionários, reacionários ou racistas. Também tem provocado medo nos corações dos velhos intermediários e seus aliados. A diversidade de uma pessoa é, sem dúvida, a anarquia de outra.

O subtítulo do livro de Trippi, *Democracy, the Internet, and the Overthrow of Everything* (Democracia, Internet e a Subversão de Tudo), capta o potencial revolucionário, percebido por escritores como Hans Enzensberger, no desenvolvimento de tecnologias que possibilitam a comunicação alternativa.[7] Trippi comemora o que interpreta como a "era da delegação de poder", em que o cidadão médio desafia o poder de instituições arraigadas: "Se informação é poder, então esta nova tecnologia – a primeira a distribuir informação de forma justa – está realmente distribuindo poder. O poder está se deslocando das instituições que sempre governaram de cima para baixo, sonegando informações, dizendo como devemos cuidar de nossa vida, para um novo paradigma de poder, distribuído democraticamente e compartilhado por todos nós".[8]

Agora, consideremos um segundo slogan, que estudantes nas ruas de Chicago, durante os protestos de 1968, entoavam no noticiário das redes de televi-

PHOTOSHOP PELA DEMOCRACIA | 293

são: "O mundo inteiro está vendo". Apesar das dificuldades, se os estudantes que protestavam tivessem suas imagens e ideias transmitidas pela ABC, CBS e NBC, atingiriam um segmento significativo da população. Existe algum lugar na web que o mundo inteiro esteja vendo?

Como temos sugerido ao longo deste livro, a mídia contemporânea está sendo moldada por várias tendências conflitantes e contraditórias: ao mesmo tempo que o ciberespaço substitui algumas informações tradicionais e *gatekeepers* culturais, há também uma concentração de poder inédita dos velhos meios de comunicação. A ampliação de um ambiente discursivo coexiste com o estreitamento da variedade nas informações transmitidas pelos canais mais disponíveis.

A nova cultura política – bem como a nova cultura popular – reflete o jogo de forças entre os dois sistemas de mídia: um, de radiodifusão e comercial, o outro, destinado a um público menor e alternativo. É mais provável que novas ideias e pontos de vista alternativos surjam no ambiente digital, mas a mídia comercial vai monitorar esses canais, procurando conteúdos que possam cooptar e circular. Canais de mídia alternativos dependem de um quadro de referências comum, criado pelos intermediários tradicionais; a maioria dos conteúdos "virais" mais bem-sucedidos da web (por exemplo, o vídeo "Trump Demite Bush") faz críticas ou paródias da mídia comercial. A radiodifusão fornece a cultura comum, e a web oferece canais mais adaptados para a reação a essa cultura.

Em alguns trechos de seu livro, Trippi reconhece a interação entre os dois tipos de poder midiático. Por exemplo, ele escreve sobre sua perplexidade ao ver as doações chegarem ao seu site na web em tempo real, enquanto transmitia um programa pelo rádio: "As pessoas estavam me ouvindo no rádio, indo a seus computadores e fazendo as doações para a campanha. A Internet estava possibilitando às pessoas registrarem sua opinião imediatamente. Depois disso, conseguimos planejar o efeito de matérias no jornal, na televisão e no rádio e prever, com grande exatidão, a quantia que arrecadaríamos on-line depois que Dean aparecesse no *Hardball* (1997), ou depois de uma matéria no *USA Today*, e sabíamos a que mídia recorrer nas grandes tentativas de arrecadação de fundos".[9] Isso não é política televisiva ou política digital; é a política da convergência.

Em outro trecho, Trippi descarta a convergência, que ele associa ao controle corporativo:

294 | CULTURA DA CONVERGÊNCIA

Em algum ponto, claro, haverá convergência. Uma caixa. Uma tela. Você vai checar os e-mails, fazer compras e verificar a lição de casa de seu filho na mesma tela. Este talvez seja o momento mais perigoso para o movimento democrático que está desabrochando – o momento em que as corporações e os anunciantes ameaçarão cooptar e corroer a ética democrática on-line. O futuro talvez dependa do que irá exercer maior domínio sobre essa caixa: as regras da velha radiodifusão ou o poder popular da Internet.[10]

Trippi cai na armadilha da Falácia da Caixa Preta. Não discordo da essência de seu argumento, segundo o qual o público precisa lutar por seu direito de participar, por seu acesso à informação e pelo consequente poder de moldar os processos democráticos. Não discordo de que a consolidação corporativa representa uma ameaça em potencial a esse poder. Porém, como este livro demonstrou, já estamos vivendo em uma cultura da convergência. Já estamos aprendendo a viver em meio aos múltiplos sistemas de mídia. As batalhas cruciais estão sendo travadas agora. Se nos concentrarmos na tecnologia, perderemos a batalha antes mesmo de começarmos a lutar. Precisamos enfrentar os protocolos sociais, culturais e políticos que existem em torno da tecnologia e definir como utilizá-los.

É um equívoco pensar em um ou outro tipo de poder midiático, isoladamente. A evolução do sistema de convergência das mídias está repleta de freios e contrapesos. O *60 Minutes* (1968) transmitiu um programa alegando ter provas das acusações de que George W. Bush usara a influência da família para esquivar-se da convocação para a Guerra do Vietnã, no período em que prestou serviço militar na Guarda Nacional. Blogueiros conservadores imediatamente começaram a dissecar os memorandos, demonstrando, de maneira conclusiva, que eles não poderiam ter sido produzidos nas máquinas de escrever disponíveis na época em que supostamente foram escritos. A princípio, a CBS descartou os blogueiros como amadores bem-intencionados – "um sujeito de pijama, sentado na sala, escrevendo" – a quem faltavam "os múltiplos níveis de freios e contrapesos" que garantem a exatidão dos noticiários da TV.[11] Mas, no fim, a CBS foi obrigada a se desculpar publicamente pelo erro inicial de sua reportagem e demitiu vários produtores e repórteres antigos.

Alguns escritores interpretaram o episódio como uma vitória da nova mídia sobre a velha. O editor da revista *Reason*, Jesse Walker, encarou-o como evidência de uma crescente integração entre as duas:

PHOTOSHOP PELA DEMOCRACIA | 295

Os blogueiros estavam divulgando notícias e análises frescas sobre o caso, assim como a ABC, a Associated Press e o *Washington Post*. A mídia profissional se inspirava nas ideias dos blogueiros; os blogueiros, por sua vez, tinham links para as reportagens profissionais. A velha e a nova mídia não estavam em desacordo entre si – ou, se estavam, também estavam, na mesma medida, em desacordo consigo mesmas. Elas se complementavam. Faziam parte do mesmo ecossistema... Os novos meios não estão substituindo os velhos; estão transformando-os. Devagar, mas de modo perceptível, a velha mídia está se tornando mais rápida, mais transparente, mais interativa – não porque quer, mas porque precisa. A concorrência está apressando o ciclo da notícia, quer se queira acelerá-lo ou não. Os críticos estão examinando como os repórteres fazem seu trabalho, sejam esses olhos observadores bem-vindos ou não.[12]

O mesmo vale para campanhas presidenciais. Os candidatos podem formar sua base na Internet, mas precisam da televisão para ganhar as eleições. É a diferença entre *push media* ("mídia empurrada": em que as mensagens vão a público, quer este as procure ou não) e *pull media* ("mídia puxada": que serve aos que têm interesse ativo em buscar informações sobre determinado assunto). A Internet atinge os militantes, a televisão, os indecisos. Dean conquistou seus primeiros adeptos pela Internet, o que lhe trouxe visibilidade na mídia de radiodifusão e de massa. Ele conseguiu levantar grandes somas de dinheiro pela Internet, dinheiro que foi consumido pela necessidade de financiar anúncios na televisão. A tática utilizada por ele para acionar seus partidários na Internet foi citada fora de contexto na televisão. Seus posts foram reduzidos a declarações curtas. Depois que a mídia de radiodifusão o sangrou – por exemplo, no notório discurso "I have a scream" (Eu tenho um grito)* –, os tubarões na Internet o cercaram e o estraçalharam. Um website traz links para mais de 300 sátiras do autodestrutivo discurso de "admissão da derrota", após a decepção com a convenção de Iowa, inclusive imagens dele apalpando Janet Jackson, gritando com um gato ou apenas extravasando aborrecimento reprimido (Figuras 6.1 e 6.2). Tudo isso sugere um momento de transição, em que o papel político da Internet está se expandindo, sem diminuir o poder da mídia de radiodifusão.

---

*   Referência satírica ao célebre discurso "I Have a Dream" (Eu Tenho um Sonho), de Martin Luther King. [N. de T.]

Podemos entender essa transição pensando um pouco sobre a diferença entre o "culture jamming", tática política que refletiu a lógica da revolução digital, e o bloguismo, que parece mais emblemático da cultura da convergência. Em seu ensaio de 1993, "Culture Jamming: Hacking, Slashing and Sniping in the Empire of Signs" (Jamming Cultural: Hackeando, Retalhando e Criticando no Império dos Signos), o crítico cultural Mark Dery documentou táticas emergentes de resistência alternativa ("invasão eletrônica dos meios de comunicação, guerra de informações, arte terrorista e guerrilha semiótica") a uma "tecnocultura cada vez mais intrusiva e instrumental, cujo *modus operandi* é a fabricação de consentimento por meio da manipulação de símbolos".[13] Na gíria da Faixa do Cidadão do radioamadorismo, o termo "jamming" refere-se à tentativa de "introduzir ruídos no sinal enquanto ele passa do transmissor ao receptor". O ensaio de Dery registra uma importante conjuntura na história midiática do "faça você mesmo", quando ativistas aprendem a utilizar os novos meios para expressar uma contraposição aos meios de comunicação de massa.

Figuras 6.1 e 6.2 A comunidade cibernética voltou-se contra Howard Dean após o discurso em que ele reconhece a derrota, em seguida à convenção de Iowa, resultando em diversas paródias na web.

Entretanto, talvez o conceito de "culture jamming" tenha sobrevivido à sua utilidade. A velha retórica de oposição e cooptação pressupunha um mundo onde os consumidores tinham pouco poder direto para moldar o conteúdo da mídia e enfrentavam obstáculos enormes para entrar no mercado, enquanto que o novo ambiente digital expande o alcance e a esfera de ação das atividades do consumidor. Pierre Lévy descreve um mundo onde a comunicação alternativa não é um ruído temporário no sinal corporativo, mas o modo rotineiro como o novo sistema opera: "Até agora apenas retomamos o discurso de movimentos revolucionários, de crises, de curas, de atos excepcionais de criação. Como seria um discurso normal, calmo e estabelecido?"[14]

O bloguismo talvez defina melhor os tipos de diálogos públicos prolongados descritos por Lévy. O termo "blog" é a abreviação de "Weblog" (diário na web), uma nova forma de expressão alternativa pessoal e subcultural, envolvendo resumos e links para outros sites. Na prática, o bloguismo é uma forma de convergência alternativa. Ao reunir informações e recorrer à expertise alternativa, ao debater evidências e examinar todas as informações disponíveis e, talvez mais intensamente, ao desafiar suposições, a comunidade blogueira está fazendo "spoiling" do governo americano. Podemos fazer uma analogia entre a comunidade de fãs indo até a locação para obter mais informações sobre *Survivor* e a comunidade blogueira juntando dinheiro para enviar repórteres independentes a Bagdá ou a convenções de partidos, em busca de informações que eles receiam estar sendo filtradas pela mídia comercial.[15] Ou considere o exemplo das fotografias de americanos mortos voltando do Iraque em caixões enrolados por bandeiras, ou as fotografias de abusos dos presos em Abu Ghraib; em ambos os casos, as imagens entraram na mídia comercial como fotos digitais tiradas e circuladas fora dos canais militares oficiais. Donald Rumsfeld soa um pouco como Jeff Probst quando explica: "Estamos funcionando com as restrições e as exigências legais de tempos de paz em uma situação de guerra, na era da informação, em que as pessoas vão a todo lugar com suas câmeras digitais, tiram fotos inacreditáveis e as divulgam para a mídia, contra a lei e para nossa surpresa".[16] (Ou talvez seja o contrário: *Survivor* parece sempre recorrer ao discurso militar quando tenta garantir a segurança da área em torno da produção, o que não surpreende, devido à experiência de Mark Burnett como soldado paraquedista britânico.) Em alguns casos, os blogueiros, assim como os *spoilers*, estão atrás de informações sobre eventos que já foram revelados; mas, em mui-

298 | CULTURA DA CONVERGÊNCIA

tos outros casos, ao contrário dos *spoilers*, eles estão tentando moldar eventos futuros, tentando utilizar a informação que descobriram para intervir no processo democrático.

Assim como as comunidades de marca tornam-se pontos centrais de críticas a empresas que traíram a confiança do consumidor, as comunidades on--line fornecem os meios para que os participantes expressem a desconfiança nas notícias veiculadas pelas mídias e o descontentamento com a política, como sempre. A impaciência com os canais de notícias tradicionais foi demonstrada quando blogueiros decidiram publicar os dados das pesquisas eleitorais de boca de urna que as redes de TV sempre utilizavam para "anunciar" a situação dos candidatos. Após reclamações de que a divulgação prematura desses dados pode ter influenciado eleições passadas, as redes tinham decidido não divulgá-los. No final da tarde do dia da eleição, os dados da pesquisa de boca de urna estavam amplamente disponíveis na Internet, e o público pôde assistir ao noticiário com um olhar mais crítico. Como explicou um blogueiro, "nossa abordagem era: nós postamos, você decide". Infelizmente, as pesquisas mostravam a vitória de Kerry com folga, enquanto a contagem real de votos apontava para uma vitória mais modesta de Bush. A esperança de vitória dos blogueiros liberais – e, por meio deles, da campanha de Kerry – foi alimentada e frustrada, pois tais informações, normalmente restringidas pelas redes, nunca estiveram tão acessíveis. Assim, jornalistas profissionais usaram a falta de confiabilidade dos dados das pesquisas (feitas por profissionais) como argumento de que não profissionais não deveriam ficar fazendo reportagens ou interpretando notícias.[17]

Visto que o poder alternativo do bloguismo era novo e nunca havia sido testado, não surpreende que a campanha de 2004 tenha tido a mesma proporção de erros e acertos. Nos próximos quatro anos, blogueiros de todos os espectros políticos irão redefinir suas ferramentas, estendendo seu alcance, e afiar suas garras. Blogueiros não têm a pretensão de serem objetivos; são quase sempre simpatizantes, sem nenhum constrangimento; quase sempre lidam com boatos e insinuações; e, como veremos, há evidências de que são lidos principalmente por aqueles que já concordam com os pontos de vista declarados pelos autores. O bloguismo pode estar, em um aspecto, facilitando o fluxo de ideias pelo panorama da mídia; em outros aspectos, está assegurando um debate político cada vez mais desagregador. É claro que o jornalismo profissional

PHOTOSHOP PELA DEMOCRACIA | 299

em si, como os blogueiros se apressam em observar, está progressivamente menos confiável, movido por projetos ideológicos, em vez de padrões profissionais, omitindo informações que contrariam seus interesses econômicos, reduzindo um mundo complexo a uma grande matéria por vez, e banalizando a política ao se concentrar apenas nas disputas por poder. Num contexto assim, os blogueiros irão concorrer com jornalistas profissionais matéria por matéria, às vezes acertando, às vezes errando, mas sempre obrigando um segmento do público a questionar os argumentos dominantes. Não se pode contar com nenhum dos dois lados para apresentar ao público, sempre, a verdade, toda a verdade e nada além da verdade. Contudo, a relação antagônica entre as duas forças possibilita a correção de muitos erros.

À medida que a campanha de 2004 prosseguia, os dois partidos principais mostravam sinais de que passaram a entender melhor como dirigir uma mensagem através desses diferentes sistemas de mídia e como atrair os blogueiros para trabalhar para eles. Veja, por exemplo, o anúncio de John Kerry sobre seu companheiro de chapa. Kerry fez o anúncio primeiro por e-mail aos partidários que tinham se registrado em seu site; a campanha de Kerry utilizou o anúncio para expandir a lista de potenciais partidários a quem seriam enviadas mensagens eletrônicas no outono, e usou o burburinho em torno do anúncio por e-mail para aumentar a audiência do anúncio televisionado. Os republicanos, entretanto, foram ainda mais eficazes no uso da Internet, ao reagirem ao anúncio. Em poucos minutos, postaram uma lista de argumentos contra a indicação de Edwards, inclusive detalhes de sua carreira jurídica, o registro de seus votos no Senado e seus comentários durante a campanha. Não há nada de novo em pesquisar a vida do adversário político, mas, geralmente, as informações são divulgadas aos poucos, no decorrer de toda a campanha, em vez de despejadas de uma só vez na web. Foi um ataque preventivo, destinado a destruir o crescente apoio público a Edwards. No entanto, mais do que isso, foi um *spin* "faça você mesmo".

O *spin* refere-se à tentativa de campanhas políticas de direcionar as notícias a seu favor. As campanhas desenvolvem uma lista de argumentos, repetidos por cada porta-voz associado à campanha. Os argumentos sugerem uma interpretação dos fatos. O *spin* é, em alguns aspectos, um produto da cultura televisiva. Nos velhos tempos, ele ocorria sem muito alarde, e grande parte do público não sabia que cada entrevistado estava promovendo uma agenda preestabelecida. Em eleições mais recentes, a mídia noticiosa concentrou enorme

300 | CULTURA DA CONVERGÊNCIA

atenção no processo do *spin* – mesmo as campanhas tendo coordenado suas listas de argumentos de forma mais sistemática. O público já aprendeu como funciona o *spin*. O processo de compor e circular mensagens tornou-se o principal tema dramático em programas como *West Wing* (1999) ou *Spin City* (1996). Como o *spin* é publicamente reconhecido, as duas campanhas desqualificam o *spin* uma da outra por ele ser o que é – uma tentativa de moldar os eventos em benefício de seus partidários. Alguns apresentadores prometem uma "zona sem *spin*" (que, naturalmente, é quase sempre o espaço mais tendencioso de todos).

Ao publicar a lista de argumentos sobre Edwards na web, o Partido Republicano não estava exatamente fazendo *spin*, mas sim fornecendo ao público um kit de ferramentas que poderia ser usado para ele mesmo fazer *spin* em conversas com amigos e vizinhos. Os apresentadores de programas de rádio fizeram uso intenso desses recursos em suas transmissões, e os ouvintes responderam, lendo o mesmo *script*. E as mesmas ideias chegaram em cartas ao editor. Blogueiros colocaram links em seus sites e também utilizaram as mesmas ideias como um conjunto de pistas que poderiam levar a uma investigação mais minuciosa do passado do candidato. A mídia de radiodifusão reforçou os argumentos, muitas vezes fornecendo arquivos de som e imagem como suporte das informações. Embora a campanha de Kerry tivesse a esperança de que Edwards pudesse ajudá-la em sua empreitada, o candidato a vice-presidente estava prejudicado poucas horas depois de aceitar o convite de Kerry.

Quando a súbita visibilidade dos blogueiros alterou a dinâmica do noticiário e da opinião pública tradicionais, uma reforma no financiamento da campanha ajudou a deslocar o controle de candidatos e partidos para a ação de grupos independentes. Uma nova brecha no McCain-Feingold Act, de 2002, criou oportunidade para organizações políticas independentes – as chamadas 501s (grupos de comércio e negócios) e 527s (grupos de advocacia sem fins lucrativos) – reivindicarem maior autonomia e visibilidade no processo eleitoral.[18] Esses grupos eram proibidos, por lei, de coordenar suas atividades com as campanhas. Eram também proibidos de aprovar candidatos específicos, mas não de criticar os candidatos e suas políticas. Não havia teto para a quantia em dinheiro que poderiam arrecadar, e seus gastos não sofriam as mesmas restrições impostas às campanhas. Como resultado, esses grupos se tornaram cães de ataque na campanha de 2004. À direita, o Swift Boat Veterans for Truth e, à

PHOTOSHOP PELA DEMOCRACIA | 301

esquerda, o Texans for Truth criaram manchetes comprando horário em um número limitado de mercados, fazendo afirmações provocativas que certamente envolveriam a mídia convencional e depois atraindo visitas a seus websites. Essa mistura de sistemas de mídia diferentes tornou a campanha de 2004 excepcionalmente complicada. Nesse aspecto, os partidos políticos não eram muito diferentes dos anunciantes e produtores que queriam recorrer ao poder do envolvimento do consumidor com suas marcas, mas permaneciam em dúvida quanto ao grau de liberdade dos grupos, que poderiam minar suas estratégias de comunicação de longo prazo.

Nas semanas finais da campanha, os dois partidos estavam adotando temas e imitando táticas que haviam surgido com essas organizações independentes. Por exemplo, os sites oficiais dos partidos publicavam vídeos curtos, fortes, quase sempre sarcásticos, após os debates. O site de Bush distribuiu uma série de vídeos exibindo as explicações contraditórias de Kerry a respeito de seus votos sobre a guerra do Iraque, enquanto os democratas usaram vídeos para pegar Cheney em uma série de "mentiras" e mostrar Bush em desespero, durante o primeiro debate. Esses vídeos foram produzidos à noite e postados na manhã seguinte. Assim como o vídeo "Trump Demite Bush", eles foram planejados para circular de modo viral pelos partidários.

Fãs, consumidores, cidadãos

Se olharmos mais de perto os mecanismos pelos quais Trippi e outros buscaram ampliar a participação popular na campanha, veremos como as campanhas estavam aprendendo, de várias maneiras, com a cultura dos fãs. O fundador do Meetup.com, Scott Heiferman, apenas buscava um modo de trocar bichos de pelúcia Beanie Baby com outros colecionadores, e o poder do site foi revelado pela primeira vez quando fãs de *Arquivo X* (1993) utilizaram o Meetup.com para organizar um esforço para manter sua série favorita no ar. Heiferman disse a um entrevistador: "Não planejamos o Meetup.com em torno de política ou cidadania. Apenas sabíamos que os nerds de *Senhor dos Anéis* iriam querer se encontrar, você sabe".[19] Os jovens simpatizantes de Howard Dean ficaram conhecidos como os "Deanie Babies", e Trippi fala do entusiasmo da campanha quando eles ultrapassaram o número de registros de outros grupos de fãs no Meetup.com.[20]

302 | CULTURA DA CONVERGÊNCIA

O MoveOn.Org talvez tenha iniciado com um objetivo mais abertamente político – tentar fazer os legisladores "seguirem adiante" ("move on"), abandonando a obsessão com a vida sexual de Bill Clinton e voltando-se para as necessidades do país – contudo, ainda aprenderam algumas lições com a cultura popular. No outono de 2003, por exemplo, lançaram o concurso "Bush em 30 Segundos", incentivando as pessoas de todo o país a utilizar câmeras de vídeo digitais e produzir seu próprio comercial, explicando por que Bush não deveria ser eleito para um segundo mandato.[21] Os filmes inscritos foram postados na web, onde a comunidade ajudou a selecioná-los; depois, jurados famosos, a maioria apresentadores e artistas, como Jack Black, Margaret Cho, Al Franken, Janeane Garofalo, Moby, Eddie Vedder e Gus Van Sant, fizeram a seleção final. O projeto foi muito semelhante ao *Project Greenlight*, concurso promovido por Matt Damon e Ben Affleck para oferecer aos jovens cineastas uma chance de produzir e lançar filmes independentes. Muitos participantes aprenderam as habilidades fazendo filmes de fã amadores, ou gravando acrobacias de skatistas, e agora as aplicavam, pela primeira vez, em ativismo político. O anúncio selecionado seria exibido durante o Super Bowl, um dos eventos de maior audiência da temporada na televisão. Outra vez, podemos ver a lógica da convergência em ação, neste caso: o empenho em usar a mídia alternativa para mobilizar e a mídia comercial para divulgar. Contudo, podemos ver também a diferença entre a receptividade da mídia alternativa à ampla participação e o controle corporativo sobre a transmissão. A CBS recusou-se a transmitir o anúncio porque o considerou "muito polêmico". É claro que, se comparado ao seio nu de Janet Jackson durante metade do programa, o anúncio completo, que girava em torno das dívidas que estão sendo passadas à próxima geração e mostrava crianças trabalhando para pagar o déficit, teria sido considerado bem moderado. Historicamente, as redes de TV se recusam a vender horário para anúncios com temática direcionada a "grupos de interesses especiais", encarando esses anúncios como fundamentalmente diferentes da publicidade "normal", patrocinada pelas corporações americanas. Antes disso, as redes de TV usavam essa política para bloquear a transmissão de anúncios anticonsumistas, mesmo que promovam a mensagem mais geral de que é uma boa ideia comprar o máximo possível. É claro que o MoveOn, quase com certeza, sabia que seu empenho em transmitir o anúncio durante o Super Bowl estava condenado ao fracasso e o que buscavam, de fato, era a inevitável cobertura da imprensa que haveria em torno da recusa das redes em vender-lhes espaço publicitário. O anúncio foi veiculado muitas vezes na TV a cabo, enquanto especialistas de todos os lados discutiam se sua transmissão pela televisão deveria ter sido permitida.

Uma das fases anteriores de grupos como o MoveOn.org e o Meetup.com nos conduz ao movimento de mídia alternativa: rádios comunitárias, jornais *underground*, zines ativistas, o ativismo inicial da web e o surgimento do movimento de mídia independente, na esteira dos protestos contra a OMC – Organização Mundial do Comércio, em Seattle. Muitos blogueiros se definem, explicitamente, em oposição à mídia comercial e ao que interpretam como conteúdo controlado por corporações. Outra fase anterior, entretanto, nos leva ao empenho dos fãs para se conectarem on-line e, juntos, exercerem influência para proteger seus programas favoritos.

Ativistas, fãs e parodistas de todos os tipos estão utilizando o software de edição de imagens Photoshop para manipular imagens e fazer um manifesto político. Tais imagens podem ser vistas como o equivalente alternativo das charges políticas – a tentativa de sintetizar assuntos do momento numa imagem poderosa. John Kroll, um dos cocriadores do Photoshop, declarou à *Salon* que o software havia democratizado a mídia de duas maneiras: possibilitando que grupos menores tivessem imagens de qualidade a baixo custo e permitindo que o público manipulasse e circulasse imagens poderosas para fazer manifestos políticos.[22]

O uso político do Photoshop tornou-se mais visível após a recontagem de votos na Flórida, quando os dois lados usaram imagens para ridicularizar as posições do adversário. As imagens circularam ainda mais na esteira do 11 de setembro, às vezes expressando fantasias violentas sobre o que fariam com Bin Laden e seus aliados, outras vezes expressando uma sensação de perda sobre o que tinha acontecido ao país.[23] Na campanha de 2004, websites como FreakingNews.com e Fark.com promoviam concursos diários para ver qual colaborador faria o uso mais eficaz do Photoshop em uma sátira a determinado evento ou candidato. A JibJab, uma equipe de animadores profissionais, utilizou colagens satíricas no Photoshop, em estilo amador, para criar uma série de paródias, em especial "This Land" ("Esta Terra"), que teve ampla circulação nos últimos dias da campanha.

O uso de imagens pode ser grosseiro, como quando o rosto de Bush se transforma no rosto de Hitler ou de Alfred E. Neuman, da revista *Mad*, ou quando o rosto de Kerry é distorcido para ficar parecido com Herman Monstro. Algumas imagens conseguem ser mais sofisticadas: quando John Kerry declarou que agradecia o apoio de vários líderes estrangeiros, fizeram uma sátira imitando a capa do *Sergeant Pepper's Lonely Hearts Club Band* (1967), dos Beatles, com alguns ditadores abomináveis e líderes terroristas alinhados atrás do candidato democrata (Figura 6.3). Essas imagens em Photoshop muitas vezes trazem temas da cultura popular para a campanha política: uma colagem retrata os candidatos democratas descendo uma ladeira dentro de um enorme carrinho de supermercado, imagem emprestada de um pôster da série *Jackass* (2000), da MTV.

É fácil ridicularizar o conceito "Photoshop pela democracia", especialmente devido à constância de referências simplórias da cultura popular, em detrimento de assuntos mais sérios da campanha. Pode-se argumentar que a circulação dessas imagens é um substituto medíocre das formais mais tradicionais de ativismo político. Não discordo totalmente, especialmente nas situações em que as pessoas, de modo impensado, apenas encaminham as imagens para todos os conhecidos. No entanto, também afirmo que cristalizar um ponto de vista numa fotomontagem, com o intuito de uma circulação mais ampla, é

Figura 6.3 Imagens em Photoshop satirizando a campanha presidencial tornaram-se parte da guerra da mídia alternativa de promoção e crítica dos candidatos.

PHOTOSHOP PELA DEMOCRACIA | 305

um ato de cidadania tanto quanto escrever uma carta ao editor do jornal local, que poderá ou não ser publicada. Para um número crescente de jovens americanos, as imagens (ou, mais precisamente, a combinação de imagem e texto) podem representar um conjunto de recursos retóricos tão importante quanto textos. Encaminhar essas imagens a um amigo não é nem menos nem mais político do que entregar-lhe um panfleto da campanha ou um adesivo de parachoque. Os materiais em si que estão sendo trocados não têm tanta importância, mas eles podem se tornar o foco de conversa e persuasão. O que muda, entretanto, é o grau com que amadores conseguem inserir suas imagens e seus pensamentos no processo político – e, pelo menos em alguns casos, essas imagens podem ter circulação muito ampla e atingir um público vasto.

Historicamente, os críticos interpretam o consumo como quase o oposto da participação cidadã. Lauren Berlant discute o consumo principalmente em termos de privatização, culpando a mudança para uma política baseada no consumo pelo que ela interpreta como o encolhimento da esfera pública.[24] Hoje, o consumo assume uma dimensão um pouco mais pública e coletiva – não mais uma questão de escolhas e preferências individuais, o consumo tornou-se um assunto discutido publicamente e deliberado coletivamente; interesses compartilhados quase sempre conduzem a conhecimento compartilhado, visão compartilhada e ações compartilhadas. Uma política baseada no consumo *pode* representar um beco sem saída quando o consumismo substitui a cidadania (o velho clichê de votar com dólares), mas *pode* representar uma força poderosa quando o contra-ataque econômico a instituições essenciais causa impacto direto em seu poder e influência.[25] Estamos ainda aprendendo a separar uma coisa da outra. Por exemplo, a questão levantada quando ativistas conservadores procuraram boicotar e ativistas progressistas procuraram adquirir os discos das Dixie Chicks, depois que a vocalista, Natalie Maines, fez, de improviso, alguns comentários negativos sobre George Bush, durante um show na véspera do bombardeio a Bagdá.[26] E quando o MoveOn.org arregimentou simpatizantes para o lançamento do documentário *Fahrenheit 11 de Setembro* [*Fahrenheit 9/11*] (2004), acreditando que a mídia noticiosa os levaria mais a sério se o filme fosse um sucesso de bilheteria?

Cada vez mais, grupos ligados à comunidade do entretenimento estão usando sua visibilidade e influência para incentivar os jovens a uma maior participação no processo político. MTV, Nickelodeon, Norman Lear, a Def Jam de

306 | CULTURA DA CONVERGÊNCIA

Russel Simmons e até a World Wrestling Entertainment lançaram iniciativas para educar, registrar e arregimentar jovens eleitores. E esses grupos uniram forças no que tem sido chamada de campanha dos "20 Million Loud" (20 Milhões de Barulhentos) para se mobilizarem em torno de eventos públicos importantes – shows, lutas, estreia de filmes e similares – e passarem sua mensagem diante do maior número possível de eleitores. Embora esses grupos fossem, em sua maioria, apartidários, tentando recrutar jovens eleitores quaisquer que fossem suas convicções políticas, não era segredo que surgiram em reação às chamadas guerras culturais, o que os obrigou a superar a aversão pelo uso da cultura popular para fins políticos. Segundo o Centro de Informação e Pesquisa de Aprendizagem e Compromisso Civil (CIRCLE, na sigla em inglês), a campanha dos "20 Million Loud" atingiu seus objetivos: quase 21 milhões de pessoas com menos de 30 anos votaram em 2004 – um aumento de 9,3%, em relação a 2000. Nos chamados campos de batalha dos estados, houve um aumento de 13% na participação dos jovens, em relação à eleição anterior.[27]

Entretendo o cidadão monitor

Em seu famoso ensaio, "A Obra de Arte na Era de sua Reprodutibilidade Técnica", Walter Benjamin afirma que a capacidade de produzir e circular imagens em massa causaria um impacto democrático profundo.[28] Sua famosa alegação é de que a reprodução acaba com a "aura" em torno de obras de arte elevadas e destrona as autoridades culturais reinantes. Ele alega também que uma nova forma de expertise popular iria surgir; as pessoas sentiam-se mais autorizadas a dar opiniões sobre times de esportes ou filmes de Hollywood do que sobre obras de arte enclausuradas em museus. Transformar a política num tipo de cultura popular permite que os consumidores apliquem a expertise de fã em suas responsabilidades civis? Paródias de noticiários, como *The Daily Show* (1996), podem estar nos ensinando a fazer justamente isso.

No início de 2004, a Pew Foundation divulgou estatísticas impressionantes. Em 2000, 39% dos entrevistados obtinham informações sobre campanhas políticas pelos noticiários da TV e do rádio. Em 2004, esse número havia diminuído para 23%. No mesmo período, a porcentagem de pessoas com menos de 30 anos que receberam boa parte das informações sobre as campanhas em programas de comédia, como *Saturday Night Live* (1975) ou *The Daily Show,*

PHOTOSHOP PELA DEMOCRACIA | 307

havia aumentado de 9% para 21%.[29] Nesse contexto, o programa *This Week with George Stephanopoulos*, da ABC, acrescentou um segmento que exibe os destaques dos monólogos da semana feitos por David Letterman, Jay Leno e Jon Stewart.

Já em 1994, Joe Katz afirmava, na revista *Rolling Stone*, que uma porcentagem crescente de jovens sentia que a mídia de entretenimento, no lugar do jornalismo tradicional, refletia mais plenamente seus pontos de vista sobre os temas da época.[30] Katz alegou que os jovens obtinham a maior parte das informações sobre o mundo por meio de videoclipes e músicas rap, dos quadros do *Saturday Night Live* e comediantes stand-up, do enredo dos dramas no horário nobre e das piadas das sitcoms. Katz encarava isso como algo positivo, já que as perspectivas ideológicas do entretenimento popular eram menos policiadas do que as do noticiário, que ele temia ter ficado cada vez mais sob total controle corporativo. O argumento de Katz foi recebido com escárnio por jornalistas consagrados.

O estudo da Pew Foundation, publicado na véspera da campanha de 2004, jogou mais lenha na fogueira. A Pew mostrou que os jovens estavam obtendo informação por meio das mídias de entretenimento, em vez das mídias noticiosas (embora a pesquisa apenas perguntasse se as mídias de entretenimento eram uma das fontes de informação, não veículo exclusivo ou mesmo principal), e também demonstrou que as pessoas que obtinham informação dessas fontes eram, no geral, menos informadas sobre o mundo – ou pelo menos capazes de se lembrar de certos fatos sobre os candidatos – do que os consumidores do noticiário tradicional. Como alguns se apressaram em contrapor, lembrar-se não é de modo algum o mesmo que compreender, e muitos dos itens da pesquisa da Pew, como qual candidato tinha sido aprovado por Al Gore ou qual candidato tinha cometido um erro sobre a bandeira dos confederados, ilustravam a forma como as reportagens do noticiário com frequência banalizavam o processo político, ao enfocar pesquisas eleitorais, gafes e escândalos.

O *Daily Show*, uma paródia de noticiário exibida toda noite, rapidamente emergiu como o ponto central desse debate. A Comedy Central cobriu mais horas de convenções nacionais dos partidos Democrata e Republicano, em 2004, do que a ABC, a CBS e a NBC juntas: as mídias noticiosas estavam se afastando de responsabilidades históricas, e a cultura popular estava levando a sério seu po-

308 | CULTURA DA CONVERGÊNCIA

tencial pedagógico. Segundo um estudo conduzido pelo Centro de Política Pública Annenberg, da Universidade da Pensilvânia,

> As pessoas que assistem ao *The Daily Show* se interessam mais pela campanha presidencial, são mais escolarizadas, mais jovens e mais liberais que o americano médio... Entretanto, esses fatores não explicam os diferentes níveis de conhecimento da campanha entre as pessoas que assistem ao *The Daily Show* e as que não assistem. Na verdade, os espectadores do *The Daily Show* têm mais conhecimento da campanha do que espectadores dos noticiários nacionais e leitores de jornais – mesmo levando em consideração o nível educacional, a identificação com partidos, o acompanhamento da política, o fato de assistirem ao noticiário na TV a cabo, o recebimento on-line de informações sobre a campanha, idade e sexo.[31]

A polêmica chegou ao máximo quando o apresentador do *Daily Show*, Jon Stewart, foi convidado para o programa de notícias e debates da CNN, *Crossfire* (1982), e entrou numa discussão acalorada com o comentarista e coapresentador, Tucker Carlson. Carlson, aparentemente, queria que Stewart contasse piadas e promovesse seu livro, mas Stewart se recusou a desempenhar o papel: "Não vou ser o seu miquinho". Em vez disso, Stewart acusou o programa de corromper o processo político com disputa partidária: "Vocês têm uma responsabilidade com o discurso público e estão fracassando miseravelmente... Vocês estão ajudando os políticos e as corporações... Vocês fazem parte da estratégia deles..."[32] A circulação, legal e ilegal, desse trecho chamou mais a atenção de muitos mais cidadãos do que aqueles que assistiram ao programa em si, representando, talvez, a ilustração mais visível do crescente interesse pelo modo como a concentração de poder nas mídias estava distorcendo o acesso público a informações importantes.

Para entender por que essas polêmicas são relevantes, talvez precisemos repensar nossas suposições sobre o que significa ser um cidadão informado. Michael Schudson traça as mudanças nos conceitos de cidadania nos primeiros 200 anos ou mais da república americana. A noção moderna de "cidadão informado" surgiu na virada do século passado. As taxas de alfabetização aumentavam, o preço dos jornais e outras publicações baixava e o direito de votar se expandia, incluindo muitos que, anteriormente, haviam sido privados de

PHOTOSHOP PELA DEMOCRACIA | 309

seus direitos civis. A noção do cidadão bem informado tomou forma no contexto de uma revolução da informação que tornou concebível aos eleitores acompanhar as nuances dos debates sobre políticas públicas. A noção do cidadão bem informado desafiou noções tradicionais de cidadania, as quais se submetiam à opinião de aristocratas e partidos políticos.

No final do século 20, afirma Schudson, explosões na tecnologia da informação nos inundaram com mais dados do que conseguíamos processar. A promessa da revolução digital era o completo domínio do fluxo de informação: "Todo mundo pode saber tudo! Cada cidadão terá o registro de votação de cada político na ponta dos dedos! Um mundo inteiro de conhecimento político no computador e com a rapidez da conexão dial-up!"[33] Na realidade, argumenta Schudson, "a lacuna entre a informação política disponível e a capacidade do indivíduo de monitorá-la aumenta cada vez mais".[34] Não se pode esperar que um cidadão saiba tudo, nem mesmo sobre apenas um dos debates fundamentais, quanto mais da série de questões que moldam a política nacional. Ao contrário, afirma Schudson, "cidadãos monitores tendem a ser defensivos, em vez de proativos... O cidadão monitor envolve-se mais com a vigilância do ambiente do que com a acumulação de informação. Imagine pais observando os filhos pequenos na piscina comunitária. Eles não estão acumulando informação; estão de olho na cena. Parecem inativos, mas estão prontos para entrar em ação, caso necessário. O cidadão monitor não é um cidadão ausente, mas observador, mesmo quando está ocupado com outras coisas".[35] Embora os cidadãos monitores "sejam talvez mais bem informados do que os cidadãos do passado, no sentido de que, em algum lugar de sua mente, possuem mais informações", argumenta Schudson, "não há garantia de que eles saibam o que fazer com elas".[36]

Pode-se interpretar o cidadão monitor de Schudson como um participante na cultura do conhecimento descrita por Lévy – informada em algumas áreas, um tanto ciente em outras, operando num contexto de confiança mútua e recursos compartilhados. Como vimos neste livro, muitos estão aprendendo a compartilhar, distribuir, confiar, avaliar, contestar e agir sobre o conhecimento coletivo como parte de seu lazer. Aplicar essas habilidades a um programa de paródia de notícias talvez seja o próximo passo em direção a uma participação mais plena na tomada de decisão democrática – um modo de mobilizar as habilidades que, segundo a sugestão de Walter Benjamin, surgiram

310 | CULTURA DA CONVERGÊNCIA

espontaneamente em reação à cultura popular, mas que são difíceis de cultivar no que se refere a notícias e à política. *The Daily Show* sistematicamente concentra atenção em assuntos mal cobertos pela mídia comercial, garantindo que sejam registrados pelo radar de muitos cidadãos monitores. Dada a natureza do gênero do programa, ele deve selecionar seus alvos, mas um número crescente de espectadores está falando sobre os alvos que o programa identifica. Nem todo espectador irá se empenhar em aprender mais sobre os assuntos levantados, mas se as estatísticas do Annenberg estiverem corretas, pode-se esperar que mais de um espectador irá fazê-lo.

O cidadão monitor precisa desenvolver novas habilidades importantes na avaliação de informações – processo que ocorre tanto em nível individual, dentro de casa ou no trabalho, quanto em nível mais cooperativo, por meio do trabalho de diversas comunidades de conhecimento. No *The Daily Show*, a mistura de segmentos satíricos e entrevistas com figuras públicas reais exige um espectador ativo e alerta para transitar entre o fato e a fantasia. Um programa assim fornece um bom campo de treinamento para cidadãos monitores.[37] John Hartley sustenta que notícia e entretenimento possuem "regimes de verdade diferentes" que moldam as informações apresentadas e como são interpretadas.[38] As convenções da notícia nos trazem a confiança de que fomos informados de tudo o que é necessário para que o mundo faça sentido, e que as informações foram apresentadas de maneira "justa e equilibrada". Por outro lado, programas de docudrama e paródia provocam o ceticismo do público, pois o equilíbrio entre esses regimes de verdade concorrentes são instáveis e fluidos. O *Daily Show* não tem a pretensão de apresentar uma visão total ou objetiva do mundo. Como Stewart disse a Carlson, durante o confronto no *Crossfire*, "você está na CNN. O programa que eu apresento tem fantoches passando trotes pelo telefone". Clipes de outros noticiários e entrevistas reais coexistem com encenações cômicas e paródias de práticas comuns da notícia. Desde o início, o *Daily Show* desafia os espectadores a procurar sinais de falsificação, e o programa sistematicamente satiriza as convenções do jornalismo tradicional e o controle corporativo da mídia. Programas assim levantam questões, em vez de oferecer respostas. Nesses espaços, a notícia é algo a ser descoberto pela análise cuidadosa de relatos conflitantes, em vez de ser digerida a partir de fontes autorizadas.

Brincando de política em Alphaville

Em seu livro *The Making of Citizens* (2000), David Buckingham examina os fatores que tendem a desencorajar as crianças e os jovens a consumir notícias.[39] Já discutimos alguns desses fatores – as crianças consideram a linguagem política estranha e não envolvente, comparada à proximidade oferecida pelo entretenimento popular; a notícia apresenta o mundo como algo hermeticamente fechado, longe da vida cotidiana. Mas Buckingham acrescenta outro fator: crianças e jovens sentem-se impotentes em sua vida cotidiana e, dessa forma, têm dificuldade de imaginar como poderiam exercer poder de forma politicamente significativa. Crianças não podem votar e não são definidas como sujeitos políticos, então não pensam em si mesmas como os destinatários da notícia. Se quisermos que os jovens votem, temos de começar mais cedo, mudando o processo pelo qual eles são socializados para a cidadania. Se o que Buckingham afirma é verdadeiro, um dos modos como a cultura popular pode ajudar a formar cidadãos mais comprometidos é permitir que as pessoas brinquem com o poder num micronível, que exerçam controle sobre mundos imaginários. Nesse ponto, novamente, a cultura popular talvez esteja preparando o caminho para uma cultura pública mais significativa; nesse caso, o exemplo mais convincente vem do mundo dos videogames. Vejamos o que houve em Alphaville, uma das cidades mais antigas e mais densamente povoadas no *The Sims Online*, versão para múltiplos jogadores em massa da franquia de games mais bem-sucedida de todos os tempos.

Para a democracia funcionar, deve haver um contrato social entre os participantes e a sensação de que suas ações têm consequências dentro da comunidade. Essas coisas estavam em jogo em Alphaville, em 2004, assim como estavam no mundo real. Em Alphaville, entretanto, as crianças tinham um papel a desempenhar, suas vozes eram importantes, e elas tinham de refletir sobre questões éticas complexas.

O criador do jogo, Will Wright, diz que não fazia ideia do que iria acontecer quando colocasse *The Sims Online*.[40] Ele sabia que os jogadores ficariam profundamente envolvidos com os personagens e as comunidades. O que não poderia prever é que o crime organizado correria solto, líderes de comunidades se uniriam contra artistas de rua e prostitutas, e as eleições imaginárias iriam degenerar em troca de insultos e manipulação. Numa eleição para determinar

312 | CULTURA DA CONVERGÊNCIA

quem controlaria o governo de uma cidade imaginária, o candidato à reeleição, Sr. Presidente (o avatar de Arthur Baynes, 20 anos de idade, atendente da Delta Airlines em Richmond, Virgínia) concorria com Ashley Richardson (avatar de Laura McKnight, estudante colegial de Palm Beach, Flórida).

Na primavera de 2004, quando a campanha de Howard Dean começava a se desintegrar, as eleições presidenciais de Alphaville atraíram a atenção da mídia nacional e até internacional. O programa *Talk to the Nation*, da National Public Radio, organizou um debate entre os candidatos, com a participação de uma série de "especialistas" pontificando sobre ciberpolítica e economia virtual. (Eu era um deles.) A melhor cobertura da campanha foi a do *Alphaville Herald*, o jornal da pequena cidade que servia às necessidades da comunidade virtual. O *Alphaville Herald* é administrado por Peter Ludlow, professor de Filosofia e Linguística da Universidade de Michigan. No mundo do jogo, Ludlow usa o apelido Urizenus.

Questões importantes estavam em jogo ali, tanto no mundo do jogo quanto no mundo além dele. Dentro do jogo, os candidatos representavam diferentes perspectivas do que seria melhor para a comunidade; a escolha dos líderes afetaria o modo como os jogadores experimentariam o mundo do jogo. Ashley Richardson queria instalar cabines de informação nos limites da cidade para alertar os recém-chegados sobre como salafrários poderiam enganá-los para tomar seu dinheiro. É significativo que um dos principais candidatos tinha cinco anos abaixo da idade mínima para votar nas eleições presidenciais reais e que os participantes dos debates on-line não paravam de trocar acusações sobre o uso da "questão da idade". Considere o que significa o exercício do poder em um mundo virtual, enquanto se tem um controle tão pequeno sobre o que acontece na vida cotidiana.

Em outra época, muitos dos jovens envolvidos nessa eleição on-line teriam investido a energia em governos estudantis, nas escolas locais, representando algumas centenas de eleitores. Alphaville possui uma população estimada em sete mil, e o governo emprega mais de 150 pessoas (a maioria na fiscalização e aplicação da lei). Os membros do conselho estudantil do passado podiam negociar com o diretor da escola sobre o tema a ser tocado no baile da escola. Os líderes da cidade virtual têm de negociar com a Electronic Arts, a empresa que cria e vende a franquia do *The Sims*, para moldar as políticas que impactam a comunidade. De um lado, alguns adultos talvez ainda prefiram o envolvi-

PHOTOSHOP PELA DEMOCRACIA | 313

mento com eleições estudantis porque representam uma ação no nível local – ação que tem consequências no mundo real. Esta é uma crítica clássica às comunidades on-line – que elas não têm importância, pois não são diretas e pessoais. De outra perspectiva, as crianças têm mais oportunidades de exercer liderança e influenciar as ações de mundos on-line do que jamais tiveram nos governos escolares. Afinal, as escolas não davam poder real aos alunos para mudar seus ambientes cotidianos.

Na contagem de votos, o Sr. Presidente venceu Ashley por 469 a 411. Ashley alegou que houve fraude, afirmando conhecer mais de cem de seus partidários que não conseguiram votar. Os defensores do Sr. Presidente inicialmente alegaram que a contagem menor foi resultado de um erro no sistema que impossibilitou os usuários da America Online de aceitar os cookies utilizados no site. E, de qualquer modo, disseram eles, muitos dos partidários de Ashley não eram realmente "cidadãos" de Alphaville. O Sr. Presidente argumentou que tinha feito sua campanha entre os participantes mais ativos do jogo, enquanto Ashley trouxe os amigos off-line e membros da família (muitos dos quais não eram assinantes) para o processo. Embora a constituição de Alphaville deixe claro quem é elegível, ela não especifica quem pode votar. Ninguém, na verdade, "mora" em Alphaville, é claro, mas muitos chamam a comunidade on-line de "casa". Deve-se interagir ali por um período específico para se ter o direito de votar, ou a votação deve ser aberta a todos, inclusive aos que nunca tinham visitado a comunidade?

A situação explodiu quando o *Alphaville Herald* publicou a suposta transcrição de uma sessão de bate-papo entre o Sr. Presidente e o gângster J. C. Soprano (o avatar de um jogador que, presumivelmente, cumpre as leis no mundo real). O bate-papo sugeria que o processo eleitoral talvez tivesse sido manipulado desde o início, e que o Sr. Presidente poderia ser o sócio oculto da família do crime organizado e que ajudou a preparar a urna eletrônica. O Sr. Presidente tinha codificado o programa que determinou o resultado. Se isso era uma brincadeira, nem todos seguiam as mesmas regras.

Assinando o nome verdadeiro no *Alphaville Herald*, Ludlow levantou a seguinte questão: "Que tipo de lição estamos ensinando a Ashley e outros jogadores mais jovens sobre a vida política?" Sim, escreveu ele, *The Sims Online* era um jogo, mas "nada é , jamais, *apenas* um jogo. Jogos têm consequências. Jogos também nos oferecem uma oportunidade de fugir dos papéis e ações que tal-

314 | CULTURA DA CONVERGÊNCIA

vez sejamos obrigados a desempenhar no mundo real. Decidi aproveitar essa oportunidade. Liberei meu jogo".[41]

Lendo as respostas dos leitores no *Alphaville Herald*, fica claro que, para muitos, a eleição fraudada os tinha forçado a fazer algumas perguntas fundamentais sobre a natureza da democracia. A estranha coincidência de que muitos dos que tentaram votar e não conseguiram eram de Palm Beach ensejou a comparação com a disputa na Flórida, quatro anos antes. Ashley, que apoiava John Kerry, evocou o espectro de Bush-Cheney e a "eleição roubada", enquanto era chamada de "bebê chorona" e comparada a Al Gore. Como exclamou um participante, "onde está a Suprema Corte de Alphaville quando realmente precisamos dela?"

Mesmo na brincadeira, a democracia americana parecia violada.

Antes de, apressadamente, definirmos tudo isso como uma "experiência de aprendizagem", devemos fazer algumas perguntas fundamentais sobre o modo como o mundo dos games modela democracias ideais (ou nem tanto) on-line. Historicamente, as cortes americanas garantem maior liberdade de expressão em praças de pequenas cidades do que em shopping centers: a praça é um espaço planejado para discursos cívicos, assim há amplas, embora progressivamente desgastadas, garantias que protegem nosso direito de reunião para debate de questões públicas. Shopping centers são vistos como propriedade privada e presume-se que sua administração tenha o direito de expulsar qualquer um que cause distúrbio; há pouca proteção para dissidências num ambiente assim. Por mais que se apresentem como experiências cívicas, mundos de games para múltiplos jogadores são, como os shopping centers, espaços comerciais. Deveríamos nos preocupar com o que acontece à liberdade de expressão num ambiente controlado por empresas, onde a motivação do lucro pode desfazer decisões tomadas pelos cidadãos e onde a empresa pode retirar o apoio sempre que o volume de vendas permitir. Por exemplo, muito antes da controvérsia a respeito da eleição, Ludlow, o editor do *Alphaville Herald*, foi temporariamente expulso do *Sims Online* (2002) porque a Electronic Arts ficou irritada com sua cobertura de alguns assuntos enfrentados pela comunidade – em particular um relato pormenorizado sobre prostituição infantil (adolescentes vendendo sexo virtual em troca de créditos de jogos). Ficaríamos indignados se soubéssemos que o governo de uma cidade expulsou o editor do jornal local: isso abalaria de modo fundamental nosso senso de como funciona a democracia. Contudo, a expulsão de Ludlow de um jogo comercial gerou apenas um reduzido protesto.

Como vimos ao longo de todo este livro, as pessoas realizam investimentos apaixonados, mas de curto prazo, nas comunidades on-line: elas sempre se deslocam para outro lugar quando o grupo chega a conclusões que vão contra suas próprias convicções ou desejos. Assim, os games representam espaços interessantes, e às vezes traiçoeiros, para "brincar" de cidadania e democracia. Dadas todas essas considerações, ainda podemos pensar numa democracia ao estilo de Alphaville como um produtivo experimento mental, especialmente na medida em que os participantes recuaram, conversaram sobre seus diferentes pontos de vista e experiências e trabalharam juntos para aperfeiçoar os mecanismos que governam as comunidades. É por meio desses questionamentos que os participantes passam a compreender os valores investidos no conceito de democracia e quais medidas eles estão preparados para tomar a fim de protegê-la. Foi pela encenação desses debates que os jogadores de Alphaville encontraram voz como cidadãos e aprenderam a flexionar os músculos como uma comunidade.

Ironicamente, enquanto esses eventos se desenrolavam em Alphaville, várias fundações importantes me pediam consultoria sobre projetos de orientação cívica que buscavam canalizar o poder dos games para incentivar a juventude a pensar com mais profundidade sobre políticas sociais. Minhas recomendações centraram-se em formas de incentivar mais reflexão sobre o que ocorreu dentro do mundo do jogo e conectar as experiências da brincadeira a questões que afetavam os participantes em sua vida cotidiana. No entanto, todas essas coisas ocorriam espontaneamente dentro de um jogo concebido apenas como entretenimento. Os participantes estavam travando debates acalorados sobre os eventos e continuamente traçando paralelos com a campanha presidencial real. Pode-se imaginar que uma eleição fraudada dentro de um jogo talvez destruísse qualquer noção de poder na política do mundo real; contudo, Ashley e seus partidários persistentemente descreviam os eventos como um incentivo para saírem e fazerem a diferença em suas próprias comunidades, para se tornarem mais engajados em eleições nacionais e locais e para pensarem num futuro em que poderiam se tornar candidatos e jogar o jogo político sob condições diferentes. Quando algo quebra numa cultura do conhecimento, o impulso é descobrir como consertá-lo, porque uma cul-

316 | CULTURA DA CONVERGÊNCIA

tura do conhecimento habilita seus membros a identificar problemas e propor soluções. Se aprendermos a fazer isso por meio de um jogo, talvez possamos aprender a estender as experiências à cultura política real.

Jane McGonigal descobriu que os Cloudmakers, que haviam forjado uma comunidade e testado a inteligência coletiva contra "a Besta" (Capítulo 4), hoje estão prontos e ansiosos para voltar sua atenção a problemas sociais maiores. Houve animadas discussões nos fóruns on-line, após o 11 de setembro, sobre se as habilidades na solução do enigma poderiam servir para encontrar os terroristas. Como um dos participantes explicou, "gostamos de zombar de nossos 7.000 membros e de nosso apetite voraz para problemas difíceis, mas, num momento decisivo, podemos realmente fazer a diferença?"[42] Após vários dias de debate, o grupo concluiu que desmascarar uma rede global de terrorismo talvez fosse um problema de magnitude diferente do que resolver enigmas fictícios; mas a questão reapareceu quando um franco-atirador passou a aterrorizar Washington, DC, e desta vez o grupo realmente fez um esforço conjunto para identificar o criminoso. Como explica McGonigal, "essa estratégia recorreu a vários métodos desenvolvidos pelos Cloudmakers durante a Besta, incluindo a combinação de recursos tecnológicos para efetuar análises em massa na web; pistas de interpretação de personalidade para colher mais informações; e o emprego de toda a rede disponível para interagir com o maior número possível de informantes em potencial".

Logo depois, um grupo de realidade alternativa, Collective Detective (Detetive Coletivo), formou um *think tank* cuja primeira tarefa foi tentar identificar corrupção e desperdício nos gastos do governo federal americano. Um dos membros da equipe explicou: "Um caso perfeito para o Collective Detective. A primeira fase é a pesquisa das fontes de informação. A segunda fase é a pesquisa dentro das fontes. A terceira fase é a análise da pesquisa para ver que tipo de correlações podemos delinear. A quarta fase é uma pesquisa secundária para ajudar a amarrar as conexões encontradas. Parece divertido. E pode realmente fazer a diferença no modo como o país é administrado". McGonigal é mais cética e não acredita que os grupos estejam preparados para lidar com problemas em tão larga escala, sugerindo que sua experiência no jogo proporcionou-lhes uma sensação "subjetiva" de poder que talvez exceda seus verdadeiros recursos e capacidades. Contudo, o que me interessa aqui é a conexão que o grupo está traçando entre o jogo e o envolvimento cívico, e também o modo como o grupo,

PHOTOSHOP PELA DEMOCRACIA | 317

composto de pessoas que compartilham interesses culturais comuns, mas não necessariamente perspectivas ideológicas, poderia trabalhar junto e chegar a soluções "racionais" para questões complexas de política.

Vote nu

Um anúncio da Webby Awards, prêmio concedido em reconhecimento a importantes contribuições para a cultura digital, retrata dois pés femininos nus, tendo ao fundo o que parece ser uma cama embaçada. O slogan era "vote nu". Desde que vi o anúncio pela primeira vez, fiquei intrigado com o significado de "vote nu". O anúncio sugere que o computador, hoje, nos permite conduzir a mais pública das ações na privacidade do lar, vestidos ou despidos. Mais do que isso, a imagem e o slogan nos fazem imaginar um tempo em que estaremos tão confortáveis em nosso papel de cidadãos quanto em nossa própria pele, quando a política puder ser um aspecto familiar, cotidiano e íntimo da vida, assim como é, hoje, a cultura popular. Assistimos à televisão usando roupa íntima; e nos vestimos bem para votar.

Sentimo-nos entusiasmados com a cultura popular; acolhemos os personagens; integramos as histórias em nossas vidas; reformulamos essas histórias e as tornamos nossas. Vimos, durante todo este livro, que consumidores e fãs estão começando a tomar gosto pelo recém-descoberto poder de moldar o ambiente de mídia e estão utilizando elementos emprestados da cultura popular para intermediar relações com pessoas que nunca viram pessoalmente. O que seria preciso para responder ao mundo político da mesma forma? Como romper a sensação de distância e alienação que muitos americanos têm em relação ao processo político? Como gerar o mesmo nível de energia emocional que os fãs rotineiramente canalizam contra os poderes constituídos em Hollywood para desafiar os atuais detentores do poder em Washington? Quando seremos capazes de participar do processo democrático com a mesma facilidade com que participamos de mundos imaginários, construídos por meio da cultura popular?

Neste capítulo, apresentei uma série de formas diferentes com que os ativistas mobilizaram a cultura popular para incentivar a conscientização e participação dos eleitores na campanha presidencial de 2004. Eles adotaram tecnologias e técnicas desbravadas pelas comunidades de fãs e as utili-

318 | CULTURA DA CONVERGÊNCIA

zaram para mobilizar eleitores. Utilizaram shows e apresentações como locais para o registro dos eleitores. Utilizaram filmes como uma oportunidade para discussões políticas e difusão pública. Criaram paródias no Photoshop que sintetizaram debates fundamentais. Construíram games em que comunidades imaginárias aprendiam a governar a si mesmas. E, sim, permitiram a alguns de nós, por um curto período, imaginar um mundo em que Bush era apenas um aprendiz que podia ser demitido do poder com um gesto da mão de Donald Trump.

Muitos dos grupos mencionados acima reagiram aos resultados das eleições com profunda decepção. Sentiram que todo seu empenho em derrotar Bush tinha sido em vão. Ativistas mais conservadores sentiram que seu empenho em conseguir o voto cristão e suas críticas ao candidato democrata revelaram-se elementos decisivos na vitória de Bush. Qualquer que seja nossa percepção dos resultados da eleição, podemos afirmar que uma integração crescente entre política, cultura popular e vida cotidiana ajudou a mobilizar níveis recordes de participação dos eleitores. Comunidades alternativas de todos os tipos – de direita e de esquerda – mobilizaram-se para promover as próprias agendas e enviar os membros para acompanhar a apuração dos votos. Candidatos e partidos perderam algum grau de controle sobre o processo político, e rádio e TV pareceram um pouco menos impositivos na definição dos termos através dos quais o público compreendeu a campanha.

O que acontecerá agora? Precisamente pelo fato de esses esforços terem sido tão ligados a uma eleição em particular, a participação política foi tratada como um evento especial, e não ainda como parte da vida cotidiana. O próximo passo é pensar na cidadania democrática como um estilo de vida.

Em *A Inteligência Coletiva* (2000), Pierre Lévy propõe o que ele chama de "utopia realizável": ele nos pede para imaginar o que aconteceria quando o compartilhamento de conhecimento e o exercício do poder alternativo se tornassem normativos. No mundo de Lévy, pessoas com pontos de vista fundamentalmente diferentes valorizam o diálogo, e essas deliberações formam a base da confiança e do respeito mútuo. Um ideal semelhante sustenta o trabalho do Center for Deliberative Democracy (Centro de Democracia Deliberativa), da Universidade de Stanford.[43] Interessados em associar novamente a noção de deliberação – a efetiva "ponderação" de evidências e argumentos – à democracia popular, eles efetuaram uma série de testes no mundo dos novos

PHOTOSHOP PELA DEMOCRACIA | 319

processos, em que participantes de formações políticas diversas se reúnem – on-line e às vezes pessoalmente – por um longo período, recebem livros com instruções detalhadas sobre questões de políticas públicas e também a oportunidade de questionar a si próprios e os experts. Ao longo do tempo, os testes revelaram mudanças drásticas nas opiniões dos participantes sobre as questões, à medida que aprendiam a ouvir pontos de vista diferentes e a incluir experiências e ideias diversas em seu raciocínio. Por exemplo, numa das sessões, o apoio à ajuda a outros países saltou de uma minoria de 20% para a maioria de 53%, em parte porque o grupo descobriu quão pequena era a porcentagem do orçamento federal para esse fim; as discussões sobre a guerra do Iraque levaram a uma nova postura de consenso, que encarava o Iraque como um interesse legítimo, mas em grande medida apartado da Guerra ao Terror, e um interesse que seria melhor combatido por meios multinacionais, e não unilaterais.[44] Os testes também revelaram evidências de que as pessoas que se sentiam mais bem informadas sobre as questões tinham maior probabilidade de votar ou participar do processo político. O argumento era de que, teoricamente, cidadãos possuem maior potencial para deliberação do que o corpo governamental, pois não estão envolvidos, de maneira formal, com eleitores ou partidos e, portanto, estão muito mais livres para alterar suas concepções ao reconsiderarem as questões. O desafio é criar um contexto em que pessoas de diferentes formações realmente conversem entre si e se ouçam.

Ao final de 2004, muitos se perguntaram como seremos capazes de unir o fosso que separa o lado vermelho do lado azul dos Estados Unidos.* À medida que as pessoas integram a política à vida cotidiana, torna-se mais difícil para elas se comunicarem com familiares e vizinhos, com outros na escola, na igreja e no local de trabalho. Fiquei desanimado, durante a eleição, com a reação de uma amiga quando dei a entender que tinha amigos republicanos. Ela me olhou horrorizada e disse: "Suponho que os nazistas tinham amigos também, mas eu não ia querer me associar com nenhum deles". (E, só para constar, minha amiga mora num estado vermelho!) À medida que a "política do ataque" evolui no nível popular, ou entramos em desacordo com as pessoas à nossa volta, difamando-as por suas escolhas políticas, ou nos recusamos a compartilhar nossas visões políticas, com receio de, ao expressá-las, prejudicarmos relações que nos

---

* Vermelho é a cor do Partido Republicano, e azul, do Partido Democrata, nos EUA. [N. de T.]

320 | CULTURA DA CONVERGÊNCIA

são valiosas. Votamos nus não no sentido de que temos um envolvimento íntimo com a política, mas no sentido de que estamos expostos e vulneráveis.

Isso posto, apesar das alegações apocalípticas em contrário, estamos mais polarizados hoje do que em qualquer outro período da história americana. Qualquer um que tenha lido um bom livro didático de história sabe que os Estados Unidos enfrentaram uma série de debates polarizantes – conflitos sobre a autoridade relativa do governo federal e governos locais, discussões sobre escravidão e reconstrução, desacordos sobre o New Deal e a melhor reação à Grande Depressão, e os intensos conflitos em torno do movimento pelos direitos civis e da Guerra do Vietnã. Em cada ocorrência, a polarização concentrava-se em discordâncias importantes que deveriam ser superadas, e éramos melhores porque os ativistas nos forçavam a enfrentar e resolver as discordâncias, em vez de fingir que elas não existiam. No contexto atual, há também princípios importantes em jogo – em torno da Guerra do Golfo, da política econômica ou de valores culturais – que estão dificultando o acordo entre membros dos partidos opostos sobre premissas fundamentais. Contudo, a atual polarização também significa que não estamos conseguindo encontrar princípios unificadores ou agir sobre pontos de consenso. Até certo ponto, essa polarização é oportunista, criada por membros dos dois partidos, que consideram essas discordâncias úteis para levantar dinheiro e mobilizar eleitores.

Alguns afirmam também que essa polarização é, ao menos em parte, produto de um mundo em que é possível escolher canais de comunicação de acordo com nossas próprias convicções e concepções políticas e, consequentemente, criar uma imagem menos complexa e com menos nuances sobre as convicções alheias. Por menor que seja o leque de ideias expresso pela mídia comercial, ele de fato formou a base para o que David Thorburn chamou de "cultura do consenso", ajudando a delinear as convicções da maioria das pessoas e a definir um espaço de cultura comum que possibilitou o diálogo.[45] Nos últimos parágrafos de *Technologies without Boundaries* (Tecnologias sem Fronteiras), escrito pouco antes de sua morte, em 1984, Ithiel de Sola Pool alerta sobre os perigos potenciais que a democracia poderia enfrentar com o surgimento de nichos de comunicação:

> Podemos esperar um aumento significativo das subculturas intelectuais especializadas... Se isso acontecer, as reclamações que ouviremos dos críticos so-

ciais serão exatamente o oposto das de hoje... Provavelmente, ouviremos reclamações de que a vasta proliferação de informações especializadas serve apenas a interesses especiais, não à comunidade. De que isso fragmenta a sociedade, deixando de proporcionar temas comuns de interesse e atenção, que tornam a sociedade coesa. Os críticos lamentarão o enfraquecimento da cultura popular nacional que era compartilhada por todos da comunidade. Seremos avisados de que estamos sendo iludidos por informações não digeridas num quadro-negro eletrônico vasto e não editado, e que uma sociedade democrática precisa de princípios organizadores comuns e consenso nos interesses. Assim como a crítica atual à sociedade de massa, essas críticas não estarão de todo corretas, mas poderão estar parcialmente corretas. Uma sociedade em que é fácil cada pequeno grupo satisfazer seus desejos terá mais dificuldade em mobilizar a unidade.[46]

Como Pool previu, alguns escritores, na esteira das eleições de 2004, afirmam que está na hora de sairmos dos enclaves digitais e aprendermos a nos comunicar, superando as diferenças.

Escrevendo logo após a derrota eleitoral de Kerry, o colunista de tecnologia da *Salon*, Andrew Leonard, perguntava se a blogosfera havia se tornado uma "caixa de ressonância":

> Por semanas a fio, eu me levantava de manhã, fazia o café e, para enfrentar o dia, me armava de argumentos e anedotas, comentários tendenciosos e retórica, quase sempre extraídos do discurso da blogosfera esquerdista. Quando visitava a blogosfera de direita, era como visitar um zoológico para ver animais exóticos... Eu a descartava, seguro na blindagem fornecida pelas comunidades de pessoas que compartilhavam meus valores... O que me perturba, entretanto, é como a Internet tornou fácil não apenas pesquisar no Google qualquer fato que eu precisar, na hora em que eu precisar, mas também encontrar a mentalidade que eu quiser, na hora em que eu quiser.[47]

Cass Sunstein, professor de Direito da Universidade de Chicago, afirma que as comunidades na web fragmentaram o eleitorado e tenderam a exagerar qualquer consenso surgido no grupo.[48] A revista *Time* adotou argumento semelhante quando descreveu a crescente divisão entre a "Verdade Azul" (demo-

322 | CULTURA DA CONVERGÊNCIA

crata) e a "América Vermelha" (republicana): "A Verdade Vermelha olha para Bush e vê um salvador; a Verdade Azul vê um fanático que precisa ser detido. Nos dois mundos, não há acidentes, apenas conspirações, e fatos têm valor até o ponto em que sustentam a Verdade".[49] Vale a pena lembrar que tais divisões não são meramente um produto da paisagem midiática: cada vez mais as pessoas estão escolhendo onde morar com base em estilos de vida que incluem percepções das normas políticas predominantes das diferentes comunidades. Em outras palavras, as pessoas estão escolhendo morar em estados vermelhos e azuis, assim como estão escolhendo participar de comunidades vermelhas ou azuis, à medida que se conectam à Internet.

Enquanto a narrativa dominante da vida política americana for a da guerra cultural, nossos líderes irão governar por meio da perspectiva de que o "vencedor leva tudo". Cada questão é resolvida por uma sangrenta guerra partidária, quando, na verdade, em cada questão há um consenso que une pelo menos alguns segmentos dos republicanos e democratas. Concordamos em muita coisa, mas não há confiança mútua. Num mundo assim, ninguém consegue governar e ninguém consegue chegar a um acordo. Não existe, literalmente, um denominador comum.

O que temos definido como cultura do conhecimento depende da qualidade e da diversidade das informações que podem ser acessadas. A capacidade de aprender por compartilhamento de ideias e comparação de observações com outros é reduzida severamente quando todo mundo já compartilha as mesmas convicções e o mesmo conhecimento. Lévy acreditava que o surgimento de uma cultura baseada em conhecimento ampliaria a democracia e a compreensão global porque essa cultura criaria novos protocolos de interação e superação de diferenças. Naturalmente, esses protocolos não surgem espontaneamente, como consequência inevitável da transformação tecnológica. Eles surgirão pela experimentação e pelo empenho consciente. Isso faz parte da fase de "aprendizagem" prevista por Lévy. Estamos ainda aprendendo como se opera numa cultura do conhecimento. Estamos ainda debatendo e determinando os princípios fundamentais que irão definir nossas interações com os outros.

Os argumentos de Sunstein partem do pressuposto de que os grupos na web são formados principalmente em torno de eixos ideológicos, e não culturais. Contudo, são poucas as pessoas que interagem apenas em comunidades políticas; a maioria entra em comunidades também com base em interesses recreativos. Muitas são fãs de uma ou outra forma de cultura popular. A cultura popular nos permite considerar estruturas alternativas em parte porque os riscos são menores e porque nosso envolvimento como espectador não tem o mesmo peso de nossas escolhas na urna eleitoral. Talvez nossa disposição de sair dos enclaves ideológicos aumente quando estamos discutindo sobre o que Harry Potter vai ser quando crescer ou que mundo irá surgir quando humanos e máquinas aprenderem a trabalhar juntos, em *Matrix* (1999). Ou seja, talvez possamos superar nossas diferenças se encontrarmos atributos comuns por meio da fantasia. No fim, esta é mais uma razão por que a cultura popular tem importância política – de modo algum ela parece tratar de política.

Não tenho a intenção de apresentar a cultura popular ou as comunidades de fãs como uma panaceia para todos os males da democracia americana. Afinal, à medida que o país se tornou mais polarizado, o mesmo ocorreu com nossos gostos em cultura popular. O agente de talentos de Hollywood Peter Benedek propôs, no *New York Times*, uma análise do resultado da eleição baseada em gostos conflitantes e contraditórios: "A maioria dos eleitores americanos não está confortável com o que vê no cinema e na TV... Hollywood é obcecada por pessoas entre 18 e 34 anos de idade, e essas pessoas não foram votar. Acho que a maior parte dos que assistiram à série *Família Soprano* votou em Kerry. A maioria dos que viram o filme *O Grito* [*The Grudge*] não votou".[50] E a maioria das pessoas que viu *A Paixão de Cristo* votou no Partido Republicano. A forte identificação do Partido Democrata com artistas e conteúdos polêmicos pode ter mobilizado conservadores culturais tanto quanto arregimentado jovens eleitores. Contudo, realmente parece haver uma maior diversidade de opiniões em sites que tratam de cultura popular do que em sites que tratam diretamente de política. Se quisermos construir uma ponte para unir o lado vermelho ao lado azul dos Estados Unidos, precisamos encontrar um denominador comum e expandi-lo. Precisamos criar um contexto em que as pessoas se ouçam e aprendam umas com as outras. Precisamos deliberar juntos.

CONCLUSÃO

DEMOCRATIZANDO A TELEVISÃO?
A POLÍTICA DA PARTICIPAÇÃO

Em agosto de 2005, o ex-vice-presidente democrata Al Gore ajudou a lançar um novo canal de notícias na TV a cabo, o Current. O objetivo declarado do canal era incentivar a participação ativa dos jovens como jornalistas cidadãos; a intenção não era de que os espectadores apenas assistissem à programação do Current, mas também participasse de sua produção, seleção e distribuição. Como Gore explicou numa entrevista coletiva no final de 2004, "estamos prestes a delegar poderes a essa geração de jovens entre 18 e 34 anos para que ela se envolva num diálogo democrático e conte as histórias do que se passa em suas vidas, na mídia dominante de nossa época. A Internet abriu uma comporta aos jovens, cujas paixões estão finalmente sendo ouvidas, mas a TV não seguiu o exemplo... Nosso objetivo é dar voz aos jovens, é democratizar a televisão".[1] O canal calcula que 25% da programação virá dos espectadores. Produtores amadores farão o upload de vídeos digitais para um

CONCLUSÃO | 325

website; visitantes do site poderão avaliar cada envio, e os que receberem maior apoio dos espectadores serão exibidos na televisão.

A ideia da notícia moderada pelos leitores não é nova. O Slashdot foi um dos primeiros sites a testar a moderação do usuário, reunindo grande quantidade de informações com uma equipe remunerada de cinco pessoas, quase todas trabalhando meio período, por meio da delegação de poderes aos leitores, não apenas para enviar suas próprias histórias, mas para trabalhar coletivamente para determinar o valor relativo de cada envio. O foco do Slashdot é, explicitamente, tecnologia e cultura; assim, o site tornou-se um ponto central de informações sobre questões de privacidade na Internet, de debates sobre filtros compulsórios em bibliotecas públicas, o movimento do código aberto e assim por diante. Calcula-se que o Slashdot atraia 1,1 milhão de usuários por mês, e cerca de 250 mil por dia, constituindo uma base de usuários tão grande quanto a de muitos dos principais sites de notícias de interesse geral e de tecnologia do país.[2] Contudo, era a primeira vez que algo como o Slashdot estava sendo aplicado à televisão.

Mesmo antes do Current estrear, a promessa do canal de "democratizar a televisão" tornou-se o ponto central de debates sobre a política da participação. Cara Mertes, produtora executiva do *POV*, programa de documentário da PBS, em si um ícone de pontos de vistas alternativos na televisão, perguntou: "O que significa dizer 'democratizar a mídia'? É apenas usar a mídia para fins democráticos, criar um ambiente que conduza ao processo democrático por meio da unidade, da empatia e do discurso civil? Ou significa entregar os meios de produção, que é a lógica do acesso público?"[3] O Current seria democrático no conteúdo (enfocando informações de que uma sociedade democrática precisa para funcionar), nos efeitos (mobilizando jovens para participar mais plenamente do processo democrático), nos valores (fomentando o discurso racional e a noção de contrato social), ou no processo (expandindo o acesso aos meios de produção e distribuição)?

Outros foram mais longe, argumentando que as pressões do mercado, a demanda para satisfazer anunciantes e tranquilizar acionistas não permitiriam um canal comercial ser tão democrático quanto a operação de Gore prometia. Qualquer forma de radiodifusão verdadeiramente democrática surgiria, necessariamente, fora da mídia corporativa e é provável que considerasse as corporações americanas como o primeiro alvo para uma reforma. Mesmo se o canal permanecesse fiel aos seus objetivos, argumentaram os críticos, as pessoas

326 | CULTURA DA CONVERGÊNCIA

mais atraídas pela perspectiva da mídia alternativa veriam com ceticismo qualquer canal de mídia moldado pelos *gatekeepers* corporativos tradicionais. Um número crescente de serviços na web – como o participatoryculture.org e o ourmedia.org – estava facilitando a visibilidade dos produtores amadores via web, sem ter de conceder direitos exclusivos de seu material a um canal fundado por alguns dos homens mais ricos do país. Numa sociedade em que os blogs – tanto os baseados em texto quanto os que contêm vídeos – estavam prosperando, por que alguém iria precisar colocar seu conteúdo na televisão?

Outros expressaram decepção pelo caráter voluntário do canal. O plano original de pagar um grande número de cineastas independentes para que fossem correspondentes móveis tinha dado lugar a um plano segundo o qual amadores enviariam material para avaliação e seriam pagos caso fossem aceitos. Os críticos alegam que o plano original teria sustentado uma infraestrutura para apoiar a produção alternativa; o outro levaria a pouco mais que uma celebrada TV comunitária .

O canal defendeu-se como uma obra em andamento – uma obra que estava fazendo o possível para democratizar um meio de comunicação, operando sob as regras do mercado. Um porta-voz do canal observou: "Para algumas pessoas, o ótimo é sempre inimigo do bom".[4] O Current pode não mudar tudo na televisão, eles alegaram, mas pode fazer diferença. Gore manteve-se firme em sua convicção de que possibilitar a geração de conteúdo pela audiência tinha o potencial de diversificar o discurso público. "Pessoalmente, acredito que quando esse meio for associado a criadores alternativos que estão por aí, isso vai gerar um impacto no tipo de coisas que serão discutidas e na forma como serão discutidas".[5]

Mais ou menos ao mesmo tempo, a BBC – British Broadcasting Company adotava uma visão ainda mais radical de como os consumidores poderiam se relacionar com o conteúdo. Os primeiros sinais dessa nova política tinham surgido por meio de um discurso feito por Ashley Highfield, diretor da BBC New Media & Technology, em outubro de 2003, explicando qual será o impacto da ampla adoção de tecnologias digitais e de radiodifusão no modo como seu canal servirá ao público:

> A TV do futuro, vista a partir do momento atual, talvez seja irreconhecível, definida não apenas por canais de TV lineares, embalados e programados por executivos, mas semelhante a um caleidoscópio, milhares de fluxos de conteú-

CONCLUSÃO | 327

do, alguns indistinguíveis como verdadeiros canais. Esses fluxos irão misturar conteúdos, programas e colaborações dos espectadores. No nível mais simples, as audiências irão organizar e reorganizar o conteúdo do jeito que quiserem. Irão acrescentar comentários aos programas, votar neles e, de maneira geral, mexer neles. Mas, em outro nível, as próprias audiências irão querer criar os fluxos de vídeo do zero, com ou sem nossa ajuda. Nesse extremo do espectro, a relação tradicional do "monólogo do transmissor" ao "espectador agradecido" irá desaparecer.[6]

Em 2005, a BBC já estava digitalizando grandes segmentos de seu acervo e criando conteúdo em *streaming*, disponível na web.[7] A BBC estava também incentivando experiências alternativas quanto às formas de catalogar e anotar esse material. O caminho do Current foi a partir da web – onde muitos poderiam compartilhar suas criações – para a televisão, onde muitos poderiam consumir o que poucos criaram. A iniciativa da BBC seguiu o caminho inverso, abrindo conteúdo televisivo aos impulsos mais participativos que moldam a cultura digital.

Ambos estavam, de certo modo, promovendo o que este livro chama de cultura da convergência. A convergência não depende de qualquer mecanismo de distribuição específico. Em vez disso, a convergência representa uma mudança de paradigma – um deslocamento de conteúdo de mídia específico em direção a um conteúdo que flui por vários canais, em direção a uma elevada interdependência de sistemas de comunicação, em direção a múltiplos modos de acesso a conteúdos de mídia e em direção a relações cada vez mais complexas entre a mídia corporativa, de cima para baixo, e a cultura participativa, de baixo para cima. Apesar da retórica sobre a "democratização da televisão", essa mudança está sendo conduzida por interesses econômicos e não por uma missão de delegar poderes ao público. A indústria midiática está adotando a cultura da convergência por várias razões: estratégias baseadas na convergência exploram as vantagens dos conglomerados; a convergência cria múltiplas formas de vender conteúdos aos consumidores; a convergência consolida a fidelidade do consumidor, numa época em que a fragmentação do mercado e o aumento da troca de arquivos ameaçam os modos antigos de fazer negócios. Em alguns casos, a convergência está sendo estimulada pelas corporações como um modo de moldar o comportamento do consumidor. Em outros casos, a convergência

328 | CULTURA DA CONVERGÊNCIA

está sendo estimulada pelos consumidores, que exigem que as empresas de mídia sejam mais sensíveis a seus gostos e interesses. Contudo, quaisquer que sejam as motivações, a convergência está mudando o modo como os setores da mídia operam e o modo como a média das pessoas pensa sobre sua relação com os meios de comunicação. Estamos num importante momento de transição, no qual as antigas regras estão abertas a mudanças e as empresas talvez sejam obrigadas a renegociar sua relação com os consumidores. A pergunta é se o público está pronto para expandir a participação ou propenso a conformar--se com as antigas relações com as mídias.

Escrevendo em 1991, W. Russel Neuman procurou examinar como o "hábito" do consumidor, ou o que ele chamava de "psicologia da audiência de massa, a tendência ao entretenimento do comportamento cotidiano", iria desacelerar o potencial de interatividade das tecnologias digitais emergentes.[8] Nesse modelo, a tecnologia estava à mão, mas a cultura não estava pronta para adotá-la: "Os novos avanços da mídia horizontal controlada pelo usuário, que permite ao usuário emendar, reformatar, armazenar, copiar, enviar a outros e comentar o fluxo de ideias, não excluem a comunicação de massa. Muito pelo contrário, eles complementam os meios de comunicação de massa".[9] O público não vai reconsiderar sua relação com o conteúdo de mídia da noite para o dia, e a indústria da mídia não vai renunciar a seu domínio sobre a cultura sem lutar.

Hoje, estamos mais propensos a ouvir a afirmação contrária – a de que os usuários pioneiros estão se antecipando aos avanços tecnológicos. Mal uma tecnologia – digamos, o Google Maps – é lançada ao público, e as diversas comunidades alternativas começam a reformulá-la, expandido sua funcionalidade, hackeando o código e conduzindo-a a uma direção mais participativa. De fato, muitos líderes da indústria afirmam que a razão principal de a televisão não poder continuar a operar do mesmo modo é porque está perdendo os espectadores mais jovens, que esperam exercer maior influência sobre a mídia que consomem. Falando no MIT em abril de 2004, Betsy Frank, vice-presidente executiva de pesquisa e planejamento da MTV Networks, definiu esses consumidores como "midiaticamente ativos" e os caracterizou como "o grupo de pessoas nascidas a partir de meados da década de 1970, que nunca conheceram um mundo sem TV a cabo, videocassete ou Internet, que nunca tiveram de se conformar com escolhas forçadas ou com o programa menos objetável, que cresceram com uma atitude 'o que eu quero, quando eu quero' diante das mí-

CONCLUSÃO | 329

dias e, assim, desempenham um papel muito mais ativo em suas escolhas".[10] Observando que "a impressão digital deles está no controle remoto", ela disse que a indústria midiática estava lutando para compreender e reagir ao declínio da audiência televisiva entre o valorizado público masculino na faixa etária entre 18 e 27, que estava abandonando a televisão em favor de canais de mídia mais interativos e participativos.

Este livro procurou documentar um momento de transição durante o qual pelo menos alguns segmentos do público aprenderam o que significa viver numa cultura da convergência. Betsy Frank e outros analistas de mídia ainda tendem a enfatizar as mudanças que estão ocorrendo nos indivíduos, enquanto que o argumento deste livro é que as maiores mudanças estão ocorrendo nas comunidades de consumo. A maior mudança talvez seja a substituição do consumo individualizado e personalizado pelo consumo como prática interligada em rede.

A mídia personalizada era um dos ideais da revolução digital, no início dos anos 1990: a mídia digital iria nos "libertar" da "tirania" dos meios de comunicação de massa, permitindo-nos consumir apenas conteúdos que considerássemos, pessoalmente, significativos. Ideólogo conservador convertido à era digital, o teórico George Gilder argumenta que as propriedades intrínsecas do computador impulsionaram ainda mais a descentralização e a personalização. Comparada à dieta "tamanho único" das redes de radiodifusão, a era da mídia computadorizada seria "um banquete de nichos e especialidades".[11] Ele argumenta que uma era de conteúdos customizados e interativos atrairia nossas maiores ambições, não as menores, à medida que entramos "numa nova era de individualismo".[12] Considere que o ideal de Gilder de "primeira opção midiática" era ainda um outro modelo de como poderíamos democratizar a televisão.

Em contrapartida, este livro argumentou que a convergência incentiva a participação e a inteligência coletiva, uma visão habilmente resumida por Marshall Sella, do *New York Times*: "Com a ajuda da Internet, o sonho mais grandioso da televisão está se realizando: um estranho tipo de interatividade. A televisão começou como uma rua de mão única, que ia dos produtores até os consumidores, mas hoje essa rua está se tornando de mão dupla. Um homem com uma máquina (uma TV) está condenado ao isolamento, mas um homem com duas máquinas (TV e computador) pode pertencer a uma comunidade".[13] Cada caso estudado mostra o que acontece quando as pessoas com acesso a

330 | CULTURA DA CONVERGÊNCIA

múltiplas máquinas consomem – e produzem – juntas, quando reúnem percepções e informações, mobilizam-se para promover interesses comuns e funcionam como intermediários alternativos, garantindo uma circulação mais ampla de mensagens importantes e conteúdos interessantes. Em vez de falar de mídia pessoal, talvez devêssemos falar em mídia comunitária – mídia que se torna parte de nossas vidas enquanto membros de comunidades, seja pessoalmente, em nível local, seja pela Internet.

Em todo o livro, demonstrei que a cultura da convergência está possibilitando novas formas de participação e colaboração. Para Lévy, o poder de participar de comunidades de conhecimento coexiste com o poder que o Estado-nação exerce sobre os cidadãos e o poder que as corporações, dentro do capitalismo, exercem sobre trabalhadores e consumidores. Para Lévy, em seu momento mais utópico, esse poder emergente de participar serve como um vigoroso corretivo às tradicionais fontes de poder, embora elas também procurem usá-lo para seus próprios fins. Ainda estamos aprendendo como exercer esse poder – individual ou coletivamente – e ainda estamos lutando para definir as condições sob as quais nossa participação será permitida. Muitos temem esse poder; outros o acolhem. Não há garantias de que usaremos esse poder com mais responsabilidade do que os Estados-nação ou as corporações usam o seu. Estamos tentando criar códigos de ética e contratos sociais que irão determinar como nos relacionaremos uns com os outros, assim como estamos tentando determinar como esse poder irá se inserir no sistema de entretenimento ou no processo político. Parte do que precisamos fazer é descobrir como – e por que – grupos com diferentes formações, projetos, pontos de vista e conhecimentos podem se ouvir e trabalhar juntos pelo bem comum. Temos muito a aprender.

Neste momento, estamos aprendendo a aplicar as novas habilidades de participação por meio de nossa relação com o entretenimento comercial – ou, mais precisamente, neste momento, alguns grupos de usuários pioneiros estão testando o terreno e delineando direções que muitos de nós tenderemos a seguir. Essas habilidades estão sendo aplicadas primeiro à cultura popular por várias razões: por um lado, porque os riscos são baixos; por outro, porque brincar com a cultura popular é muito mais divertido do que brincar com questões mais sérias. Contudo, como vimos na análise da campanha de 2004, o que aprendemos por meio do *spoiling* de *Survivor* ou a recriação de *Star Wars* pode rapidamente ser aplicado ao ativismo político, à educação ou ao trabalho.

CONCLUSÃO | 331

No final dos anos 1980 e início da década de 1990, nós, acadêmicos da área de educação, tratávamos o fandom como um importante campo de teste para ideias sobre consumo ativo e criatividade alternativa. Fomos atraídos pela noção de "cultura dos fãs" como algo que operava à sombra da cultura comercial, sendo também uma reação e uma alternativa a ela. A cultura dos fãs era definida como a apropriação e a transformação de material emprestado da cultura de massa; era a aplicação das práticas da cultura tradicional ao conteúdo da cultura de massa.[14] Ao longo da última década, a web trouxe esses consumidores das margens da indústria midiática para o centro das atenções; pesquisas sobre o fandom têm sido feitas por críticos importantes nas comunidades jurídicas e de negócios. Aqueles que um dia foram considerados "leitores solitários" são hoje os "consumidores inspiradores" de Kevin Roberts. A participação é vista como uma parte normal da operação da mídia, e os debates atuais giram em torno das condições dessa participação. Assim como o estudo da cultura dos fãs nos ajudou a compreender as inovações que ocorrem às margens da indústria midiática, podemos também interpretar as estruturas das comunidades de fãs como a indicação de um novo modo de pensar sobre a cidadania e a colaboração. Os efeitos políticos dessas comunidades de fãs surgem não apenas da produção e circulação de novas ideias (a leitura crítica de textos favoritos), mas também pelo acesso a novas estruturas sociais (inteligência coletiva) e novos modelos de produção cultural (cultura participativa).

Será que fui longe demais? Será que estou concedendo poder demais, aqui, a essas comunidades de consumo? Talvez. Mas tenha em mente que, na verdade, não estou querendo prever o futuro. Quero evitar as declarações grandiosas sobre o fim das instituições dos meios de comunicação de massa, que fazem a retórica da revolução digital parecer tola uma década depois. Em vez disso, estou tentando apontar o potencial democrático encontrado em algumas tendências culturais contemporâneas. Não há nada de inevitável no resultado. Tudo está ao alcance de todos. Pierre Lévy definiu seu ideal de inteligência coletiva como uma "utopia realizável", e é isso mesmo. Considero-me um utópico crítico. Como utópico, quero identificar as possibilidades dentro de nossa cultura que possam levar a uma sociedade melhor e mais justa. As experiências como fã mudaram minha opinião sobre a política das mídias, ajudando-me a procurar e promover potenciais irrealizados, em vez de rejeitar de imediato qualquer coisa que não se mostre à altura de meus padrões. O fandom, afinal, surge do equilíbrio entre o fascínio e a frustração: se a mídia não nos fascinasse, não haveria o desejo de envolvimento com ela; mas se ela não nos frustrasse de alguma forma, não haveria o impulso de reescrevê-la e recriá-la. Hoje, ouço muita frustração com o estado de nossa cultura midiática; no entanto, surpreendentemente, poucas pessoas discutem como poderíamos reescrevê-la.

Porém, apontar as oportunidades de mudança não basta. É preciso identificar os vários obstáculos que bloqueiam a realização dessas possibilidades e buscar modos de contorná-los. Ter uma noção de como seria uma sociedade mais ideal nos dá um parâmetro para determinar o que precisamos fazer para alcançar nossos objetivos. Este livro apresentou estudos de casos específicos de grupos que já estão alcançando algumas das promessas da inteligência coletiva e de uma cultura mais participativa. Não tenho a intenção de interpretar esses grupos como o típico consumidor médio (se é que existe tal coisa, numa era de nichos e cultura fragmentada). Em vez disso, devemos interpretar esses estudos de casos como demonstrações do que é possível fazer no contexto da cultura da convergência.

Essa abordagem difere drasticamente do que chamo de pessimismo crítico. Os pessimistas, como os críticos de mídia Mark Crispin Miller, Noam Chomsky e Robert McChesney, concentram-se principalmente nos obstáculos a uma sociedade mais democrática. Esses críticos muitas vezes exageram o poder da grande mídia, a fim de assustar os leitores e fazê-los agir. Não discordo de sua preocupação com a concentração de poder na mídia, mas o modo como estruturam o debate o conduz ao próprio fracasso, na medida em que tira poderes dos consumidores, ao mesmo tempo em que procura mobilizá-los. Grande parte da retórica de reforma midiática fundamenta-se no discurso melodramático sobre vitimização e vulnerabilidade, sedução e manipulação, "máquinas de propaganda" e "armas de logro em massa". Essa versão de reforma midiática costuma ignorar a complexidade da relação do público com a cultura popular, ficando ao lado dos que se opõem a uma cultura mais diversificada e participativa. A política da utopia crítica é fundamentada na noção de delegação de poderes; a política do pessimismo crítico, na vitimização. Uma enfoca o que estamos fazendo com as mídias, a outra, o que as mídias estão fazendo conosco. Como ocorreu em revoluções anteriores, o movimento de reforma midiática está ganhando força numa época em que as pessoas começam a se sentir com mais poder, e não quando se sentem mais fracas.

CONCLUSÃO | 333

A concentração de poder na mídia é um problema real que potencialmente detém muitos dos avanços descritos neste livro. A concentração é ruim porque detém a competição e coloca as indústrias acima das demandas dos consumidores. A concentração é ruim porque reduz a diversidade – importante em termos de cultura popular, essencial em termos de notícias. A concentração é ruim porque reduz os incentivos para as empresas negociarem com os consumidores e impõe obstáculos à sua participação. Grandes meios de comunicação concentrados podem ignorar a audiência (pelo menos até certo ponto); meios de comunicação menores, voltados a nichos, precisam adaptar-se a seus consumidores.

Isso posto, a luta contra a concentração de poder na mídia é apenas uma das batalhas que deveriam preocupar os reformadores dos meios de comunicação. O potencial de uma cultura midiática mais participativa também é um objetivo pelo qual vale a pena lutar. Neste momento, a cultura da convergência está provocando constantes flutuações na mídia e expandindo as oportunidades para os grupos alternativos reagirem aos meios de comunicação de massa. Se todos os esforços se concentrarem no combate aos conglomerados, essas oportunidades irão desaparecer. É por isso que é tão importante lutar contra o regime de direitos autorais corporativos, combater a censura e o pânico moral que tentam transformar em doença as formas emergentes de participação, expandir o acesso e a participação de grupos que, de resto, estão sendo deixados para trás, e promover formas de educação e letramento midiático que auxiliem as crianças a desenvolver as habilidades necessárias para se tornarem participantes plenos de sua cultura.

Se a reação dos primeiros leitores servir de indicação, a alegação mais controversa deste livro talvez seja minha suposição de que a crescente participação da cultura popular é algo bom. Muitos críticos pessimistas ainda estão presos à velha política do "culture jamming". A resistência torna-se um fim em si mesmo, em vez de uma ferramenta para assegurar a diversidade cultural e a responsabilidade corporativa. O debate continua sendo moldado como se a única alternativa real fosse optar por não participar da mídia de modo algum e viver no meio do mato, comendo frutos do carvalho e lagartos e lendo apenas livros feitos de papel reciclável, publicados por pequenas editoras alternativas. Mas o que significaria explorar o poder da mídia para nossos próprios fins? A pureza ideológica e estética é realmente mais valiosa do que a transformação de nossa cultura?

334 | CULTURA DA CONVERGÊNCIA

Uma política de participação começa a partir do pressuposto de que podemos ter maior poder coletivo de barganha se formarmos comunidades de consumo. Veja o exemplo do Sequential Tart. Iniciado em 1997, o www.sequentialtart.com serve como um grupo de defesa de consumidoras frustradas com o histórico tratamento negligente ou condescendente que a indústria de quadrinhos dispensa a elas. Marcia Allas, a atual editora do Sequential Tart, explicou: "No início, queríamos mudar a percepção existente das leitoras de quadrinhos... Queríamos mostrar o que sabíamos de fato – que a audiência feminina de quadrinhos, embora provavelmente menor que a audiência masculina, é diversificada e possui, coletivamente, grande renda disponível".[15] Em seu estudo do Sequential Tart, a pesquisadora e às vezes colaboradora do site, Kimberly M. De Vries, afirma que o grupo rejeita os estereótipos negativos sobre leitoras de quadrinhos femininos, construídos por homens de dentro ou em torno do setor de quadrinhos, mas rejeita também os bem-intencionados, mas igualmente constrangedores, estereótipos construídos pela primeira geração de críticas feministas de quadrinhos.[16] O Sequential Tart defende o prazer das mulheres na leitura de quadrinhos, mesmo quando criticam as representações femininas negativas. A revista on-line combina entrevistas com criadores de quadrinhos, distribuidores e líderes da indústria, críticas de publicações recentes e artigos sobre gênero sexual e quadrinhos. Exibe as práticas da indústria que atraem ou repelem as mulheres, destaca o trabalho de editoras menores, que muitas vezes passavam despercebidas, e promove livros que refletem os gostos e interesses dos leitores. O Sequential Tart é cada vez mais cortejado por editores e artistas que acreditam possuir conteúdos que podem ser acolhidos pelas leitoras e tem ajudado a chamar mais a atenção das editoras predominantes para esse mercado muitas vezes mal atendido.

O Sequential Tart representa um novo tipo de grupo de defesa do consumidor – que procura conteúdo diversificado e torna os meios de comunicação de massa mais receptivos aos consumidores. Isso não quer dizer que as mídias comerciais um dia irão operar verdadeiramente segundo princípios democráticos. As empresas não precisam compartilhar nossos ideais a fim de mudar suas práticas. O que irá motivar as empresas de mídia serão seus próprios interesses econômicos. O que irá motivar a política dos consumidores serão nossos interesses culturais e políticos comuns. Mas não poderemos mudar muita coisa se nos recusarmos a conversar com pessoas de dentro da indústria da mídia.

CONCLUSÃO | 335

Uma política de confronto deve dar lugar a uma política focada na colaboração tática. O antigo modelo, sabiamente descartado por muitos, era o de que os consumidores votam com a carteira. O novo modelo é o de que estamos coletivamente mudando a natureza do mercado e, ao fazê-lo, estamos pressionando as empresas a mudar os produtos que elas estão criando e o modo como se relacionam com os consumidores.

Ainda não temos nenhum modelo de uma cultura do conhecimento plenamente realizada. Mas a cultura popular pode nos fornecer protótipos. Um exemplo disso é a série em quadrinhos de Warren Ellis, *Frequência Global* [*Global Frequency*]. Ambientada num futuro próximo, *Frequência Global* retrata uma organização multirracial e multinacional de pessoas comuns que contribuem com seus serviços quando solicitadas. Como explica Ellis, "você pode estar sentado, assistindo ao noticiário e, de repente, ouve um toque de celular incomum e, em alguns minutos, pode ver o vizinho saindo às pressas, vestindo um paletó ou uma camisa com o distintivo da Frequência Global... ou, que diabo, sua namorada pode atender ao telefone... e prometer explicar mais tarde... Qualquer um pode ser da Frequência Global, e você nunca ficaria sabendo até eles receberem a ligação".[17] Ellis rejeita os poderosos semideuses e grupos de elite da tradição dos super-heróis; em vez disso, retrata o equivalente do século 21 às brigadas de incêndio voluntárias. Ellis concebeu a história na esteira do 11 de setembro como uma alternativa ao clamor por maior poder estatal e restrições paternalistas às comunicações: a *Frequência Global* não imagina o governo salvando os cidadãos de qualquer mal que os aflija. Em vez disso, como explica Ellis, "em *Frequência Global*, nós mesmos nos salvamos". Cada edição enfoca um conjunto diferente de personagens, num cenário diferente, examinando o que significa para os membros da *Frequência Global*, pessoal e profissionalmente, colaborar com seu trabalho para uma causa maior. Os únicos personagens recorrentes são os da central de comunicações, que entram em contato com os voluntários. Quando os participantes da *Frequência* são acionados, quase todas as decisões-chave são tomadas no local, à medida que os voluntários recebem permissão de agir com base em seu conhecimento específico. A maior parte dos desafios vem, apropriadamente, dos destroços deixados para trás pelo colapso do complexo industrial-militar e o fim da guerra fria – "as coisas ruins e malucas das quais o público nunca soube". Em outras palavras, os soldados cidadãos utilizam o conhecimento distribuído para superar os perigos do sigilo do governo.

336 | CULTURA DA CONVERGÊNCIA

A rede Frequência Global de Ellis é muito semelhante ao que o jornalista e ativista digital Howard Rheingold diz sobre as *smart mobs*: "As smart mobs são pessoas que conseguem agir em conjunto mesmo sem se conhecer. As pessoas que compõem as smart mobs cooperam de formas nunca possíveis antes, pois possuem aparelhos com recursos de comunicação e computação... Grupos de pessoas usando essas ferramentas conquistarão novas formas de poder".[18] Em Manila e Madri, ativistas, com o uso de celulares, conseguiram reunir um grande número de opositores a governos que, do contrário, teriam controlado o discurso midiático; esses esforços resultaram em transformações de poder. Em Boston, vemos crianças que recebem educação em casa usarem as mesmas tecnologias para rapidamente organizarem excursões, levando dezenas de crianças e pais a um museu ou ponto histórico em poucas horas.

Outros escritores, como o autor de ficção científica Cory Doctorow, definem tais grupos como "adhocracias". Extremo oposto da burocracia, a adhocracia é uma organização caracterizada pela ausência de hierarquia. Nela, cada pessoa colabora para enfrentar um problema específico, quando necessário, com base em seu conhecimento e capacidade, e a liderança muda de acordo com a tarefa. Uma adhocracia, portanto, é uma cultura do conhecimento que transforma informação em ação. O romance de ficção científica de Doctorow, *O Fundo do Poço do Reino Encantado* [*Down and Out in the Magic Kingdom*], retrata um futuro em que os fãs administram a Disney World, o sustento público torna-se o principal tipo de moeda, e debates sobre a cultura popular tornam-se o foco da política.[19]

A visão de Ellis da rede Frequência Global e a visão de Doctorow de uma Disney World alternativa são demasiado irreais – muito além de qualquer coisa que já tenhamos visto no mundo real. Mas os fãs põem em prática algumas das coisas que aprenderam na Frequência Global: explorando uma série de canais de comunicação para pressionar as redes de TV e as produtoras a colocarem um seriado no ar.[20] Considere isso mais um exemplo do que significaria "democratizar a televisão". Mark Burnett, o produtor executivo de *Survivor*, tinha decidido adaptar *Frequência Global* para a televisão; a Warner Bros. já tinha anunciado planos de exibir a história em quadrinhos como uma renovação da programação no meio da temporada, que depois foram adiados e, mais tarde, cancelados. Uma cópia do piloto da série vazou para a Internet, circulando ilegalmente para download no BitTorrent, onde se tornou o foco do empenho dos internautas para que voltasse a ser produzida. John Rogers, roteirista-chefe e produtor, disse que a forte reação a uma série jamais exibida dava aos produtores influência para pressionar pela distribuição do piloto em DVD e, potencialmente, pela venda da série a outro canal de televisão. Executivos do estúdio e do canal, como era esperado, mencionaram a preocupação com o que os consumidores estavam fazendo: "Tenha o piloto sido aprovado ou não, ainda é propriedade da Warner Bros. Entertainment, e levamos muito a sério a proteção de todas as nossas propriedades intelectuais... Embora a Warner Bros. valorize a reação dos consumidores, a infração dos direitos autorais não é um modo produtivo de tentar influenciar uma decisão corporativa". Rogers escreveu sobre as reuniões que teve com os fãs de *Frequência Global* em seu blog: "Isso muda a forma com que farei meu próximo projeto... Eu colocaria o piloto na Internet sem pestanejar. Querem mais cinco? Comprem a caixa de DVDs". Os comentários de Rogers nos fazem imaginar uma época em que pequenos nichos de consumidores dispostos a investir dinheiro em uma causa poderiam assegurar a produção de programas de interesse de uma minoria. Do ponto de vista do produtor, tal esquema seria atraente, já que seriados de TV dão prejuízo nas primeiras temporadas, até a empresa acumular episódios suficientes para vender um pacote em *syndication*.* O DVD reduz esse risco ao permitir aos produtores vender uma temporada por vez e até vender pacotes de episódios que não foram ao ar. Vender diretamente ao consumidor permitiria aos produtores recuperar os custos mais cedo no ciclo de produção.

Pessoas da indústria de entretenimento falam muito, hoje em dia, sobre o que o repórter da *Wired* Chris Anderson chama de "A Cauda Longa"[21]. Anderson afirma que, à medida que os custos de distribuição diminuem, as empresas podem manter cada vez mais títulos em circulação, e à medida que comunidades de nichos conseguem utilizar a web para se mobilizar em torno de títulos que satisfaçam seus interesses particulares, os maiores lucros serão obtidos pelas empresas que gerarem o conteúdo mais diversificado e o mantiverem disponível a preços razoáveis. Se Anderson estiver certo, o conteúdo de nicho tem uma chance sem precedentes de se tornar lucrativo. O modelo da Cauda Longa pressupõe um consumidor cada vez mais esperto, que busca ativamente conteúdos de seu interesse e que se orgulha de poder recomendar esses conteúdos

---

* Processo de venda de um programa às emissoras afiliadas, em todos os estados americanos. [N. de T.]

338 | CULTURA DA CONVERGÊNCIA

aos amigos. Imagine um modelo baseado em assinatura, em que os espectadores se comprometem a pagar uma taxa mensal para assistir a uma temporada de episódios, entregues em sua casa via banda larga. Um piloto poderia ser produzido para sondar o terreno e, se a reação fosse positiva, as assinaturas poderiam ser vendidas para um programa que obtivesse um número suficiente de assinantes para cobrir os custos iniciais de produção da empresa. Os primeiros assinantes teriam desconto, outros pagariam mais, num sistema pay-per-view, o que cobriria a fase seguinte de produção. Outros, ainda, poderiam adquirir acesso a episódios individuais. A distribuição poderia ser por um DVD enviado diretamente ao seu endereço ou via *streaming* (talvez você pudesse simplesmente baixá-lo para seu iPod). Foi o anúncio de que a ABC-Disney iria oferecer episódios de séries cult (como *Lost* e *Desperate Housewives*) para venda e download por meio da Apple Music Store o que realmente levou essa discussão a outro patamar. Outros canais rapidamente seguiram com seus próprios pacotes para download. Nos primeiros 20 dias, mais de um milhão de episódios de televisão foram baixados. O vídeo para iPod parece emblemático da nova cultura da convergência – não porque todos acreditam que a telinha do iPod seja o veículo ideal para assistir à transmissão de conteúdo, mas porque a capacidade de baixar reprises por encomenda representa uma mudança importante na relação entre consumidores e conteúdos.

Escrevendo na *Slate*, o analista de mídia Ivan Askwith descreveu algumas das implicações dos downloads de conteúdo televisivo:

> À medida que o iTunes e seus inevitáveis concorrentes oferecerem mais conteúdo da TV aberta, os produtores não terão de adaptar seus programas para satisfazer às exigências de transmissão. A duração dos episódios pode variar conforme o necessário, o conteúdo pode ser mais sombrio, mais atual, mais explícito... As audiências já esperam pelas versões do diretor e cenas deletadas nos DVDs. Não é difícil imaginar que as redes de TV um dia poderão exibir a "versão de transmissão" de um episódio e depois incentivar os espectadores a baixar a versão do diretor, mais longa e mais picante, no dia seguinte. Embora os DVDs hoje permitam que os espectadores se atualizem entre uma temporada e outra, a televisão por encomenda permitirá a qualquer um se atualizar a qualquer tempo, rapidamente e dentro da lei. Os produtores não terão mais de escolher entre afastar novos espectadores com um enredo com-

plexo, ou afastar a audiência cativa com detalhes requentados de episódios anteriores. Downloads diretos darão aos fãs de programas ameaçados de cancelamento a oportunidade de votar com a carteira enquanto o programa ainda estiver no ar. E quando o programa *realmente* for cancelado, pagamentos diretos feitos pelos fãs podem gerar um faturamento suficiente para mantê-lo em produção como um empreendimento apenas on-line.[22]

Quase imediatamente, fãs de séries canceladas, como *West Wing* e *Caindo na Real* [*Arrested Development*] começaram a adotar esse modelo como um modo de manter a produção dos programas, empenhando dinheiro para sustentar os programas que queriam ver.[23] Produtores cult começam a falar abertamente em passar por cima dos canais de TV e vender suas séries diretamente aos consumidores mais fiéis. Pode-se imaginar produtores independentes utilizando downloads para distribuir conteúdos que jamais chegariam à televisão comercial. E, é claro, quando se distribui pela web, a televisão instantaneamente se torna global, preparando o caminho para produtores internacionais venderem seu conteúdo diretamente a consumidores americanos. Google e Yahoo! começaram a negociar acordos com produtores na esperança de lucrar com a nova economia em downloads de televisão. Tudo isso chegou tarde demais para a *Frequência Global*, e até agora os produtores de *West Wing* e *Caindo na Real* não entregaram sua sorte a esse modelo baseado em assinaturas. Contudo, muitos acreditam que, cedo ou tarde, algum produtor irá sondar o terreno, como fez a ABC-Disney com o anúncio do seu vídeo para iPod. E, de novo, é provável que haja muitos outros a postos, prontos para atacar a proposta assim que conseguirem avaliar a reação do público ao negócio. O que já foi um sonho de fã hoje parece cada vez mais próximo da realidade.

Embora produtores, analistas e fãs tenham usado o exemplo de *Frequência Global* para explorar como podemos repensar a distribuição de conteúdo televisivo, a premissa da série também oferece ferramentas para considerações a respeito dos novos tipos de comunidades de conhecimento discutidas neste livro. Se alguém quiser ver um exemplo real de algo parecido com a rede Frequência Global, deem uma olhada na Wikipédia – um esforço alternativo e multinacional de criar uma enciclopédia gratuita na Internet, escrita cooperativamente por um exército de voluntários, operando em aproximadamente 200 línguas diferentes. Até agora, os princípios da adhocracia foram adotados pelo movimento do código aberto, em que programadores de software do mundo todo colaboram em projetos pelo bem comum. O projeto Wikipédia representa a aplicação dos princípios do código aberto na produção e administração de conhecimento. A Wikipédia contém mais de 1,6 milhão de artigos e recebe 60 milhões de visitas por dia.[24]

Talvez o aspecto mais interessante e polêmico da Wikipédia seja o modo como ela muda o que se considera conhecimento (desde assuntos aprovados por enciclopédias tradicionais até uma série mais ampla de assuntos de interesse de grupos especializados e subculturas) e o modo como ela muda o que se considera expertise (desde autoridades acadêmicas reconhecidas até algo próximo do conceito de Lévy de inteligência coletiva). Alguns receiam que a enciclopédia contenha muitas informações incorretas, mas a comunidade da Wikipédia, no que tem de melhor, funciona como uma adhocracia autocorretiva. Qualquer conhecimento postado pode, e provavelmente será, revisado e corrigido por outros leitores.

Para esse processo funcionar, todos os envolvidos devem almejar a abrangência e respeitar a diversidade. O projeto Wikipédia julgou necessário desenvolver uma política e uma ética – um conjunto de normas da comunidade – sobre o compartilhamento de conhecimento:

> Provavelmente, à medida que crescermos, quase todos os pontos de vista sobre qualquer assunto serão (em algum momento no futuro) encontrados entre nossos autores e o público leitor[...] Mas, como a Wikipédia é um recurso internacional, construído pela comunidade, decerto não podemos esperar que nossos colaboradores concordem em todos os casos, ou mesmo em muitos casos, sobre o que é conhecimento, num sentido estrito[...] Devemos nos esforçar para apresentar essas teorias conflitantes de maneira imparcial, sem defender nenhuma delas[...] Quando ficar claro aos leitores que não esperamos que eles adotem nenhuma opinião em particular, isso os fará se sentirem livres para formar a própria opinião e, desse modo, incentivados a ter *independência intelectual*. Assim, governos totalitários e instituições dogmáticas em toda parte têm motivos para se opor à Wikipédia[...] Nós, os criadores da Wikipédia, confiamos na competência dos leitores para formar a própria opinião. Textos que apresentam, de forma imparcial, os méritos de múltiplos pontos de vista, sem exigir que o leitor aceite nenhum deles, são libertadores.[25]

CONCLUSÃO | **341**

Você provavelmente não vai acreditar na Wikipédia, a menos que a experimente, mas o processo funciona. Funciona porque cada vez mais as pessoas estão levando a sério suas obrigações como participantes da comunidade como um todo: nem todo mundo age assim, ainda; vemos várias hostilidades e ofensas quando pessoas com ética e política diferentes interagem dentro da mesma comunidade de conhecimento. Essas disputas muitas vezes trazem as concepções conflitantes para primeiro plano, forçando as pessoas a refletir mais profundamente sobre suas escolhas. O que um dia já foi admitido como verdade absoluta precisa agora ser articulado. O resultado pode ser chamado de economia moral de informação: ou seja, uma noção de obrigações recíprocas e expectativas compartilhadas sobre o que constitui boa cidadania dentro da comunidade de conhecimento.

Podemos pensar em comunidades de *fan fiction* como o equivalente literário da Wikipédia: em torno de qualquer propriedade midiática, escritores estão construindo uma série de interpretações diferentes, expressas por meio de histórias. O compartilhamento dessas histórias abre novas possibilidades no texto. Nesse caso, colaborações individuais não têm de ser neutras; os participantes têm apenas de concordar e discordar e, de fato, muitos fãs acabam valorizando a absoluta diversidade de versões dos mesmos personagens e situações. Por outro lado, os meios de comunicação de massa tendem a usar seu controle total sobre a propriedade intelectual para reinar sobre as demais interpretações, resultando em um mundo onde existe apenas a versão oficial. Esse controle total intensifica a coerência da franquia e protege os interesses econômicos dos produtores, mas a cultura empobrece com essa regulação. A *fan fiction* repara os danos causados pela cultura cada vez mais privatizada. Considere, por exemplo, a seguinte declaração, feita por um fã:

O que eu adoro no fandom é a liberdade que concedemos a nós mesmos de criar e recriar, repetidamente, nossos personagens. A *fan fiction* raramente fica parada. É uma coisa viva, que evolui, que tem vida própria, uma história sendo criada sobre outra, a realidade de cada escritor sendo refletida na de outro e talvez até se misturando, para formar uma criação totalmente nova[...] Acho que nós, os fãs, conseguimos ser extremamente criativos porque temos a capacidade de estar sempre mudando nossos personagens, dando-lhes uma nova vida, repetidas vezes. Podemos matá-los e ressuscitá-los quando quiser-

342 | CULTURA DA CONVERGÊNCIA

mos. Podemos mudar sua personalidade e o modo como reagem a situações. Podemos pegar um personagem e torná-lo charmoso e agradável ou insensível e cruel. Podemos dar aos personagens uma vida infinita, em constante mudança, em vez da única vida de sua criação original.[26]

Os fãs rejeitam a ideia de uma versão definitiva produzida, autorizada e regulada por algum conglomerado. Em vez disso, idealizam um mundo onde todos nós podemos participar da criação e circulação de mitos culturais fundamentais. Nesse caso, o direito de participar da cultura é considerado a "liberdade que concedemos a nós mesmos", não um privilégio concedido por uma empresa benevolente, não uma coisa que os fãs estão dispostos a trocar por arquivos de som melhores ou hospedagem gratuita na web. Os fãs rejeitam também a suposição do estúdio de que propriedade intelectual é um "bem limitado", a ser totalmente controlado, a fim de que seu valor não seja diluído. Em vez disso, os fãs entendem a propriedade intelectual como "shareware", algo que acumula valor à medida que transita por diferentes contextos, é recontado de diversas maneiras, atrai múltiplas audiências e se abre para a proliferação de significados alternativos.

Ninguém está antevendo um ponto em que todas as burocracias se tornem adhocracias. O poder concentrado tende a se manter concentrado. Mas veremos os princípios da adhocracia aplicados cada vez mais em diferentes tipos de projetos. Tais experiências florescem no interior da cultura da convergência, que cria um contexto em que os espectadores – individual e coletivamente – podem reformular e recontextualizar conteúdos das mídias de massa. A maior parte dessa atividade ocorrerá às margens da cultura comercial, por meio de indústrias alternativas ou de nichos, como histórias em quadrinhos e games. Nessa camada, grupos pequenos como o Sequential Tart podem fazer uma diferença concreta. Nessa camada, empresários terão um incentivo para conceder aos consumidores maiores oportunidades para moldar o conteúdo e participar de sua distribuição. À medida que nos aproximamos das indústrias mais antigas e de massa, a resistência corporativa à participação alternativa aumenta: os riscos são muito altos para experiências, e o impacto econômico de qualquer comunidade de consumo diminui. Contudo, dentro dessas empresas ainda existem potenciais aliados, que, por suas próprias razões, talvez queiram apelar ao apoio da audiência para fortalecer sua autoridade nas negociações

CONCLUSÃO | **343**

com a diretoria. Uma indústria lutando para manter a audiência, em face da concorrência de outros meios de comunicação, pode ser forçada a correr riscos maiores para acomodar os interesses dos consumidores.

Como vimos neste livro, a cultura da convergência é altamente produtiva: algumas ideias se espalham de cima para baixo, começando na mídia comercial e depois adotadas e apropriadas por uma série de públicos diferentes, à medida que se espalham por toda a cultura. Outras surgem de baixo para cima, a partir de vários pontos da cultura participativa, e são arrastadas para a cultura predominante, se as indústrias midiáticas vislumbrarem algum modo de lucrar com elas. O poder da mídia alternativa é que ela diversifica; o poder da mídia de radiodifusão é que ela amplifica. É por isso que devemos nos preocupar com o fluxo entre as duas: expandir os potenciais para a participação representa a maior oportunidade para a diversidade cultural. Jogue fora os poderes da radiodifusão e o que se tem é apenas a fragmentação cultural. O poder da participação vem não de destruir a cultura comercial, mas de reescrevê-la, modificá-la, corrigi-la, expandi-la, adicionando maior diversidade de pontos de vista, e então circulando-a novamente, de volta às mídias comerciais.

Interpretada nesses termos, a participação torna-se um importante direito político. No contexto americano, pode-se argumentar que as proteções da Primeira Emenda à liberdade de expressão, de imprensa, de crença e reunião representam um direito mais abstrato de participar de uma cultura democrática. Afinal, a Primeira Emenda surgiu no contexto de uma próspera cultura tradicional, em que se presumia que canções e histórias seriam recontadas muitas vezes, para diversos propósitos. Seus documentos fundadores foram escritos por homens que se apropriaram dos nomes de oradores clássicos ou heróis míticos. Ao longo do tempo, a liberdade de imprensa progressivamente ficou nas mãos daqueles que podiam bancar prensas tipográficas. O surgimento de novas tecnologias sustenta um impulso democrático para permitir que mais pessoas criem e circulem mídia. Às vezes, a mídia é planejada para responder ao conteúdo dos meios de comunicação de massa – positiva ou negativamente – e às vezes a criatividade alternativa chega a lugares que ninguém na indústria da mídia poderia imaginar. O desafio é repensar nossa interpretação da Primeira Emenda para reconhecer a expansão na oportunidade de participar. Deveríamos, assim, considerar as coisas que bloqueiam a participação – sejam comerciais ou governamentais – como obstáculos importantes a contornar, se

344 | CULTURA DA CONVERGÊNCIA

quisermos "democratizar a televisão" ou qualquer outro aspecto de nossa cultura. Identificamos alguns desses obstáculos neste livro, principalmente os desafios em torno do controle corporativo sobre a propriedade intelectual e a necessidade de uma definição mais clara dos direitos de uso aceitável possuídos por artistas amadores, escritores, jornalistas e críticos que desejam compartilhar trabalhos inspirados ou estimulados pelos conteúdos existentes.

Outro obstáculo essencial pode ser definido como a lacuna participativa. Até agora, grande parte da discussão sobre a exclusão digital enfatizou os problemas de acesso, vendo a questão basicamente em termos técnicos – mas uma mídia é mais que uma tecnologia. À medida que ativistas buscaram diversos recursos para ampliar o acesso à mídia digital, eles criaram uma miscelânea de diferentes oportunidades para a participação. Alguns têm acesso a esses recursos em casa, outros têm acesso limitado, filtrado e regulado em escolas e bibliotecas públicas. Hoje, precisamos enfrentar os fatores culturais que diminuem a probabilidade de participação de diversos grupos. Raça, classe, diferenças idiomáticas amplificam as desigualdades de oportunidades para a participação. Um dos motivos da existência de usuários pioneiros é que alguns grupos não apenas se sentem mais à vontade em se envolver com novas tecnologias, mas também parecem mais confortáveis em tornar públicas suas percepções sobre cultura.

Historicamente, a educação pública nos Estados Unidos foi produto da necessidade de distribuir as habilidades e os conhecimentos necessários para treinar cidadãos informados. A lacuna participativa torna-se muito mais importante quando pensamos o que significaria estimular as habilidades e os conhecimentos necessários para cidadãos monitores: nesse caso, o desafio não é apenas saber ler e escrever, mas saber participar de deliberações sobre quais questões são importantes, qual conhecimento conta e quais os modos de conhecer autoridade de comando e respeito. O ideal do cidadão informado está se desintegrando simplesmente porque há coisas demais para apenas um indivíduo saber. O ideal da cidadania monitora depende do desenvolvimento de novas habilidades em colaboração e de uma nova ética de compartilhamento de conhecimento que nos permitirão deliberar juntos.[27]

Neste momento, as pessoas estão aprendendo a participar de tais culturas do conhecimento fora de qualquer ambiente educacional. Boa parte dessa aprendizagem ocorre em espaços de afinidades que estão surgindo em torno

CONCLUSÃO | 345

da cultura popular. O surgimento das culturas de conhecimento reflete parcialmente as exigências que esses textos impõem sobre os consumidores (a complexidade do entretenimento transmídia, por exemplo), mas reflete também as exigências que os consumidores impõem às mídias (o apetite por complexidade, a necessidade de comunidade, o desejo de reescrever histórias essenciais). Muitas escolas permanecem abertamente hostis a essas experiências e continuam a promover solucionadores de problemas autônomos e aprendizes independentes. Na escola, colaboração não autorizada é cola. À medida que termino este livro, meu próprio foco vai progressivamente se deslocando para a importância da educação para o letramento midiático. Muitos ativistas do letramento midiático ainda agem como se o papel dos meios de comunicação de massa tivesse permanecido inalterado com a introdução de novas tecnologias. As mídias são interpretadas basicamente como ameaças, em vez de recursos. Coloca-se mais ênfase nos perigos da manipulação do que nas possibilidades de participação; fala-se mais em restringir o acesso – desligar a televisão, dizer não ao Nintendo – do que em expandir habilidades para utilizar as mídias para nossos próprios fins, reescrevendo as histórias que a cultura nos concede. Uma das formas de moldar o futuro da cultura midiática é resistir a tais abordagens desabonadoras da educação para o letramento midiático. Precisamos repensar os objetivos da educação midiática, a fim de que os jovens possam vir a se considerar produtores e participantes culturais, e não apenas consumidores, críticos ou não. Para atingir esse objetivo, precisamos também de educação midiática para os adultos. Pais, por exemplo, recebem muitos conselhos sobre se devem ou não permitir que seus filhos tenham uma TV no quarto ou quantas horas por semana de consumo de mídia devem permitir aos filhos. Contudo, não recebem quase nenhum conselho sobre como podem ajudar os filhos a construir uma relação significativa com as mídias.

Bem-vindo à cultura da convergência, onde velhas e novas mídias colidem, onde a mídia corporativa e a mídia alternativa se cruzam, onde o poder do produtor e o poder do consumidor interagem de maneiras imprevisíveis. A cultura da convergência é o futuro, mas está sendo moldada hoje. Os consumidores terão mais poder na cultura da convergência – mas somente se reconhecerem e utilizarem esse poder tanto como consumidores quanto como cidadãos, como plenos participantes de nossa cultura.

POSFÁCIO

REFLEXÕES SOBRE POLÍTICA NA ERA DO YOUTUBE

O âncora Anderson Cooper abriu o debate com os democratas na CNN/ YouTube avisando para esperarmos o inesperado: "Esta noite é realmente uma experiência. Nunca fizemos isto antes. O que vocês estão prestes a ver é, bem, algo que nunca foi testado. Não temos certeza de como irá funcionar. Os candidatos que aqui estão não sabem como irá funcionar. Nem o pessoal da campanha deles. E, para ser sincero, achamos isso bom".[1] Os oito candidatos que pleiteavam a indicação à presidência enfrentariam perguntas selecionadas entre mais de três mil vídeos enviados por cidadãos "comuns" através do YouTube. Ao falar no programa de rádio *Talk of the Nation*, da NPR, alguns dias antes, o produtor executivo da CNN, David Bohrman, salientou que o novo formato daria ao público americano "um lugar à mesa", refletindo um mundo onde "todos estão a um grau de separação de uma câmera de vídeo".[2]

"Bem-vindos ao meu lar, candidatos", disse Chris, de Portland, antes de exigir que os presidenciáveis dessem respostas diretas. Muitas das perguntas vieram na forma confessional que muitos associam ao YouTube – falando direto para uma câmera portátil, na sala ou na cozinha de casa. Houve alguns momentos grandiosos – um assistente social perguntando sobre Darfur, um

POSFÁCIO | **347**

homem segurando uma arma semiautomática perguntando sobre o controle de armas, um casal de lésbicas querendo saber a opinião dos candidatos sobre o casamento gay – e algumas perguntas sobre assuntos como a reação insatisfatória do governo à destruição causada pelo furacão Katrina, o salário mínimo e reparações pela escravidão, que não tinham vindo à tona em debates anteriores.

Depois, a maioria das pessoas quis falar sobre o Boneco de Neve.

Um breve segmento apresentou um boneco de neve em *stop motion* falando sobre o aquecimento global, "o único assunto importante para os bonecos de neve deste país". Enquanto o vídeo mostrava o rosto amedrontado de Júnior, o Boneco de Neve perguntava: "Como presidente, o que o senhor vai fazer para assegurar que meu filho viverá uma vida plena e feliz?" Os candidatos riram. Cooper explicou: "É um vídeo engraçado. Mas é uma questão séria", antes de dirigir a pergunta a Dennis Kucinick. Kucinick, sério, estabeleceu conexões entre o "aquecimento global" e a "guerra global", explicando como a defesa militar dos interesses ligados ao petróleo aumentou a confiança dos americanos nos combustíveis fósseis e descrevendo suas próprias políticas ambientais: "Não precisamos deixar nossos bonecos de neve derreter, e o planeta também não deveria estar derretendo". Perguntas na sequência abordaram outras questões de política ambiental.

A CNN encerrou a transmissão anunciando um futuro debate com os candidatos do Partido Republicano, mas a importância desse debate estava longe de ser esclarecida. Ao final da semana, quase todos os nomes que lideravam a disputa estavam se recusando a participar. O ex-governador de Massachusetts, Mitt Romney, deu um rosto ao desconforto dos candidatos: "Acho que a presidência deveria ser debatida num nível mais alto do que responder a perguntas de um boneco de neve.[3] Bohrman, da CNN, rechaçou as críticas a essa seleção em particular: "Acho que concorrer à presidência é um negócio sério... mas queremos mesmo saber se o presidente tem senso de humor".[4]

Muitos blogueiros também argumentaram que o Boneco de Neve rebaixou a participação dos cidadãos nos debates: "Ao moderar as questões pesadamente, ao deliberadamente escolher vídeos tolos, fofos ou excêntricos para mostrar à nação, a CNN reforça a velha ideia de que a Internet entretém, mas não oferece discussões sérias e reais".[5] Haveria um debate na CNN/YouTube

348 | CULTURA DA CONVERGÊNCIA

com os republicanos, mas as negociações de bastidores o atrasaram e abrandaram substancialmente o conteúdo.

Neste posfácio, utilizarei a controvérsia do Boneco de Neve como ponto de entrada para uma investigação mais ampla do papel da paródia na Internet durante as pré-eleições primárias da campanha presidencial de 2008. Este debate sobre debates levanta questões sobre a redistribuição do poder da mídia, a autenticidade da mídia alternativa e a adequação da paródia como um modo de retórica política. Vídeos de paródias, produzidos tanto pelo público quanto pelas campanhas, tiveram um papel inédito na formação da opinião pública neste campo extraordinariamente lotado de candidatos. Ao estudar o YouTube como um local de discurso cívico, quero compreender melhor como a convergência, a inteligência coletiva e a cultura participativa estão impactando o processo político.

Vou partir do ponto em que o Capítulo 6, "Photoshop pela Democracia", encerrou – com um pedido para que repensemos os fundamentos culturais da democracia, em resposta a uma era de profunda e prolongada transformação midiática.[6] O surgimento da rede de computadores e as práticas sociais que cresceram ao seu redor expandiram a capacidade do cidadão médio de expressar suas ideias, de fazê-las circular diante de um público maior e compartilhar informações, na esperança de transformar nossa sociedade. Para isso, entretanto, temos de aplicar habilidades que adquirimos através de nossas brincadeiras com a cultura popular e dirigi-las para os desafios da democracia participativa. O Capítulo 6 mostrou como a chamada "cibercampanha" de Howard Dean na verdade se desdobrou por múltiplos canais de mídia, novos e velhos, comerciais e alternativos. Argumentei que o público estava tomando o controle do processo eleitoral – para o bem e para o mal – e especulei sobre novas formas de retórica política que tornaram indefinidos nossos papéis como cidadãos, consumidores e fãs. Um olhar mais atento ao papel que os vídeos de paródias exerceram na política americana em 2007 talvez nos ajude a entender como estamos ou não estamos realizando os potenciais desse novo ambiente de comunicação. Esses vídeos nos oferecem uma perspectiva alternativa sobre como poderá ser a democracia, embora tenhamos um longo caminho a percorrer antes de alcançarmos algo como a esfera pública revitalizada no mundo on-line. Como sugere Anderson Cooper, nenhum de nós sabe aonde isso nos levará – e, por enquanto, pelo menos, isso é bom.

Turd Blossom *versus* Obatamar

Debates sobre democracia digital há muito tempo vêm sendo moldados pela fantasia de uma "revolução digital", com a presunção de que as velhas mídias (ou, nesse caso, o velho *establishment* político) seriam substituídas pelo surgimento de novos participantes, sejam novas empresas de mídia confrontando os velhos conglomerados, sejam blogueiros substituindo jornalistas, ou cibercandidatos superando máquinas políticas. No mesmo mês em que a CNN promovia os debates, a *Mother Jones* apresentou uma matéria de capa sobre a "luta da política 2.0", ligando a iminente campanha a um debate mais amplo sobre o impacto das plataformas e das redes sociais da "Web 2.0" na cultura e no comércio. A capa da *Mother Jones* justapõe Karl Rove, vestido no estilo do velho político, a Barack Obama, representado como um avatar de videogame. A legenda diz "Turd Blossom *versus* Obatamar", e um asterisco nos leva a um comentário informando que "Turd Blossom" ("Flor de Esterco") era o apelido que George W. Bush dera a Kark Rove, seu conselheiro político por muitos anos, e "Obatamar" era um termo cunhado pela revista. A *Mother Jones* resumiu o assunto: "Esqueça os chefes de partido em bastidores esfumaçados – consultores da web preveem uma onda de democracia popular à medida que o levantamento de fundos é feito por meio do MySpace, anúncios com ataques políticos são postados no YouTube, pesquisas sobre a oposição são feitas por blogueiros e *flash mobs* organizadas por celulares transformam-se em miniconvenções no Second Life. Os salões do poder pertencerão a quem quer que explore as paixões das massas on-line. O jovem com o laptop nas mãos faz Karl Rove tremer nas bases. E se você acredita nisso, temos algumas sobras do estoque do *Pets. com* para lhe vender".[7] *Mother Jones* reproduziu a lógica da "revolução digital", mesmo mostrando ceticismo ao duvidar que as transformações seriam tão dramáticas quando os defensores previram.

Esse retrato da transformação midiática como uma batalha de soma zero entre os velhos políticos influentes e os insurgentes nos distrai das reais mudanças que estão ocorrendo na ecologia midiática. Em vez de estar substituindo as velhas mídias, o que eu chamo de cultura da convergência está sendo moldada pelo crescente contato e colaboração entre as instituições de mídia consagradas e as emergentes, pela expansão do número de agentes produzindo e circulando mídia, e o fluxo de conteúdo pelas múltiplas plataformas e redes. A cooperação entre a CNN (um ícone do antigo poder da mídia) e o You-Tube (um ícone do novo poder da mídia) pode ser interpretada como uma tentativa de superar as relações ainda instáveis e "não experimentadas" entre esses diferentes sistemas de mídia. Tanto os produtores quanto os especialistas apresentaram os debates da CNN/YouTube como um evento decisivo, gerando expectativas de que abrir um canal para a participação do público pudesse ampliar a agenda política, reescrever a retórica da campanha ou revelar a verdadeira personalidade dos candidatos. No entanto, o evento representou também uma aliança tática temporária entre os agentes das velhas e das novas mídias às vésperas de uma importante batalha política.

O YouTube emergiu como um site fundamental para a produção e distribuição da mídia alternativa – o marco zero, por assim dizer, da ruptura nas operações das mídias de massa comerciais, causada pelo surgimento de novas formas de cultura participativa. No entanto, temos de compreender o YouTube como parte de uma organização cultural maior. Em primeiro lugar, o YouTube representa o encontro entre uma série de comunidades alternativas diversas, cada uma delas produzindo mídia independente há algum tempo, mas agora reunidas por esse portal compartilhado. Ao fornecer um canal de distribuição de conteúdo de mídia amador e semiprofissional, o YouTube estimula novas atividades de expressão – seja através de eventos como os debates da CNN/YouTube, seja em suas operações cotidianas. Ter um site compartilhado significa que essas produções obtêm uma visibilidade muito maior do que teriam se fossem distribuídas por portais separados e isolados. Significa também a exposição recíproca das atividades, o rápido aprendizado a partir de novas ideias e novos projetos e, muitas vezes, a colaboração, de maneiras imprevisíveis, entre as comunidades. O YouTube tornou-se um simples indicador para esses sites alternativos de produção, criando um contexto para conversarmos sobre as transformações em curso.

Em segundo lugar, o YouTube funciona como um arquivo de mídia onde curadores amadores esquadrinham o ambiente à procura de conteúdos significativos, trazendo-os a um público maior (por meios legais e ilegais). Podem fazer isso em reação a um conteúdo das mídias de massa, como, por exemplo, o comparecimento de Stephen Colbert ao jantar no Washington Press Club, ou a um conteúdo amador, como o caso de um vídeo caseiro mostrando o tratamento racista do candidato George Allen a um cinegrafista asiático, o que de fato impediu sua entrada na corrida presidencial de 2008. Colecionadores estão compartilhando material antigo; fãs estão remixando conteúdo contemporâneo; e todo mundo tem a capacidade de congelar um momento do "fluxo" das mídias de massa para tentar concentrar a atenção no que acabou de acontecer.

Em terceiro lugar, o YouTube funciona em relação a uma série de outras redes sociais; seu conteúdo espalha-se em blogs e mensagens no LiveJournal, Facebook e MySpace, onde é recomposto para públicos diferentes e se torna o ponto focal para discussões. O conteúdo do YouTube pode ser descrito como "mídia espalhável", termo que partilha algumas das conotações de "meme" ou "vídeo viral", ambos termos comumente utilizados, mas que carrega um sentido maior de ação por parte do usuário. Metáforas genéticas ou virais ainda trazem em si noções da cultura como algo que se reproduz, que é infeccioso, enquanto que pensar no YouTube como espalhável concentra a atenção tanto nas qualidades do texto quanto nas atividades dos participantes. Falar no conteúdo do YouTube como espalhável também nos permite falar sobre a importância da distribuição na criação de valor e sobre a reformulação de sentido dentro da cultura do YouTube.

A participação ocorre em três níveis diferentes, nesse caso – produção, seleção e distribuição. Cada uma dessas funções e relações tem um papel na análise que farei a seguir. Nenhuma dessas atividades é nova, mesmo no contexto da mídia digital, mas o YouTube foi o primeiro a unir essas três funções numa única plataforma e a direcionar tanta atenção ao papel das pessoas comuns nesta paisagem transformada das mídias. Leitores céticos deste livro argumentaram que, ao concentrar tanta atenção nos fãs, permaneço na região fronteiriça da cultura. Eles se esquecem de dois aspectos: primeiro, na era da cultura da convergência, talvez não haja mais uma cultura *mainstream* forte, mas uma série de diferentes pontos de produção e consumo de mídia; segundo, no contexto cultural do YouTube, o que já foram consideradas atividades marginais passaram a ser cada vez mais normais, com cada vez mais pessoas rotineiramente checando e discutindo conteúdos produzidos por amadores, e com as instituições das mídias de massa rotineiramente reconsiderando seus métodos a fim de incorporar esse local alternativo de atividade cultural. Os debates da CNN/YouTube podem ser vistos como uma ilustração das negociações que hoje ocorrem entre esses modelos alternativos por meio dos quais a cultura é produzida e distribuída.

352 | CULTURA DA CONVERGÊNCIA

Romney expressou seu desagrado pelo Boneco de Neve em termos de respeito, afirmando que havia um modo adequado para falar com alguém que queria ser presidente dos Estados Unidos. O locutor Dan Rather, entretanto, argumentou que as negociações de bastidores refletiam ansiedades mais generalizadas sobre as perguntas inesperadas: "Os candidatos odeiam, odeiam de verdade a participação do público, pois gostam de controlar o ambiente".[8] Para Romney, o Boneco de Neve era um fantasma de tudo o que ele temia na nova cultura digital. Durante sua entrevista coletiva, por exemplo, ele equivocadamente conectou o YouTube a temores do público sobre os predadores sexuais, confundindo-se com as críticas dos conservadores ao portal multimídia MySpace.[9] No entanto, a própria campanha de Romney tinha lançado a iniciativa de encorajar seus partidários a criar e fazer circular os próprios anúncios políticos.[10] Nenhum dos candidatos – republicanos ou democratas – podia se dar ao luxo de ignorar qualquer plataforma que lhes permitisse alcançar os indecisos ou mobilizar os partidários. Técnicas que pareciam radicais quando aplicadas pela campanha de Howard Dean, quatro anos antes, agora eram tidas como indispensáveis pelos principais candidatos; até figuras consagradas estavam experimentando as ferramentas da Web 2.0 para aumentar sua visibilidade e baixar custos. Candidatos estavam adotando avatares e levando suas mensagens para o Second Life e outros mundos virtuais; estavam usando os sites de relacionamento, como MySpace e Facebook, para reunir partidários, oferecendo-lhes um meio de se contatar e organizar "reuniões" sem ter de passar por campanhas centralizadas; candidatos estavam publicando podcasts e webcasts para seus partidários. Romney e os outros candidatos talvez temessem o impacto perturbador da Web 2.0, mas nenhum deles estava disposto a abrir mão de suas potencialidades, e alguns candidatos – Ron Paul, por exemplo – prosperaram on-line mesmo tendo falhado em atrair a atenção através dos canais de mídia tradicionais.

Blogueiros e internautas desconfiaram dos debates da CNN/YouTube pelo motivo contrário: porque o papel da CNN em selecionar as perguntas protegeu as funções históricas da mídia de *gatekeeping* (seleção e edição de fatos) e *agenda-setting* (pautar as discussões na sociedade). Escrevendo no *The Huffington Post*, o líder da reforma da mídia, Marty Kaplan, descartou o que chamou de "populismo falso" dos debates do "RubeTube" como um ato de ventriloquia corporativa: "A ideia de que o debate da CNN/YouTube representa

POSFÁCIO | 353

o triunfo dos alternativos na era da Internet é ridícula. Os 4 mil vídeos ou mais são títeres; os que fizeram as perguntas são cúmplices usados pelos produtores da rede de forma tão deliberada, calculada e manipuladora quanto as palavras e histórias que saem dos *teleprompters* para a boca dos âncoras".[11]

O poder de negar e o poder de marginalizar

Longe de defender a revolução digital, Bohrman, da CNN, descartou abertamente as plataformas da nova mídia, classificando-as de "imaturas", e questionou se as práticas do YouTube moderadas pelos usuários teriam sido adequadas à tarefa de determinar a quais perguntas os candidatos deveriam responder, pela facilidade com que esse processo poderia ser "manipulado". Bohrman citou muitas vezes o que considerou o fascínio do público com perguntas "inadequadas": "Se você tivesse olhado as perguntas mais vistas da última vez, a ganhadora teria sido se Arnold Schwarzenegger era um ciborgue enviado para salvar o planeta Terra. O segundo vídeo mais visto era com a seguinte pergunta: o senhor vai convocar uma reunião nacional sobre ÓVNIs?"[12]

Nesse caso, o produtor da CNN demonstrou uma compreensão limitada do papel que a paródia teria na construção da campanha presidencial. Perguntas irônicas sobre ciborgues e alienígenas permitiram a muitos esnobar os *gatekeepers* oficiais e seu pavor antecipado de serem "forçados" a colocar tal conteúdo no ar. Esses gestos sugerem um crescente ceticismo do público quanto ao poder da mídia, bem como uma incerteza sobre até onde confiar nas iniciativas emergentes (embora ainda limitadas e muitas vezes banais) de solicitarem nossa participação. Podemos ligar esse fenômeno à discussão sobre o movimento "Vote nos Piores" entre os fãs de *American Idol*, por exemplo. Com a oportunidade oferecida de participar das mídias de massa, o público parece ter muito prazer com sua capacidade de negar seus procedimentos operacionais normais, obrigando as redes a agir contra os próprios interesses, se desejam preservar a credibilidade desses mecanismos de participação popular.

Alguns desses materiais chegaram à transmissão final, mas apenas como parte de um segmento de abertura em que um Cooper, com um sorrisinho, ensinava ao público que tipo de vídeo era inadequado à televisão nacional: "Vestir uma fantasia provavelmente não era a melhor maneira de ser levado a sério". Neste caso, o poder da cultura participativa de negar topava contra o poder da

354 | CULTURA DA CONVERGÊNCIA

mídia de marginalizar. A velha mídia ainda define que tipos de expressão cultural são *mainstream* através de sua capacidade de amplificar o impacto de alguns conteúdos gerados pelos usuários, enquanto rotula outros como fora dos padrões. No YouTube, houve milhares de inscrições, todas igualmente acessíveis; na CNN, um processo de seleção corporativo reduziu esse campo a trinta perguntas, talvez; e a cobertura noticiosa dos debates concentrou-se em três ou quatro (talvez somente no vídeo do Boneco de Neve). A cada passo ao longo do caminho, o campo reduziu-se, mas as mensagens que sobreviveram ganharam mais atenção.

Como o público inscreveu seus vídeos abertamente por meio de um canal de mídia participativo como o YouTube, o processo de seleção deixou rastros. Mesmo sem saber o que se passou nas reuniões a portas fechadas entre os produtores da CNN, podemos ver quais perguntas inscritas foram deixadas de fora, quais assuntos não foram abordados e quais grupos não foram representados. Os milhares de vídeos postados causaram um tráfego considerável no YouTube antes dos debates, sugerindo que a promessa de uma maior participação realmente gerou um interesse maior do público do que os debates mais tradicionais.

Mais tarde, os que se sentiram excluídos ou marginalizados utilizaram o YouTube como uma plataforma para criticar a rede de notícias. AnonymousAmerican (americano anônimo), um homem corpulento usando máscara de luta livre mexicana e falando com sotaque da classe operária, postou um vídeo chamado "Fuck You, CNN". Ele descreve a raiva pelo fato de a CNN ter mostrado seu rosto mascarado, mas não as palavras: "Isso poderia levar o público a acreditar que minha pergunta era ofensiva ou irrelevante. Todos sabemos que a CNN jamais transmitiria algo ofensivo, como um entrevistador perguntando ao único membro muçulmano do Congresso se ele era terrorista, ou irrelevante, como um velho desperdiçando tempo de entrevista com gente como Paris Hilton (tipo o Larry King, sabe?)". Links conduzem à pergunta que ele inscreveu (exigindo a retirada imediata do Iraque) e outros vídeos políticos sobre a restrição das liberdades civis no governo Bush. Sua máscara permite-lhe ao mesmo tempo falar como uma figura comum e representar, visualmente, o processo de repressão política; também liga seus vídeos à tradição do Luchador, em que lutadores mexicanos costumam usar suas personas mascaradas para protestar contra injustiças sociais.[13] A CNN pode ter calado sua voz, mas o YouTube lhe ofereceu um modo de responder a essa força silenciadora.

O nascimento de um Boneco de Neve

No livro *The Wealth of Networks* (A Riqueza das Redes), o professor de Direito de Harvard Yochai Benkler sugere: "Quais instituições e decisões são consideradas "legítimas" e dignas de anuência ou participação; quais cursos de ação são atraentes; quais formas de interação com outros são consideradas adequadas – estas são percepções negociadas dentro de um conjunto de estruturas de sentido compartilhadas".[14] Todos os envolvidos com a mídia contemporânea reconhecem que nossa cultura do futuro será mais participativa, mas há um desacordo amplamente disseminado a respeito das condições dessa participação. Diversas controvérsias públicas estão surgindo em torno das condições de nossa participação – brigas por causa de propriedade intelectual e compartilhamento de arquivos, batalhas jurídicas entre produtores e fãs, conflitos entre empresas 2.0 e as comunidades a que servem, ou desacordos sobre a natureza da participação do cidadão em debates transmitidos pela TV. À medida que cidadãos adquirem a capacidade de causar um impacto significativo no fluxo de ideias, essas novas formas de cultura participativa mudam o modo como vemos a nós mesmos ("através de novos olhos – olhos de quem realmente pode interpor um pensamento ou uma preocupação no debate público") e como vemos a sociedade (sujeita à transformação como resultado de nossas deliberações).[15] O que enfezou AnonymousAmerican foi que a CNN gerou enormes expectativas de uma maior participação do cidadão por meio dos debates e acabou apresentando uma versão *high tech* do *America's Funniest Home Videos* (Os vídeos caseiros mais engraçados dos EUA). Essas expectativas motivaram milhares de pessoas a pegar suas câmeras e seus celulares e produzir vídeos para inscrição. Era o primeiro vídeo de alguns, mas muitos já tinham adquirido experiência como produtores, através de práticas cotidianas e rotineiras, através da produção de vídeos caseiros e da participação em várias comunidades de fãs, ou através de sites de compartilhamento de mídias.

A estranha história do Boneco de Neve ilustra o funcionamento desse processo. O vídeo do Boneco de Neve foi produzido por Nathan e Greg Hamel, dois irmãos de Minneapolis[16]. O vídeo do debate era a releitura de uma animação de um vídeo anterior, menos político, que mostrava um samurai atacando Billiam, o Boneco de Neve, enquanto seu filho pequeno assistia a tudo, horrorizado. O nome do boneco, a voz aguda e o pastelão agressivo do vídeo presta-

356 | CULTURA DA CONVERGÊNCIA

vam homenagem aos vídeos do Sr. Bill originalmente produzidos por Walter Williams para o *Saturday Night Live*, nos anos 1970. Os segmentos do Sr. Bill representavam um capítulo anterior na história da relação da rede com conteúdo gerado pelo usuário: Williams inscrevera um filme em Super-8 em resposta a um concurso de filmes caseiros promovido pelo *Saturday Night Live*, em sua primeira temporada.[17] Impressionados, os produtores contrataram Williams como escritor em tempo integral, resultando numa sequência de mais de 20 segmentos do Sr. Bill, todos mantendo o visual *low tech* e a atmosfera da produção amadora original. A carreira subsequente de Williams pode ter fornecido aos irmãos Hamel um modelo para seu próximo passo – da comédia pastelão para a sátira política. Começando em 2004, Williams usou o Sr. Bill como porta--voz de uma série de anúncios de utilidade pública sobre questões ambientais (especificamente, a ameaça aos pântanos da Louisiana).[18]

Os irmãos Hamel certamente ficaram surpresos por Billiam ter se tornado o ponto focal das reações ao debate. Fortalecidos pela atenção da mídia, produziram uma série de outros vídeos confrontando Romney, o homem que se recusou a debater com o Boneco de Neve. Embora esses outros vídeos não tenham sido incorporados ao debate com os republicanos, eles atraíram a atenção de outras mídias. Quando entrevistados pela CNN sobre um vídeo em que Billiam diz a Romney para "relaxar um pouco", os irmãos usaram a explicação para chamar a atenção para uma controvérsia na blogosfera. Durante a campanha em New Hampshire, Romney tinha sido fotografado segurando o cartaz de um partidário em que se lia: "Não a Obama, Osama e à Mamãe de Chelsea [Hillary Clinton]" (parte de uma tentativa maior de brincar com as preocupações xenófobas com o nome "estrangeiro" de Barack Obama).[19] Outro cineasta amador tinha gravado um confronto durante a campanha em Iowa, em que Romney disse a um crítico do cartaz para "relaxar", insistindo que ele não podia controlar o que seus partidários trariam a um evento.[20] Blogueiros estavam circulando o vídeo do que consideravam uma resposta falsa. Esse vídeo de Romney encaixa-se numa história mais ampla de imagens capturadas por cineastas amadores que alcançaram visibilidade pública maior através do YouTube e, às vezes, iam parar na cobertura da mídia comercial. Por exemplo, um vídeo popular mostrava John McCain brincando com partidários, cantando "Bombardeie o Irã", imitando a melodia de um clássico do rock and roll. Os irmãos Hamel estavam usando seus cinco minutos de fama para direcionar a

POSFÁCIO | 357

atenção da mídia para uma controvérsia incipiente que poderia minar ainda mais a credibilidade de Romney.

Depois de apenas algumas semanas, os irmãos Hamel progrediram da paródia imatura para intervenções cada vez mais habilidosas na política, demonstrando uma compreensão crescente de como a mídia passa pelo YouTube e como o YouTube cruza a mídia por radiodifusão. Ao fazerem isso, os irmãos formaram uma aliança informal com outros "jornalistas cidadãos" e inspiraram diversos outros produtores amadores a criar seus próprios vídeos de bonecos de neve, inclusive alguns que mostravam um homem usando uma máscara do boneco de neve ou que reciclavam imagens de antigos especiais de Natal, na esperança de chamarem a atenção da mídia durante a cobertura de Billiam.

A CNN incentivara o público a encontrar novas formas "criativas" para expressar suas preocupações. No entanto os produtores claramente consideraram os vídeos mais pitorescos um equivalente cívico do programa popular *Let's Make a Deal* – já que tantas pessoas em fantasias coloridas faziam de tudo para aparecer na televisão. Alguns certamente procuravam a fama, mas outros utilizavam a paródia para dramatizar preocupações legítimas. No caso do Boneco de Neve, sua pergunta sobre aquecimento global não estava fora dos padrões do debate político atual, mas o uso do Boneco de Neve animado como porta-voz rompeu com o discurso racionalista que caracteriza a política ambiental. A paródia do Boneco de Neve brincava com duas das jogadas retóricas mais valorizadas da política americana. Os bonecos de neve são representados aqui como mais um grupo de identidade política, feitos para "personificar" preocupações sociais maiores. Podemos comparar a tentativa de Billiam de falar sobre meio ambiente em nome dos bonecos de neve com a imagem sempre citada de Iron Eyes Cody chorando, como índio nativo, por causa da sujeira na paisagem americana, durante a campanha Keep America Beautiful (A América Deve Continuar a ser Linda), produzida para a comemoração do Dia da Terra, em 1971; ou também com o modo como Al Gore mostrou ursos polares se afogando, para dramatizar a ameaça do aquecimento global, no documentário *Uma Verdade Inconveniente* [*An Inconvenient Truth*] (2006). O vídeo também brinca com o modo como grupos conservadores e progressistas exigem políticas públicas para proteger crianças inocentes de alguma ameaça.[21] Podemos estabelecer uma ligação entre o filho amedrontado de Billiam e o famoso vídeo da campanha de Lyndon Johnson, em 1964, que mostra uma garotinha arrancando as

358 | CULTURA DA CONVERGÊNCIA

pétalas de uma margarida e, em seguida, a contagem regressiva para a explosão de uma bomba nuclear.

Candidatos a presidente há muito tempo utilizam animações e dramatizações como parte da retórica de seus anúncios de campanha, então por que os eleitores deveriam ser proibidos de usar tais imagens ao se dirigir aos candidatos? A diferença, talvez, seja o modo como esses vídeos se apropriam de conteúdos da cultura popular (Sr. Bill) como veículos de suas mensagens. Como observa Benkler, as mídias de massa dominaram de tal forma a cultura americana no último século que as pessoas necessariamente irão valer-se delas como um vocabulário comum, à medida que aprendem a utilizar a mídia participativa para seus próprios fins: "Não se pode produzir uma nova cultura a partir do nada. Estamos, hoje, como seres culturais, ocupando um conjunto de símbolos comuns e histórias que são fortemente baseadas nos produtos do período industrial. Se formos produzir nossa própria cultura, apresentando-a de forma legível, e produzi-la para uma nova plataforma que atenda nossas necessidades e conversações de hoje, devemos encontrar um modo de recortar, colar e remixar a cultura atual".[22]

A paródia representa um modo importante de se retrabalhar os materiais das mídias de massa para finalidades alternativas. Comerciais de televisão, por exemplo, muitas vezes fornecem modelos simples, facilmente reconhecíveis, para a representação de preocupações ideológicas. Um grupo chamado SmallMediaXL produziu uma série de paródias sobre as diferenças entre republicanos e democratas, tendo como modelo uma conhecida campanha publicitária do Mac/PC. Enquanto os comerciais da Apple apresentam o PC como um gerente de meia-idade barrigudo e o Mac como um livre pensador moderno, a SmallMediaXL apresenta os republicanos como "muito bons em cuidar de seus interesses nos grandes negócios" e os democratas como "sendo melhores nas coisas que têm a ver com pessoas". Neste caso, o modelo Mac/PC convida-nos a uma comparação entre os candidatos a presidente, criando novas *personas* que dramatizam as diferenças entre os dois maiores partidos e as consequências de suas políticas. Sem dúvida, os produtores lançaram mão de imagens e retórica publicitárias para expressar suas críticas por saberem que o poder da publicidade já assegurara que essa iconografia tinha profunda ressonância cultural e seria amplamente reconhecida por diversos espectadores potenciais.

Paródia em altos escalões

Em "The Spectacularization of Everyday Life" (A Espetacularização da Vida Cotidiana), Denise Mann discute como, em seus primórdios, a televisão utilizava a paródia para sinalizar sua relação desconfortável com o *glamour* de Hollywood, colocando sua tecnologia – e suas próprias estrelas – muito mais próximas do público do que seus congêneres no cinema.[23] A TV antiga costumava brincar com a distância entre Hollywood e a realidade, satirizando o estilo exageradamente dramático e os clichês, retratando os personagens televisivos (tais como Lucy, em *I Love Lucy*) como fãs que desejam se aproximar das estrelas de cinema, mas cujo acesso lhes é negado. Assim, esses programas ajudaram a televisão a galgar status social, enfatizando a autenticidade e a simplicidade de seu próprio estilo de representação do mundo. Algo semelhante ocorreu à medida que a mídia digital galgou sua própria posição na paisagem midiática. Como vimos no Capítulo 4, produtores amadores costumam sinalizar sua simplicidade e normalidade por meio da paródia, reconhecendo abertamente a distância entre seus limitados recursos econômicos ou técnicos, comparados ao entretenimento comercial mais bem acabado.

As estrelas de Hollywood muitas vezes adotavam a autoparódia quando apareciam nos primórdios da TV, mostrando que também estavam na brincadeira e conseguiam fazer os ajustes necessários para entrar em nossas casas, sob as condições da televisão. Algo semelhante ocorre quando os candidatos a presidente adotam a autoparódia como tática de campanha. Num exemplo famoso, o ex-presidente e a primeira-dama encenaram os momentos finais da série *Família Soprano*. Neste caso, "Hillary" e "Bill" procuram tornar-se mais próximos dos americanos médios, explorando uma tendência no YouTube na esteira do encerramento da série da HBO. Por meio das brincadeiras desse vídeo, sobre as tentativas de Hillary de controlar a dieta do marido e a dificuldade de Chelsea em fazer baliza para estacionar o carro, os Clintons esperavam perder um pouco da aura exagerada que conquistaram durante os anos na Casa Branca e reentrar no mundo dos eleitores. Uma candidata normalmente associada a uma campanha de guerra cultural contra a violência nas mídias procurou mostrar seu próprio vídeo de fã; uma candidata muitas vezes considerada tensa procurou mostrar que topava uma brincadeira.

CULTURA DA CONVERGÊNCIA

Ou veja o caso do comercial da campanha de Mike Huckabee, originalmente transmitido pela TV, mas também amplamente divulgado por meio do YouTube. A promessa, na abertura do segmento, de anunciar um importante plano de ação termina com uma piada: o ator de filmes de ação Chuck Norris é revelado como a política de segurança do governador de Arkansas para proteger a fronteira entre os EUA e o México. O vídeo, portanto, tenta estabelecer as credenciais de Huckabee como homem forte e destemido, mesmo brincando com sua necessidade de fazê-lo. O vídeo torna público – e satiriza – o papel das celebridades em endossar a política americana. E a campanha de Huckabee, reconhecidamente de parcos recursos, tinha a esperança de que a circulação alternativa atraísse a atenção da mídia comercial.

Fabricando discórdia

A retórica tradicional das campanhas enfatiza a seriedade das escolhas feitas pelos americanos, em vez dos prazeres de participar do processo político. Tanto os progressistas quanto os conservadores demonstraram desconforto com o tom e o conteúdo da cultura popular. Quase todas as tentativas de mobilizar a cultura popular para fins políticos são consideradas, desdenhosamente, como iniciativas para desvalorizar o discurso cívico.

Num livro recente, *Dream: Re-imagining Progressive Politics in an Age of Fantasy* (Sonho: reimaginar a política progressista em uma era de fantasia), Stephen Duncombe apresenta uma perspectiva diferente, afirmando que os políticos precisam superar a crítica automática do entretenimento popular como "armas de distração em massa" e aprender estratégias para "adotar e cooptar as técnicas do capitalismo espetacular e, o mais importante, transformá-las em ferramentas para mudanças sociais".[24] Fazendo um trocadilho com uma frase de Walter Lippman, trazida de volta ao público por meio da crítica de Noam Chomsky à propaganda (*Manufacturing Consent*, "Fabricando Consenso"), Duncombe pede aos progressistas que aprendam estratégias para "fabricar dissenso": "Devido aos ideais progressistas de igualitarismo e de uma política que valoriza a contribuição de todos, nossos sonhos não serão criados por esquerdistas experts em mídia e então transmitidos para que o restante de nós assista, consuma e acredite. Em vez disso, nossos espetáculos serão participativos: sonhos que o público poderá moldar e formatar sozinho. Eles serão ativos: espetáculos que funcionarão somente se as pessoas ajudarem a criá-lo. Serão ilimitados: preparando cenas para fazer perguntas e deixando silêncios para formular respostas. E serão transparentes: sonhos que as pessoas saberão ser sonhos, mas que terão o poder de atrair e inspirar. E, por fim, os espetáculos que criarmos não irão encobrir ou substituir a realidade e a verdade, mas irão encená-las e amplificá-las.[25]

Duncombe cita "Billionaires for Bush" como o principal exemplo desse novo tipo de espetáculo político. "Billionaires for Bush" utilizou teatro de rua para chamar a atenção para certos assuntos, como a reforma do financiamento de campanhas, concentração dos meios de comunicação e cortes de impostos para os ricos.

Procurando esquivar-se das tentativas dos críticos conservadores de tachar suas iniciativas como "luta de classes", o grupo adotou uma postura mais divertida, vestindo-se como caricaturas de ricos, aparecendo em pontos de campanha e cantando junto com partidários de Bush. Esses "Groucho Marxistas" incentivavam tanto partidários quanto espectadores a entrar na brincadeira, não apenas para caçoar de Bush, mas para encarar o ativismo político como uma atividade divertida. Como descrevemos no Capítulo 6, táticas divertidas semelhantes foram adotadas pela True Majority, durante a campanha de 2004 – incluindo a paródia de *O Aprendiz* em que George W. Bush é demitido por incompetência.

Como a visibilidade cultural do YouTube aumentou, mais ativistas têm adotado a abordagem da "diversão séria" da True Majority, criando vídeos de paródias como um modo mais divertido e prazeroso de discurso político. Veja, por exemplo, como e HP Alliance, discutido no Capítulo 5, formou uma parceria com o Wal-Mart Watch, grupo apoiado pelo Service Employees International Union (Sindicato Internacional dos Empregados de Serviços), como um ponto focal de crítica às práticas de emprego da rede Wal-Mart. O HP Alliance e a trupe de comediantes do Boston Late Night Players traduziram os planos do sindicato numa série de vídeos extravagantes e exagerados, retratando novas aventuras em Hogwarts, o mundo mágico de *Harry Potter*. Harry e Hermione (interpretada por um travesti) descobrem que lojas tradicionais no Beco Diagonal foram fechadas "por aquele supermercado cujo nome não se pode dizer". Se quiserem manter a magia em sua comunidade, Harry e seus amigos devem travar uma batalha contra Lorde Voldemort (cujo rosto sorridente esconde as más

362 | CULTURA DA CONVERGÊNCIA

intenções, como explorar os duendes, expulsar os concorrentes locais e recusar-se a oferecer planos de saúde para seus serviçais). Andrew Slack, do HP Alliance, disse a um repórter do *Chigago Tribune*: "Não queremos que as pessoas achem que estão recebendo um sermão. Queremos romper com isso e mostrar coisas pelas quais elas se interessem, e os seres humanos tendem a se interessar pelo riso".[26] A circulação dessas paródias, por sua vez, trouxe de volta as visitas ao site do Wal-Mart Watch, onde se podiam encontrar discussões mais diretas sobre o protesto contra a empresa.

Política quase sem política?

A maior parte do que se escreveu sobre os debates da CNN/YouTube pode ser enquadrada em termos de produtores e redes comerciais, ignorando quantos vídeos foram enviados por semiprofissionais ou mesmo cartunistas de vários jornais e revistas. Talvez compreendamos melhor os vídeos produzidos para os debates (ou aqueles que circularam pela Save the Internet) como algo surgido a partir da economia de *mixed media,* descrita por Yochai Benkler em *The Wealth of Networks.* Produtores com temas e fins diversos – agências governamentais, grupos ativistas, instituições educacionais, organizações sem fins lucrativos, comunidades de fãs – operam lado a lado, utilizando as mesmas ferramentas de produção e redes de distribuição. O YouTube constitui um portal compartilhado por meio do qual esses diversos grupos se unem para circular conteúdo e aprender práticas uns com os outros. Nesse espaço de distribuição compartilhado, alianças táticas de curto prazo entre esses grupos são comuns. No YouTube, torna-se cada vez mais difícil distinguir entre vídeos produzidos por fãs como um tributo divertido ao seu produto de mídia preferido, como *Harry Potter*, os produzidos por cidadãos médios procurando moldar a pauta das campanhas, os produzidos por organizações ativistas para promover um objetivo político específico e os produzidos por pequenos grupos de comédia tentando entrar na mídia comercial. Tais distinções talvez não sejam necessariamente produtivas, dadas as formas com que diversos intermediários alternativos se apropriam de conteúdos de todos os tipos e os circulam por meio de blogs, fóruns de discussão e redes sociais, muitas vezes sem considerar as circunstâncias de sua origem.

POSFÁCIO | 363

Um caso pertinente talvez seja a série de vídeos de *Obama Girl* (Garota Obama). O vídeo inicial, "I Got a Crush... on Obama" (Estou Apaixonada por Obama), foi produzido pelos publicitários Ben Relles e Rick Friedrich, em colaboração com a atriz e modelo Amber Lee Ettinger e o cantor e comediante Leah Kauffman. Esses profissionais da mídia queriam utilizar conteúdo sexy e irreverente para gerar um interesse que pudesse chamar a atenção para um site de comédia recém-lançado. No vídeo original, Obama Girl, vestida em trajes sumários, descreve como se apaixonou por Obama durante seu discurso na convenção do Partido Democrata de 2004, indica sua paixão crescente pelo homem e suas ideias ao acariciar pôsteres da campanha e beijar a fotografia dele num website, e tem o nome do candidato impresso na calcinha. Comentaristas de noticiários muitas vezes reduzem os interesses políticos femininos a qual candidato é o mais atraente, considerando-as mais como tietes de campanhas do que como cidadãs preocupadas. Os vídeos de Obama Girl recuperam essas representações, transformando os candidatos em personificações dessas fantasias eróticas femininas. As imagens em ritmo acelerado e os jogos de palavras com vários sentidos requerem uma decodificação cuidadosa, exigindo que os consumidores se informem mais sobre as campanhas, a fim de entender as piadas. Mas, assim como outros "aperitivos" midiáticos associados ao YouTube, eles também podem ser consumidos num nível mais casual, e não podemos explicar facilmente os diversos significados que surgiram à medida que esses vídeos foram espalhados por diferentes comunidades on-line, trocados entre amigos e colegas de trabalho, ou mobilizados por grupos ativistas e funcionários de campanhas.[27]

O interesse gerado pelos vídeos levou a risonha Obama Girl para o circuito de notícias da TV a cabo, onde ela se tornou mais uma especialista comentando a eleição. Os produtores anunciaram uma parceria com o Voter Vision, um programa de marketing de campanhas políticas que queria demonstrar o valor político do vídeo "viral". Em algum ponto ao longo do caminho, os vídeos tinham passado do entretenimento para o ativismo, de uma paródia da campanha para algo com fins explicitamente ativistas. A natureza escorregadia de tais distinções é sugerida pelo nome da empresa – "Política Quase Sem Política" (*Barely Political*).

Esse ambiente de mídia híbrido e a circulação ativa de conteúdo além de seus pontos de origem tornam difícil dizer a origem de qualquer vídeo específico – tanto no sentido literal quanto metafórico. Cada vez mais, estamos vendo

364 | CULTURA DA CONVERGÊNCIA

mídia alternativa falsa sendo produzida por poderosas instituições ou interesses econômicos – o que passou a ser conhecido como "*astroturf*".

Al Gore's Penguin Army (O Exército de Pinguins de Al Gore) talvez seja o melhor exemplo de uma paródia *astroturf* na Internet. Essa animação, uma paródia do documentário *Uma Verdade Inconveniente*, foi postada pela primeira vez por um usuário chamado Toutsmith, de Beverly Hills, mas uma investigação mais cuidadosa revelou que ela fora produzida profissionalmente pelo DCI Group, uma empresa de publicidade cujos clientes incluíam a General Motors e a Exxon Mobil; a empresa também tinha um histórico de produção de conteúdo para o Partido Republicano.[28]

Uma das paródias mais conhecidas da Internet, da campanha de 2007, um remix do comercial "1984", da Apple, em que Hillary Clinton substitui o Grande Irmão, tem uma história igualmente dúbia. O vídeo revelou-se uma criação de Phil de Vellis, um empregado da Blue State Digital, empresa de Internet que fornecia tecnologia tanto à campanha presidencial de Richardson quanto à de Obama. Como tanto a empresa quanto as campanhas procuraram afastar-se das atividades de De Vellis, ele foi obrigado a pedir demissão. Ele afirmou ao *The Huffington Post*:

> Fiz o anúncio "Vote Diferente" (*Vote Different*) porque queria expressar meus sentimentos sobre as primárias do Partido Democrata e porque queria mostrar que um único cidadão pode afetar o processo. Há milhares de outras pessoas que poderiam ter feito esse anúncio, e garanto que mais anúncios como esse – de pessoas de todas as convicções políticas – irão surgir. Isso mostra que o futuro da política americana está nas mãos de cidadãos comuns. As campanhas não tinham ideia de quem havia feito o vídeo – não tinha sido a campanha de Obama, nem a de Hillary Clinton, nem qualquer outra campanha. Fiz o anúncio num domingo à tarde, em meu apartamento, utilizando meu equipamento pessoal (um Mac e alguns programas de computador), fiz o upload no YouTube e enviei o link para alguns blogs... Não foi o primeiro anúncio feito por um cidadão, e não será o último. O jogo mudou.[29]

O jogo mudou, realmente, mas não está claro que jogo está sendo jogado, nesse caso, e por quem. Será que há outros vídeos assim, distribuídos por grupos ou campanhas, na esperança de manter desconhecimento de seu papel na geração de conteúdo? Que paralelos podem ser traçados entre esse material que circula sem fonte reconhecida e as iniciativas do grupo Swift Boat, quatro anos antes, que igualmente alegava independência da campanha de Bush?

Paródia como pedagogia

Não podemos reduzir a complexidade dessa ecologia midiática híbrida a simples distinções entre "de cima para baixo" e "de baixo para cima", profissional e amador, "de dentro" e "de fora", novas e velhas mídias, *astroturf* e alternativa, ou mesmo "diversão séria" e "política quase sem política". Num mundo assim, mídia alternativa e comercial podem orientar-se por interesses paralelos, mesmo agindo de maneira autônoma. Veja, por exemplo, um vídeo que a TechPresident identifica como um dos principais "vídeos gerados por eleitores" de 2007. O vídeo começa com um clipe de Joseph Biden brincando durante um debate, dizendo que cada frase de Rudolph Giuliani inclui "um substantivo, um verbo e o 11 de setembro", e segue com várias imagens de arquivo que mostram o ex-prefeito de Nova York se referindo ao 11 de setembro. O vídeo foi produzido e distribuído pelo *Talking Points Memo*, um dos blogs políticos progressistas mais visitados. Em muitos aspectos, tudo o que a paródia faz é amplificar a mensagem política do próprio Biden, apoiando suas afirmações de que Giuliani estava explorando uma tragédia nacional para seu próprio benefício político. O rápido acesso a ferramentas digitais de busca e arquivos on-line torna simples a operadores em pequena escala, como os blogueiros, esquadrinhar imensos volumes de imagens do noticiário e editar clipes para ilustrar suas ideias em questão de poucos dias. Essas rápidas práticas de resposta surgiram no final da campanha presidencial de 2004, em que tanto os partidários dos democratas quanto dos republicanos utilizaram vídeos amadores para sustentar suas interpretações conflitantes dos debates presidenciais (como a série de vídeos refutando a alegação de Dick Cheney de que nunca encontrara John Edwards antes).

Muitas vezes, essa tática divertida é descrita em termos da necessidade de adotar novas práticas retóricas para atingir os chamados "nativos digitais", uma geração de jovens que cresceu num mundo onde as facilidades tecnológicas das mídias participativas se tornaram corriqueiras. Pesquisadores discutem se esses jovens são, de fato, politicamente engajados, já que suas vidas cívicas assumem formas muito diferentes das de gerações anteriores. Esses jovens, por

CULTURA DA CONVERGÊNCIA

exemplo, são mais propensos a obter informações e notícias sobre o mundo através de programas humorísticos e blogs do que através do jornalismo tradicional. Há evidências conflitantes a respeito de sua disposição de votar, mas a maioria das pesquisas mostra que eles estão muito preocupados com questões como a guerra e o meio ambiente e dispostos a traduzir essas preocupações em serviços à comunidade. W. Lance Bennett contrasta duas concepções diferentes desses dados: sob o que ele denomina "paradigma da juventude desengajada", formas de cultura participativa "distrairiam" cidadãos emergentes de questões mais sérias, seduzindo-os com liberdades oferecidas por mundos virtuais, em vez de incentivá-los a transformar as instituições do mundo real. Sob o que ele denomina "paradigma da juventude engajada", não há separação rígida entre os tipos de engajamento cívico que esses jovens encontram por meio de seu envolvimento em associações de games ou a liberdade de expressão que experimentaram por meio da circulação de seus vídeos caseiros no YouTube e em outras formas de discurso de cidadão. Os jovens estão encontrando sua voz através das brincadeiras com a cultura popular e utilizando-a através da participação em projetos de serviço público ou em movimentos políticos diversos.[30]

A utilização da paródia em vídeos pode ser compreendida como uma tentativa de negociar essas duas perspectivas. Os jovens passaram a encarar o YouTube como uma plataforma para a expressão individual e coletiva; muitas vezes eles se sentem excluídos pela linguagem dos especialistas em política tradicional e pelo foco hermético de boa parte da cobertura noticiosa. A paródia oferece uma linguagem alternativa através da qual debates e abordagens de campanhas podem ser estruturados; uma linguagem que, como sugere Duncombe, toma como modelo a cultura popular, mas reage a diferentes imperativos éticos e políticos. O estilo muitas vezes "politicamente incorreto" das paródias na Internet opõe-se frontalmente à linguagem e às suposições através das quais as gerações anteriores debatiam a política pública. Tais vídeos podem não parecer a "política de sempre", mas as pessoas que produziram e circularam esses vídeos querem motivar jovens eleitores a participar do processo eleitoral. Esse modelo vê as paródias da Internet como trampolins para debates mais amplos – seja por meio de blogs e fóruns de discussão on-line, seja pessoalmente, entre pessoas reunidas na hora do cafezinho.

Essas paródias em vídeo trazem as questões para o nível humano, retratando Bush como um candidato num reality show, Romney como alguém com medo de encarar um boneco de neve, Giuliani como um obcecado pelo 11 de setembro, ou Edwards como um narcisista de cabelo fofo. Duncombe argumentou que os programas humorísticos de notícias, como *The Daily Show* ou *The Colbert Report*, fomentam um tipo de letramento cívico, ensinando os espectadores a fazer perguntas céticas a respeito de valores políticos cruciais e o processo retórico que as consubstanciam: "Ao fazerem isso, esses programas oferecem a oportunidade de algo mais, ou seja, criam a abertura para uma discussão sobre que tipo de processo político não seria brincadeira. Ao fazerem isso, estão preparando o palco para um tipo de diálogo muito democrático: um diálogo que faz perguntas, em vez de simplesmente declarar a verdade definitiva".[31] Podemos fazer uma conexão entre o argumento de Duncombe e a afirmação mais abrangente de Benkler de que viver dentro de uma cultura mais participativa muda a forma como compreendemos nosso lugar no mundo, mesmo que optemos por nunca participar ativamente. No entanto, há também o risco, salienta Duncombe, de que essa paródia "possa, de modo igualmente fácil, levar a uma aceitação resignada de que a política não passa de uma brincadeira, e o máximo que podemos esperar dela é uma boa gargalhada". Neste caso, o ceticismo dá lugar ao cinismo. Nada garante que uma política baseada em paródia irá fomentar um e não o outro.

As inconveniências da democracia digital

Se este capítulo for lido como uma defesa do Boneco de Neve como participante tão significativo e válido num debate sobre o futuro da democracia americana, ele é, na melhor das hipóteses, uma defesa qualificada. Tentei nos afastar da interpretação dos debates da CNN/YouTube através das lentes da revolução digital, a favor de um modelo baseado na interação cada vez mais complicada das velhas e novas mídias e na ecologia midiática híbrida que emergiu à medida que grupos com motivações e finalidades diferentes interagem através de portais de mídia compartilhados. Tentei ir além da ideia de que o Boneco de Neve representa uma banalização do debate político público, vendo a paródia como uma estratégia que diversos interessados (oficiais e não oficiais, comerciais e alternativos, artistas e ativistas) estão utilizando para os próprios fins, cada um procurando usar o YouTube como um centro de distribuição.

368 | CULTURA DA CONVERGÊNCIA

Embora eu acredite firmemente no potencial da cultura participativa de servir como um catalisador para a revitalização da vida cívica, nós ainda estamos aquém da completa realização desses ideais. Como observou John McMurria, a promessa democrática do YouTube como um site aberto à participação de todos é atenuada pela realidade de que a participação se distribui de forma desigual pela cultura. Uma plataforma aberta não garante, necessariamente, a diversidade.[32] Os mecanismos de moderação pelo usuário funcionam bem quando nos auxiliam a avaliar, coletivamente, os méritos das contribuições individuais e, assim, deixar em evidência o "melhor" conteúdo; e funcionam mal quando impedem a expressão dos pontos de vista das minorias e ocultam conteúdos impopulares e alternativos.

Chuck Tyron afirmou que a velocidade com que esses vídeos são produzidos e circulados pode enfraquecer os desejados objetivos pedagógicos e ativistas, desencadeando discussões efêmeras e superficiais entre consumidores, que estão sempre de olho da próxima novidade.[33] Para não dizer coisa pior, os comentários dos usuários postados no YouTube estão muito longe dos ideais de Habermas da esfera pública, como sugere a paródia de um blogueiro dos debates da CNN/YouTube. Neste caso, os candidatos interagem de um modo mais comumente associado às respostas on-line de vídeos postados:

> *Senador Christopger Dodd:* Ai meu Deus esse vídeo é totalmente gay.
> *Senador Barack Obama:* Cala a boca Dodd vc ofende quando fala gay assim.
> *Ex-senador Mike Gravel:* Dá uma olhada nos meus videos no youtube.com/user/gravel2008.
> *Republicano Dennis Kucinich:* respondendo sua pergunta, bush é um facista q só quer mais poder. Ele nem é presidente o cheny é. Eu ia ser diferente pq eu teria um vice-presidente que não ia tentar controlar tudo por traz dos bastidores.
> *Senadora Hillary Clinton:* CHENEY NÃO PODE SER PRESIDENTE POR QUE A CONSTITUIÇÃO DIZ QUE O VICE PRESIDENTE NÃO É O PRESIDENTE PORQUE VC NÃO TENTA LER A CONSTITUIÇÃO DE VES EM QUANDO???????!!!!![34]

Nessa paródia, o YouTube é mais associado à mutilação da sintaxe, à pobreza da ortografia, a informações erradas e à lógica fragmentada do que a qualquer grau de consciência política ou discurso cidadão. No entanto, o You-

POSFÁCIO | 369

Tube não pode ser interpretado de forma isolada, mas junto com diversos outros blogs e sites de relacionamento, onde muitas vezes se discute os vídeos com mais profundidade e substância.

O tom ofensivo da interação retratada na paródia capta uma parte da natureza sem limitações do diálogo político no YouTube. Numa eleição cujos candidatos incluem mulheres, afro-americanos e hispânicos, católicos e mórmons, grupos que, historicamente, têm sido sub-representados na vida política americana, a paródia on-line muitas vezes adota um humor racista, sexista e xenófobo, o que desestimula a participação das minorias ou as discussões além das diferenças ideológicas. Um gênero popular de paródia na Internet mostra disputas de ofensas entre Hillary Clinton e Barack Obama ou seus partidários (tipicamente representados por mulheres e minorias). Um protótipo desse estilo de humor foi o esquete da MADtv, que atraiu mais de meio milhão de espectadores quando foi postado on-line. O esquete termina com um partidário de Giuliani batendo palmas enquanto as duas campanhas dos democratas se atacam, sugerindo uma interpretação focada nos perigos das lutas internas do partido. Mas essa perspectiva não figura na reação do público ao vídeo, seja na forma de comentários postados no site (como a de uma pessoa que reclamou por estar sendo forçada a "optar entre um crioulo e uma mulher") ou vídeos gerados por produtores amadores (que muitas vezes levam o humor já exagerado do vídeo original a extremos ainda mais maldosos). Neste caso, a comédia "politicamente incorreta" fornece uma oportunidade para o público rir do espetáculo inconveniente de um conflito entre mulheres e afro-americanos, ou talvez ofereça uma justificativa para a expressão de calúnias e alegações antigas, mas ainda perniciosas – mulheres são inadequadas para o mandato público por causa "daquele período do mês"; negros são irresponsáveis porque são propensos a abandonar a família, ir para a cadeia e experimentar drogas.

Outro site postou diversas colagens feitas no Photoshop sobre a campanha, enviadas por leitores, inclusive algumas mostrando Hillary num macacão amarelo brandindo uma espada de samurai num pôster em tamanho natural de *Kill Bill*; Obama retratado como Borat numa paródia que brinca com seu nome estrangeiro; e Obama retratado como um motorista levando Hillary Clinton de carro para lá e para cá, no anúncio de um remake do filme *Conduzindo Miss Daisy* [*Driving Miss Daisy*] (1989).[35] Essas paródias utilizam o humor para colocar os candidatos e os eleitores das minorias de volta "ao seu lugar", sugerindo que mulheres e negros são candidatos inadequados ao posto mais alto da nação. Esse problema pode ter se originado na interação entre as novas e velhas mídias: suposições racistas e sexistas estruturaram o segmento da MADtv, brincando artificialmente com estereótipos de raça e sexo, ao mesmo tempo em que os reproduz; essas suposições racistas e sexistas talvez expliquem por que os fãs da Internet foram atraídos pelo programa, em primeiro lugar; as reações subsequentes amplificam seus aspectos problemáticos, embora as respostas amadoras sejam de um nível mais baixo do que permitiriam os padrões e práticas das redes de televisão.

Dessa forma, os produtores de paródias estão longe dos "espetáculos éticos" que Duncombe defende: "Um espetáculo ético progressista será aquele diretamente democrático, que rompe hierarquias, fomenta comunidades, permite a diversidade e se envolve com a realidade, enquanto formula possíveis novas realidades".[36] Em contrapartida, muitas das paródias que circulam no YouTube fazem o contrário – promovendo a autoridade tradicional, preservando hierarquias de raça e sexo, fragmentando comunidades, desencorajando a diversidade e recusando-se a imaginar qualquer tipo de ordem social diferente daquela que há tempos domina o governo americano. Falando a um repórter da *Mother Jones*, Lawrence Lessig explicou: "Se você olhar para as 100 coisas mais acessadas no YouTube ou no Google, vai constatar que não se trata de arte incontestável. Haverá muitas dúvidas de que se trata de política incontestável, também. Ainda podemos jogar sujo de várias formas, mas as formas tradicionais de jogo sujo ainda não desapareceram".[37] Tudo isso para sugerir que Romney teria enfrentado coisas muito mais assustadoras do que bonecos de neve, se tivesse se aventurado no espaço desconhecido e indomado do YouTube em vez de no espaço controlado e protegido fornecido pela CNN.

O advento de novas ferramentas de produção e canais de distribuição derrubou barreiras de entrada no mercado de ideias. Essas mudanças colocam recursos para o ativismo e a crítica social nas mãos de cidadãos comuns, recursos que já foram de domínio exclusivo dos candidatos, dos partidos e dos meios de comunicação de massa. Esses cidadãos cada vez mais se voltam para a paródia como uma prática retórica que lhes permite expressar o ceticismo em relação à "política de sempre", a escapar da linguagem excludente por meio da qual são conduzidas as discussões sobre política pública e a encontrar uma linguagem comum de imagens emprestadas que mobilizam o que eles conhecem

POSFÁCIO | 371

como consumidores, para refletir sobre o processo político. Essas práticas tornam indefinidas as fronteiras entre produtor e consumidor, entre consumidores e cidadãos, entre o comercial e o amador, e entre educação, ativismo e entretenimento, à medida que os grupos com motivações contraditórias utilizam a paródia para servir a seus próprios fins. Essas táticas estão atraindo aos debates muitos que prestariam pouca ou nenhuma atenção ao processo da campanha. Ao fazerem isso, trouxeram à tona tanto desigualdades na participação quanto hostilidades arraigadas entre grupos na sociedade americana. A democracia sempre foi um negócio complicado: a política da paródia não nos oferece uma saída fácil, mas oferece uma chance de reescrever as regras e transformar a linguagem através da qual nossa vida cívica é conduzida.

Para o bem ou para o mal, essa é a democracia na era da cultura da convergência. Nós, que nos preocupamos com o futuro da cultura participativa como um mecanismo para promover a diversidade e capacitar a democracia, não faremos nenhum bem ao mundo se ignorarmos o modo como nossa cultura atual está longe desses objetivos. Muitas vezes, existe a tendência de interpretar todas as mídias alternativas como "resistentes" às instituições dominantes, em vez de reconhecer que os cidadãos, às vezes, utilizam meios "de baixo para cima" para humilhar os outros. Muitas vezes, caímos na armadilha de ver a democracia como um desfecho "inevitável" da transformação tecnológica, em vez de algo pelo qual temos de lutar para alcançar, com todas as ferramentas disponíveis. Muitas vezes, procuramos refutar as críticas à cultura alternativa, em vez de tentar identificar e resolver conflitos e contradições que talvez a impeçam de alcançar seu potencial pleno. Muitas vezes, celebramos essas vozes alternativas que estão surgindo no mercado de ideias, sem considerar quais vozes permanecem presas do lado de fora. Como este livro sugeriu, o momento atual de transformação das mídias está provocando mudanças no modo como instituições cruciais operam. Todos os dias, vemos sinais de que práticas antigas estão sujeitas à mudança. Se quisermos caminhar em direção ao que Pierre Lévy chama de "utopia realizável", devemos continuar a fazer perguntas inquisitivas sobre as práticas e instituições que as estão substituindo. Devemos estar atentos às dimensões éticas pelas quais estamos gerando conhecimento, produzindo cultura e nos envolvendo juntos na política.

YOUTUBOLOGIA

anonymousAmerican – "Fuck You, CNN"
http://www.youtube.com/watch?v=xJRGb2zlBT0

Ask a Ninja Special Delivery 4, "Neutralidade na Net"
http://www.youtube.com/watch?v=H69eCYcDcuQ

Billiam, o Boneco de Neve – Debate CNN/YouTube: Aquecimento Global
http://www.youtube.com/watch?v=-0BPnnvI47Q

Billiam, o Boneco de Neve – Original
http://www.youtube.com/watch?v=BJpZD_pGCgk

Billiam, o Boneco de Neve Responde a Mitt Romney
http://www.youtube.com/watch?v=CtU9ReDhFiE

CNN, Boneco de Neve *versus* Romney
http://www.youtube.com/watch?v=NmVIm_JRHH4

Donald Trump Demite Bush
http://www.youtube.com/watch?v=5fKPKhXFxs4

"A América Deve Continuar a ser Linda"
http://www.youtube.com/watch?v=_R-FZsysQNw

Menina e a Margarida, Campanha Presidencial de Lyndon Joyhnson
http://www.youtube.com/watch?v=hr-rFuxT364

Bill Holt, Mitt Romney Encontra Jaguar
http://www.youtube.com/watch?v=Swr4JruUTpU

Hillary Clinton e a Paródia da *Família Soprano*
http://www.youtube.com/watch?v=shKJk3Rph0E

Jackie e Dunlap no Debate da CNN/YouTube
http://www.youtube.com/watch?v=ZrPnWoZTjlQ

John Edwards, "Hair"
http://www.youtube.com/watch?v=Y1qG6m9SnWI

MADtv, Hillary *versus* Obama
http://www.youtube.com/watch?v=YqOHquOkpaU

Mike Huckabee, "Chuck Norris Aprovou"
http://www.youtube.com/watch?v=MDUQW8LUMs8

Mckathomas, "Bombardeie o Irã"
http://www.youtube.com/watch?v=o-zoPgv_nYg

Garota Obama – Estou Apaixonada por Obama
http://www.youtube.com/watch?v=wKsoXHYICqU

ParkRidge47, "Vote Diferente"
http://www.youtube.com/watch?v=6h3G-lMZxjo

374 | CULTURA DA CONVERGÊNCIA

RCFriedman , Boneco de Neve Desafia Romney para um Debate
http://www.youtube.com/watch?v=e9RnExM4lu4&feature=related

RogerRmJet "John Edwards Sentindo-se Bonito"
http://www.youtube.com/watch?v=lJpNSJSab04

SmallMediaXL, "Sou Democrata, Sou Republicano"
http://www.youtube.com/watch?v=ApNyDMj7zLI

This Spartan Life, "Neutralidade na Net"
http://www.youtube.com/watch?v=3S8q4FUY5fc

Toutsmith, "O Exército de Pinguins de Al Gore"
http://www.youtube.com/watch?v=IZSqXUSwHRI

TPMtv, Sou Rudy Giuliani e Aprovo esta Mensagem
http://www.youtube.com/watch?v=qQ7-3M-YrdA

"YouTubers & Boneco de Neve se Unem CONTRA Romney!"
http://www.youtube.com/watch?v=8xvEH-6R16o

GLOSSÁRIO

Livros sobre mídia e cultura popular costumam ser criticados pelo uso de jargão acadêmico; contudo, as comunidades de fãs, de negócios e de criação têm suas próprias linguagens especializadas ao tratar das questões que este livro aborda. Ao escrevê-lo, preocupei-me deliberadamente em minimizar o uso de termos que impeçam minha capacidade de alcançar o espectro mais amplo possível de leitores, preferindo, onde possível, o termo já utilizado pela indústria midiática e seus arredores a termos que são utilizados principalmente em círculos acadêmicos. Mas, em razão de este livro atravessar múltiplas comunidades, cada uma com seus próprios jargões e gírias, elaborei este glossário dos termos principais. Muitas dessas palavras ou frases possuem múltiplos significados em diferentes contextos; meu foco está na forma em que são empregadas nas discussões deste livro. Um de meus objetivos, ao escrever esta obra, foi investir em uma linguagem comum que permita maior colaboração e negociação entre os setores em que a transformação midiática está ocorrendo.

501s/527s: grupos políticos surgidos em resposta ao McCain-Feingold Act e que patrocinam sua própria publicidade, independente das campanhas oficiais.

376 | CULTURA DA CONVERGÊNCIA

A Besta (The Beast): jogo criado para ajudar a promover o filme *A.I. – Inteligência Artificial*, de Steven Spielberg, exemplo importante de um dos primeiros jogos de realidade alternativa.

Alojamento dos perdedores: gíria dos fãs para o lugar onde os competidores de *Survivor* ficam quando, por votação, são eliminados do programa.

Anime: animação de produção japonesa ou inspirada em estilos japoneses de animação.

Arco: estrutura narrativa televisiva em que roteiros secundários são desenvolvidos em múltiplos episódios, às vezes até em uma temporada inteira ou, em casos extremos, durante toda a série.

Astroturf: termo empregado em política para se referir a conteúdo "falsamente alternativo", que muitas vezes circula sem reconhecimento de sua fonte.*

Ativadores culturais: meu termo para textos que funcionam como catalisadores, desencadeando um processo de construção compartilhada de significados.

Atrações fatais: segundo Phil Armes, obras aparentemente inocentes, mas que atraem as crianças para o envolvimento com o ocultismo.

Atratores culturais: termo de Pierre Lévy para os modos como fãs e críticos se aglutinam em torno de textos considerados uma oportunidade valiosa para a construção de significados e de avaliações.

Autoria cooperativa: termo cunhado neste livro para referir-se a situações em que o autor central de uma franquia abre espaço à participação de outros artistas para moldar a franquia de forma consistente com sua coerência geral, mas permitindo o surgimento de novos temas ou a introdução de novos elementos.

Bloguismo: "blogging", em inglês, abreviação de "web logging" (registro de informações na web), o termo inicialmente se referia a uma plataforma tecnológica que permitia atualização fácil e rápida de conteúdo na web. Cada vez mais, passou a se referir a uma forma de publicação de origem alternativa, em resposta a informações que circularam em outros blogs ou nas mídias comerciais.

Botinadas (Boots): no fandom de *Survivor*, o termo é utilizado para se referir à eliminação, por meio de votação, dos competidores da série.

---

* *Astroturf* é uma marca de grama sintética, e este uso é resultado de um trocadilho com o termo *grassroots* (alternativo). [N. de T.]

GLOSSÁRIO | 377

Brain Trusts: grupos de elite de *spoilers* que trabalham em listas fechadas e disponibilizam suas descobertas à comunidade maior.

Buscadores: segundo os fundamentalistas cristãos, aqueles que ainda não aceitaram Cristo em suas vidas.

Cânone: conjunto de textos que a comunidade de fãs aceita como parte legítima da franquia de mídia, "amarrando", assim, as especulações e elaborações dos fãs.

Capacidade enciclopédica: segundo Janet Murray, as propriedades que contribuem para a percepção de que um universo ficcional é extenso e abrangente e estimula o leitor a explorações adicionais.

Capital emocional: termo cunhado pelo presidente da Coca-Cola, Steven J. Heyer, para designar o modo como o investimento emocional dos consumidores em marcas e conteúdos de mídia intensifica o valor da marca.

Casuais: termo da indústria para espectadores que mantêm fidelidade mínima a determinados programas, aos quais assistem só quando lembram, às vezes se distraindo, caso o episódio não prenda sua atenção.

Cheat codes: senhas que permitem pular ou destravar níveis ocultos ou previamente travados num jogo eletrônico.

Cidadão monitor: segundo Michael Schudson, a ideia de que os cidadãos podem monitorar coletivamente a evolução de situações, concentrando maior atenção em problemas pontuais e acessando conhecimento *ad hoc*.

Cinema de action figures: filmes feitos por fãs que utilizam animação *stop motion* para encenar histórias usando *action figures* (bonecos) como personagens.

Cinema digital: termo que se refere a filmes produzidos com a utilização de câmeras digitais, exibidos através de projeção digital, aprimorados por efeitos digitais ou distribuídos pela web. Neste livro, estamos nos referindo principalmente aos filmes distribuídos pela web.

Clipes musicais: vídeos musicais amadores que combinam imagens extraídas de filmes e programas de televisão com canções populares.

Cloudmakers: a mais conhecida comunidade de inteligência coletiva, que trabalhou para decifrar The Beast (A Besta).

Cocriação: sistema de produção em que as empresas, representando diferentes plataformas de mídia, trabalham juntas a partir da conceituação de uma

378 | CULTURA DA CONVERGÊNCIA

propriedade, assegurando maior colaboração e plena integração de textos de mídia relacionados.

Combination platter: termo cunhado por Ang Lee para se referir a filmes que tomam emprestado múltiplas tradições culturais, mais especificamente obras que combinam influências asiáticas e ocidentais a fim de circularem no mercado global.

Complexidade: termo usado por escritores como Steven Johnson e Jason Mittel para descrever as características dos novos programas de televisão que exigem mais da cognição individual e social de seus consumidores.

Compreensão adicional: segundo Neil Young, expansão das possibilidades interpretativas que ocorre quando as franquias ficcionais se estendem a múltiplos textos e meios de comunicação.

Comunidades de marca: segundo Robert Kozinets, grupos sociais que compartilham vínculos comuns com determinadas marcas e produtos.

Conhecimento coletivo: segundo Pierre Lévy, a soma total de informações retidas individualmente pelos membros de uma comunidade de conhecimento, que podem ser acessadas em resposta a uma determinada pergunta.

Conhecimento compartilhado: segundo Pierre Lévy, informações consideradas verdadeiras e conhecidas por todos os membros de uma comunidade de conhecimento.

Conhecimento distribuído: segundo James Gee, conhecimento detido por um espaço de afinidade, mas não necessariamente conhecido por cada indivíduo participante.

Construção de universos: processo de planejamento de um universo ficcional que irá sustentar o desenvolvimento de uma franquia, universo que deve ser detalhado o bastante para permitir o surgimento de muitas histórias diferentes, porém suficientemente coerentes para que cada história dê a impressão de se ajustar às outras.

Consumidores inspiradores: segundo Kevin Roberts, consumidores mais obstinados e comprometidos com uma determinada marca, os mais ativos em demonstrar publicamente suas preferências por marcas, mas que também exercem pressão na empresa produtora para assegurar a fidelidade a certos valores da marca.

Contestações: tentativas de impedir o uso de certos livros em sala de aula e sua circulação em bibliotecas.

GLOSSÁRIO | 379

Conteúdo gerado pelo usuário: termo da indústria usado para se referir a conteúdo enviado por consumidores, muitas vezes num contexto em que a empresa reafirma sua propriedade intelectual e lucra com o conteúdo enviado de graça por sua "comunidade".

Convergência: palavra que define mudanças tecnológicas, industriais, culturais e sociais no modo como as mídias circulam em nossa cultura. Algumas das ideias comuns expressas por este termo incluem o fluxo de conteúdos através de várias plataformas de mídia, a cooperação entre as múltiplas indústrias midiáticas, a busca de novas estruturas de financiamento das mídias que recaiam sobre os interstícios entre antigas e novas mídias, e o comportamento migratório da audiência, que vai a quase qualquer lugar em busca das experiências de entretenimento que deseja. Talvez, num conceito mais amplo, a convergência se refira a uma situação em que múltiplos sistemas de mídia coexistem e em que o conteúdo passa por eles fluidamente. Convergência é entendida aqui como um processo contínuo ou uma série contínua de interstícios entre diferentes sistemas de mídia, não uma relação fixa.

Convergência alternativa: fluxo informal e às vezes não autorizado de conteúdos de mídia quando se torna fácil aos consumidores arquivar, comentar os conteúdos, apropriar-se deles e colocá-los de volta em circulação.

Convergência corporativa: fluxo comercialmente direcionado de conteúdos de mídia.

Convergência cultural: mudança na lógica pela qual a cultura opera, com ênfase no fluxo de conteúdos pelos canais de mídia.

Convergência tecnológica: combinação de funções dentro do mesmo aparelho tecnológico.

Cultura comercial: cultura que surge num contexto de produção industrializada e circulação comercial.

Cultura de massa: sistema em que bens culturais são produzidos e distribuídos em massa.

Cultura do conhecimento: segundo Pierre Lévy, uma comunidade que surge em torno do compartilhamento e da avaliação de conhecimento.

Cultura do consenso: termo de David Thornburn para obras culturais que surgem nos canais de mídia comerciais à medida que elas buscam identificar ideias e sentimentos entre os consumidores.

380 | CULTURA DA CONVERGÊNCIA

Cultura dos fãs: cultura produzida por fãs e outros amadores para circulação na economia *underground* e que extrai da cultura comercial grande parte de seu conteúdo.

Cultura participativa: cultura em que fãs e outros consumidores são convidados a participar ativamente da criação e da circulação de novos conteúdos.

Cultura popular: materiais culturais que foram apropriados e integrados à vida cotidiana de seus consumidores.

Cultura tradicional: cultura que surge num contexto onde a criatividade ocorre no nível popular e alternativo (não comercial), onde as habilidades são passadas adiante por meio da educação informal, a troca de bens é recíproca e baseada em intercâmbio ou doação, e onde todos os criadores podem extrair material de tradições e imagens compartilhadas.

Cultura vernácula: meu termo para a cultura gerada por amadores, termo que tem por intuito sugerir paralelos entre a cultura tradicional e a cultura dos fãs.

Culture jamming: termo popularizado por Mark Dery que se refere às tentativas de organizações alternativas de inserir "ruídos" no processo de comunicação, desafiando ou interferindo no fluxo da mídia corporativa.

Decadência dos decadentes: segundo Grant McCracken, a influência reduzida de *gatekeepers* tradicionais que impediam certas formas de expressão cultural de alcançar a cultura predominante.

Digitalização: processo pelo qual imagens, sons e informações são transformados em *bytes* de informação que podem fluir pelas plataformas de mídia e serem facilmente reconfigurados em diferentes contextos.

Discernimento: movimento contemporâneo cristão que se envolve com a cultura popular por meio de exercícios de julgamento moral, encarando isso como um modo de compreender "aquilo em que os não crentes acreditam".

Divergência: diversificação dos canais de mídia e mecanismos de distribuição. Segundo Ithiel de Sola Pool, convergência e divergência são parte do mesmo processo de transformação midiática.

Diversão séria: termo cunhado pelo grupo True Majority para se referir à fusão entre ativismo político e cultura popular.

E se? (I Wonder Ifs): gênero definido pelo Sugar Quill, em que fãs especulam sobre possibilidades narrativas sugeridas mas não retratadas explicitamente na obra original.

GLOSSÁRIO | 381

Ecologia midiática híbrida: inspirado na discussão de Yochai Benkler sobre a "riqueza das redes", este termo refere-se a sites em que produtores comerciais, governamentais, educacionais, ativistas, sem fins lucrativos e amadores operam lado a lado, muitas vezes resultando em colaborações inesperadas.

Economia afetiva: novo discurso em marketing e pesquisa de marcas que enfatiza o envolvimento emocional dos consumidores com a marca como uma motivação fundamental em suas decisões de compra.

Ecoturismo: viagem inspirada pelo desejo de se envolver com ambientes naturais intocados ou subdesenvolvidos.

Educação informal: aprendizado que ocorre fora da sala de aula, incluindo programas extracurriculares, educação dos filhos em casa (homeschooling) e aulas em museus e outras instituições públicas, bem como o aprendizado menos estruturado que ocorre à medida que as pessoas deparam com novas ideias por meio das mídias ou de suas interações sociais.

Enclaves digitais: termo de Cass Sunstein para as comunidades on-line que atingiram alto grau de consenso de ideias e resistem a argumentos externos.

Entretenimento multiplataforma: segundo Danny Bilson, forma de narrativa que se apresenta em múltiplos canais de entretenimento, mais ou menos sinônimo do que este livro chama de narrativa transmídia.

Envolvimento: conceito ilusório empregado pela indústria do entretenimento para falar sobre um relacionamento desejado com os consumidores. Dependendo da pessoa com quem se está falando, um espectador envolvido tem um grau mais alto de fidelidade a determinado programa, é atento durante a transmissão, pode falar com os outros sobre o conteúdo do programa e preserva o relacionamento por meio do consumo de materiais transmídia adicionais.

Espaços de afinidades: Segundo James Gee, espaço onde ocorre o aprendizado informal, que se caracteriza, entre outras coisas, pelo compartilhamento de conhecimento e expertise com base em afiliações voluntárias.

Espetáculo ético: termo cunhado por Stephen Duncombe para se referir ao modo como grupos ativistas podem utilizar aspectos da cultura popular com o objetivo de transformar a sociedade.

Expressão: sistema emergente de medição da participação e do envolvimento do público em relação a conteúdos de mídia, proposto pela Initiative Media

382 | CULTURA DA CONVERGÊNCIA

com base em pesquisa realizada pelo Programa de Estudos de Mídia Comparada do MIT – Massachusetts Institute of Technology.

Extensão: tentativa de expandir os mercados potenciais pela circulação de marcas e conteúdos pelos diversos sistemas de distribuição.

Falácia da Caixa Preta: tentativa de reduzir a convergência a um modelo puramente tecnológico e identificar qual caixa preta será o nexo através do qual os futuros conteúdos de mídia irão fluir.

Fan fiction ou "fanfic": termo que se refere, originalmente, a qualquer narração em prosa com histórias e personagens extraídos dos conteúdos dos meios de comunicação de massa, mas rejeitada pela LucasArts, que, em suas normas para produtores e diretores de filmes digitais, exclui qualquer obra que procure "expandir" seu universo ficcional.

Fansubbing: tradução e legendagem amadoras de desenhos animados japoneses.

Festivais de marca (Brand fests): termo da indústria para eventos sociais (patrocinados por empresas ou fãs) que reúnem um grande número de consumidores, altamente comprometidos, de determinada marca ou produto, propiciando oportunidades para indicações de consumo, formação de redes sociais e troca de conhecimento.

Fiéis: segundo o discurso comum da indústria, espectadores mais dedicados de determinadas séries, com frequência aqueles para quem o programa é um favorito. Fiéis apresentam maior probabilidade de retornar a cada semana, maior probabilidade de assistir a um episódio inteiro, maior probabilidade de buscar informações adicionais em outros canais de mídia e maior probabilidade de se lembrar das marcas anunciadas durante a série.

Filmes caseiros (home movies): filmes produzidos principalmente para consumo particular, que muitas vezes documentam a vida familiar e doméstica, de modo geral considerados tecnicamente rudimentares e sem interesse a um público maior.

Filmes cult: segundo Umberto Eco, filmes que fornecem oportunidades para exploração e domínio dos fãs.

Filmes públicos: em contraposição aos filmes caseiros, filmes produzidos por amadores com a intenção de circular além da família e dos amigos do cineasta, cujo conteúdo consiste de mitologias compartilhadas, muitas vezes apropriado dos meios de comunicação em massa.

GLOSSÁRIO | 383

Franquia: operação coordenada para imprimir uma marca e um mercado a um conteúdo ficcional, no contexto dos conglomerados de mídia.

Hibridismo: quando um espaço cultural absorve e transforma elementos de outro, quase sempre uma estratégia por meio da qual culturas nativas reagem à influência dos conteúdos da mídia ocidentalizada, apropriando-se deles.

Hibridismo corporativo: processo através do qual poderosas empresas de mídia absorvem elementos de outras tradições culturais – por exemplo, de outras tradições nacionais, ou de movimentos subculturais ou de vanguarda – para impedir uma potencial concorrência em seus mercados.

Hipersociabilidade: segundo Mizuko Ito, princípio da cultura popular japonesa em que informações e experiências da história são planejadas para serem compartilhadas "ponto a ponto" pelos participantes, pessoalmente ou pela Internet.

Imersão: forte identificação fantasiosa ou vínculo emocional com um ambiente ficcional, muitas vezes definida como "escapismo" ou "sensação de estar lá".

Impressão: medição tradicional de audiência da indústria de entretenimento, essencialmente uma contagem do número de "olhos" ("eyeballs") assistindo a um determinado segmento de mídia em determinado momento.

Incerteza devido à ignorância: segundo Mary Beth Haralovich e Michael W. Trosset, situação cujo resultado não é conhecido porque informações são desconhecidas ou estão sendo retidas.

Incerteza devido ao acaso: segundo Mary Beth Haralovich e Michael W. Trossett, situação cujo resultado não é conhecido porque será determinado, ao menos em parte, por fatores aleatórios.

Integração horizontal: estrutura econômica em que empresas possuem interesses em uma série de indústrias diferentes, mas relacionadas entre si, em oposição ao controle da produção, distribuição e venda dentro da mesma indústria.

Inteligência coletiva: termo de Pierre Lévy para se referir à capacidade de comunidades virtuais de alavancar o conhecimento e a especialização de seus membros, normalmente pela colaboração e discussão em larga escala. Lévy considera a inteligência coletiva uma nova forma de poder, com os mesmos efeitos do poder das migrações, do Estado-nação e do capitalismo de massa.

384 | CULTURA DA CONVERGÊNCIA

Interatividade: potencial de uma nova tecnologia de mídia (ou de textos produzidos nessa mídia) para responder ao feedback do consumidor. Os fatores determinantes da interatividade (que é, quase sempre, pré-estruturada ou pelo menos possibilitada pelo designer) se contrapõe aos fatores sociais e culturais determinantes da participação (que é mais ilimitada e, de maneira geral, moldada pelas escolhas do consumidor).

Intermediários alternativos: participantes – por exemplo, blogueiros ou líderes de grupos de fãs – que moldam ativamente o fluxo de conteúdo de mídia, mas que operam fora de qualquer sistema corporativo ou governamental.

Intertextualidade: as relações entre textos que ocorrem quando uma obra se refere a outra, ou aos seus personagens, expressões, situações ou ideias.

Jogos de realidade alternativa (alternative reality games): segundo Jane McGonigal, "drama interativo jogado on-line e em espaços do mundo real, ocorrendo em várias semanas ou meses, no qual dezenas, centenas, milhares de jogadores se encontram on-line, formam redes sociais de colaboração e trabalham juntos para resolver um mistério ou um problema que seria absolutamente impossível resolver sozinho".

Leitura beta: processo de revisão entre escritores dentro de comunidades de fãs, em que escritores mais experientes guiam participantes mais novos, ajudando-os a aperfeiçoar seu trabalho para publicação.

Libertação: segundo Paul Duguid, a ideia de que uma nova tecnologia liberta os usuários das restrições impostas por instituições e tecnologias midiáticas anteriores.

Licença para brincar: segundo Anne Haas Dyson, o direito de assumir um papel ficcional nas brincadeiras de crianças, com base na semelhança com os personagens representados no livro.

Licenciamento: sistema em que a empresa de mídia central – quase sempre um estúdio de cinema – vende a outras empresas os direitos de desenvolver produtos derivados associados à franquia, embora muitas vezes estabeleça limites estritos ao que essas empresas podem fazer com a propriedade.

Lista de argumentos: argumentos construídos por campanhas para serem utilizados por partidários.

Lovemarks: termo cunhado por Kevin Roberts, CEO mundial da Saatchi & Saatchi, para se referir às empresas que provocam um investimento emocional

GLOSSÁRIO | 385

tão forte por parte dos consumidores, que acabam conquistando uma "fidelidade além da razão".

Machinima: junção das palavras máquina (*machine*, em inglês) e cinema, o termo refere-se à animação digital em 3-D criada em tempo real utilizando mecanismos de jogos eletrônicos.

Madison + Vine: termo da indústria que se refere à potencial colaboração entre produtores de conteúdo e anunciantes na conformação completa da experiência emocional de uma franquia de mídia, com o intuito de motivar as decisões dos consumidores.

Mangá: histórias em quadrinhos e graphic novels produzidas por japoneses.

Manhua: estilo peculiar de histórias em quadrinhos originado em Hong Kong.

Mar em Fúria: metáfora utilizada por Joe Trippi, inspirada no filme de mesmo nome (*Perfect Storm*, 2000), para se referir à chegada simultânea das mudanças em tecnologias, práticas de campanha, organização popular e opinião pública.

Marketing viral: formas de promoção que dependem de os consumidores passarem adiante informações ou materiais para seus amigos e familiares.

Meios de comunicação: segundo a definição de Lisa Gitelman, "estruturas de comunicação realizadas socialmente, em que estruturas incluem tanto as formas tecnológicas quanto seus protocolos concomitantes, e em que a comunicação é uma prática cultural".

Mídia mix: segundo Mizuko Ito, abordagem de narrativa surgida no Japão em que as informações são difundidas por radiodifusão, tecnologias móveis, itens de coleção e locais de entretenimento.

Mídia: neste livro, o termo é utilizado como sinônimo de **Meios de Comunicação**.

MMORPGs: Massively Multiplayer Online Role-Playing Games – jogos de RPG para múltiplos jogadores on-line.

Modders: designers amadores de games, que quase sempre modificam games comerciais interessantes.

Modificações (Mods): modificações amadoras de jogos eletrônicos comerciais.

Momentos perdidos (**Missing moments**): gênero definido pelo Sugar Quill, em que os fãs preenchem as lacunas entre os eventos apresentados.

Monomito: segundo Joseph Campbell, estrutura conceitual resultante da análise cultural cruzada das maiores religiões do mundo. O Monomito de

386 | CULTURA DA CONVERGÊNCIA

Campbell foi adotado pela literatura voltada a roteiristas e designers de jogos e transformou-se no que se chama hoje de "jornada do herói", uma tentativa de aproveitar as estruturas míticas para a cultura popular contemporânea.

MUD (Multiple User Domain): domínio multiusuários, um dos primeiros protótipos de comunidade on-line, que permitia a interação de múltiplos usuários por meio de textos.

Narrativa transmídia: histórias que se desenrolam em múltiplas plataformas de mídia, cada uma delas contribuindo de forma distinta para nossa compreensão do universo; uma abordagem mais integrada do desenvolvimento de uma franquia do que os modelos baseados em textos originais e produtos acessórios.

Notificação (cease-and-desist letter): carta emitida pelo detentor de direitos comerciais ameaçando tomar medidas legais contra a pessoa considerada infratora de seus direitos autorais, exigindo, por exemplo, a imediata remoção de qualquer material pirateado.

Paradigma da juventude desengajada: expressão cunhada por W. Lance Bennett para se referir à preocupação de que os jovens estão deixando de exibir as marcas tradicionais de engajamento cívico e estão se refugiando em mundos de fantasia que têm pouco a ver com a solução de problemas do mundo real.

Paradigma da juventude engajada: expressão cunhada por W. Lance Bennett para se referir ao argumento de que os jovens estão desenvolvendo mais engajamento cívico e consciência social por meio de seu envolvimento com cultura participativa.

Paradigma do expert: segundo Peter Walsh, estrutura de conhecimento subordinada a um corpo de conhecimento limitado que possa ser dominado por um indivíduo e, muitas vezes, subordinada à autorização conferida a indivíduos por instituições de ensino superior.

Paródia: na lei de direitos autorais, refere-se a obras que se apropriam de conteúdo protegido por direitos autorais e o transformam, com o intuito de fazer comentário crítico.

Participação: formas de engajamento do público moldadas pelos protocolos sociais e culturais, e não pela tecnologia em si.

GLOSSÁRIO | 387

Pele: máscara ou *persona* digital projetada para ser inserida no ambiente de um jogo eletrônico, uma das abordagens mais simples e difundidas de modificação amadora de jogos eletrônicos comerciais.

Pixelvision: câmera de vídeo de brinquedo de baixo custo, criada pela Fisher-Price, que permitia às crianças brincarem de cineastas, mas que se tornou a tecnologia escolhida de uma série de cineastas amadores e de vanguarda.

Plenitude: segundo Grant McCracken, estado cultural que surge num período de proliferação de canais de mídia e opções de consumidores, aliado à diminuição da influência de *gatekeepers* culturais e econômicos.

Poder de marginalizar: poder exibido pelas redes das mídias de massa quando incorporam e banalizam conteúdo gerado por produtores alternativos.

Poder de negar: poder exibido quando comunidades alternativas procuram utilizar oportunidades autorizadas para participar, a fim de perturbar os processos normais de operação das mídias de massa.

Ponto de virada: termo que se refere ao momento em que um paradigma emergente atinge massa crítica e transforma as práticas e instituições existentes.

Pontos de Vista Alternativos (Alternative Points of View): gênero definido pelo Sugar Quill, em que histórias familiares são recontadas do ponto de vista de personagens diferentes, ajudando a preencher as lacunas em nossa compreensão de suas motivações.

Primeira opção midiática: segundo George Gilder, a ideia de que os novos sistemas de mídia serão baseados em princípios da difusão estreita, que permitem um alto grau de customização e uma série maior de opções, para que cada consumidor obtenha o conteúdo que quiser, em vez de escolher o programa menos objetável.

Programa menos objetável: a ideia, comum no discurso da indústria, de que os espectadores não assistem a programas que adoram, mas à melhor opção disponível na televisão numa determinada grade de programação.

Protocolos: segundo Lisa Gitelman, conjunto de práticas econômicas, legais, sociais e culturais que surgem em torno de uma nova mídia.

Pull media ("mídia puxada"): mídia em que os consumidores devem buscar as informações, como a Internet.

Puppetmaster (mestre dos fantoches): a pessoa que cria e facilita um jogo de realidade alternativa.

Push media ("mídia empurrada"): mídia em que o conteúdo vem ao consumidor, como a radiodifusão.

Quatro finalistas: os competidores de *Survivor* que conseguem ficar até o último episódio.

Recapitulações: resumos postados na Internet, frequentemente em tom sarcástico, de programas de televisão.

Recursos (Assets): qualquer elemento criado no processo de produção. Cada vez mais, os recursos são digitalizados, para que possam ser compartilhados por todas as plataformas de mídia envolvidas numa franquia.

Regimes de verdade: segundo John Hartley, as normas e práticas que moldam o modo como determinada mídia ou mídias representam o mundo real e o modo como as audiências avaliam o valor informacional dessas representações.

Revolução digital: o mito de que as novas tecnologias midiáticas irão substituir sistemas de mídia mais antigos.

Salvos: segundo os fundamentalistas cristãos, os que aceitaram Cristo como seu salvador pessoal.

Sinergia: oportunidades econômicas que surgem em um contexto de integração horizontal, em que um conglomerado de mídia conduz negócios em múltiplos canais de distribuição.

Slash: gênero da *fan fiction* – ou da produção cultural feita por fãs, de maneira geral – que imagina uma relação homoerótica entre personagens ficcionais extraídos de textos das mídias de massa.

Smart mobs: termo cunhado por Howard Rheingold para se referir à capacidade das pessoas, utilizando aparelhos de comunicação móveis e em rede, de se organizar e reagir, em tempo real, a determinadas situações.

Sock Puppet: "fantoche", segunda identidade ou pseudônimo utilizado por um participante antigo de listas de discussão na Internet, muitas vezes com o propósito de circular informações ou propor ideias sem causar danos à sua reputação.

Sourcing: dentro da comunidade de *spoiling*, obter informações de fontes diretamente envolvidas na produção que podem ou não ter o nome revelado.

Spin: esforço das campanhas eleitorais e outros grupos políticos para moldar a reação do público a eventos e mensagens.

GLOSSÁRIO | **389**

Spin "faça você mesmo": lista de argumentos políticos distribuída por campanhas, com o objetivo de ser adotada, em nível popular, pelos partidários.

Spoiling: inicialmente, este termo referia-se a qualquer revelação sobre o conteúdo de uma série de televisão que talvez não fosse do conhecimento de todos os participantes de uma lista de discussão na Internet. Gradualmente, *spoiling* passou a significar o processo ativo de localizar informações que ainda não foram ao ar na televisão.

Sucksters: participantes da lista de discussão Survivor Sucks (Survivor é Uma Droga).

Tecnologias de distribuição (Delivery Technologies): tecnologias relativamente transitórias – como o MP3 player ou a antiga fita cassete, que facilitam a distribuição dos conteúdos de mídia.

Teleturismo: viagem inspirada pela televisão, como visitas a locações onde se passam ou são filmados seriados de TV.

Televisão com hora marcada (Appointment Television): programas a que os espectadores decidem conscientemente assistir, em oposição aos programas a que assistem por acaso, enquanto zapeiam pelos canais.

Toca do coelho: pontos de acesso a uma experiência de jogo de realidade alternativa.

Trabalho gratuito: termo empregado por críticos da Web 2.0 para apontar a dependência dessas empresas do trabalho criativo e não remunerado de suas comunidades.

Transcriação: termo cunhado pela Marvel Comics para falar sobre seu projeto *Homem-Aranha: Índia*, referindo-se ao processo de reinventar e adaptar uma franquia ficcional existente a fim de torná-la mais aceitável e atraente a um determinado mercado nacional.

Transição midiática: fase durante a qual os entendimentos sociais, culturais, econômicos, tecnológicos, legais e políticos dos meios de comunicação se reajustam em face de uma mudança que produz ruptura.

Único sobrevivente: termo comum para o vencedor de *Survivor*.

Unicórnio de origami: cunhado por Neil Young após o acréscimo de um pequeno detalhe na versão do diretor de *Blade Runner* que motivou especulações de que o protagonista, Deckard, era um replicante; o termo refere-se a qualquer elemento adicionado a um texto que possa provocar uma reconsideração de outras obras da mesma franquia.

390 | CULTURA DA CONVERGÊNCIA

Uso aceitável (Fair use): na lei americana de direitos autorais, defesa legal para certas formas de cópia e citação que reconhece os direitos, por exemplo, de jornalistas e acadêmicos de citarem uma obra para fins de comentário crítico.

Utopia realizável: termo cunhado por Pierre Lévy para designar as maneiras como seus ideais de inteligência coletiva podem informar e motivar avanços em direção à concretização de seus objetivos.

Web 2.0: termo cunhado por Tim O'Reilly para se referir a novos tipos de empresas de mídia que utilizam redes sociais, conteúdo gerado pelo usuário ou conteúdo moderado pelo usuário. O'Reilly considera essas empresas como criadoras de novos tipos de valor, através do suporte da cultura participativa e da exploração da inteligência coletiva de seus consumidores.

Wizard rock: gênero de música produzida por fãs, focado nos personagens e temas encontrados nos livros de *Harry Potter*. O *wizard rock* é tocado em convenções e distribuído por meio de sites de relacionamento, como o MySpace.

Zapeadores: termo da indústria para telespectadores impacientes e inquietos que passeiam pelos canais, raramente assistindo a mais do que pequenos segmentos de qualquer programa.

NOTAS

Notas da Introdução

1. Josh Grossberg, "The Bert-Bin Laden Connection?" E Online, 10/10/2001, http://www.eonline.com/news/article/index.jsp?uuid=2fdea3eb-6a96-4134-84b2-8e04acd71edd. Para uma perspectiva diferente sobre Beto e Bin Laden, veja Roy Rosenzweig, "Scarcity or Abundance? Preserving the Past in a Digital Era", *American Historical Review* 108 (junho de 2003).

2. "RSTRL to Premier on Cell Phone", IndiaFM News Bureau, 6 de dezembro de 2004, http://movies.indiainfo.com/newsbytes/rstrl_120704.html.

3. Nicholas Negroponte, *Being Digital* (A Vida Digital) (Nova York: Alfred A. Knopf, 1995), p. 54. No Brasil: Nicholas Negroponte, *A Vida Digital* (São Paulo: Companhia das Letras, 1995).

4. Ibid., pp. 57-58.

5. George Gilder, "Afterword: The Computer Juggernaut: Life after *Life after Television*", adicionado à edição de 1994 de *Life After Television: The Coming Transformation of Media and American Life* (New York: W. W. Norton), p. 189. O livro foi originalmente publicado em 1990. No Brasil: George Gilder, *A Vida após a Televisão* (Rio de Janeiro: Ediouro, 1996).

6. Ithiel de Sola Pool, *Technologies of Freedom: On Free Speech in an Electronic Age* (Cambridge, Massachusetts: Harvard University Press, 1983), p. 23.

392 | CULTURA DA CONVERGÊNCIA

7. Ibid.

8. Ibid., p. 5.

9. Negroponte, *Being Digital* (A Vida Digital).

10. Pool, *Technologies of Freedom*, pp. 53-54.

11. Para uma discussão mais completa sobre o conceito da mídia em transição, veja David Thorburn e Henry Jenkins, "Towards an Aesthetics of Transition", em *Rethinking Media Change: The Aesthetics of Transition*, David Thorburn e Henry Jenkins (eds.) (Cambridge, Massachusetts: MIT Press, 2003).

12. Bruce Sterling, "The Dead Media Project: A Modest Proposal and a Public Appeal", http://www.deadmedia.org/modest-proposal.html.

13. Ibid.

14. Lisa Gitelman, "Introduction: Media as Historical Subjects", em *Always Already New: Media History and the Data of Culture* (MIT Press, 2006).

15. Para uma discussão proveitosa da ideia recorrente de que os novos meios de comunicação eliminam os antigos, veja Priscilla Coit Murphy, "Books Are Dead, Long Live Books!", em *Rethinking Media Change: The Aesthetics of Transition*, David Thorburn e Henry Jenkins (eds.) (Cambridge, Massachusetts: MIT Press, 2003).

16. Gitelman, "Introduction".

17. Cheskin Research, "Designing Digital Experiences for Youth", *Market Insights Series*, 2002, pp. 8-9.

18. Mizuko Ito, "Mobile Phones, Japanese Youth and the Replacement of the Social Contract", em *Mobile Communications: Renegotiation of the Social Sphere*, Rich Ling e Per Peterson (eds.) (Springer, 2005).

19. Para uma ilustração proveitosa dessa questão, veja Henry Jenkins, "Love Online", em *Fans, gamers, and Bloggers*, Henry Jenkins (ed.) (Nova York: New York University Press, 2005).

Notas do Capítulo 1

1. Joanna PearlStein, "The Finale as Rerun When Trumping 'Survivor'", *New York Times*, 27 de março, 2003.

2. ChillOne tem sua própria versão da história sobre o que aconteceu e publicou o próprio relato dos incidentes descritos aqui. Veja *The Spoiler: Revealing the Secrets of Survivor* (Nova York: IUniverse, 2003).

3. Pierre Lévy, Collective Intelligence: *Mankind's Emerging World in Cyberspace* (Cambridge, Massachusetts: Perseus Books, 1997), p. 20. No Brasil: Pierre Lévy, *A Inteligência Coletiva: por uma Antropologia do Ciberespaço* (São Paulo: Loyola, 1998).

4. Ibid., p. 237.

NOTAS | **393**

5. Ibid., p. 217.

6. Ibid., p. 214-215.

7. Mary Beth Haralovich e Michael W. Trosset, "Expect the Unexpected: Narrative Pleasure and Uncertainty Due to Chance in Survivor", Susan Murray e Laurie Ouellette (eds.), *Reality TV: Remaking Television Culture* (Nova York: New York University Press, 2004), pp. 83-84.

8. Salvo indicação contrária, estas são citações subsequentes de participantes da lista de discussão, no tópico "Spoilers das Férias de ChillOne na Floresta Amazônica", em http://p085.ezborard.com/fsurvivorsucksfrm12.show MessageRange?topicI D=204topic&start=1&stop=20. Com exceção dos personagens mais importantes da história, omiti os nomes dos participantes para proteger sua privacidade. Onde os nomes aparecem, foi porque obtive permissão explícita dos participantes para publicar seus nomes de usuário.

9. As citações de Wezzie e Dan foram tiradas de uma entrevista pessoal com o autor, conduzida por e-mail, em junho de 2003.

10. Lévy, *Collective Intelligence*, p. 61.

11. A frase "aqui nos EUA" sugere o alcance global desta comunidade de fãs. Embora os *reality shows* sejam produzidos para mercados locais específicos, com os formatos mas não os conteúdos comercializados globalmente, os fãs utilizam a Internet para monitorar os *reality shows* em outros países e para entrar em contato com outros fãs no mundo inteiro.

12. Marshall Sella, "The Remote Controllers", *New York Times*, 20 de outubro de 2002.

13. Daniel Robert Epstein, "Interview: Jeff Probst of Survivor", Underground Online, http://www.ugo.com/channels/filmtv/features/jeffprobst/.

14. Para uma história proveitosa do *spoiling* de *Survivor*, veja "Fear and Spoiling at Survivor Sucks", http://survivorsucks.yuku.com/forum/viewtopic/id/4307.

15. Entrevista pessoal com o autor, maio de 2003.

16. Veja TapeWatcherB65, "The REAL Episode 1 Spoiler – Follow the Sun", http://survivorsucks.yuku.com/forum/viewtopic/id/10007.

17. Peter Walsh, "That Withered Paradigm: The web, the Expert and the Information Hegemony", em *Democracy and New Media*, de Henry Jenkins e David Thornburn (eds.) (Cambridge, Massachusetts: MIT Press, 2003).

18. Lévy, *Collective Intelligence*, p. 70.

19. Emily Nussbaum, "Television: The End of the Surprise Ending", *New York Times*, 9 de maio de 2004.

20. The wingedmonkeys, "Conference Call with Mark Burnett", *Survivor News*, http://www.survivornews.net/news.php?id=317.

21. Steve Tilley, "Will Survivor Survivethe Internet?" *Edmonton Sun*, 16 de janeiro de 2004.

22. Wezzie, correspondência por e-mail com o autor, 29 de agosto de 2004.

Notas do Capítulo 2

1. Jefferson Graham, "Idol Voting Strained Nerves, Nation's Telephone Systems", *USA Today*, 27 de maio de 2003, http:www.usatoday.com/life/television/news/2003-05-26-idol_x.htm.

2. Jeff Smith, "Getting the Mssg: U.S. Wireless Carriers Mining the Airwaves for Ways do Profit from Text Messaging", *Rocky Mountain News*, 9 de maio de 2003.

3. Ibid.

4. "AT&T Wireless Text Messaging Takes Center Stage with Unprecedented Performance on Fox's American Idol", *PR Newswire*, 16 de abril de 2003.

5. Scott Collins e Maria Elena Fernandez, "Umwanted Wrinkles for Idol", *Los Angeles Times*, 22 de janeiro de 2003.

6. Stuart Elliot, "The Media Business: Some Sponsors Are Backing Off to Fine-Tune the Art of Blending Their Products into Television Shows", *New York Times*, 22 de janeiro de 2003.

7. Jennifer Pendleton, "Idol a Standard for Integration", *Advertising Age*, 24 de março de 2003.

8. Penelope Patsuris, "The Most Profitable Reality Series", Forbes, 7 de setembro de 2004, http://www.forbes.com/2004/09/07/cx_pp_0907realitytv.html.

9. Gary Levin, "No Summer Vacation on TV: Networks Aggresively Chase Audiences with Reality, Original Series", *USA Today*, 3 de junho de 2004, p. 1D.

10. Carla Hay, "Idol Ups Stakes for TV talent", *Billboard*, 26 de abril de 2003.

11. Karla Petersnon, "False Idols: How to face Down a Media Monster So We No Longer Worship Moments Like This", *San Diego Union-Tribune*, 16 de dezembro de 2002.

12. Vance Packard, *The Hidden Persuaders* (Nova York: Bantam, 1957). No Brasil: Vance Packard. *Nova Técnica de Convencer: Persuasão Oculta* (São Paulo: Ibrasa, 1959).

13. Applebox Productions, Inc., cartão-postal de marketing, cerca de 2000.

14. Correspondência particular com o autor, 31 de dezembro de 2004.

15. Anthony Bianco, "The Vanishing Mass Market", *Businessweek*, 12 de julho de 2004, p. 62.

16. Ibid., p. 64.

17. Ibid., p. 62.

18. Susan Whiting, observações no MIT Communications Forum, 17 de abril de 2003. O áudio em *streaming* da sessão pode ser encontrado em http://web.mit.edu/comm-forum/forums/nielsen.html#audiocast.

19. Stacey Koerner, observações na conferência Media in Transition 3: Television, MIT, Cambridge, Massachusetts, em 3 de maio de 2003. O áudio em *streaming* desta sessão pode ser encontrado em http://web.mit.edu/cms/mit3/.

NOTAS | **395**

20. Scott Donaton, *Madison and Vine: Why the Entertainment and Advertising Industries Must Converge to Survive* (Nova York: McGraw-Hill, 2004), pp. 10-11. No Brasil: Scott Donaton, *Publicidade+Entretenimento* (São Paulo: Cultrix/Meio & Mensagem, 2008).

21. Michael Schneider, "Fox Revs Ford for Blurb Free 24", *Variety*, 21 de julho de 2002.

22. Donaton, *Madison and Vine*, p. 18.

23. Stacey Lynn Koerner, David Ernst, Henry Jenkins e Alex Chisholm, "Pathways to Measuring Consumer Behavior in an Age of Media Convergence", apresentado na Advertising Research Foundation/ESOMAR Conference, Cannes, França, junho de 2002.

24. Steven J. Heyer, comentários do discurso de abertura proferido da Advertising Age's Hollywood + Vine Conference, Beverly Hills Hotel, Beverly Hills, Califórnia, 5 de fevereiro de 2003. Para uma transcrição dos comentários, veja http://www.hypercd.com/pdf/Heyer%20Ad%20Age%202003.pdf. Todas as referências subsequentes de Heyer referem-se a esses comentários.

25. Kevin Roberts, Lovemarks: The *Future Beyond Brands* (Nova York: Power House Books, 2004), p. 43. No Brasil: Kevin Roberts, *Lovemarks: o Futuro Além das Marcas* (São Paulo: M. Books, 2004).

26. Joe D'Angelo, "Ruben Debuts at #1 but Can't Match Clay's First-Week Sales", VH1, 17 de dezembro de 2003, http://www.vh1.com/artists/news/1482928/12172003/aiken_clay.jhtml.

27. Theresa Howard, "Real Winner of 'American Idol': Coke", *USA Today*, 8 de setembro de 2002; Wayne Friedman, "Negotiating the American Idol Product Placement Deal", *Advertising Age*, 29 de setembro de 2003, acessado em http://www.adage.com/news.cms?newsId=38800.

28. Sara Wilson, entrevista com Carol Kruse, IMedia Connection, 2 de outubro de 2003, http://www.imediaconnection.com/content/1309.asp.

29. Robert V. Kozinets, "E-Tribalized Marketing? The Strategic Implications of Virtual Communities of Consumption", European Management Journal, 17 (3) (1999): 252-264.

30. Roberts, *Lovemarks*, p. 170.

31. Ibid., p. 172.

32. Marc Gobe, *Emotional Branding: The New Paradigm for Connecting Brands to People* (Nova York: Allworth Press, 2001); John Hagel III and Arthur G. Armstrong, *Net. Gain: Expanding Markets through Virtual Communities* (Cambridge, Massachusetts: Harvard University Press, 1997). No Brasil: Marc Gobe, *A Emoção das Marcas: Conectando Marcas às Pessoas* (São Paulo: Negócio, 2002); John Hagel III e Arthur G. Armstrong, *Net.Gain: Vantagem Competitiva na Internet* (Rio de Janeiro: Campus, 1998).

33. Don Peppers, "Introduction", in Seth Godin, *Permisson Marketing: Turning Strangers into Friends and Friends into Customers* (Nova York: Simon and Schuster, 1999),

396 | CULTURA DA CONVERGÊNCIA

p. 12. No Brasil: Seth Godin, *Marketing de Permissão: Transformando Desconhecidos em Amigos e Amigos em Clientes* (Rio de Janeiro: Campus, 2000).

34. Philip Swann, *TV.Com: How Television is Shaping Our Future* (Nova York: TV Books, 2000), pp. 9-10.

35. Ibid., p. 31.

36. Albert M. Muniz Jr. e Thomas C. O'Guinn, "Brand Community", *Journal of Consumer Research*, março de 2001, p. 427.

37. Kozinets, "E-Tribalized Marketing?" p. 10.

38. Ibid., p. 12.

39. Conclusões preliminares foram relatadas em "Walking the Path: Exploring the Drivers of Expression", de David Ernst, Stacey Lynn Koerner, Henry Jenkins, Sangita Shresthova, Brian Thiesen e Alex Chisholm, e apresentadas na Conferência da Advertising Research Foundation/ESOMAR, em junho de 2003.

40. David Morley, *Family Television: Cultural Power and Domestic Leisure* (Londres: Routledge, 1996).

41. James H. McAlexander, John Wezzie Schouten, e Harold F. Koenig, "Building Brand Community", *Journal of Marketing*, janeiro de 2002, pp. 38-54.

42. Deborah Starr Seibel, "*American Idol* Outrage: Your Vote Doesn't Count", *Broadcasting & Cable*, 17 de maio de 2004, p. 1.

43. Deborah Jones, "Gossip: Note on Women's Oral Culture", *Women's Studies International Quarterly 3* (1980): 194-195.

44. Cas Sunstein, *Republic.Com* (Princeton, NJ: Princeton University Press, 2002).

45. Wade Paulsen, "Distorted *American Idol* Voting Due to an Overtaxed American Power Grid?" *Reality TV World*, http://www.realitytvworld.com/news/distorted-american-idol-voting-due-an-overtaxed-american-phone-grid-2570.php.

46. Staff, "The Right Fix for Fox", *Broadcasting & Cable*, 24 de maio de 2004, p. 36.

47. Joan Giglione, "What's Wrong with the *American Idol* Voting System", 24 de maio de 2004, disponível em http://www.jokersupdates.com/jarticles/article.php?article=401.

48. Wade Paulson, "Elton John Calls *American Idol* Voting 'Incredibly Racist'", *Reality TV World*, 28 de abril de 2004, http://www.realitytvworld.com/news/elton-john--calls-american-idol-voting-incredibly-racist-2526.php.

49. "About Us", Vote for the Worst, http://votefortheworst.com/about_us. Para mais informações, veja Henry Jenkins, "Democracy, Big Brother Style," Confessions of an Aca-Fan, 4 de julho de 2006, http://www.henryjenkins.org/2006/07/democracy_big_brother_style_1.html e Henry Jenkins, "Sanjaya Malakar, Leroy Jenkins, and The Power to Negate," Confessions of an Aca-Fan, 3 de abril de 2007. http://www.henryjenkins.org/2007/04/sanjaya_malakar_leroy_jenkins.html.

50. Chris Harris, "Does Sanjaya Owe His Success to Howard Stern?" MTV.Com, 20 de março de 2007, http://www.mtv.com/news/articles/1555113/20070320/index.jhtml.

Notas do Capítulo 3

1. Peter Bagge, "Get It?" http://whatisthematrix.warnerbros.com, reproduzido em *The Matrix Comics*, de Andy e Larry Wachowski (eds.) (Nova York: Burlyman Entertainment, 2003).

2. Sobre o sucesso comercial dos filmes, veja "The Matrix Reloaded", *Entertainment Weekly*, 10 de maio de 2001.

3. Pierre Lévy, *Collective Intelligence: Mankind's Emerging World in Cyberspace* (Cambridge, Mass.: Perseus Books, 1997). No Brasil: Pierre Lévy, *A Inteligência Coletiva: por uma Antropologia do Ciberespaço*. (São Paulo: Loyola, 1998).

4. Franz Lidz, "Rage Against the Machines", *TV Guide*, 25 de outubro de 2003, http://www.reevesdrive.com/newsarchive/2003/tvg102503.htm.

5. Devin Gordon, "The Matrix Makers", *Newsweek*, 6 de janeiro de 2003, acessado em http://www.danetracks.com/html/newsweek-matrix.htm].

6. Umberto Eco, "*Casablanca*: Cult and Intertextual Collage", in *Travels in Hyperreality* (Nova York: Harcourt Brace, 1986), p. 198. No Brasil: Umberto Eco, "Casablanca, ou O Renascimento dos Deuses", em *Viagem na Irrealidade Cotidiana* (São Paulo: Nova Fronteira, 1984).

7. Ibid.

8. Ibid.

9. Ibid., p. 200.

10. Ibid.

11. Ibid., p. 210.

12. Bruce Sterling, "Every Other Movie is the Blue Pill", em *Exploring Matrix: Visions of the Cyber Present*, Karen Haber (ed.) (Nova York: St. Martin's Press, 2003), pp. 23-24.

13. Esta e as citações subsequentes foram tiradas do Matrix Virtual Theater, Wachowski Brothers Transcript, 6 de novembro de 1999, como publicado em http://warnervideo.com/matrixevents/wachowski.html.

14. "Matrix Explained: What is the Matrix?" http://www.matrix-explained.com/.

15. Joel Silver, citado em "Scrolls to Screen: A Brief History of Anime", *The Animatrix* DVD.

16. Ivan Askwith, "A *Matrix* in Every Medium", Salon, 12 de maio de 2003, acessado em http://archive.salon.com/tech/feature/2003/05/12/matrix_universe/index.html].

17. Para uma discussão proveitosa, veja *Storytelling in the New Hollywood: Understanding Classical Technique*, de Kristin Thompson (Cambridge, Mass.: Harvard University Press, 1999).

398 | CULTURA DA CONVERGÊNCIA

18. Fiona Morrow, "Matrix: The 'trix of the Trade", *London Independent*, 28 de março de 2003.

19. Mike Antonucci, "Matrix Story Spans Sequel Films, Video Game, Anime DVD", *San Jose Mercury*, 5 de maio de 2003.

20. Jennifer Netherby, "The Neo-Classical Period at Warner: *Matrix* Marketing Mania for Films, DVDs, Anime, Videogame", *Looksmart*, 31 de janeiro de 2003.

21. Danny Bilson, entrevista com o autor, maio de 2003. Todas as citações subsequentes de Bilson são desta entrevista.

22. Veja Will Brooker, *Using the Force: Creativity, Community, and Star Wars Fans* (Nova York: Continuum, 2002).

23. Neil Young, entrevista com o autor, maio de 2003. Todas as citações subsequentes de Young são desta entrevista.

24. John Gaudiosi, "*The Matrix* Video Game Serves as a Parallel Story to the Two Sequels on Screen", *Daily Yomiuri*, 29 de abril de 2003.

25. "Three Minute Epics: A Look at *Star Wars: Clone Wars*", 20 de fevereiro de 2003, www.starwars.com/feature/20040220.

26. Entrevista com Yoshiaki Kawajiri, http://www.intothematrix.com/rl_cmp/rl_interview_kawajiri.html.

27. Para um proveitosa visão geral, veja Walter Jon Williams, "Yuen Woo-Ping and the Art of Flying", em *Exploring the Matrix: Visions of the Cyber Present*, de Karen Haber (ed.) (Nova York: St. Martin's Press, 2003), pp. 122-125.

28. Mizuko Ito, "Technologies of the Childhood Imagination: Yugioh, Media Mixes and Everyday Cultural Production", em *Network/Netplay: Structures of Participation in Digital Culture*, Joe Karaganis e Natalie Jeremijenko (eds.) (Durham, NC: Duke University Press, 2005).

29. Paul Chadwick, "The Miller's Tale", "Déjà Vu" e "Let It All Fall Down", http://whatisthematrix.warnerbros.com/. "The Miller's Tale" é reproduzida em *The Matrix Comics*, de Andy e Larry Wachowski (eds.) (Nova York: Burlyman Entertainment, 2003).

30. Paul Chadwick, *Concrete: Think Like a Mountain* (Milwaukie, OR: Dark Horse Comics, 1997).

31. Essa visão em comum pode ser o motivo pelo qual Chadwick foi convidado a desenvolver os enredos para o game on-line para múltiplos jogadores. Para mais informações sobre o envolvimento de Chadwick, veja "The Matrix Online: Interview with Paul Chadwick", Gamespot, http://www.gamespot.com/pc/rpg/matrixonline/news.html?sid=6108016&mode=previews].

32. Para uma discussão proveitosa das continuidades e descontinuidades em uma franquia midiática, veja William Uricchio e Roberta E. Pearson, "I'm Not Fooled by That Cheap Disguise", em *The Many Lives of the Batman: Critical Approaches to a Superhero and His Media* (Nova York: Routledge, 1991).

NOTAS | 399

33.   O papel do público em dar destaque a Boba Fett é referência recorrente em *Using the Force: Creativity, Community and Star Wars Fans*, de Will Broker (Nova York: Continuum, 2002).

34.   Janet Murray, *Hamlet on the Holodeck: The Future of Narrative in Cyberspace* (Cambridge, Mass.: MIT Press, 1999), pp. 253-258. No Brasil: Janet Murray, *Hamlet no Holodeck: O Futuro Da Narrativa no Ciberespaço* (Curitiba: Unesp, 2003).

35.   Ibid.

36.   Ibid.

37.   "Mahiro Maeda", entrevista, em http://www.intothematrix.com/rl_cmp/rl_interview_maeda2.html.

38.   Geof Darrow, "Bits and Pieces of Information", acessada em http://whatisthematrix.warnerbros.com, reproduzida em *The Matrix Comics*, de Andy e Larry Wachowski (eds.) (Nova York: Burlyman Entertainment, 2003).

39.   Jeff Gordinier, "1999: The Year That Changed the Movies", *Entertainment Weekly*, 10 de outubro de 2004, http://www.ew.com/ew/report/0.6115.2718067_7_0_00.html]

40.   Murray, *Hamlet*, p. 257.

41.   Maeda, entrevista.

42.   Betty Sue Flowers (ed.), *Joseph Campbell's The Power of Myth with Bill Moyers* (Nova York: Doubleday, 1988).

43.   Veja, como exemplo, M. M. Goldstein, "The Hero's Journey in Seven Sequences: A Screenplay Structure", NE Films, setembro de 1998, http://www.newenglandfilm.com/news/archives/98september/sevensteps.htm; Troy Dunniway, "Using the Hero's Journey in Games", Gamasutra.com, http://www.gamasutra.com/features/20001127/dunniway_pfv.htm.

44.   Roger Ebert, "The Matrix Revolutions", *Chicago Sun Times*, 5 de novembro de 2003.

45.   David Edelstein, "Neo Con", Slate, 14 de maio de 2003, http://slate.msn.com/id/2082928.

46.   Os fãs não são os únicos a buscar sentido através de *Matrix*. Veja, por exemplo, William Irwin (ed.), *The Matrix Philosophy: Welcome to the Desert of the Real* (Chicago: Open Court, 2002). No Brasil: William Irwin (ed.), *Matrix: Bem-vindo ao Deserto do Real* (São Paulo: Madras, 2003).

47.   Brian Takle, "The Matrix Explained", 20 de maio de 2003, http://wylfing.net/essays/matrix_reloaded.html].

48.   Ebert, Matrix Revolutions".

400 | CULTURA DA CONVERGÊNCIA

49. John Gaudiosi, "'*Matrix*'Vid Game Captures Film Feel", Hollywood Reporter, 6 de fevereiro de 2003, acessado em http://www.thelastfreecity.com/docs/7965.html.

50. Stephen Totilo, "Matrix Saga Continues On Line – Without Morpheus", MTV. Com, 26 de maio de 2005, http://www.mtv.com/news/articles/1502973/ 20050526/index.jhtml?headlines=true].

51. Richard Corliss, "Popular Metaphysics", *Time*, 19 de abril de 1999.

52. Veja, como exemplo, Suz, "The Matrix Concordance", em http://members. lycos.co.uk/needanexit/concor.html.

53. David Buckingham e Julia Sefton-Green, "Structure, Agency, and Pedagogy in Children's Media Culture", em Joseph Tobin (ed.), *Pikachu's Global Adventure: The Rise and Fall of Pokémon* (Durhamn NC.: Duke University Press, 2004), p. 12.

54. Ibid., p. 22.

55. Marsha Kinder identificou tendências similares já em 1991, afirmando que as mídias infantis poderiam ser vistas como um terreno de experiências para as estratégias corporativas, e como um lugar onde novos consumidores são treinados para as exigências do que chamo de cultura da convergência. Desenhos animados como *Tartarugas Ninja* e games como *Super Mario Bros*. estavam ensinando as crianças a seguirem os personagens em várias plataformas de mídia, a se adaptarem fluidamente a ambientes de mídia em transformação e a combinarem modos passivos e interativos de envolvimento. Marsha Kinder, *Playing with Power in Movies, Television and Video Games: From Muppet Babies to Teenage Mutant Ninja Turtles* (Berkeley: University of California Press, 1991).

56. Manuel Castells, *The Internet Galaxy: Reflexions on the Internet, Business and Society* (Oxford: Oxford University Press, 2001), pp. 202-203. No Brasil: Manuel Castells, *A Galáxia da Internet: Reflexões sobre a Internet, os Negócios e a Sociedade* (Rio de Janeiro: Jorge Zahar, 2003).

Notas do Capítulo 4

1. AtomFilms, "Internet Users are Makin' Wookiee!", press release, 23 de abril de 1999.

2. Chris Albrecht, entrevista pessoal, julho de 2005.

3. Para mais discussões sobre fãs e a nova mídia, veja Henry Jenkins, "The Poachers and the Stormtroopers: Cultural Convergence in the Digital Age", em *Les cultes mediatiques: Cultura fan et ouvres cultes*, Phillipe Le Guern (ed.) (Rennes: Presses Universitaires de Rennes, 2002).

4. Paul Clinton, "Filmmakers Score with Lucas in Love", CNN, 24 de junho de 1999, http://www.cnn.com/SHOWBIZ/Movies/9906/24/movies.lucas.love.

5. Josh Wolk, "Troops Dreams", *Entertainment Weekly*, 20 de março de 1998, pp. 8-9.

NOTAS | **401**

6. Manuel Castells, na p. 201 de *The Internet Galaxy: Reflections on the Internet, Business, and Society* (Oxford: Oxford University Press, 2003), define "interatividade" como "a capacidade do usuário de manipular e afetar diretamente a experiência da mídia e de se comunicar com outros por meio dela". Prefiro separar as duas partes dessa definição – para que "interatividade" se refira à manipulação direta das mídias no que concerne à tecnologia, e "participação" se refira às interações sociais e culturais que ocorrem em torno das mídias.

7. Grant McCracken, "The Disney TM Danger", em *Plenitude* (publicação própria, 1998), p. 5.

8. Lawrence Lessig, "Keynote from oscon 2002", acessado em http://www.oreillynet.com/pub/a/policy/2002/08/15/lessig.html.

9. Clinton, "Filmmakers Score with *Lucas in Love*".

10. http://evanmather.com. O site descrito aqui é o que existia em 2000, época em que este artigo foi originalmente escrito. Em 2004, Mather continuava produtivo e o site hospedava mais de 48 filmes digitais. Boa parte de seu trabalho recente está longe de *Star Wars*, o que mostra como o trabalho inicial de fã pavimentou o caminho para uma carreira muito mais variada.

11. "When Senator Attack IV" (Ryan Mannion, Daniel Hawley), http://www.theforce.net/fanfilms/animation/wsa4/index.asp]

12. Patricia R. Zimmermann, *Reel Families: A Social History of Amateur Film* (Bloomington: Indiana University Press, 1995), p. 157.

13. Clinton, "*Filmmakers Score with Lucas in Love*".

14. "A Word from Shane Felux", The Force.Net, http://www.theforce.net/fanfilms/comingsoon/revelations/director.asp; Clive Thompson, "May the Force Be with You, and You, and You…: Why Fans Make Better Star Wars Movies than George Lucas", *Slate*, 29 de abril de 2005, http://www.slate.com/id/211 7760/].

15. Kevin Kelly e Paula Parisi, "George Lucas Interview", acessado em http://www.delanohighschool.org/BillBaugher/stories/storyReader$1624.

16. Clay Kronke, Director's Note, The New World, http://theforce.net/theater/shortfilms/newworld/index.shtml.

17. *Duel* (Mark Thomas e David Macomber), não mais on-line.

18. Mark Magee, "Every Generation Has a Legend", Shift.com, http://www.shift.com/content/web/259/1.html.

19. Probot Productions, não mais na web.

20. Coury Turczyn, "Ten Minutes With the Robot Chicken Guys," G4, 17 de fevereiro de 2005, http://g4tv.com/articles/51086/Ten-Minutes-with-the-Robot-Chicken-Guys/. Veja também Henry Jenkins, "Ode to Robot Chicken," Confessions of an Aca-Fan, 20 de junho de 2006, http://www.henryjenkins.org/2006/06/ode_to_robot_chicken.html.

402 | CULTURA DA CONVERGÊNCIA

21. Henry Jenkins, "So What Happened to Star Wars Galaxies?," Confessions of an Aca-Fan, 21 de julho de 2006, http://www.henryjenkins.org/2006/07/so_what_happened_to_star_wars.html.

22. Chris Albrecht, entrevista pessoal, julho de 2005.

23. Amy Harmon, "Star Wars' Fan Films Como Tumbling Back to Earth", *New York Times*, 28 de abril de 2002.

24. Will Brooker, *Using the Force: Creativity, Comunity and Star Wars Fans* (Nova York: Continuum, 2002), pp. 164-171.

25. Para uma discussão mais completa, veja Henry Jenkins, *Textual Poachers: Television Fans and Participatory Culture* (Nova York: Routledge, 1992), pp. 30-32.

26. Fan Fiction on the Net, http://members.aol.com:80/ksnicholas/fanfic/index.html.

27. Janelle Brown, "Fan Fiction on the Line", Wired.com, 11 de agosto de 1997, http://www.wired.com/news/topstories/0,1287,5934,00.html.

28. Brokker, *Using the Force*, p. 167.

29. David R. Phillips, "The 500-Pound Wookiee", *Echo Station*, 1º de agosto de 1999, http://www.echostation.com/features/lfl_wookiee.htm.

30. Richard Jinman, "Star Wars", *Australian Magazine*, 17 de junho de 1995, pp. 30-39.

31. Declaração no site oficial de *Star Wars*, conforme citada por Elizabeth Durack, "fans.starwars.con", *Echo Station*, 12 de março de 2000, http://www.echostation.com/editorials/confans.htm.

32. Elizabeth Durack, "fans.starwars.con", *Echo Station*, 12 de março de 2000, http://www.echostation.com/editorials/confans.htm.

33. Atom Films, "The Official Star Wars Fan Film Awards", http://www.atom.com/spotlights/starwars/challenge/].

34. McCracken, *Plenitude*, p. 84.

35. Ibid, p. 85.

36. Para um ensaio interessante que compara a iniciativa de Peter Jackson em cortejar os fãs de *O Senhor dos Anéis* com a abordagem de orientação mais comercial em torno dos fãs de *Star Wars*, veja Elana Shefrin em "*Lord of the Rings, Star Wars*, and Participatory Fandom: Mapping New Congruencies between the Internet and Media Entertainment Culture", *Critical Studies in Media Communication*, setembro de 2004, pp. 261-281.

37. Raph Koster, "The Rules of Online World Design", http://www.raphkoster.com/gaming/gdc.html].

38. Salvo indicação em contrário, as citações de Raph Koster são de uma entrevista pessoal com o autor, conduzida em outubro de 2004.

39. Kurt Squire, "Interview with Raph Koster", *Joystick101*, http://www.legend-mud.org/raph/gaming/joystick101.html.

40. Koster, "The Rules of Online Design".

41. Richard A. Bartle, *Designing Virtual Worlds* (Indianópolis: New Riders, 2004), p. 244.

42. Raph Koster, "Letter to the Community", http://starwarsgalaxies.station.sony.com/team_cmmnts_old.jsp?id=56266&page=Team%20Comments.

43. Kurt Squire e Constance Steinkuehler, "The Genesis of 'Cyberculture': The Case of *Star Wars Galaxies*", em *Cyberlines: Languages and Cultures of the Internet* (Albert Park, Austrália: James Nichols). Veja também Kurt Squire, "*Star Wars Galaxies*: A Case Study in Participatory Design", *Joystick101*, http://www.joystick101.org.

44. Squire e Steinkuehler, "Genesis of 'Cyberculture'". Para outro relato interessante sobre a criatividade dos fãs em *Star Wars Galaxies*, veja Douglas Thomas, "Before the Jump to Lightspeed: Negotiating Permanence and Change in *Star Wars Galaxies*", apresentado na conferência Creative Gamers, da Universidade de Tampiere, Tampiere, Finlândia, janeiro de 2005.

45. Devo a Doug Thomas por me chamar a atenção para este fenômeno. Thomas escreve sobre musicais de cantina e outras formas de criatividade popular em "Before the Jump to Lightspeed".

46. "Revamped "Star Wars" Game Leaves Old Players Grieving," *New York Times* News Service, Domingo, 12 de dezembro de 2005, p. 12.

Notas do Capítulo 5

1. Os pressupostos que fundamentam esse argumento são desenvolvidos de forma mais completa em Henry Jenkins, "Childhood Innocence and Other Myths", em *The Children's Culture Reader* (Nova York: New York University Press, 1998).

2. Salvo indicação em contrário, todas as citações de Heather Lawver foram extraídas de uma entrevista com o autor, em agosto de 2003.

3. Heather Lawver, "To the Adults", http://www.dprophet.com/hq/openletter.html.

4. Ibid.

5. Para outros exemplos de como as crianças utilizam histórias para superar apreensões da vida real, veja Henry Jenkins, "Going Bonkers! Children, Play, and Peewee", em *Male Trouble*, Constance Penley e Sharon Willis (eds.) (Minneapolis: University of Minnesota Press, 1993).

6. Anne Haas Dyson, *Writing Superheros: Contemporary Childhood, Popular Culture, and Classroom Literacy* (Nova York: Teacher's College Press, 1997).

404 | CULTURA DA CONVERGÊNCIA

7. Veja, por exemplo, Christine Schoefer, "Harry Potter's Girl Trouble", *Salon*, 3 de janeiro de 2000, http://archives.cnn.com/2000/books/news/01/13/Harry.potter.salon/index.html]. Para uma refutação, veja Chris Gregory, "Hands Off Harry Potter! Have Critics of J. K. Rowling's Books Even Read Them?" *Salon*, 1º de março de 2000, http://archive.salon.com/books/feature/2000/03/03/harry_potter/].

8. Ellen Seiter, *Sold Separately: Children and Parents in Consumer Culture* (New Brunswick, NJ: Rutgers University Press, 1993).

9. James Gee, *Language, Learning, and Gaming: A Critique of Traditional Schooling* (Nova York: Routledge, 2005), lido na forma de manuscrito.

10. Flourish, entrevista com o autor, agosto de 2003.

11. Veja, por exemplo, Shelby Anne Wolf e Shirley Brice Heath, *Braid of Literature: Children's World of Reading* (Cambridge, Mass.: Harvard University Press, 1992).

12. Zsenya, correspondência por e-mail com o autor, julho de 2005.

13. Flourish, entrevista com o autor, agosto de 2003.

14. Sugar Quill, http://www.sugarquill.net.

15. Sweeney Agonistes, entrevista com o autor, agosto de 2003.

16. Elizabeth Durack, "Beta Reading!" Writers University, http://www.writersu.com/WU//modules.php?name+News&file=article&sid=17.

17. R. W. Black, "Anime-inspired Affiliation: An Ethnographic Inquiry into the Literacy and Social Practices of English Language Learners Writing in the Fanfiction Community", apresentado em 2004, em um encontro da American Educational Research Association, San Diego, acessível em http://labweb.education.wisc.edu/room130/PDFS/InRevision.pdf.

18. Entrevista com o autor, agosto de 2003.

19. Gee, *Language, Learning, and Gaming*.

20. "The Leaky Cauldron", 16 de junho de 2001, http://www.the-leaky-cauldron.org/MTArchives/000767.html.

21. Tracy Mayor, "Taking Liberties with Harry Potter", *Boston Globe Magazine*, 29 de junho de 2003.

22. Stephanie Grunier e John Lippman, "Warner Bros. Claim Harry Potter Sites", *Wall Street Journal Online*, 20 de dezembro de 2000, http://zdnet.com.com/2102-11_2-503255.html; "Kids 1 – Warner Bros. 0: When the Big Studio Set Its Hounds on Some *Harry Potter* Fan Web Sites, It Didn't Bargain on the Potterhead Rebellion", *Vancouver Sun*, 17 de novembro de 2001.

23. Claire Field, entrevista com o autor, agosto de 2003.

24. "Defense Against the Dark Arts", http://www.dprophet.com/dada/.

25. Ryan Buell, "Fans Call for War; Warner Bros. Claim Misunderstanding!" http://www.entertainment-rewired.com/fan_appology.htm.

26. Veja http://www.dprophet.com/dada/.

NOTAS | **405**

27. "Fan Fiction, Chilling Effects", http://www.chillingeffects.org/fanfic.

28. Brad Templeton, "10 Big Myths about Copyright Explained", http://www.templetons.com/brad/copymyths.html.

29. Veja, por exemplo, Rebecca Tushnet, "Legal Fictions: Copyright, Fan Fiction, and a New Comon Law", Loyola of Los Angeles Entertainment Law Journal, 1977, on-line em http://www.tushnet.com/law/fanficarticle.html; A.T. Lee, "Copyright 101: A Brief Introduction to Copyright for Fan Fiction Authors", *Whoosh!*, outubro de 1998, http://www.whoosh.org/issue25/lee1.html.

30. Katie Dean, "Copyright Crusaders Hit Schools", Wired, 13 de agosto de 2004, http://www.wired.com/news/digiwood/0,1412,64543,00.html.

31. Rosemary Coombe e Andrew Herman, "Defending Toy Dolls and Maneuvering Toy Soldiers: Trademarks, Consumer Politics and Corporate Accountability on the World Wide Web", apresentado no Fórum de Comunicação do MIT, 12 de abril de 2001, acessado em http://web.mit.edu/m-i-t/forums/trademark/index_paper.html.

32. "Muggles for Harry Potter to Fight Censorship", *Ethical Spectacle*, abril de 2000, http://www.spectacle.org/0400/muggle.html. Veja também Judy Blume, "Is *Harry Potter* Evil?" *New York Times*, 22 de outubro de 1999, como publicado em http://www.ncac.org/cen_news/cn76harrypotter.html.

33. "The Leaky Cauldron", 13 de junho de 2001, http://www.the-leaky-cauldron.org/MTarchives/000771.html.

34. "Satanic Harry potter Books Burnt", *BBC News*, 31 de dezembro de 2001, http://news.bbc.co.uk/1/hi/entertainment/arts/1735623.stm.

35. Chris Mooney, "Muddled Muggles: Conservatives Missing the Magic in Harry Potter", *American Prospect*, 11 de julho de 2000, http://www.prospect.org/cs/articles?articleId=155]. Veja "TalkBack Live: Do the Harry Potter Books Cast an Evil Spell?" 7 de julho de 2000, http://transcripts.cnn.com/TRANSCRIPTS/0007/07/tl.00.html.

36. Phil Armes, *Pokémon & Harry Potter*: A Fatal Attraction (Oklahoma City: Hearthstone, 2000), p. 84.

37. http://www.cuttingedge.org/news/n1390.cfm.

38. Kathy A. Smith, "*Harry Potter*: Seduction into the Dark World of the Occult", http://www.fillthevoid.org/Entertainment/Harry-Potter-1.html.

39. Berit Kjos, "*Harry Potter* Book Shares Pre-Sale Frenzy with D&D", acessado em http://www.crossroad.to/text/articles/ D&D-text.htm.

40. Berit Kjos, "Twelve Reasons Not to See *Harry Potter* Movies", http://www.crossroad.to/articles2/HP-Movie.htm.

41. Michael O'Brien, "Some Thoughts on the *Harry Potter* Series", Catholic Educator's Resource Center, http://www.catholiceducation.org/articles/arts/al0071.html].

406 | CULTURA DA CONVERGÊNCIA

42. Berit Kjos, "Harry Potter & The Order of Phoenix: 'It's Only Fantasy' and Other Deceptions", http://www.cuttingedge.org/articles/db028.htm].

43. Mary Dana, entrevista com o autor, setembro de 2003.

44. "Muggles for Harry Potter".

45. Christopher Finnan, entrevista pessoal, abril de 2003.

46. Veja http://www.kidspeakonline.org/kissaying.html.

47. "About Us," The HP Alliance, http://thepalliance.org/aboutUs.html. Para uma entrevista em podcast com Andrew Slack, da HP Alliance, veja CMS Podcasts, http://www.podcastdirectory.com/podshows/1909127.

48. Harry Potter Phenomenon Sparks Global Youth Activism," http://thepalliance.org/news/globelYouthActivism.html.

49. Suzanne Scott, *Harry Potter and The Lockhart Paradox: Redefining and Romanticizing Canon in our Participatory Culture*" (tese de doutorado, University of Southern California, em andamento); Suzanne Scott, "Voldemort Can't Stop the Rock: Hot Topic, Wizard Rock and *Harry Potter* Punk," trabalho apresentado em Phoenix Rising, New Orleans, entre 17 e 21 de maio de 2007.

50. Jennifer Vineyard, "Harry Potter Fandom Reaches Magical New Level Thanks to Wizard-Rock Bands," MTV, 6 de junho de 2007, http://www.mtv.com/news/articles/1561855/20070606/id_0.jhtml; Melissa, "Wizards and Muggles Rock for Social Justice," The Leaky Cauldron, 18 de abril de 2007, http://www.the-leaky-cauldron.org/2007/4/18/wizards-and-muggles-rock-for-social-justice.

51. Grant McCracken, *Plenitude* (publicação própria, 1998), p. 60.

52. O'Brien, "Some Thoughts".

53. Connie Neal, *What's a Christian to Do with Harry Potter?* (Colorado Springs: Waterbook, 2001), pp. 151-152.

54. Denis Haack, "Christian Discernment 101: An Explanation of Discernment", Ransom Fellowship, http://www.ransomfellowship.org/articledetail.asp?AID=38&B=Denis%20Haack&TID=8].

55. Denis Haack, "Christian Discernment 202: Pop Culture: Why Brother?", Ransom Fellowship, http://www.ransomfellowship.org/articledetail.asp? AID=41&B=Denis%20Haack&TID=4].

56. "The Purpose of Fans for Christ", Fans for Christ, http://www.fansforchrist.org/phpBB2/purpose.htm.

57. Denis Haack, "The Scandal of *Harry Potter*", Ransom Fellowship, http://www.ransomfellowship.org/articledetail.asp? AID=19&B=Denis%20Haack&TID=5].

58. Neal, *What's a Christian to Do?* pp. 88-90.

NOTAS | **407**

Notas do Capítulo 6

1. Veja http://www.youtube.com/watch?v=5fKPKhXFxs4].
2. http://www.truemajority.org.
3. Garrett LoPorto, entrevista pessoal, outubro de 2004.
4. Joe Trippi, "The Perfect Storm", Joetrippi.com/book/view/23.
5. Para mais informações sobre o uso da Internet na campanha de Dean, veja Henry Jenkins, "Enter the Cybercandidates", *Technology Review*, 8 de outubro de 2003.
6. Joe Trippi, *The Revolution Will Not Be Televised: Democracy, the Internet, and the Overthrow of Everything* (Nova York: HarperCollins, 2004), p. 227.
7. Hans Magnus Enzenberger, "Constituents of a Theory of the Media", em Paul Marris e Sue Thornham (eds.), *Media Studies: A Reader* (Nova York: New York University Press, 2000), pp. 68-91.
8. Trippi, *The Revolution Will Not Be Televised*, p. 4.
9. Ibid., p. 107.
10. Ibid., p. 225.
11. Nancy Gibbs, "Blue Truth, Red Truth", *Time*, 27 de setembro de 2004, pp. 24-34.
12. Jesse Walker, "Old Media and New Media: Like It or Not, They're Partners", *Reason*, 15 de setembro de 2004, http://www.reason.com/news/show/33781.html].
13. Mark Dery, "Culture Jamming: Hacking, Slashing and Sniping in the Empire of Signs", Open Magazine Pamphlet Series, 1993, http://www.markdery.com/culture_jamming.html].
14. Pierre Lévy, *Collective Intelligence: Mankind's Emerging World in Cyberspace* (Cambridge, MA: Perseus Books, 1997), p. 171.
15. Veja http://www.back-to-iraq.com, para um banco de dados sobre o papel dos blogueiros na cobertura da guerra do Iraque.
16. Farhad Manjoo, "Horror Show", *Salon*, 12 de maio de 2004, http://dir.salon.com/story/tech/feature/2004/05/12/beheading_video/index.html].
17. "Blogs Blamed for Exit Poll Fiasco", *Wired*, 3 de novembro de 2004, http://www.wired.com/news/politics/0,1283,65589,00.html?tw_wn_tphead_6; Eric Engberg, "Blogging as Typing, Not Journalism". CBSnews.com, 8 de novembro de 2004, http://www.cbsnews.com/stories/2004/11/08/opinion/main654 285.shtml; Mark Glaser, "Exit Polls Brings Traffic Deluge, Scrutinity do Blogs, Slate", USC *Annenberg Online Journalism Review*, 5 de novembro de 2004, http://www.ojr.org/ojr/glaser/1099616933.php.
18. Nicholas Confessore, "Bush's Secret Stash: Why the GOP War Chest Is Even Bigger than You Think", *Washington Monthly*, maio de 2004, acessado em http://www.washingtonmonthly.com/features/2004/0405.confessore.html.
19. Christopher Lydon, "The Master of Meet Up: Scott Heiferman", Christopher Lydon Interviews, http://blogs.law.harvard.edu/lydon/2003/10/21.

408 | CULTURA DA CONVERGÊNCIA

20.   Trippi, *The Revolution Will Not Be Televised*, p. 91.

21.   Veja http://www.bushin30seconds.org

22   Corrie Pikul, "The Photoshopping of the President", *Salon*, 1º de julho de 2004. http://archive.salon.com/ent/feature/2004/07/01/photoshop/.

23.   Para mais informações sobre o uso do Photoshop como reação ao 11 de setembro, veja Dominic Pettman, "How the web Became a Tool for Popular Propaganda after S11", Crickey.com.au, 3 de fevereiro de 2002, http://krikey.com.au/media/2002/02/02--Jihadfordummies.html.

24.   Lauren Berlant, *The Queen of America Goes to Washington City: Essays on Sex and Citizenship* (Durham, N.C.: Duke University Press, 1997).

25.   Para outra discussão proveitosa sobre cidadania e consumo, veja Sarah Bant--Weiser, "We Pledge Allegiance to Kids: Nickelodeon and Citizenship", em *Nickelodeon Nation: the History, Politics, and Economics of America's Only TV Channel for Kids*, Heather Hendershot (ed.) (Nova York: New York University Press, 2004).

26.   http://www.ew.com/ew/report/0,6115,446852_4_0_,00.html.

27.   The Center of Information and Research on Civic Learning and Engagemete, "Turnout of Under-25 Voters Up Sharply", 9 de novembro de 2004, http://www.civicyouth.org/PopUps/Release_1824final.pdf.

28.   Walter Benjamin, "The Work of Art in an Age of Mechanical Reproduction", acessado em http://bid.berkeley.edu/bidclass/readings/benjamin.html

29.   Pew Research Center for The People and the Press, "Cable and Internet Loom Large in Fragmented Political News Universe", 11 de janeiro de 2004, http://people--press.org/reports/display.php3?ReportID=200.

30.   Jon Katz, "The Media'a War on Kids: From the Beatles to Beavis and Butthead", Rolling Stone, fevereiro de 1994, pp. 31-33, 97.

31.   Dannagal Goldthwaite Young, "*Daily Show* Viewers Knowledgeable about Presidential Campaign, National Annenberg Election Survey Shows", 21 de setembro de 2004, http://www.annenbergpublicpolicycenter.org/naes/   2004_03_late-night-knowledge-2_9-21_pr.pdf. Veja também Bryan Long, "'Daily Show' Viewers Ace Political Quiz", CNN, 29 de setembro de 2004, http://www.cnn.com/2004/SHOWBIZ/TV/09/28/comedy.politics/.

32.   Citações extraídas da transcrição oficial do programa, acessada em http://transcripts.cnn.com/TRANSCRIPTS/0410/15/cf.01.html.

33.   Michael Schudson, "Click Here for Democracy: A History and Critique of an Information-Based Model of Citizenship", in *Democracy and New Media*, Henry Jenkins and David Thornurn (eds.) (Cambridge, Mass.: MIT Press, 2003), p. 55.

34.   Michael Schudson, "Changing Concepts of Democracy", MIT Communications Forum, http://web.mit.edu/comm-forum/papers/schudson.html.

35.   Ibid.

36.   Ibid.

NOTAS | **409**

37. Veja, como exemplo, R. J. Bain, "Rethinking the Informed Citizen in an Age of Hybrid Media Genres: Tanner '88, K-Street, and the Fictionalization of the News", tese de mestrado, Programa de Estudos de Mídia Comparada, MIT, 2004; e Cristobal Garcia, "A Framework for Political Entertainment", trabalho apresentado na conferência Media in Transition 3, MIT. Cambridge, Mass., maio de 2003.

38. John Hartley, "Regimes of Truth and the Politics of Reading: A Blivit", in *Tele--Ology: Studies in Television* (Nova York: Routledge, 1992), pp. 45-63.

39. David Buckingham, *The Making of Citizens: Young People, News and Politics* (Londres: Routledge, 2000).

40. Will Wright, entrevista pessoal com o autor, junho de 2003.

41. Peter Ludlow, "My View of the Alphaville Elections", *Alphaville Herald*, 20 de abril de 2004, http://www.alphavilleherald.com/archives/000191.html.

42. Estas e demais citações do parágrafo foram extraídas de Jane McGonigal, "'This is Not a Game': Immersive Aesthetics and Collective Play", http://www.seanstewart.org/beast/mcgonigal/notagame/paper.pdf.

43. http://cdd.stanford.edu.

44. Henry E. Brandy, James S. Fishkin e Robert C. Luskin, "Informed Public Opinion about Foreign Policy: The Uses of Deliberative Polling", *Brookings Review*, verão de 2003, http://cdd.stanford.edu/research/papers/2003/informed.pdf.

45. David Thornburn, "Television Melodrama", em *Television: The Critical View*, Horace Newcomb (ed.) (Oxford: Oxford University Press, 1994).

46. Ithiel de Sola Pool, *Technology without Boundaries: On Telecommunications in a Global Age* (Cambridge, Mass.: Harvard University Press, 1990), pp. 261-262.

47. Andrew Leonard, "Trapped in the Echo Chamber", *Salon*, 3 de novembro de 2004, http://www.salon.com/tech/col/leon/2004/11/03/echo_chamber.

48. Cass Sunstein, "The Daily We", *Boston Review*, verão de 2001, http://bostonreview.net/BR26.3/sunstein.html.

49. Gibbs, "Blue Truth, Red Truth".

50. Sharon Waxman e Randy Kennedy, "The Gurus of What's In Wonder If They're out of Touch", *New York Times*, 6 de novembro de 2004, p. A12.

Notas da Conclusão

1. Ari Berman, "Al Gets Down", *The Nation*, 28 de abril de 2005, http://www.the nation.com/doc/doc.mhtml?i=20050516&c=berman.

2. Veja Anita J. Chan, "Distributed Editing, Collective Action, and the Construction of Online News on Slashdot.org", tese de mestrado, Estudos de Mídia Comparada, MIT, Cambridge, Mass.:, 2002. Para informações adicionais sobre jornalismo participativo,

410 | CULTURA DA CONVERGÊNCIA

veja Dan Gillmor, *We the Media: Grassroots Journalism By the People, For the People* (Nova York: O'Reilly, 2004); e Pablo J. Boczkowski, *Digitizing the News: Innovation in Online Newspapers* (Cambridge, Mass.: MIT Press, 2005).

3.   Berman, "Al Gets Down". Para mais debates sobre o canal Current, veja Niall McCay, "The Vee Pee's New Tee Vee", *Wired News*, 6 de abril de 2005, http://www.wired.com/news/digiwood/0,1412,67143,00.html; Farhad Manjoo, "The Television Will Be Revolutionized", *Salon*, 7 de julho de 2005, http://www.salon.com/news/feature/2005/07/11/goretv/print.html; Tamara Straus, "I Want My Al TV", revista *San Francisco*, julho de 2005, http://www.sanfranmag.com/story/i-want-my-al-tv].

4.   Manjoo, "The Television".

5.   Berman, "Al Gets Down".

6.   Ashley Highfield, "TV's Tipping Point: Why the Digital Revolution Is Only Just Beginning", 7 de outubro de 2003, Paidcontent.org, http://www.paidcontent.org/stories/ashleyrts.shtml [http://www.paidcontent.org/entry/tvs-tipping-point-why-the-digital-revolution-is-only-just-beginning/].

7.   "BBC Opens TV Listings for Remix", *BBC Online*, 23 de julho de 2005, http://news.bbc.co.uk/1/hi/technology/4707187.stm.

8.   W. Russel Neuman, *The Future of the Mass Audience* (Cambridge, UK: Cambridge University Press, 1991), p. 54.

9.   Ibid., pp. 8-9.

10.   Betsy Frank, "Changing Media, Changing Audiences", MIT Communications Forum, 1º de abril de 2004, http://web.mit.edu/comm-forum/forums/changing_audiences.html.

11.   George Gilder, *Life After Television: The Coming Transformation of Media and American Life* (Nova York: W. W. Norton, 1994), p. 66.

12.   Ibid., p. 68.

13.   Marshall Sella, "The Remote Controllers", *New York Times*, 20 de outubro de 2002.

14.   Henry Jenkins, *Textual Poachers: Television Fans and Participatory Culture* (Nova York: Routledge, 1991).

15.   Marcia Allas, entrevista por e-mail com o autor, outono de 2003.

16.   Kimberly M. De Vries, "A Tart Point of View: Building a Community of Resistance Online", apresentado na Media in Transition 2: Globalization and Convergence, MIT, Cambridge, Mass., 10 de maio de 2002.

17.   Citações deste parágrafo foram extraídas de Warren Ellis, "Global Frequency: A Introduction", http://www.warrenellis.com/gf.html.

18.   Howard Rheingold, *Smart Mobs: The Next Social Revolution* (Nova York: Basic Nooks, 2003), p. xii.

19.   Cory Doctorow, *Down and Out in the Magic Kingdom* (Nova York: Tor, 2003).

NOTAS | **411**

20.   Todas as informações e citações deste parágrafo foram extraídas de Michael Gebb, "Rejected TV Pilot Thrives on P2P", *Wired News*, 27 de junho de 2005, http://www. wired.com/news/digiwood/0,1412,67986,00.html.

21.   Chris Anderson, "The Long Tail", *Wired*, outubro de 2004, http://www.wired. com/wired/archive/12.10/tailhtml?pg=3&topic_set [http://www.wired.com/wired/archive/ 12.10/tail.html].

22.   Ivan Askwith, "TV You'll Want to Pay For: How $2 Downloads Can Revive Network Television", *Slate*, 1º de novembro de 2005, http://www.slateuk.com/id/2129003/.

23.   Andy Bowers, "Reincarnating the West Wing: Could the Canceled NBC Drama Be Reborn on iTunes?", *Slate*, 24 de janeiro de 2006, http://www.slateuk.com/id/2134803/.

24.   Informação obtida em verbete da Wikipédia em http://en.wikipedia.org/ wiki/Wikipedia.

25.   "Neutral Point of View", *Wikipedia*, http://www.infowrangler.com/phpwiki/ wiki.phtml?title=Wikipedia:Neutral_point_of_view.

26.   Shoshanna Green, Cynthia Jenkins e Henry Jenkins, "The Normal Female Interest in Men Bonking", in *Theorizing Fandom*, Cheryl Harris e Alison Alexander (eds.) (Nova York: Hampton, 1998).

27.   Minhas ideias sobre os tipos de letramento midiático necessários para a participação na nova cultura da convergência estão num relatório desenvolvido para a MacArthur Foundation. Veja Henry Jenkins, com Katherine Clinton, Ravi Purushatma, Alice Robison, e Margaret Weigel, *Confronting the Challenges of a Participatory Culture: Media Education for the 21st Century*, http://projectnml.org.

Notas do Posfácio

1.   Para arquivos em vídeo desses debates, acesse http://www.youtube.com/democraticdebate e http://www.youtube.com/republicandebate. Agradeço a Colleen Kaman e Steve Schultz pela ajuda em localizar referências e material para este estudo.

2.   Talk of the Nation, "Digital Democracy: YouTube's Presidential Debates", 18 de julho de 2007, http://www.npr.org/templates/story/story.php?storyId=12062554.

3.   Jose Antonio Vargas, "The Trail: The GOP YouTube Debate is Back On", *The Washington Post*, 12 de agosto de 2007, http://voices.washingtonpost.com/44/2007/08/12/ the_gop_youtube_debate_is_back_1.html.

4.   Ibid.

5.   Jason Rosenbaum, "It's A Trap!, The Seminal, 29 de novembro de 2007, http:// www.theseminal.com/2007/11/28/its-a-trap/. Veja também Micah L. Sifry, "How CNN Demeans the Internet", TechPresident, 29 de novembro de 2007, http://www.techpresident.com/blog/entry/14238/how_cnn_demeans_the_Internet.

6.   Veja Henry Jenkins, *Cultura da Convergência* (São Paulo: Aleph, 2008).

412 | CULTURA DA CONVERGÊNCIA

7. "Fight Different," *Mother Jones*, agosto de 2007, p.27.

8. "The YouTube-ification of Politics: Candidates Losing Control," CNN.Com, 18 de julho de 2007, http://edition.cnn.com/2007/POLITICS/07/18/youtube.effect/index. html.

9. Ana Marie Cox, "Will the GOP Say No to YouTube?," Time.com. 27 de julho de 2007, http://www.time.com/time/politics/article/0,8599,1647805,00.html

10. "Team Mitt: Create Your Own Ad!," http://www.jumpcut.com/groups/detail?g_id= 5DD3300851A311D C8DA1000423CF381C.

11. Marty Kaplan, "The CNN/RubeTube Debate," *The Huffington Post*, 25 de novembro de 2007, http://www.huffingtonpost.com/marty-kaplan/the-cnnrubetube--debate_b_74003.html.

12. Sarah Lee Stirland, "CNN-YouTube Debate Producer Doubts the Wisdom of the Crowd," *Wired*, 27 de novembro de 2007, http://www.wired.com/politics/onlinerights/news/2007/11/cnn_debate.

13. Heather Levi, "The Mask of the Luchador: Wrestling, Politics, and Identity in Mexico," in Nicholas Sammond (ed.), *Steel Chair to the Head: The Pleasures and Pain of Professional Wrestling* (Durham: Duke University Press, 2005), pp.96-131.

14. Yochai Benkler, *The Wealth of Networks: How Social Production Transforms Markets and Freedom* (New Haven: Yale University Press, 2006), p. 274-275.

15. Benkler, p. 275.

16. Veja "Snowman vs. Romney – CNN Reports," http://www.youtube.com/watch?v=NmVIm_JRHH4.

17. "Walter Williams," http://www.mrbill.com/wwbio.html.

18. Cain Burdeau, "Mr, Bill Tapped to Help Save La. Swamps," Associated Press, como publicado em: http://www.mrbill.com/LASinks.html.

19. http://www.tmz.com/2007/07/21/mitt-catches-s-t-over-hillary-bashing--sign/.

20. http://www.tmz.com/2007/07/23/romney-on-osama-sign-lighten-up/; http://www. dailykos.com/story/2007/7/23/31656/4987.

21. Para mais discussões sobre este tema, veja Henry Jenkins, "Childhood Innocence and Other Modern Myths," *The Children's Culture Reader* (Nova York: New York University Press, 1998), pp. 1-40.

22. Benkler, p. 200.

23. Denise Mann, "The Spectacularization of Everyday Life: Recycling Hollywood Stars and Fans in Early Television Variety Shows," in Lynn Spigel and Denise Mann (Eds.) *Private Screenings: Television and the Female Consumer* (Minneapolis: University of Minnesota Press, 1992), pp.41-70.

24. Stephen Duncombe, *Dream: Re-Imagining Progressive Politics in an Age of Fantasy* (Nova York: The New Press, 2007), p.16.

NOTAS | **413**

25. Duncombe, p. 17.

26. Sandra M. Jones, "Wal-Mart Case as Dark Lord," *Chicago Tribune*, 1º de julho de 2007, p.20.

27. *Wired* considerou o YouTube crucial para uma nova cultura de "aperitivos midiáticos em "Snack Attack!", *Wired*, março de 2007, http://www.wired.com/wired/archive/15.03/snack.html.

28. *The Wall Street Journal*, 3 de agosto de 2006, http://online.wsj.com/public/article/SB115457177198425388-0TpYE6bU6EGvfSqtP8_hHjJJ77I_20060810.html?mod=blogs.

29. Phil De Vellis, aka Parkridge47, "I Made the 'Vote Different' Ad," *The Huffington Post*, 21 de março de 2007, http://www.huffingtonpost.com/phil-de-vellis-aka-parkridge/i-made-the-vote-differen_b_43989.html.

30. W. Lance Bennett, "Changing Citizenship in a Digital Age," in W. Lance Bennett (ed.) *Civic Life Online: Learning How Digital Media Can Engage Youth* (Cambridge: MIT Press, 2008), pp. 2-3.

31. Henry Jenkins, "Manufacturing Dissent: An Interview with Stephen Duncombe," Confessions of an Aca-Fan, 23 de julho de 2007, http://henryjenkins.org/2007/07/manufacturing_dissent_an_inter.html.

32. John McMurria, "The YouTube Community," FlowTV, 20 de outubro de 2006, http://flowtv.org/?p=48.

33. Chuck Tyron, "Is Internet Politics Better Off Than It Was Four Years Ago?," FlowTV, 29 de setembro de 2007, http://flowtv.org/?p=797.

34. "Transcript: CNN/YouTube Democratic Debate," Defective Yetii, http://www.defectiveyeti.com/ archives/002172.html.

35. Esses exemplos foram extraídos de imagens enviadas a http://politicalhumor.about.com/.

36. Duncombe, *Dream*, p. 126.

37. "Interview with Lawrence Lessig, Stanford Law Professor, Creative Commons Chair" *Mother Jones*, 29 de junho de 2007, http://www.motherjones.com/interview/2007/07/lawrence_lessig.html.

ÍNDICE REMISSIVO

11 de setembro, 30, 303, 316, 335, 365
1984, 144
"20 Million Loud", companha dos, 306
24 Horas, 167
3 Foot 6 Productions, 155
4orty2wo Entertainment, 182
501s/527s, 300, 375
60 Minutes, 294
700 Club, The, 282

A.I. – Inteligência Artificial, 179-80, 184, 376
ABC, 97, 171, 278, 293, 295, 307
ABC-Disney, 338, 339
absolutistas, 78-9
Abu Ghraib, 297
acesso, 333
action figures, 201, 206-8, 377

Action for Children's Television, 221
Action League Now!!!, 208
adbusting, 196
adhocracia, 336, 339, 340, 342
Adventures in Odyssey, 278
Aeon Flux, 146
Ain't It Cool News, 92
Akira, 160
Al Gore's Penguin Army, 364
Al Jazira, 118
Albrecht, Chris, 198, 210, 218
Alexander, Jesse, 172
Alien, 164
Allas, Marcia, 334
Alliance Talent Agency, 108
Almereyda, Michael, 213
Alphaville, 311-5
Amazon, 190, 278

416 | CULTURA DA CONVERGÊNCIA

América azul (democrata), 319, 321-2, 323

America Online – AOL, 129, 313

América vermelha (republicana), 319, 322, 323

America's Army, 114-9

America's Funniest Home Videos, 202, 355

American Booksellers Foundation for Free Expression, 272

American Civil Liberties Union, 264

American Express, 106

American Idol, 14, 50-1, 95-136, 353

American Idol (personalidades)

Clay Aiken, 110, 126, 128, 131

Elton John, 134

Fantasia Barrino, 133-4

Kimberley Lock, 126

Ruben Studdard, 111, 126-8, 131

Sanjaya Malaka, 134-5

Simon Cowell, 129-30, 132

andaime, 253

Anderson, Chris, 337

anime, 146-7, 160, 220-6, 376

Anime Angels, 282

Antonucci, Mike, 150

AOL. *Ver* America Online

Apple Box Productions, 101

Apple, computadores, 121, 358

Apple Music Store, 338

Aprendiz, O, 106-9, 126, 287-8, 361

aprendizagem, 61, 257, 322

apropriação, 48, 195, 208-9, 211, 331

Arms, Phil, 269

Arquivo x, 167, 253, 301

Askwith, Ivan, 150, 338

Associated Press, 295

astroturf, 364, 365, 376

AT&T Wireless, 96, 130-2, 135

ativador cultural, 140

AtomFilms, 189, 198, 217, 219

atrator cultural, 140

autoria cooperativa, 141, 157-63, 376

avaliação, 128

Babylon 5, 167

Bagge, Peter, 137-8, 142, 146

Balas Perdidas, 146

banners de publicidade, 102

Barney, Matthew, 187

Bartle, Richard, 226

Batalha de Riddick, A, 158

Batalhas Decisivas, 216

Batman: Hong Kong, 157

Baudrillard, Jean, 143, 144

Baynes, Arthur, 312

BBC, 326-7

Bear Stearns, 109

Benedek, Peter, 323

Benjamin, Walter, 306, 309

Benkler, Yochai, 355, 358, 362, 367, 381

Bennett, W. Lance, 366, 386

Benning, Sadie, 212

Berlant, Lauren, 305

Bertelsmann Media Worldwide, 153

"Besta", A, 179-84, 316, 376, 377

Beto (*Vila Sésamo*), 29

Beto é do Mal, 29-31

Bíblia, 269, 283, 284

Big Brother, 14, 86-8, 154

"Billionaires for Bush", 361

Bilson, Danny, 141, 151-2, 178, 381

Bin Laden, Osama, 29, 30, 303

Bioware, 228-9

ÍNDICE REMISSIVO | **417**

BitTorrent, 336

Black, Rebecca, 256

Blade Runner, 165, 178, 389

blogs, blogueiros, bloguismo, 294-300, 321, 326, 349, 356

BMW, 289

Bochco, Stephen, 166

Bohrman, David, 346, 347, 353

Bollinger, Dan, 65

Bollywood, 17, 33

Boneco de Neve (Billiam), 347-8, 352, 355-7, 367

brain trusts, 71-75

brincadeira, 54, 61, 315

Brock, Jack, 268

Brooker, Will, 213

Bruxa de Blair, A, 142, 147-9, 165

Buckingham, David, 185, 186, 311

Burnett, Mark, 56-7, 65, 70, 77, 80-3, 88, 92, 106, 132, 297, 336

Burton, Tim, 165

Bush, George W., 287-9, 294, 298, 301, 304, 305, 314, 318, 349, 361, 366

"Bush em 30 Segundos", concurso, 302

Business Week, 243

Caindo na Real, 339

Caminho, a Verdade & os Dados, O, 281

campanha de 2004, 53, 61, 289-323, 330

campanha de 2008, 346-57

    vídeos, 347, 350-54, 355-8

Campbell, Joseph, 143, 175, 385-6

capacidade enciclopédica, 166, 377

capital emocional, 105-9, 136, 237, 377

Carlson, Tucker, 308, 310

Cartoon Network, 190, 208, 209

Casablanca, 142-3, 146

Cassidy, Kyle, 210

Castells, Manuel, 186

casuais, 113-9, 123

Cauda Longa, A, 337

CBS, 56, 69-70, 80-1, 83, 90, 93, 97, 293-4, 302, 307

Celebrity Deathmatch, 208

celulares, 21, 33, 38, 44, 46, 47, 160, 193, 349

Center for Deliberative Democracy, 318

Centro de Informação e Pesquisa de Aprendizagem e Compromisso Civil, 306

Centro de Política Pública Annenberg, 308, 310

Chadwick, Paul, 146, 162-3, 182, 185

Chamado, O, 154

Chan Chen, 159

Chan, Evan, 180

Chan, Jackie, 159

Cheney, Dick, 301, 314, 365, 368

Cheskin Research, 45

Children's Television Workshop, 30

chillingeffects.org, 264

ChillOne, 57-8, 60, 63-4, 67-8, 71, 75-80, 83-6, 90-94

China, 153, 155, 159

Chomsky, Noam, 332, 360

Chow Yun-Fat, 159

Christian Gamers Guild, 281

Christopher Little Literacy Agency, 261

Chung, Peter, 146

cidadão informado x cidadão monitor, 289, 309-10, 344

Cine Majestic, 142, 179

418 | CULTURA DA CONVERGÊNCIA

cinema digital, 46, 189-209, 210-1, 217-9, 302-3

Clarkson, Kelly, 97

Clinton, Bill, 302, 359

Clinton, Hillary, 356, 359, 364, 368, 369

clipes musicais, 218, 219, 377

Cloudmakers, 179-84, 316, 377

CNN, 30-1, 180, 199, 268, 308, 346-50, 352-7, 370

CNN/YouTube, 346-52, 362, 367-8

Coca-Cola, 96, 105-6, 108, 110, 111-2, 129-30, 135, 289

cocriação, 151-2, 158, 377-8

código, 228-9
    aberto, 204, 247, 325, 340

Cohen, Ben, 288

cokemusic.com, 111

cola, 186, 345

Colbert Report, The, 367

Cold Mountain, 280

Cole, Jeanne, 213

Collective Detective, 316

Colson, Charles, 281

Columbine, 268

Comedy Central, 307

complexidade, 65, 139, 345, 378

compreensão adicional, 178-88

concentração de poder na mídia, 31, 40, 48-9, 106-7, 285-6, 327, 332-3

Concepcion, Bienvenido, 203

Concreto, 146, 162

Conduzindo Miss Daisy, 369

conhecimento, 50, 58-61, 62, 71-2, 79, 89, 90-2, 93-4, 129, 186-8, 259, 309, 315-6, 322, 330, 335, 339-41, 344-5
    compartilhado, 87, 128, 378

consenso, 128, 236
    cultura do, 320, 379

construção de universos, 51, 163-4, 378

consumidores inspiradores, 112-3, 133, 268, 331, 378

conteúdo gerado por usuários, 228, 229, 235, 243-4, 326-7, 354

conteúdo moderado por usuários, 325

contexto localizado, 45

convergência, 30-37, 39-41, 44-55, 57, 95, 101, 107, 125, 139, 150, 161, 238, 289, 293-4, 302, 327, 379
    alternativa, 48, 94, 155, 196, 221, 297, 345, 379
    corporativa, 48, 155, 221, 345, 379
    cultura da, 45, 54, 191, 196, 250-1, 285, 294, 327, 332, 333, 343, 345

Coombe, Rosemary J., 265

Cooper, Anderson, 346, 347, 348

Coors Brewing Company, 106

Cops, 190

Corliss, Richard, 184, 185

"cosplay", 160

Counter-Strike, 229

Cowboy Bebop, 146

Creative Artists Agency, 96, 104

cristãos, cristianismo, 52, 143, 145, 239, 240, 268-71, 276, 277-85

Crossfire, 308, 310

CSI: NY, 173

cultura
    comercial, 194, 196, 343, 379
    da convergência. *Ver* convergência
    de massa, 193-5, 379
    DIY, 190
    dos fãs, 331, 380

ÍNDICE REMISSIVO | 419

participativa, 13, 31-32, 41-42, 55, 229, 238-9, 277, 285, 327-9, 331-3, 343, 380
popular, 53, 194-5, 380
pública, 53, 55, 311
tradicional, 191, 193-6, 220, 343, 380
vernácula, 191, 221, 380
culture jamming, 296-7, 333, 380
Current (rede de TV), 324-7

Daily Show, The, 306-8, 310, 367
Dana, Mary, 271, 272, 273
Dark Age of Camelot, 215
Darrow, Geof, 146, 159, 170
Dautel, Dennis, 279
Dawson's CreekI, 165, 167-8
Dawson's Desktop, 142, 165-8, 172
DC Comics, 157
De Justin Para Nelly, 98
de Sola Pool, Ithiel, 39-41, 320-1, 380
de Vellis, Phil, 364
Dean, Howard, 291, 293, 295-6, 301, 312, 348, 352
"decadência dos decadents", 276, 380
Deixados para Trás, 278
democracia, 60, 91, 290, 311-5, 317-8, 320, 343-4
democratas, 304, 323, 358
demonização, 268-71
Departamento de Defesa Americano, 114-5, 117
departamento de polícia de Nova York, 108
Dery, Mark, 296
descentralização, 40, 329
"desodorização", 224
Desperate Housewives, 338
De Vries, Kimberly M., 334

Diamond, Neil, 208
DiCaprio, Leonardo, 135
Dick, Philip K., 143
difusão estreita, 34, 293, 387
Digital Millenium Copyright Act, 196
digitalização, 40, 380
direitos autorais, 196-7, 217, 234, 265-6, 333, 386, 390
discernimento, 240, 277-9, 283-4, 380
Disney, 153, 156, 197, 280, 336
Disney World, 336
divergência, 39, 380
diversidade, 332-333, 340, 343, 371
Dixie Chicks, 305
Dobson, James, 280-2
Doctorow, Cory, 336
Donaton, Scott, 104
Doom, 214
downloads, 338-9
dramas éticos, 126-7, 250
Duel Masters, 190
Duncombe, Stephen, 360-1, 366-7, 370, 381
Dungeons and Dragons, 269
Durack, Elizabeth, 216
DVD, 44-6, 97, 103, 139, 144, 146, 162, 165, 190, 201, 224, 268, 279, 337-8
Dyson, Anne Haas, 248, 384

Early Show, The, 71
Earth First!, 162
eBay, 36, 209
Ebert, Roger, 176, 177
Eco, Umberto, 142-3, 382
ecologia midiática híbrida, 365, 367, 381
economia afetiva, 51, 98-101, 111, 136, 182, 381

420 | CULTURA DA CONVERGÊNCIA

Edelstein, David, 176

educação, 42, 239-46, 251-53, 256-60, 330, 344-5
informal/aprendizado, 251-6, 259-60, 276

Edwards, John, 299-300, 365, 367

Electronic Arts, 27, 141, 151, 183, 312, 314

Electronic Frontier Foundation, 264

Elektra Assassina, 146

Ellipsis Brain Trust, 69

Ellis, Warren, 335-6

embuste, 80-85

Encantadora de Baleias, 280

Encontros e Desencontros, 281

Endemol, 86

Ender, Chris, 81

Entertainment Weekly, 92, 129, 172, 190, 199

entretenimento multiplataforma, 151-52, 381

envolvimento, 169-73

Enzensberger, Hans, 292

epistemologia, 79

espaços de afinidade, 251-2, 259-60, 344, 381

especulação, 76, 87, 140, 163

espetáculos éticos, 361, 370, 381

Ettinger, Amber Lee, 363

expertise, 58

expressões, 100, 105

extensão, 49

Facebook, 242, 351, 352

Fantasma do Futuro, O, 160

Fahrenheit 11 de Setembro, 305

Faith Highway, 279

Falácia da Caixa Preta, 42-6, 294, 382

Faleux, Shane, 204

Família Soprano, 170, 187, 323, 359

fan fiction, 46, 72-74, 189, 211-9, 232, 250-60, 264-7, 341

FanLib.com, 240-7

fansubbing, 222, 382

fantasia (gênero), 145, 282, 283

Fark.com, 303

fãs, 52-3, 61, 62-7, 116-7

Fãs por Cristo, 282-3, 285

Faulkner, William, 166

ficção científica, 143, 145, 229, 277, 283, 336

fiéis, 100, 113-6, 119-20, 121-3, 382

Field, Claire, 262

Filho Nativo, 171

filmes caseiros, 190, 195, 202

filmes cult, 139, 142-3, 382

Final Fantasy, 156

Finan, Christopher, 272

Fisher-Price, 210, 211, 216, 387

Fitz-Roy, Don, 203

Flourish, 252, 253, 260

fluxo de conteúdos, 31, 48, 140, 349, 379, 384

Focus on the Family, 278, 280, 282

fofoca, 125-9, 250

Forbes, 96

Ford Motor Company, 130, 135

Forrester Research, 104

Fortitude Films, 282

Fountainhead, 215

FOX Broadcasting Company, 95-6, 104, 120, 122, 132, 135, 153, 206

fragmentação, 49, 106, 321-22, 327, 332

ÍNDICE REMISSIVO | 421

Frank, Betsy, 328, 329
franquia, 14, 16, 50, 140-1, 150-1, 163
FreakingNews.com, 303
Frequência Global, 335-337, 339
Friedrich, Rick, 363
Friendster, 108

Gabler, Lee, 104
Gaiman, Neil, 146
Galáxia da Internet, A, 186
games [jogos], 36-8, 53, 103, 114-9, 139-
    41, 146, 150, 155-6, 161-2, 166-7, 175-6,
    180-5, 191, 196, 214-5, 223-4, 228, 228-
    32, 277-82, 285, 311-5, 316
gatekeepers, 48, 52, 276, 285, 326, 353
Gee, James Paul, 251-2, 259, 276, 285, 378,
    381
Gervase x, 81
Gibbons, Dave, 146
Gibson, Mel, 279, 282
Gilder, George, 34, 329, 387
Gitelman, Lisa, 43, 44, 385, 387
globalização, 52, 61, 153-61, 271, 286
Godel, Escher e Bach, 180
Golden Eye: Rogue Agent, 152
Google, 198, 321, 339, 370
Google Maps, 328
Gore, Al, 307, 314, 324-6, 357
Grant, Amy, 278
Green, Seth, 208-9
Greenaway, Peter, 187
Grito, O, 323
Grushow, Sandy, 104
GTA – Grand Theft Auto, 37, 215
Guerra do Golfo, 320
Guerra do Iraque, 118-9, 319

guerras de Potter, 238, 239, 277, 285
Gypsies, The, 232, 234

Haack, Denis, 279-80, 283, 284
Hakuhodo, 225
Half-Life, 229
Halo, 215
Halon, Aaron, 207
Hancock, Hugh, 215
Hank, o Anão Bêbado Zangado, 134-5
Haralovich, Mary Beth, 60, 383
Hardball with Chris Matthews, 262
Hard Boiled, 146
Harley-Davidson, 121
Harmon, Amy, 211
Harry Potter, 14, 50, 52, 197, 237-86, 289
Harry Potter (livros)
    Harry Potter e a Ordem da Fênix, 256,
    275
    Harry Potter e a Pedra Filosofal, 241
Harry Potter (personagens/lugares/coi-
    sas)
    Albus Dumbledore, 258, 266, 275
    Beco Diagonal, 361
    Cho Chang, 250
    Drago Malfoy, 250
    Dursleys, Os, 274
    Grifinória, 249, 250
    Hermione Granger, 249, 252, 361
    Hogwarts, 52, 241-2, 246-7, 249-50,
    257, 273-4
    Lorde Voldemort, 250, 274, 361
    Minerva McGonagall, 254
    Ministério da Magia, 247, 248
    Remo Lupin, 254
    Rony Weasley, 266

422 | CULTURA DA CONVERGÊNCIA

Severo Snape, 248, 258

Sirius Black, 248, 274

Trouxas, 273-4

Harry Potter (websites/organizações)

   Daily Prophet, The, 244, 246, 248-51, 262-3, 274

   Defense Against the Dark Arts, 262

   Hogwarts Virtual, 260, 270

   HP Alliance, 274-5, 361

   Leaky Cauldron, The, 275

   Muggles for Harry Potter, 264, 272-4, 285

   Sugar Quill, 252, 254, 256, 380, 385, 387

   www.fictionalley.org, 254

   www.harrypotterguide.co.uk, 262

Hartley, John, 310, 388

Haxans, 148, 165

HBO, 97, 359

Heiferman, Scott, 301

Hendershot, Heather, 277

Herman, Andrew, 265

Heroes, 170, 172

Heron, Gil Scott, 291, 292

Herói de Mil Faces, O, 175

Heyer, Steven J., 105-8, 111, 129, 136, 377

hibridismo, 158-9, 383

Highfield, Ashley, 326

Hill Street Blues, 166

hipersociabilidade, 160-1, 383

hipertexto, 186

histórias em quadrinhos, 43, 140, 146, 147, 157-62, 190, 229, 334-5

History Channel, The, 216

Hollywood, 12, 46, 149, 151-2, 323

Home Shopping Network, 108

Homem-Aranha, 153, 155-7, 280

Homero, 174, 175, 177

homeschooling, 243, 246, 381

Hong Kong , 157, 159, 385

Huckabee, Mike, 360

humanismos secular, 271

i to i Research, 117

Ignacio, Dino, 29-31

IKONOS, 67

ilovebees, 182

imersividade, 269-70, 273, 281

impressões, 100-2

indústria fonográfica, 36, 38, 193

Indiana Jones

   franquia e filmes, 152

   Aventuras do Jovem Indiana Jones, As (TV), 152, 205

   Os Caçadores da Arca Perdida, 206

índices de audiência, 97, 98-9, 111

Initiative Media, 105, 115, 122, 124, 126-8,135

integração horizontal, 140, 383, 388

inteligência coletiva, 31, 32, 50, 53, 58-9, 60-1, 86, 89-90, 100, 139, 145, 185, 186, 238, 259, 289, 309, 329-32, 340

interatividade, 34, 191-2, 228-9, 328, 329

intermediários alternativos, 193, 330, 362, 384

Internet Galaxy, The, 186

intertextualidade, 270, 284, 384

iPod, 5, 46, 169, 338

Irmãos Grimm, 154, 197

Ito, Mizuko, 47, 383, 385

Iwabuchi, Koichi, 224

J. C. Penney, 108

Índice remissivo

Jackson, Janet, 295, 302
Jackson, Peter, 154
Jackson, Samuel L., 208
James Bond (franquia), 95, 152
Japão, 47, 146, 154, 159, 160-1, 164, 220-26
Jeremiah Films, 281
JibJab, 303
Joan of Arcadia, 278
Joe Millionaire, 126
jogos de realidade alternativa, 33, 171, 182-4, 316, 384
Jones, Deborah, 125-6
jornada do herói, 175, 386
jornalistas cidadãos, 324, 357
Joseph, Barry, 184

Kang, Jeevan J., 157
Kaplan, Marty, 352
Kapur, Shakhar, 153, 155
Katz, Joe, 307
Kauffman, Leah, 363
Kawajiri, Yoshiaki, 146, 158
Kerry, John, 291, 298-301, 304, 314, 321, 323
kidSPEAK!, 272-3
Kill Bill, 369
Kingdom Hearts, 156
Kjos, Berit, 269-71
Klebold, Dylan, 268
Klein, Christina, 159
Koster, Raph, 198, 224-9, 233, 235
Kozinets, Robert, 102, 121, 131, 378
Kroll, John, 303
Kronke, Clay, 205
Kruse, Carol, 111

lacuna participativa, 54, 344
Lanza, Mario, 72-4
Lapham, David, 146
Lawrence da Arábia, 206
Lawver, Heather, 241-6, 259, 262-4, 284-5
Lear, Norman, 305
Lee, Ang, 159, 378
Legalmente Loira, 130
Lei dos Direitos Autorais Digitais do Milênio, 196
leitura beta, 254-6, 384
Leno, Jay, 307
Leonard, Andrew, 321
Leonard, Sean, 223, 226
Lessig, Lawrence, 197, 228, 370
Let's Make a Deal, 357
letramento, 237, 239, 251, 252, 276, 289
midiático, 52, 333, 345
Letterman, David, 307
Levy, Joseph, 199, 203
Lévy, Pierre, 32, 58-60, 64, 72, 89, 91, 121, 139-40, 186, 259, 297, 309, 318, 322, 330, 331, 340, 371, 376, 378, 379, 383, 390
Lewis, C. S., 280, 281, 282
licenciamento, 150-1, 384
Lionhead, 216
LiveJournal, 245, 351
LoPorto, Garrett, 288
Lost, 170-1, 206, 281, 338
lovemarks, 51, 105-10, 135-6, 237, 268, 384-5
Lucas, George, 164, 198-9, 204-5, 210, 212, 216-7, 218, 263
Lucasfilm, 152, 203, 206, 212-8
Lucas Online, 215
Ludlow, Peter, 312-5

424 | CULTURA DA CONVERGÊNCIA

Luhrmann, Baz, 159, 219

Lynch, David, 64, 66

Machinima, 214-6, 385

Machinima (filmes)

   Anna, 215

   Halo Boys, 215

   My Trip to Liberty City, 215

   Ozymandias, 215

Madison Avenue, 100

Madison + Vine, conferência, 105, 109, 385

MADtv, 369-70

Maeda, Mahiro, 167-9, 174

Mágico de Oz, O, 271

Maines, Natalie, 305

Major Bowles' Original Amateur Hour, 119

Mandel, Jon, 96

mangá, 155-6, 160, 385

Mangaverso, 156, 158

manipulação, 133, 296, 345

Mann, Denise, 359

Manufacturing Consent, 360

marca, 51, 53, 99-101, 105-9, 116, 135

   comunidades de, 120-1, 129-30, 135, 298, 378

   defensores da, 112

   extensão da, 108

   festivais de, 121

   fidelidade à, 111-2

   registrada, 261

marketing viral, 288, 293, 385

Marvel Comics, 156-7, 389

Mather, Evan, 199-201, 207-8

Matrix, 14, 50, 51-2, 137-88, 215, 250, 280, 323

Matrix (atores)

   Hugo Weaving, 145

   Jada Pinkett Smith, 156

   Keanu Reeves, 140, 145

Matrix (franquia)

   Animatrix, The, 146, 158, 160, 172

   Bits and Pieces of Information, 170-1

   Déjà Vu, 162

   Enter the Matrix, 144, 146-7, 149, 180-1

   Final Flight of the Osiris, 147, 163

   Kid's Story, The, 148

   Let It All Fall Down, 162

   Matrix Online, The, 182

   Matrix Reloaded, 138-9, 144-9, 164, 177-8

   Matrix Revolutions, 139, 149, 181

   Miller's Tale, The, 162

   Program, 158

   Second Renaissance, The, 167, 169-71, 174

Matrix (personagens/lugares/coisas)

   Agente Smith, 145, 177

   B116ER, 167, 170

   Cypher, 144, 177

   Ghost, 180-1

   Jue, 147

   Locke, 181

   Merovíngio, 144

   Morpheus, 149, 160, 163, 177-8, 181-2

   Nabucodonosor, 143, 147

   Neo, 138, 143-5, 148, 163, 169-70, 176, 177, 182

   Niobe, 149, 156, 180-1

   Oráculo, O, 176, 280

   Osíris, 147, 149

   Perséfone, 143, 176

The Kid, 148-9

Trinity, 149, 160, 163, 176, 177

Zion, 138, 147-8, 159, 162, 170, 177, 180

Mattel, 107-8

Maynard, Ghen, 81

McCain-Feingold Act, 300, 375

McCain, John, 356

McCarty, Andrea, 212

McChesney, Robert, 332

McClearly, Bryan, 107

McCracken, Grant, 192, 219-22, 234, 276, 380, 387

McDonald's (restaurante), 150

McDonald, Gordon, 215

McGonigal, Jane, 181-3, 316, 384

McGregor, Ewan, 219

McKnight, Laura, 312

McLuhan, Marshall, 39

McMurria, John, 368

Mead, Syd, 165

Media Jammers, 87

Meetup.com, 291, 301, 303

Mehra, Salil K., 225

mensagem de texto, 96, 133

"mentalidade trouxa", 275

mercadorias, 99, 285

merchandising, 106-9, 129-30, 133

Mertes, Cara, 325

Microsoft, 37, 179, 181

mídia

comunitária, 330

independente, 303, 350

mix, 160-1, 187, 385

midiaticamente ativos, 328

militares, 114-9, 289

Miller, Mark Crispin, 332

MIT – Massachusetts Institute of Technology, 42, 45, 105, 122, 328, 382

mitologia, 176, 216-7, 220

MMORPG, 223-6

modders/modificação, 196, 228-31, 385

modelo baseado em assinatura, 338

Moebius, 159

Mole, The, 82

monomito, 175, 385-6

Monty Python em Busca do Cálice Sagrado, 215

Morimoto, Koji, 146

Morrow, Fiona, 150

Mother Jones, 349, 370

Moulin Rouge, 219

MoveOn.org, 302-3, 305

Movies, The, 216

MP3, 43, 46

MTV, 120, 208, 304, 328

Muniz, Albert M., 120

Murray, Bill, 281

Murray, Janet, 166, 173, 377

Muzyka, Ray, 228

Myrick, Dan, 148

MySpace, 242, 349, 351, 352

Napster, 192-3, 197

narrativa transmídia, 15-6, 38, 51-2, 137-88, 237, 270, 345, 381, 386

NASCAR, 111

National Research Council, 114

NBC, 97, 109, 171, 288, 293, 307

Neal, Connie, 277, 284

Negroponte, Nicholas, 34, 40

Nelson, Diane, 261, 263, 266

426 | CULTURA DA CONVERGÊNCIA

Neverwinter Nights, 229

Neuman, W. Russel, 328

New England Patriots, 109

New Line Productions, 155

New Orleans Media Experience, 29, 35, 36, 39, 44

Newsweek, 142, 243

New York Times, 91, 199, 211, 235, 323, 329

Nickelodeon, 208, 305

Nielsen Media Research, 104, 114

Nintendo, 345

Norris, Chuck, 360

notificação, 197, 235, 262, 265, 386

novela, 15, 65, 187

NPR, 199, 346

Nussbaum, Emily, 91

Ódio, 138, 146

Odisseia, A, 143, 175-6

Obama, Barack, 349, 356, 364, 368, 369

Obama Girl, 363

O'Brien, Michael, 276

O'Brien, Sebastian, 207

O'Guinn, Thomas C., 120

Old Navy, 130

OMC – Organização Mundial do Comércio, 303

Oni Press, 147

Orwell, George, 144

ourmedia.org, 326

Packard, Vance, 101

paganismo, 271

Paixão de Cristo, A, 279-80, 282, 323

Panteras, As, 157

paradigma do expert, 61, 86, 89-90, 386

Paramount, 264

paródia, 217-9, 348, 357-67, 369-71, 386

parques de diversão, 140

participação, 14, 16, 17, 51-5, 101, 123, 126, 160, 191-2, 216-9, 221-2, 228-9, 237-9, 265, 285-6, 290, 309, 317-8, 327-8, 329-31, 333-4, 342-5, 386

participatoryculture.org, 326

Paul, Ron, 352

PBS, 325

Perry, David, 146, 156, 180

personalização, 107, 329

pessimismo crítico, 332

Peterson, Karla, 98

Pew Foundation, 306-7

Photoshop, 29, 31, 70, 201, 290, 303-4, 318, 369

Pike, Chris, 141, 165-7

Pixelvision, 210-3, 215

Planeta dos Macacos, 165

plenitude, economia da, 222, 387

Plenitude, 276

poder de marginalizar, 353-4, 387

poder de negar, 353-4, 387

Pokémon, 154, 161, 185-6, 220, 250, 269, 271

polarização, 320

ponto a ponto, 290

pontos de contato, 94, 100, 181

Pop Idol, 96

"Política Quase Sem Política", 363

posse, sensação de, 225, 254, 267-8

POV, 325

primeira opção midiática, 329, 387

Probot Productions, 207

ÍNDICE REMISSIVO | 427

Probst, Jeff, 77, 81, 88, 93, 297
Programa de Estudos de Mídia Comparada, 42, 105, 122
proibicionismo, 193, 236, 238-9, 265
projeção astral, 269, 271
Project Greenlight, 302
Projeto Mídia Morta, 43
propaganda, 119, 332, 360
propriedade intelectual, 196-8, 221, 238, 261-8, 286, 341-2, 344
protocolos, 43-4, 54, 192, 294, 322, 387
publicidade, 36, 41, 51, 53, 100-4
Pulp Fiction, 208
Puppetmasters, 179-182, 387
PXL THIS, festival, 211, 213

rádio, 43, 120, 134, 199, 277, 293, 300
Ransom Fellowship, 278-9
RCA, 97
reality shows, 14, 50-1, 94, 95-7, 117-20, 126-9, 366
Reason, 138, 294
recapitulações, 63, 118, 123, 388
reciprocidade, 290
Redstone, Summer, 103
redundância, 140, 149
Reebok, 106
reforma midiática, 53, 332
regra 80/20, 111
relativistas, 79
Relles, Ben, 363
religião, 241, 276-7
republicanos, 299, 323
Resgate do Soldado Ryan, O, 215
Restaurant, The, 106
retorno financeiro, 99, 267

revolução digital, 34-5, 40, 289, 309, 331, 349, 388
Rheingold, Howard, 336, 388
Richardson, Ashley (avatar), 312
Roberts, Kevin, 110, 112, 131, 135, 331, 378, 384
Robertson, Pat, 282
Robot Carnival, 146
Rogers, John, 337
Rome: Total War, 216
Romero, George, 164
Romney, Mitt, 347, 352, 356-7, 366, 370
Rove, Karl, 349
Rowling, J. K., 52, 238-41, 246-51, 256-7, 260, 261, 270, 274
RPG, 250-1, 282, 285, 385
Rubio, Kevin, 190
Rumsfeld, Donald, 297

Saatchi & Saatchi, 110
Sacks, Eric, 212
Saksa, Mike, 150
Salla, Jeanine, 180
Salon.com, 87
Sanchez, Ed, 148-9
Sandman, 146
San Jose Mercury, 150
Saturday Night Live, 306-7, 356
Saturn, 121
Save the Internet, 362
Schamus, James, 159
Scheppers, Lori Jo, 268
Schneider, Andrew, 168
Scholastic, 261
Schudson, Michael, 308-9, 377
Schwarzenegger, Arnold, 353

428 | CULTURA DA CONVERGÊNCIA

Sci Fi Channel, 147

Second Life, 173, 235

Sefton-Green, Julian, 185-6

Seiter, Ellen, 249

Sella, Marshall, 329

Senhor dos Anéis, O, 154-5, 178, 280, 301

Sequential Tart, 334, 342

Sequester, 10

serialização, 65, 119-20, 187

séries favoritas, 116

Setas Amarelas, 48

Sétimo Céu, 278

Shadowmancer, 282

Shakespeare Apaixonado, 199

shareware, 342

Shawn, 59, 67-9, 81, 89

Shelley, Percy, 215

Shiny Entertainment, 146

Showtime, 97

Sienkiewicz, Bill, 146

Silver, Joel, 146

SimCity, 231, 232

Simmons, Russel, 306

Sims, The, 50, 231-2, 311-3

Sims 2, The, 216

sinergia, 50, 150, 157, 388

Slack, Andrew, 362

Slashdot, 325

Slate, 176, 338

smart mobs, 291, 336, 388

Smith, Dana, 203

Smoking Gun, The, 129

Snewser, 87, 93

sock puppet, 68, 388

Sony, 37, 153, 209

Sony Interactive, 141

Soprano, J. C. (avatar), 313

sourcing, 87, 388

Spider-Man: India, 157-60

Spielberg, Steven, 179-80, 204, 376

spin, 299-300, 388

Spin City, 300

spoiling, 50-1, 56-94, 250, 297-8, 389

SquareSoft, 156

Squire, Kurt, 229, 231

Sr. Presidente (avatar), 312, 313

SSX3, 216

Stanford Center for Internet and Society, 264

Starcom MediaVest, 104

Star Trek, 151, 215, 264

Star Wars (clipes musicais)

    Come What May, 218-9

Star Wars (cinema de fã), 13, 189-236, 251, 263

    Anakin Dynamite, 218

    Boba Fett: Bounty Trail, 203

    Cantina Crawls, 232, 233

    Christmas Crawl, 233, 234

    Duel, 206

    George Lucas in Love, 190, 198-9

    Godzilla versus Disco Lando, 207

    Intergalactic Idol, 218

    Kid Wars, 203

    Kung Fu Kenobi's Big Adventure, 207

    Les Pantless Menace, 200, 201

    Macbeth, 203

    Quentin Tarantino's Star Wars, 207

    Sith Apprentice, 218

    Star Wars: Revelations, 204, 205, 218

    Star Wars or Bust, 189

    The Jedi Who Loved Me, 203

The New World, 205
Toy Wars, 207
Troops, 190
When Senators Attack IV, 200
Star Wars (diversos)
    Cavaleiros Jedi, 190, 207, 231
    Mos Eisley, 227
    Tatooine, 190
Star Wars (franquia), 52, 152-3, 158, 189-236, 330
    Episódio I – A Ameaça Fantasma, 190, 206, 219
    Episódio IV – Uma Nova Esperança, 206, 207
    Episódio V – O Império Contra-ataca, 206, 208
    Episódio VI – O Retorno de Jedi, 206
Star Wars (games), 153
    Star Wars Galaxies, 52, 198, 224, 227, 229-35
Star Wars (livro)
    Tales from the Mos Eisley Cantina, 153
Star Wars (personagens)
    Almirante Ackbar, 208
    Anakin Skywalker, 229
    Boba Fett, 164, 189, 231
    Darth Maul, 219
    Darth Vader, 189, 208
    Han Solo, 231, 235
    Jabba, 208
    Jar Jar Binks, 204, 228
    Luke Skywalker, 235
    Mace Windu, 208
    Obi-Wan Kenobi, 178, 219
    Princesa Leia, 189
    Qui-Gon Jinn, 219

Steinkuehler, Constance, 229-31
Sterling, Bruce, 43, 143
Stern, Howard, 134-5
Stewart, Jon, 307-8, 310
Stewart, Sean, 179-82
sucksters, 67-9, 74-5, 83, 389
Sunstein, Cass, 128, 321-2, 381
Super Bowl, 129, 302
Survivor, 10, 14, 50, 56-94, 95, 97, 106, 132, 154, 250, 297, 330, 376, 388, 389
Survivor (competidores)
    Alex Bell, 77
    Brian Heidik, 70
    Christy Smith, 76
    Dave Johnson, 77
    Deena Benett, 84
    Diane Ogden, 73
    Ethan Zohn, 82
    Gabriel Cade, 73
    Gervase Peterson, 81
    Ghandia Johnson, 62
    Heidi Strobel, 70-1, 76
    Janet Koth, 76
    Jeanne Herbert, 76
    Jenna Morasca, 76, 80, 90
    Joanna Ward, 76
    Matthew Von Ertfelda, 76, 80, 90
    Mike Skupin, 70
    Richard Hatch, 82
    Rob Cesternino, 77, 83-4
Survivor (episódios)
    Africa, 66-7, 82
    Amazon, 57, 63, 64, 84, 92
    Australian Outback, 70, 80
    Greece, 73
    Thailand, 62, 70

430 | CULTURA DA CONVERGÊNCIA

Vanuatu, 93

Survivor Sucks, 63, 67, 71

Swann, Philip, 114-5

Sweeney Agonistes, 255, 257-8

Swift Boat Veterans for Truth, 300, 365

syndication, 337

Talk to the Nation, 312

Talking Points Memo, 365

Tapewatcher, 82

Tartakovsky, Genndy, 158

Taylor, Doug, 273

Taylor, G. P., 282

Technologies of Freedom, 39

Technologies without Boundaries, 320

TechPresident, 365

tecnologias, 43-5, 54

   de distribuição, 43

telecocooning, 47

televisão, 34, 39, 43, 99, 102-5, 140, 154, 166, 174

   com hora marcada, 115, 169

   de envolvimento, 169, 170

   interativa, 95, 114

Templeton, Brad, 264

Texans for Truth, 301

TheForce.net, 190, 200

Think Like a Mountain, 162

This Land, 303

This Week with George Stephanopoulos, 307

Thorburn, David, 320

Tigre e o Dragão, O, 159

Time, 243, 321

TiVo, 104, 191

Tobaccowala, Rishad, 104

"toca do coelho", 180, 389

Todo Poderoso, 280

Tolkien, J. R. R., 154, 155, 174, 282

Toque de um Anjo, O, 278

Toys 'R' Us, 107

Toy Soldiers, 210

trabalho gratuito, 197-8, 203, 344, 387

transcriação, 157, 160, 389

transição midiática, 41, 389

Trippi, Joe, 291-94, 301, 385

Trosset, Michael W., 60, 383

True Majority Action, 287-8

Trump, Donald, 106-9, 126, 287-8, 293, 301, 318

"Turd Blossom", 349

TV a cabo, 97, 105

TV Guide, 71, 140

Twentieth Century Fox, 206

Twin Peaks, 64, 65, 66

Tyron, Chuck, 368

Ultima Online, 224-5

Umbridge, Dolores, 275

Unilever, 109

Universidade de Stanford, 318

USA Today, 71, 129, 293

uso aceitável, 53, 197, 236, 265-6

utopia realisável, 60, 318, 331, 371

utopia crítica, 332

VandenBerghe, Jason, 207

Vanilla Sky, 154

Vegetais, Os, 278

Veoh, 243

Verdade Inconveniente, Uma, 357, 364

Verizon, 125

ÍNDICE REMISSIVO | 431

Vertov, Dziga, 9-10

VH1, 120

Viacom, 103, 214-5

Victory at Hebron, 277

videocassete, 51, 65, 104, 167, 169, 195, 202-3, 221

Video Mods, 216

Vila Sésamo, 29-31

vitimização, 332

Vivendi Universal, 153

votação, 127-8, 130-135, 306, 309, 313, 317

Vote nos Piores, 134-5, 353

Voter Vision, 363

X-Men, 164, 175

Wachowski, irmãos, 52, 137, 139, 142, 144-6, 156-62, 163, 170, 178, 183-4

Waco, 214

Walker, Jesse, 294

Wal-Mart, 275, 278

Wal-Mart Watch, 361-2

Walsh, Peter, 89, 90, 386

Ward, Jim, 210

Wardynski, Coronel E. Casey, 115

Ware, Paula, 268, 271

Warner Bros., 46, 52, 150, 153, 157, 197, 238-9, 261-4, 336-7

Washida, Yuichi, 225

Watanabe, Shinichiro, 146

Watchmen, 146

Web 2.0, 13, 240-7, 352, 389

Webby Awards, 317

Wellner, Damon, 207

West Wing, 187, 300, 339

Wezzie, 60, 65-67, 87, 93

Whiting, Susan, 104

Wicca, 276

Wicked City, 146

Wikipédia, 339-41

Williams, Diane, 219

Williams, John, 206

Williams, Walter, 356

Wilson, Pam, 88

Wired, 39, 199, 204, 337

Wishnow, Jason, 189

wizard rock, 275, 391

Wong, Tony, 157

Wright, Chris, 73

Wright, Richard, 171

Wright, Will, 231-2, 234, 311

writersu.net, 255

Yahoo!, 239

Yahoo! Hot Jobs, 108

Yeoh, Michelle, 159

Young, Neil, 141, 154, 178, 183, 378, 389

YouTube, 243, 346-54, 362, 372-4

Yuen, Woo-Ping, 157, 159

Yu-Gi-Oh!, 161, 185-6, 220

zapeadores, 113-117, 390, 122, 123

Zennie, Nancy, 272

Zhang, Ziyi, 159

Zimmermann, Patricia R., 201-2

Zsenya, 252

TIPOLOGIA:
Utopia [texto]
DIN [entretitulos]

PAPEL:
Pólen Natural Soft 70g/m² [miolo]
Cartão Supremo 250 g/m² [capa]

IMPRESSÃO:
Rettec Artes Gráficas e Editora [outubro de 2022]

1ª EDIÇÃO:
setembro de 2008 [1 reimpressão]

2ª EDIÇÃO:
setembro de 2009 [8 reimpressões]